Die Geheimnisse der guten Erde

Peter Tompkins · Christopher Bird

# Die Geheimnisse der guten Erde

Neue und wiederentdeckte natürliche Methoden, mit denen wir verhindern können, daß der Mutterboden noch weiter zerstört wird.

Hoffnungsvolle Auswege aus der ökologischen Krise.

Scherz

Erste Auflage 1989
Einzig berechtigte Übersetzung
aus dem Amerikanischen von Gabriele Fentzke und Jean François Weiss.
Titel des Originals: «Secrets of the Soil».
Copyright © 1989 by Peter Tompkins und Christopher Bird.
Gesamtdeutsche Rechte beim Scherz Verlag Bern, München, Wien.
Alle Rechte der Verbreitung, auch durch Funk, Fernsehen,
fotomechanische Wiedergabe, Tonträger jeder Art und
auszugsweisen Nachdruck, sind vorbehalten.
Schutzumschlag von Graupner & Partner
unter Verwendung einer Zeichnung von
Richard Akerman/Pictura Graphica, Schweden.

# Inhalt

| | | |
|---|---|---|
| Einführung | | 7 |
| 1 | Das Füllhorn | 19 |
| 2 | Am Puls des Lebens | 26 |
| 3 | Der Einfluß des Mondes | 35 |
| 4 | Abfall, der Gold wert ist | 44 |
| 5 | Mikrokosmos | 54 |
| 6 | Das Wunder auf der anderen Seite der Erde | 64 |
| 7 | Es ist möglich! | 84 |
| 8 | Himmel auf Erden | 102 |
| 9 | Lebendiger Wirbel/Wirbel des Lebens | 111 |
| 10 | In den Klauen von Chelatbildnern | 126 |
| 11 | Klangtherapie | 136 |
| 12 | Saatgut zum Überleben | 154 |
| 13 | Unkraut – Wächter des Bodens | 164 |
| 14 | Eiszapfen im Treibhaus | 175 |
| 15 | Lebensstaub | 188 |
| 16 | Leben und Sterben in den Wäldern | 201 |

| 17 | Duftende, wohlschmeckende Erde | 213 |
| 18 | Mit Biomasse könnt's gehen | 226 |
| 19 | Im Feuer gereinigt | 241 |
| 20 | Einstimmung auf die Natur | 253 |
| 21 | Türme der Kraft | 273 |
| 22 | Kosmokultur | 281 |
| 23 | Perelandra | 291 |
| Epilog | | 301 |

*Anhang*

| | |
|---|---|
| Rezepte und praktische Informationen | 315 |
| Dank | 338 |
| Literaturverzeichnis | 340 |
| Personen- und Sachregister | 347 |

# Einführung

Keine Kreatur verschmutzt und verpestet ihren Lebensraum dermaßen wie der Homo sapiens, der ihn mit teuflisch ausgeklügelten Chemikalien und verseuchtem Müll regelrecht vergiftet. Schon 1912 war es dem französischen Physiologen und Nobelpreisträger Alexis Carrel klar, daß unsere Erde krank, vielleicht sogar unheilbar krank ist. Und wenn der Boden krank ist, wird auch der Mensch nicht mehr lange gesund sein, denn vollwertige Nahrungsmittel – wichtigste Voraussetzung von Gesundheit – können nur auf fruchtbarem, gutem Erdreich wachsen. Laut Carrel sorgen die Mineralien im Boden für den Zellstoffwechsel bei Pflanze, Tier und Mensch. Krankheiten treten vorwiegend infolge einer gestörten Harmonie unter den Mineralsubstanzen auf, die in winzigen Mengen in der Luft, im Wasser, in den Nahrungsmitteln, vor allem aber im Boden vorhanden sind. Wenn ein Boden nicht genügend Spurenelemente aufweist, so mangelt es daran auch in den Nahrungsmitteln und im Wasser.

Carrel kam zu dem Schluß, daß Kunstdünger die Bodenfruchtbarkeit nicht erhalten können. Sie arbeiten nicht im Boden, sondern werden gezwungenermaßen von den Pflanzen aufgesogen und vergiften so diese und das Erdreich. Nur organischer Humus kann Leben schaffen.

Pflanzen sind Carrel zufolge die großen Vermittler, welche die Gesteinselemente – nachdem sie von Kleinstlebewesen in Humus umgewandelt wurden – Menschen und Tieren zum Aufbau von Muskeln, Knochen und Blut verfügbar machen. Kunstdünger dagegen verleihen dem Humus des Bodens nicht mehr Gehalt, noch können sie verlorene Elemente ersetzen. Sie zerstören vielmehr seine physikalischen Eigenschaften und damit sein Leben. Sobald die Chemiedünger im Boden sind, lösen sie sich auf und gehen natürliche Verbindungen ein mit bereits vorhandenen Mineralien. Solche neuen Verbindungen übersättigen und überladen die Pflanze, und sie wird in ihrem Gleichgewicht gestört. Andere Verbindungen verbleiben im Boden, viele davon wirken als Gifte.

Oft sehen chemisch gedüngte Pflanzen recht schmackhaft aus, doch bestehen sie fast nur aus wäßrigem Gewebe, das sehr krankheitsanfällig ist. Außerdem enthalten sie nicht genügend Protein. Chemische Dünger hätten zwar die Ernteerträge erhöht, sagt Carrel, dafür aber nicht alle im Boden erschöpften Elemente ersetzt. Dadurch hat sich der Nährwert unseres Getreides verändert: «Je weiter die Zivilisation voranschreitet, desto mehr entfernt sie sich von einer natürlichen Ernährungsweise.» Unser Essen besteht heute aus verfälschten und denaturierten Nahrungsmitteln, denen die wichtigsten, lebensnotwendigen Bestandteile durch Färben, Bleichen, Erhitzen und Konservieren entzogen wurden. Das Pasteurisieren der Milch vernichtet die für die Ernährung lebenswichtigen Enzyme, und es bleiben nur die zerfallenden «Bakterienleichen» zurück. In den USA finden sich nach dem Fleisch in der Milch die meisten Überreste von Insektenvertilgungsmitteln. Auf falsche Weise «angereichertes» Weißbrot enthält keine Keime, das heißt keinerlei lebendige Nährstoffe mehr.

Wer schon vor dem Zweiten Weltkrieg lebte, weiß – vor allem in Europa –, daß Brot, Obst, Gemüse und Fleisch von heute nicht mit den Nahrungsmitteln von damals zu vergleichen sind. Unsere Ernteerträge mögen sich vielleicht verdoppelt oder gar verdreifacht haben, aber ihr Nährwert hat sich zunehmend verschlechtert. Das Aussehen der Nahrungsmittel ist zum wichtigsten Faktor geworden, obwohl jeder bei genauerem Hinsehen die kosmetischen Nachhilfen der Gemüsehändler von heute entdecken könnte.

Überfluß ist nicht gleichbedeutend mit einer genügenden Menge lebenswichtiger Elemente und Vitamine in den Nahrungsmitteln. Wie Melchior Dikkers, Professor für Biochemie und organische Chemie an der Loyola University, sagt, besteht kein Zweifel, daß Fehlernährung heutzutage die vielleicht größte Bedrohung für die Menschheit darstellt. Die Vereinigten Staaten sind völlig unterversorgt – trotz ihrer Überproduktion an Nahrungsmitteln. Und obwohl die Pro-Kopf-Ausgaben für Gesundheit in den USA die höchsten auf der ganzen Welt sind, stieg auch die Häufigkeit von Krebs, Fettsucht, Herz- und Kreislauferkrankungen.

Joseph D. Weissman, außerordentlicher Professor am UCLA College of Medicine und Spezialist für Präventivmedizin und Immunologie, hat nach jahrelangen Studien entdeckt, daß fast alle Krankheiten, die nicht auf einer Infektion beruhen und unter denen die Menschheit heute leidet, erst vor kurzem entstanden sind. Sie haben sich im 19. und 20. Jahrhundert entwickelt. Das viele Geld, das für die Forschung, für neue Diagnosetechniken, Organtransplantationen, Bypass-Operationen, Chemotherapie, Bestrahlungen und alle Arten von Medikamenten ausgegeben wird, hat die Ausbreitung dieser «Killer»-Krankheiten nicht stoppen können, sondern nur die Pharmaindustrie und die Ärzte reich gemacht.

Dr. Weissman betont, daß die meisten unserer heutigen Zivilisationskrankheiten durch von der Industriegesellschaft produzierte Umweltgifte hervorgerufen werden. Auch viele andere Ärzte sehen das verstärkte Auftreten degenerativer Erkrankungen, etwa Krebs und Herzinfarkt, denen auch durch die Fortschritte in der Medizin nicht beizukommen ist, und sind der Meinung, daß diese auf die exzessive Verwendung von synthetischen Chemikalien in unserer täglichen Nahrung, in Konservierungsmitteln, Insektiziden, Fungiziden, Pestiziden usw. zurückzuführen sind. Dr. Weissmans Ansicht nach spielt die Wahl der Lebensmittel und des Lebensstils in unserer Industriegesellschaft eine große, vielleicht sogar die größte Rolle, wenn es darum geht, auch im Alter noch vital und voller Lebensfreude zu sein.

Noch überraschender ist die Entdeckung von Dr. Weissman, daß viele dieser todbringenden Krankheiten erst in den letzten hundert Jahren aufkamen, und zwar eindeutig infolge der giftigen Chemikalien, die als Nebenprodukte der industriellen Revolution in Umwelt und Nahrungsmittel gelangten. Es sind dies Chemikalien wie Chlor und seine Verbindungen, Steinkohlenteer und seine Derivate, Pharmazeutika, Erdölprodukte usw.

Die Industrialisierung und der daraus resultierende Giftmüll traten zur gleichen Zeit auf wie viele neue Krankheiten. Unsere

Vorfahren mögen eine kürzere durchschnittliche Lebenserwartung gehabt haben, doch waren sie, laut Weissman, frei von degenerativen Erkrankungen, wie es auch heute noch einige «primitive» Völker sind. Vor hundert Jahren waren koronare Herzerkrankungen in Europa und Amerika noch praktisch unbekannt. Der erste in der medizinischen Literatur beschriebene Fall tauchte 1910 auf. Heute sind sie die Haupttodesursache. Vor hundert Jahren entfielen nur 1 Prozent aller Sterbefälle in Europa und Amerika auf Krebserkrankungen, heute sind es 3,4 Prozent. Heute werden sogar Neugeborene und Kleinkinder Opfer von Krebs und Leukämie. Diabetes steht an dritter Stelle der Todesursachen, und jeder zwanzigste Amerikaner ist davon betroffen – vor einiger Zeit war es noch jeder fünfzigste.

In sogenannten unterentwickelten Ländern braucht das Wasser nicht desinfiziert zu werden. Auch in entwickelten Ländern war dies bis ins späte 19. Jahrhundert nicht nötig. Wo keine Industrien und Fabriken ihre Umweltgifte in die Luft entlassen, werden weder Pflanzen noch Tiere im Meer oder auf dem Land mit gefährlichen Chemikalien verseucht.

Heute ist nicht nur das Wasser verschmutzt, sondern überall auf der Welt auch Boden und Luft. Die Verschmutzung erreicht über Pflanzen und Tiere auch den Menschen. Laut Weissman gibt es in den Industrieländern überhaupt keinen sauberen Boden und kein sauberes Wasser mehr. Giftstoffe befinden sich in allen Nahrungsmitteln, im gesamten Trinkwasser und überall in der Luft, die wir zum Atmen brauchen. Betroffen sind Obst, Gemüse, Getreide, Fische, Geflügel und anderes Fleisch, aber auch Eier und Molkereiprodukte. In manchen Nahrungsmitteln konzentrieren und verstärken sich die Giftstoffe sogar. So findet sich die größte Giftkonzentration im tierischen Fett und im Cholesterin.

Krankheitsvorbeugung ist laut Weissman wichtiger und effektiver als jede Therapie. Und medizinische Vorsorge fängt beim Boden an.

Die Bodenvergiftung mit künstlichen Zusätzen begann Mitte des letzten Jahrhunderts, als der bekannte deutsche Chemiker Justus von Liebig, der «Vater der chemischen Landwirtschaft», fälschlicherweise aus der Asche verbrannter Pflanzen folgerte, daß die Pflanzennährstoffe aus Stickstoff (N), Phosphor (P) und Pottasche bzw. Kaliumkarbonat (K) bestehen – dem NPK in der heutigen Landwirtschaft.

Seine Lehrsätze führten zu einer mächtigen, kommerziellen Entwicklung synthetischer Chemikalien. Von der Werbung beeinflußt, wurden die Bauern und Farmer der ganzen Welt von Kaliumsalzen abhängig, ohne die auf ihren Feldern angeblich nichts mehr wuchs.

Aus den Phosphorsalzen, die Liebig ebenfalls in der Asche verbrannter Pflanzen fand, schloß er später, Phosphor stelle eine Grundvoraussetzung für das Wachstum der Pflanzen dar. Seit der Zeit der Römer gewannen die Bauern ihren Phosphor aus gemahlenen Knochen. Indem er Knochen mit Schwefelsäure behandelte, schuf Liebig das von ihm so genannte «Superphosphat». Als man große Mengen aus dem Meer stammenden Kalziumphosphats fand – angeblich über Jahrmillionen hinweg angesammelte Meerestierskelette –, entstand eine ganze neue Industrie künstlicher «Mineraldünger».

Da ungepflügter Boden besonders fruchtbar ist und viel Humus enthält, hatte man bis zu den Tagen Liebigs gedacht, daß die verschiedenen Stufen des Zerfalls dieser braunen organischen Masse die Hauptquelle für die Pflanzennährstoffe darstellten. Liebig griff diese Auffassung vehement an und schrieb über den Humus und die daraus entstehenden Huminsäuren: «Es gibt nicht den geringsten Beweis dafür, daß von ihnen irgendein Einfluß auf das Wachstum der Pflanzen ausgeht oder daß sie für die Ernährung oder anderes sorgten.»

Erst zehn Jahre später – zu spät! – erkannte Liebig, daß das Geheimnis fruchtbarer Böden in genau diesen organischen Stoffen liegt und nicht in den Chemikalien. Doch damals hatten die Chemiefirmen schon Blut geleckt und waren in ihrem Kopf-an-Kopf-Rennen, den Boden und alles, was auf ihm wächst, zu zerstören, nicht mehr aufzuhalten.

Das erste chemische Produkt, das in dem beginnenden «Chemie-Zeitalter» auf den Markt kam, war die von Liebig für die Herstellung seines «Superphosphats» verwendete Schwefelsäure, eine helle, ätzende, ölige Flüssigkeit. Sie ist auch heute noch die am häufigsten verkaufte Chemikalie und Grundsubstanz für die Herstellung einer Unzahl anderer chemischer Mittel. Auch bei der Herstellung von Färbemitteln, Medikamenten, Papier, Pigmentstoffen und Sprengstoffen wird sie verwendet.

Zu den im Labor zusammengebrauten Chemikalien für den kommerziellen Gebrauch gehörte als nächstes Soda (Kalziumkarbonat), ein lösliches Mineralsalz, das die Araber aus der Asche einer Meeresküstenpflanze gewannen. Nachdem es ursprünglich nur für die Herstellung von Seife und Glas Verwendung fand, hatten Mitte des 19. Jahrhunderts alle anderen gebräuchlichen chemischen Stoffe in irgendeiner Weise mit der Sodaproduktion zu tun. Die 1891 gegründete englische United Alkali Corporation wurde das größte Chemieunternehmen der Welt. Sie bestand aus 43 Firmen, beschäftigte 50 Chemiker und 12 000 Arbeiter und expandierte noch weiter durch die von der Regierung unterstützte Fusionierung mit den Imperial Chemical Industries.

Die Ferienarbeit eines englischen Chemiestudenten im Jahre 1856 sollte einen ganz neuen Zweig der Chemie begründen: William Henry Perkin experimentierte mit Steinkohlenteer und stellte aus dem darin enthaltenen Benzol den malvenfarbenen Farbstoff Mauvein her, die erste der sogenannten Anilinfarben, die lange halten und sich nicht mehr wie Naturfarben auswaschen lassen. Die Farbe wurde zur Lieblingsfarbe an den Höfen von Königin Victoria wie von Napoleon III. Bald darauf folgten Anilinrot, Anilingelb und Anilinschwarz; und Millionen wurden verdient, als es auch synthetisches Indigo – die Jeansfarbe! – gab.

Nachdem der Liebig-Schüler Friedrich von Kékulé festgestellt hatte, daß sich sechs Kohlenstoffatome in den Benzolmolekülen zu einem Ring verbinden, wobei an jedem Kohlenstoffatom jeweils noch ein Wasserstoffatom befestigt ist, erkannten die deutschen Chemiker die Möglichkeit, endlos neue Mixturen in ihren Reagenzgläsern künstlich herzustellen, indem sie den Kohlenstoff mit Stickstoff, Wasserstoff, Schwefel, Chlor und vielen anderen Elementen verbanden.

Bald nahmen die Chemiefirmen auch Medikamente in ihr Programm auf, nachdem deutsche und Schweizer Farbstofffirmen unendlich viele Möglichkeiten gefunden hatten, Teer und andere Abfallprodukte in gesundheitsschwächende, aber einträgliche Pharmazeutika zu verwandeln. Allein in den Vereinigten Staaten werden jährlich 8 Milliarden Dollar für sogenannte Arzneimittel ausgegeben. Und da Teer auch für die chemische Herstellung von Sprengstoffen verwendet wird, entfaltet er auf diesem Gebiet ebenfalls seine tödliche Wirkung.

Ein weiterer deutscher Chemiker, Fritz Haber, entdeckte 1905 ein Verfahren, aus dem freien Luftstickstoff flüssiges Ammoniak herzustellen, das zu 82 Prozent aus Stickstoff besteht. 1915 tat sich der deutsche Ingenieur Karl Bosch mit Haber zusammen, und sie konstruierten die erste Anlage zur Synthese von Ammoniak. Deutsche Farbstoffirmen begannen mit der Produktion von Sprengstoffen, Kunstdüngern, Medikamenten und auch Giftgasen, denen im Ersten Weltkrieg 800 000 Menschen zum Opfer fielen.

Das nach dem Ende des Krieges übriggebliebene Gas wurde zur Insektenvernichtung auf Feldern versprüht. Große Stickstoffmengen, die nicht mehr für die Sprengstoffherstellung gebraucht wurden, gerieten so automatisch in die Böden. Diese verloren daraufhin ihre Widerstandskraft gegenüber Insekten, wodurch ein gefährlicher Kreislauf in Gang gesetzt wurde, der zwar für einige wenige sehr einträglich war, aber die Böden und das Grundwasser verseuchte.

Sozusagen als Abfallprodukt des Krieges hatte der Schweizer Chemiker Paul Müller einen der stärksten Giftstoffe überhaupt entwickelt: DDT, das zu einem der wirksamsten Insektenvertilgungsmittel aller Zeiten wurde. In kürzester Frist und mit größter Effizienz kann man damit alle Arten von Insekten töten.

Nach 1945 wurde das DDT in Amerika wie Wasser verwendet, und das Gift «sickerte» in Tier und Mensch. Überall steckten die Chemiefirmen ihre Kriegsgewinne in weitere Unternehmen, um der massiven Nachfrage nach neuen synthetischen Breitbandpestiziden nachzukommen. Ständig griffen die Farmer zu noch mehr Chemikalien, nachdem sich ihre Pflanzen und Feldfrüchte infolge von Überdüngung der vielen Insekten nicht mehr erwehren konnten. Also brachten die Gesellschaften neue Produkte auf den Markt. Es waren meistens chlorierte Kohlenwasserstoffe ähnlich dem DDT, etwa Chlordan, Lindan, Dieldrin, Aldrin, Endrin und organische Phosphorverbindungen wie Parathion und Malathion.

Bei dem Versuch, das Spiel durch immer größere Ernteerträge zu gewinnen, und angetrieben durch Banker, Chemiefirmen und

Hersteller landwirtschaftlicher Maschinen, verwandelten sich Amerikas Farmen in kommerzielle Unternehmen. Sie investierten große Summen in Neuland und Ausrüstung, verschrieben sich immer mehr den Kunstdüngern, Insekten- und Unkrautvertilgungsmitteln – und schaufelten sich so ihr eigenes Grab.

Andererseits war es einigen Weitsichtigen in Europa und Amerika schon seit dem Ersten Weltkrieg klar, daß die Chemikalien den Boden vergiften, die Mikroorganismen töten, die Pflanzen verkümmern lassen und degenerative Erkrankungen bei Mensch und Tier fördern.

Ihr Grundlehrsatz lautete: Ein ordentlich genährter, mit einer guten Humusschicht versehener Boden bringt keine kranken Feldfrüchte hervor und braucht auch keine Giftsprays gegen Insekten. Mit solchen gesunden Pflanzen gefütterte Tiere sind widerstandsfähig, und der Mensch, der sich von solchen Pflanzen und Tieren ernährt, kann sich guter – natürlicher – Gesundheit erfreuen. Er ist resistent gegenüber Krankheiten und Infektionen, welche Ursache diese auch immer haben mögen.

Sir Albert Howard war einer der ersten, die spürten, daß die Kunstdünger mehr Schaden als Nutzen anrichteten, daß sie Leben und Vitalität der Ackerkrume zerstörten und dadurch Krankheiten förderten, wenn sie auch für den Augenblick das Pflanzenwachstum anregten. Sir Albert Howard war als britischer Kolonialoffizier in Indien gewesen und dort nichts Geringeres als der Imperial Chemical Botanist des Radschas von Pusa. In dieser Funktion hatte er die seltene Gelegenheit, ohne Einschränkungen experimentieren zu dürfen. So konnte er – unparteiisch und ohne eigene kommerzielle Interessen zu verfolgen – die Reaktion gesunder, gutgepflegter Pflanzenformen auf Insekten- und Ungezieferbefall beobachten.

Er fand heraus, daß für den Boden regelmäßige Gaben aus frisch hergestelltem, mit tierischen und pflanzlichen Abfällen versehenem Humus am wichtigsten sind und daß die Erhaltung der Bodenfruchtbarkeit die Basis für unsere Gesundheit darstellt. Er betonte, daß seine Ernten allen in dieser Gegend vorkommenden Ungezieferarten widerstanden und daß die damit gefütterten Tiere über die gleiche Widerstandskraft verfügten.

Er bemerkte auch, daß die Inder selbst niemals Kunstdünger

oder Giftsprays verwendeten, statt dessen aber sorgfältig darauf achteten, alle tierischen und pflanzlichen Rückstände wieder dem Boden zukommen zu lassen. Jeder verwertbare Grashalm, alle heruntergefallenen Blätter und alle abgeschnittenen Unkräuter fanden ihren Weg zurück in den Boden, wo sie zu Humus kompostierten und so erneut in den Stoffkreislauf eingegliedert wurden.

Der Beweis für die Widerstandskraft seiner organisch gefütterten Tiere wurde erbracht, als seine Kühe sogar während eines akuten Auftretens der Maul- und Klauenseuche nicht krank wurden, obwohl sie mit infizierten Nachbarherden zusammengekommen waren.

Als Ergebnis seiner Experimente kam Sir Albert zu der Ansicht, daß Pflanzen die natürliche Fähigkeit besitzen, Infektionen zu widerstehen, und daß richtige Ernährung alles ist, was sie brauchen, um diese Fähigkeit zu erhalten. «Aber sobald wir einen Ersatzstoff in den Stickstoffzyklus in Form von künstlichen Düngern wie Ammoniumsulfat einbringen, beginnen die Schwierigkeiten, die unweigerlich zu Krankheiten und zu einer Reduktion der Artenvielfalt führen.»

Pflanzen und Tiere, die auf dem mit seinem Humus fruchtbar gemachten Boden «aufwuchsen», waren in hohem Maße resistent gegenüber Infektionskrankheiten und Parasiten, aber auch gegen degenerative Erkrankungen.

In seinen Vorträgen aus dem Jahr 1916 sagte Sir Albert, chemische Düngemittel seien reine Geldverschwendung und die Erhaltung organischer Stoffe sowie eine gute Bodenbelüftung würden ausreichen, um mit Hilfe von Bakterien genügend Nahrungsmittel zur Ernährung der Weltbevölkerung herzustellen.

Als Sir Albert 1931 nach dreißig Jahren Indien-Aufenthalt nach England zurückkehrte, wurde er als der Begründer der «organischen» Bewegung berühmt und versuchte, seine Vorstellungen allgemein bekannt zu machen. Doch weder er selbst noch seine treue Anhängerin Lady Eve Balfour hatten viel Erfolg mit ihren Thesen.

In den Vereinigten Staaten nahm J. I. Rodale das Banner auf und begründete mit seinem Magazin *Organic Gardening und Farming* eine Bewegung, deren Lehren er 1945 in dem Buch *Pay Dirt* zusammenfaßte.

Wissenschaftliche Unterstützung für die organische Landwirtschaft kam von einem der bedeutendsten Bodenwissenschaftler Amerikas, William A. Albrecht, Leiter des Department of Soils an der University of Missouri und Inhaber von vier Doktortiteln der University of Illinois. Er war weitgereist und hatte die Böden in Großbritannien, auf dem europäischen Festland und in Australien untersucht und daraus seine Schlüsse gezogen, die er mit seinen eigenen Erfahrungen als Farmerssohn untermauerte. Seine weitgefächerten Experimente im Hinblick auf die Aufzucht von Pflanzen und Tieren bestätigten seine Beobachtung, daß eine durch das Fehlen organischen Materials, wichtiger Elemente und Spurenmineralien eingetretene Bodenverschlechterung am desolaten Zustand von Nutzpflanzen und damit auch an krankhaften Zuständen von Tier und Mensch schuld war.

Das organische Material kann nach Albrecht als die «Konstitution» des Bodens betrachtet werden. Und eine gute Konstitution bedeutet im medizinischen Sinne die Fähigkeit jedes einzelnen zu überleben – trotz der Ärzte und nicht mit deren Hilfe. Insekten und Krankheiten seien die «Symptome» einer schlechten Ernte, nicht deren Ursache. «Die Verwendung von Giftsprays ist ein Akt der Verzweiflung einer sterbenden Landwirtschaft. Düngemittelverwendung ist die Kunst, Salze so in den Boden zu bringen, daß die Pflanzenwurzeln es irgendwie schaffen, daran vorbeizukommen!»

Als Louis Bromfield, Autor des berühmten Romans *Der große Regen*, 1939 aus Indien auf seine Malabar Farm in Pleasant Valley, Ohio, zurückkam, versuchte er, zusammen mit Sir Albert Howard, dessen landwirtschaftliche Lehren in die Tat umzusetzen. Er kaufte einige heruntergewirtschaftete Farmen, auf denen er mit seiner organischen Methode großartige Ernten erzielte. Er bewies ganz praktisch, daß Insektenschäden und Krankheiten mit Hilfe von Humus, richtiger Pflanzenernährung und sinnvoller Bodennutzung unter Kontrolle gehalten werden können.

Wäre 1948 Thomas E. Dewey statt Harry S. Truman Präsident der Vereinigten Staaten geworden, hätte Bromfield als Landwirtschaftsminister versucht, der «mit fossilen Brennstoffen betriebenen Technologie» den Garaus zu machen. Aber Trumans Sieg führte zu einer Politik, die die kleinen Farmer in Industriezentren verbannte und die Erdölindustrie sich voll entfalten ließ. Truman schuf die CIA und den National Security Council mit all seinen «schmutzigen Tricks». Dadurch wurde es den Multis möglich, ihre tödlichen Chemikalien nicht nur in Amerika – Nord- wie Südamerika – an den Mann zu bringen, sondern auch auf alle Märkte der Dritten Welt zu pumpen.

Erst 1962, mit dem Erscheinen von Rachel Carsons alarmierendem Buch *Der stumme Frühling*, erwachte die Öffentlichkeit und begriff den Ernst der Lage. «Wir sind ziemlich bestürzt über die genetischen Auswirkungen gewisser Strahlen ... Wie sollten wir da nicht von den gleichen Auswirkungen betroffen sein, die von den so reichlich verwendeten Chemikalien in der Landwirtschaft ausgehen?»

Doch die Warnungen Rachel Carsons wurden schnell wieder vergessen – bis ein italienischer Wissenschaftler, Amerigo Mosca, Chemie-Preisträger auf der Weltausstellung in Brüssel, erschreckende Tatsachen präsentierte. Seiner Meinung nach sind die landwirtschaftlichen Gifte «radiomimetisch», das heißt, sie ähneln in ihren Auswirkungen Strahlen.

Mosca behauptete, daß radioaktive Strahlen dieselben genetischen Schäden anrichten wie giftige Chemikalien. Die Verwendung von synthetischen Fungiziden verursache jedes Jahr denselben Schaden für die augenblickliche und nachfolgende Generation wie der atomare Niederschlag aus 29 Wasserstoffbomben von je 14 Megatonnen. Das entspräche 14 500 Atombomben des Hiroshima-Typs.

Mosca errechnete, daß in den siebziger Jahren der jährliche Gebrauch von genetisch toxischen Chemikalien in den Vereinigten Staaten bei etwa 453 000 Tonnen lag. Dadurch entstand ein Schaden, der mit der Explosion von 145 Wasserstoffbomben mit jeweils 14 Megatonnen zu vergleichen wäre (= 72 000 Atombomben des Hiroshima-Typs). Seiner Meinung nach ist der an Pflanzen, Feldfrüchten und im Boden entstandene Schaden, zusammen mit der Grundwasserverunreinigung, praktisch nicht kalkulierbar.

Dazu kommt noch die verheerende Praxis der Bestrahlung von Nahrungsmitteln, deren Gefahren der Ökonom Charles Walters jr. als erster erkannte. Man tötet damit Krankheitskeime ab, um die Produkte haltbarer zu machen. Obwohl Dutzende von Wissenschaftlern vor den Konsequenzen des Verzehrs bestrahlter Nahrungsmittel warnen – vor allem im Hinblick auf genetische Veränderungen und Krebserkrankungen –, wird nach wie vor bestrahlt, denn das Verfahren ist billig und bequem.

Dabei ist dieser ganze Horror unnötig, überflüssig und vermeidbar. Das haben die vielen erfolgreichen Vertreter der organischen Landwirtschaft bewiesen, auch wenn manche der von ihnen praktizierten Alternativen etwas ungewöhnlich anmuten. Um zu erfahren, was dahintersteckt, haben wir den Planeten Erde kreuz und quer bereist, und die Ergebnisse unserer Recherchen sind in diesem Buch zusammengefaßt. Mit ein wenig Anstrengung und gutem Willen kann dieser Planet vor der Zerstörung durch Korruption, Gift und Verschmutzung gerettet werden. Der Garten Eden ist noch nicht für immer verloren. Das Geheimnis des Überlebens der Erde liegt nur wenige Zentimeter tief im Boden verborgen.

# 1 Das Füllhorn

Es war an einem warmen Dezembermorgen, am Tag der Wintersonnenwende, als wir auf einem der bewaldeten Hügel von Süd-Virginia saßen und frischgesammelten Kuhmist in getrocknete Kuhhörner stopften. Wir fühlten uns dabei wie Magier, Zauberer und Hexen.

Wir befanden uns auf der Farm eines früheren US-Marine-Offiziers, Hugh J. Courtney – ein graubärtiger, lässiger Typ. Vor fast zehn Jahren hatte Hugh sich zurückgezogen, um die verschiedenen biodynamischen Präparate herzustellen, die der österreichische Anthroposoph Rudolf Steiner vor mehr als fünfzig Jahren als Heilmittel für die kranken Böden unseres Planeten empfohlen hatte.

Gegen drei Uhr, als die Sonne schon tiefer stand, hatten wir die 850 Kuhhörner gefüllt, die unser Gastgeber im Laufe eines Jahres gesammelt hatte. Er bekam sie für fünfzig Cent das Stück von einem Schlachthaus. Nachdem die Hörner gereinigt und getrocknet worden waren, schlug man sie so lange aneinander, bis der Knochenzapfen herausfiel. Durch diese Behandlung verloren sie den fauligen Geruch. Der Kuhdung dagegen tat unseren Nasen sogar ausgesprochen gut. Er stammte von einer kleinen Herde von Angus-Guernsey-Kühen, die auf den biodynamisch gedüngten Wiesen entlang eines sich dahinwindenden Flüßchens grasten.

Unser Gastgeber nahm einen Löffel voll von diesem Kuhmist, stopfte ihn in ein Horn und erklärte uns, wie er zum ersten Mal mit biodynamischer Landwirtschaft konfrontiert worden war: als er nämlich in College Park, Maryland, zufällig in den Regalen der

Beautiful Day Trading Company ein Buch von Rudolf Steiner über Landwirtschaft entdeckte. Es war nur ein Satz, erklärte er, nur ein kurzer Satz in diesem eher schmalen, aber an verblüffenden Gedanken reichen Buch – aber er, Hugh, mußte einfach danach handeln. Steiner war der Ansicht, daß der Boden und der Nährstoffgehalt seiner Produkte nur dann wieder in Ordnung kommen könnten, wenn ein möglichst großer Teil der Erde mit den von ihm entwickelten Präparaten behandelt würde.

«In vielen spirituellen und okkulten Kreisen», sagte Hugh lächelnd, «wird seit einiger Zeit auch über Landwirtschaft gesprochen. Doch Steiner war der erste, der alle diese Dinge zusammenbrachte. Nachdem ich seine Folgerungen wirklich verstanden hatte, beschloß ich, sie unter die Leute zu bringen.»

Steiners Buch *Geisteswissenschaftliche Grundlagen zum Gedeihen der Landwirtschaft* ist in der Tat höchst erstaunlich und wert, sorgfältig gelesen zu werden. Er hielt die darin gesammelten Vorträge im Juni 1924 – ein Jahr, bevor er im Alter von vierundsechzig Jahren starb – auf die dringliche Bitte einer Gruppe deutscher und österreichischer Bauern hin, denen der Zustand der europäischen Landwirtschaft Sorge machte: Das verfügbare Saatgut war gefährlich degeneriert, und Tier- und Pflanzenkrankheiten setzten dem Boden immer stärker zu. Die acht Vorträge, die Steiner daraufhin in dem damals schlesischen Städtchen Koberwitz bei Breslau hielt, 1929 zum ersten Mal publiziert, sind zum Elementarbuch geworden für biodynamischen Anbau in Garten- und Landwirtschaft, Anleitung zur Rettung der sterbenden Böden unseres Planeten.

Steiner wies immer wieder auf die Gefahren einer chemischen Düngung hin und hob hervor, wie wichtig guter Kompost und guter Humus für eine gesunde Landwirtschaft seien. Er schätzte die Pioniere einer solchen «organischen» Landwirtschaft wie Sir Albert Howard, Lady Eve B. Balfour und J. I. Rodale. Aber Steiner ging weiter, viel weiter; denn er bezog in seine Anschauungen die kosmischen, irdischen und geistigen Einflüsse auf Boden und Pflanzen mit ein. Steiners Vorstellung war so «über-natürlich», daß – nachdem sein österreichischer Schützling Ehrenfried Pfeiffer sie nach Amerika gebracht hatte – die ersten Anwender dieser biodynamischen Anbauform sich wie eine Geheimgesellschaft verhielten, aus Angst, von ihren orthodox mit chemischen Mitteln arbeitenden Nachbarn wegen Hexerei angeklagt zu werden.

Courtney erklärte uns: «Aufgeschlossene Menschen sahen in den biodynamischen Methoden ein Mittel, mit den Energien zu arbeiten, die Leben schaffen und erhalten. Für sie war und ist die Steinersche Geisteswissenschaft eine dringend notwendige Hilfe für unsere sterbende Erde. Wir müssen der Natur helfen, die nach so vielen Jahrhunderten des Mißbrauchs schwach geworden ist.»

Steiner verfolgte dasselbe Ziel wie Alexis Carrel: mit dem Boden als der Grundlage für die menschliche Gesundheit zu arbeiten. Dazu müssen organische Stoffe wieder in den Boden gebracht werden, damit er seine Fruchtbarkeit behält. Auch muß er wieder zu einem lebendigen System werden, das sich in einem Gleichgewicht befindet. Man darf ihn keineswegs nur als eine Mischung oder Anhäufung von Mineralien betrachten.

Steiner lehnte jede chemische Düngung ab und bestand statt dessen auf natürlichem Kompost, den er durch bestimmte speziell behandelte, wiederbelebende Kräuter anreicherte. Sie helfen den Kleinstlebewesen, das organische Rohmaterial des Komposthaufens schnell in einzelne Bestandteile zu zerlegen. Daraus wird langlebiger, nach Erde riechender, dunkelbrauner, lockerer, bröckliger Humus. Diese Substanz kann durch ihren kolloidalen Zustand ihre Struktur behalten, laugt nicht aus, ist in der Lage, den Stickstoff direkt aus der Luft zu fixieren, sorgt dafür, daß Pflanzen mehr Mineralien aufnehmen – ein wirklicher Stoff zum Leben!

Wir saßen also in der Mittagssonne und stopften eifrig löffelweise den Kuhmist in die Kuhhörner. Währenddessen machte uns ein Mitarbeiter des Gastgebers, der Kräuterkenner Lee McWhorter, die wesentliche Rolle der Mikroben im Boden klar. «Die traditionell arbeitende Landwirtschaft», sagte er, «hängt vollkommen davon ab, daß Bakterien und andere Mikroben die verschiedenen chemischen Elemente wieder zugänglich machen – vor allem Stickstoff, Schwefel, Kohlen- und Sauerstoff, wovon Pflanzen sich ernähren. Stickstoff ist ganz besonders wichtig für das Leben auf der Erde. Er stellt einen wichtigen Bestandteil von Nuklein- und Aminosäuren, von Proteinen und Enzymen dar – den Quellen aller Körpersäfte und des Blutes. Aber obwohl er in der Luft über dem Boden in ausreichender Menge vorhanden ist, kann er von den meisten Pflanzen nicht ohne die Hilfe von Mikroben eingefangen werden. Diese notwendige Symbiose, die für Pflanzen und Bakterien gleichermaßen von Nutzen ist, muß sich bereits vor vielen Millionen oder Milliarden von Jahren herausgebildet haben.»

«Wissen Sie eigentlich», fragte uns einer von Courtneys Nachbarn, Will Chapin, der uns beim Hörnerstopfen zur Hand ging, «daß in einer halben Tasse fruchtbarer Erde mehr Mikroorganismen gedeihen, als Menschen auf unserer Erde leben, und daß etwa hunderttausend von ihnen oder sogar mehr auf jedem Quadratzentimeter menschlicher Haut existieren?» Er machte eine Pause, um seine Worte wirken zu lassen, dann fügte er hinzu: «Das Gesamtgewicht aller Mikroorganismen auf der Erde ist 25mal größer als das allen tierischen Lebens. In jedem Morgen Ackerland lebt eine halbe Tonne Mikroorganismen, ganz abgesehen von der Tonne Regenwürmer, die täglich eine Tonne humushaltiger Stoffe abgeben können.»

Mit seiner behandschuhten Hand strich er überschüssigen Kuhmist von einem gerade gefüllten Horn.

«Aber die Produktion von Humus», warf unser Gastgeber ein und hob seinen Löffel vor Begeisterung, «ist nur ein Teil der Lösung. Das Vorhandensein dieser wimmelnden Mikroorganismen, die einen guten, lockeren Humus schaffen, ist nur das Zeichen dafür, daß noch mächtigere Kräfte am Werk sein müssen – und zwar gleichermaßen kosmische wie irdische. Und das vor allem ist von Steiner beschrieben worden.»

Als wir von unserer Arbeit ein wenig ausruhen wollten, bot uns Courtneys Frau Liz, eine charmante, attraktive Schauspiellehrerin, einen Lunch an. Während des Essens beschrieb uns Courtney den praktischen Sinn unserer Arbeit: Es handelte sich um die Herstellung des ersten und vielleicht wichtigsten Steinerschen Heilmittels für die sterbende Erde, willkürlich «Präparat 500» genannt, eine eher alchimistische denn chemische Arznei. Unsere gefüllten Kuhhörner sollten den Winter über im Boden vergraben liegen. Während dieser Zeit würden kosmische und irdische Einflüsse – laut Steiner die «formenden Kräfte» – den Kuhmist in eine dunkle, erdige und geruchlose Substanz umwandeln. Eine Vierteltasse dieser Substanz, verrührt in etwa 12 Liter Regenwasser, also in einer extremen, buchstäblich homöopathischen Verdünnung, sei in der

Lage – zusammen mit anderen biodynamischen Methoden wie Kompostierung, Fruchtwechsel und tiefem Einwurzeln –, einen ganzen Morgen sterbenden Bodens zu revitalisieren.

Die anderen biodynamischen (BD) Präparate – BD 501 bis 508 –, die uns Courtney beschrieb, kamen uns so geheimnisvoll vor, als seien sie von den Hexen aus *Macbeth* erfunden worden.

BD 501 zum Beispiel – das noch am wenigsten exotische Präparat – besteht aus zu Mehl zerriebenem Quarz. Auch diese Substanz wird, in ein Kuhhorn gefüllt, vergraben, allerdings während des Sommers und nicht im Winter. Im Frühling oder Frühsommer wird ein Viertelteelöffel, aufgelöst und verschüttelt in ca. 12 Liter Wasser, über einen Morgen Land gesprüht. Dadurch wird der Lichtstoffwechsel in den Pflanzen erhöht, die Photosynthese angeregt und damit die Bildung des Chlorophylls. Farbe, Aroma, Geschmack und Qualität der Ernte werden eindeutig verbessert.

Die nächsten fünf Präparate – BD 502 bis 506 – sollten in einen Komposthaufen eingebracht werden, um den Kleinstlebewesen bei der Umwandlung in fruchtbaren Humus zu helfen, nämlich durch die ätherischen formenden Kräfte. Die besonders exotischen Präparate 502 und 506 werden meistens zusammen angewendet. Das erste besteht aus Schafgarbenblüten, die man in die Blase eines Edelwildes stopft. Die Blase wird wie ein Ballon aufgeblasen und muß vor dem Füllen getrocknet werden. BD 506 sind Löwenzahnköpfchen, eingenäht in Rindsgekröse. Ganz wichtig dabei ist, daß der Löwenzahn wirklich die Innenwände des Gekröses berührt. Blase und Gekröse, wie beschrieben vollgestopft, werden den Winter über im Boden vergraben. Sie werden dann von geheimnisvollen kosmischen Kräften bearbeitet, die unter dem gefrorenen, verschneiten Boden das Leben keimen lassen.

BD 503 ist eine «wunderschöne Sache», wie Steiner sagte. Man stopft Kamillenblüten in die Gedärme eines Rindes, wie man Würste stopft. Diese vergräbt man im Boden, wo sie den Winter über bleiben, und zwar an einer Stelle, wo lange Zeit Schnee liegt und dieser von der Sonne gut beschienen wird, so daß möglichst die kosmisch-astralen Wirkungen dazukommen.

Die Brennessel – auf den Feldern nicht gern gesehen – entpuppt sich als eine wahre Wohltat für ihre Nachbarn und belebt den Boden, macht ihn gesund und hilft den Pflanzen, die Nährstoffe zu bekommen, die sie jeweils am meisten brauchen. Als Präparat 504 wird sie zusammen mit einer Schicht Torfmull oder einer Lage Eisenmaschendraht – unbedingt Eisen, nicht Kupfer! – vergraben. Eisen, so erklärte unser Gastgeber, korrespondiert mit dem Mars, der sich wiederum gut mit der Nessel verträgt. Kupfer dagegen ist nicht gut, da es eher dem Planeten Venus assoziiert ist. Diese fremd wirkenden astrologischen Zusammenhänge wurden später auf vielfältige Weise wissenschaftlich bestätigt.

BD 505 besteht aus Eichenrinde. Sie wird zermahlen und in den Schädel eines Haustiers gefüllt – Kuh, Schaf, Ziege oder Schwein. Zusammen mit einer Torfmullschicht wird der Schädel in der Erde vergraben und später mit viel Wasser versorgt, das in den Boden geleitet wird, damit eine schöne Schlammdecke entsteht.

Die letzte dieser Komposthilfen – BD 507 – ist die einfachste, nämlich der Saft von Baldrianblüten.

Schließlich gibt es noch das Steinersche Präparat 508, das nicht zur Kompostierung benutzt wird. Es ist der Ackerschachtelhalm, aus dem ein starker Tee gebraut wird, der, im Frühjahr und Sommer über Pflanzen und Bäume gesprüht, vorbeugend gegen Pilzkrankheiten wirkt.

Unser Gastgeber bemerkte, daß seine Erklärungen uns recht sonderbar vorkamen, beendete sie vorläufig und meinte, es sei nun Zeit, die Hörner zu vergraben. Das solle nämlich geschehen, während die Sonne noch hoch steht und bevor der Boden gefriert. Wir luden unser Handwerkszeug in einen Ford und fuhren hinunter ins Flußtal. Dort hoben wir ein etwa 3 1/2 Meter breites und 60 Zentimeter tiefes Loch aus und legten die Hörner in den weichen Schwemmsandboden.

Wir begannen in der Mitte und plazierten die gutgefüllten Hörner kreisförmig eins neben dem anderen, bis alle 850 untergebracht waren. Das Ganze wurde dann mit einer etwa 20 Zentimeter dicken Erdschicht bedeckt. Wir sollten im Frühjahr wiederkommen, um uns zu überzeugen, wie die irdischen Kräfte des Winters diesen Kuhmist in reinstes Manna umgewandelt hatten.

Als Courtney frische Erde auf den Haufen warf, fand er zufällig ein kleines Horn, das vom vergangenen Jahr übriggeblieben war. Er schüttete ein wenig von dem dunklen, krümeligen Inhalt in seine Hand und versicherte uns, daß dies ausreichen würde, um einem ganzen Morgen Land zu neuem Leben zu verhelfen. Doch zuerst müßte es auf homöopathische Weise in ca. 12 Liter Wasser verschüttelt werden, und zwar 1 Stunde lang, jeweils 20 Sekunden in die eine und 20 Sekunden in die andere Richtung, um es «mit den erforderlichen Kräften des Kosmos zu potenzieren». Auch dies klang wieder mehr als seltsam, findet jedoch seine Erklärung in den Grunderkenntnissen der Homöopathie, die davon ausgeht, daß die einer Substanz innewohnende Kraft um so mächtiger wirkt, je kleiner der Anteil des entsprechenden Stoffes an der Mischung ist. Denn die Kraft ist eine Gefangene dieses Stoffes, die befreit und gelöst werden kann durch heftige Erschütterungen oder Schütteln.

Wir gingen zurück ins Haus, das einen tief ausgeschachteten Keller hatte, aus Steinen erbaut und mit einem Zementdach versehen war. Unser Gastgeber zeigte uns große Kisten, in denen er die Steinerschen Präparate in irdenen Gefäßen aufbewahrte. Sie waren mit gewässertem Torfmull umgeben, um sie feucht zu halten und vor den giftigen Auswirkungen der Benzindämpfe oder des elektrischen Stroms zu schützen. BD 500 schien Energie auszustrahlen und wartete offenbar auf das Potenzieren durch die homöopathische Verschüttelung. BD 501, das sonneaufsaugende Quarz, stand unbeweglich an einem sonnenbeschienenen Fenster.

Solche alchimistischen Vorgänge in Gartenbau und Landwirtschaft machen es verständlich, warum biodynamisch arbeitende Farmer es vorgezogen haben, diese Dinge lieber im Geheimen zu betreiben. Aber für uns war es eine Herausforderung herauszufinden, ob und wie solche «Hexerei» sich in der Praxis auswirkt und ob sie wirklich, wie behauptet, die moderne Landwirtschaft revolutionieren kann.

Um uns seine eigene Methode «zauberischer» Anbaumethoden zu zeigen, lud Lee McWhorter uns auf seine Kräuterfarm im Shenandoah Valley ein, die er «La Dama Maya» getauft hatte – zu Ehren eines kalifornischen Blumenmädchens (natürlich auch biodynamisch orientiert), das er in Mexiko kennengelernt und geheiratet hatte.

## 2  Am Puls des Lebens

An einem grauen Dezembertag zwischen Weihnachten und Neujahr begaben wir uns über die Blue Ridge Mountains zur McWhorter-Farm im Shenandoah Valley. Wir wollten dort lernen, wie man richtigen biodynamischen Kompost macht sowie die homöopathische Version davon, bekannt als «Faß-Kompost».

Lee und seine Frau Maureen erwarteten uns schon in ihrem zweistöckigen viktorianischen Farmhaus. Nach einem Begrüßungsschluck Kräutertee führten sie uns zu einem Gewächshaus, das sich über die ganze Hauslänge erstreckte. Reihen von Pflanzenzöglingen lagen dort, und es roch nach Rosmarin, Wermut, Myrte, Thymian, Origanum, Salbei, Heiligenkraut und Winter-Bohnenkraut, die alle äußerst frisch aussahen und trotz der winterlichen Jahreszeit blühten.

Und schon begann die erste Lektion: Wie man das Hauptelement biodynamischen Anbaus braut, Steiners Präparat 500. Lee nahm einen 20-Liter-Eimer, der mit 12 Litern Regenwasser gefüllt war, und gab eine Handvoll des schwarzen 500 hinein – genug, um einen ganzen Morgen Land zu besprühen, wie er uns sagte. Er begann, die Lösung mit einem langen Stock rhythmisch zu verwirbeln, zuerst im Uhrzeigersinn, bis ein tiefer Wirbel entstand, dann entgegengesetzt, indem er ein turbulentes «Chaos» hervorrief, das bald erneut zu einem Wirbel wurde.

«Ich benutze diesen speziellen Stock», erklärte Lee, «um einen bis zum Eimerboden reichenden Wirbel erzeugen zu können. Es ist nur ein einfacher alter Stock. Aber er ist leicht gebogen, und das ist gut so. Du mußt nämlich buchstäblich den richtigen Dreh herauskriegen. Steiner sagte, der Wirbel ist der Rhythmus des Lebens; auch eine Menge Samen haben die Form eines Wirbels, das heißt, sie sind gedreht. Diese Bewegung scheint dem Wasser Energien zuzuführen.»

Er saß auf seinem Melkschemel gegenüber der Tür des Gewächshauses. Dahinter sah man leise die Schneeflocken fallen.

«Ich verwirbele es weniger als eine Minute, bevor ich die Bewegung umkehre. Wenn ich den Rhythmus gefunden habe, sitze ich still da und meditiere über das, was ich gerade tue. Das ist wichtig, daß man seine Gedanken und Entscheidungen in das, was man gerade tut, einbringt. Steiner sagt, daß man sein ganzes Leben mit hineinlegen soll, so daß das, was von der Erde zurückkommt, eine Reflexion der eigenen Anstrengungen und des eigenen Geistes ist. Steiners Grundgedanke ist, daß alle Teile der physikalischen Welt durchdrungen sind und gelenkt werden vom Geistigen. Er glaubte, daß der Boden nicht nur mit Nährstoffen, Mikroorganismen und Humus versorgt werden muß, sondern ebenso mit dem Willen und dem Geist des Farmers oder Gärtners; darüber hinaus aber auch mit den Kräften des Mondes, der Sonne, anderer Planeten und der Sterne. Beim Verwirbeln gebe ich Energie ab. Ich weiß, daß ich den Stock bewege. Aber was bewegt mich? Vielleicht der Fisch, den ich gestern abend gegessen habe? Alles dreht sich im Kreis, im gleichen Rhythmus wie das Universum, ein Impuls, den ich nicht anders als Leben nennen kann. Wenn Steiner recht hat, so zieht dieser Wirbel hier im Eimer die Kräfte aus der Luft, aus dem Kosmos an – lebenspendende Kräfte, nicht todbringende. Irgendwie sind sie hier: kinetisch, latent.»

Er machte eine kurze Pause und begann dann wieder mit dem Verwirbeln. «Eine Stunde kann ziemlich lang sein», seufzte er. «Es ist nicht so schlimm, wenn man drei oder vier Leute hat, die einem helfen. Steiner bat immer seine Gäste nach dem Sonntagsessen, ihm zu helfen, sozusagen als eine Form der Unterhaltung. Wenn ihr mir helfen wollt, so habe ich da noch ein paar Stöcke. Suchen Sie sich den heraus, der Ihnen am besten gefällt. Einfacher ist es mit einem längeren Stock. Damit kann man einen kleineren Kreis machen und kriegt dann einen besseren Wirbel.»

Als die Stunde um war, hörte Lee auf und bewunderte den Inhalt seines Eimers. Der sah aus wie klares Wasser mit einigen

Schmutzbatzen auf dem Grund. «Das ist er!» sagte Lee. «Der magische Trank! Aber er allein ist gar nicht so machtvoll. Wir haben gelernt, daß er dem Boden mehr hilft, wenn er mit Kompost angereichert wird, der aus den anderen Präparaten von 502 bis 507 besteht, oder mit Faß-Kompost besprüht wird, der schon alle Präparate enthält. Also werde ich jetzt in dieses BD 500 ein klein wenig – sozusagen eine homöopathische Dosis – Faß-Kompost geben. Das dauert jetzt noch einmal etwa zwanzig Minuten.»

Wir hatten schon bei Hugh Courtney diesen Kompost gesehen, wie er dunkel und erdig in einem unten am Fluß eingegrabenen Faß lag, aber über seinen Zweck hatten wir nichts gewußt. Lee erklärte uns, daß er von einer deutschen Schülerin Rudolf Steiners, Maria Thun, entwickelt worden sei. Über zehn Jahre hatte sie auf einem deutschen Staatsgut bei Kassel Pflanzen beobachtet und mit ihnen experimentiert. Der Faß-Kompost ist eine einfachere Methode, um alle Steinerschen Präparate in homöopathischen Dosen in die Erde zu bekommen. «Nichts gegen die Verwendung normalen biodynamischen Komposts», fügte Lee rasch hinzu. «Es ist aber eine Frage der Größe der zu bebauenden Fläche. Wenn einer sehr viel Land hat, ist es ihm vielleicht nicht möglich, derart viel richtigen Kompost herzustellen. Dann leistet die Faßmischung gute Dienste, vor allem auch, wenn man vom chemischen Düngen zur biodynamischen Methode überwechseln will.»

Lee informierte uns weiter: «Steiner stellte ausdrücklich fest, daß das Ergebnis der Konzentration und der folgenden Verdünnung der Präparate die Ausstrahlung – das Astrale – ist. Sie macht die ganze Arbeit, nicht die Substanz selbst.»

Maria Thuns Faß-Kompost wird hergestellt, indem man etwa ein Gramm jedes Präparats von 502 bis 506 in eine Mischung aus Kuhmist, frischen Eierschalen und gemahlenem Basalt gibt. Basalt ist ein vulkanisches Gestein; es enthält alle Elemente und wird nach der Verwitterung zu Ton.

Die Vorteile sind, so erklärte uns Lee, daß die Mischung jederzeit hergestellt werden kann, weniger Pflege braucht als der normale biodynamische Kompost, und bis sie fertig ist, dauert es vielleicht nur drei Monate statt sechs. Sie ist nicht nur als Düngemittel geeignet, sondern hilft der Erde auch, sich gegen eindringende Radioaktivität zu wehren, vor allem gegen die tödliche Festsetzung von Strontium 90 in den Knochen. Eierschalen geben dem Boden Kalzium ab, und Pflanzen, die in kalziumangereicherten Böden wachsen, speichern weniger Radioaktivität. Entsprechend verwirbelt – wie gehabt etwa eine Stunde –, wird die Mischung von Kuhmist und den anderen Zutaten in ein Faß gegeben, das oben und unten offen und bis zur Mitte eingegraben ist. Dann wird etwas Erde obendrauf gegeben, damit alles abgedeckt ist. So bleibt es den Winter über im Boden.

«Ist der Kompost fermentiert», sagte Lee, «kann so ein Faß zwischen 40 und 60 Kilogramm des Endprodukts enthalten, wobei je ca. 30 Gramm für einen Morgen Land ausreichen. Das bedeutet, daß man mit jedem Faß einige tausend Morgen versorgen kann. Die Essenz dieser Präparate, selbst in den geringsten Mengen, scheint den Boden zu regenerieren und das Präparat 500 noch wirkungsvoller zu machen. Wenn man ein großes Stück Land hat, kann man wohl kaum genug richtigen Kompost machen, denn das müßten mehrere Tonnen sein. Aber nur eine Unze – etwa 30 Gramm – dieses Faß-Komposts, verwirbelt in Regenwasser und angeregt von den durch den Kompost freigesetzten Kräften, kann eine Milliarde Mikroorganismen in jedem Teelöffel Erdboden heranwachsen lassen. Was dann passiert, kann man nur ahnen, wenn man sich vorstellt, daß jedes dieser Lebewesen Abfälle frißt, dann seinen eigenen Körper als organischen Rückstand zur Verfügung stellt – und dies alles oft innerhalb von nur wenigen Minuten. Auf diese Weise werden Ihre Felder bald einen reichen Humus haben. Aber verstehen Sie, Steiner wußte genau, daß die Gegenwart von sehr vielen Mikroorganismen im Boden nur ein Zeichen dafür ist, daß kosmische Kräfte am Werk sind. Das ist wie mit den Fliegen: Sie kommen nur dahin, wo Dreck ist. Auch Mikroorganismen treten nur auf, wenn die richtigen Kräfte da sind. Und das geschieht durch diese Präparate.»

Nachdem Lee mit dem Einrühren des Faß-Komposts in den Eimer mit dem Präparat 500 fertig war, nahm er ein Stück Musselin und filterte den Inhalt in ein Sprühgerät, das er auf dem Rücken tragen konnte, wobei etwa ein Viertel der Flüssigkeit im Eimer blieb. «Ich möchte nicht, daß irgendwelche Rückstände die Düse verstopfen», erklärte er. «Ich werde jetzt meine Kräuter besprühen. Zu Steiners Zeiten, als dieses Gerät noch nicht erfunden war, benutzte man einen Kübel und eine große Bürste, um das Zeug über den Boden zu spritzen. Maureen macht es heute noch so, und es klappt recht gut.»

«Wir sprühen immer im Herbst», erläuterte Lee weiter, «bevor der Boden gefriert. Ich möchte die ganze Farm besprüht haben, damit die Erde, wenn sie im nächsten Sommer wieder aufatmet, all diese Kräfte in sich hineinsaugt. Dann beginnen die Dinge wieder zu leben. Normalerweise sprühen wir nie mitten am Tag so wie jetzt. Ich mache es immer am frühen Morgen, wenn Rauhreif oder Tau liegt. Aber da die Sonne heute nur so wenig scheint, braucht man nicht zu befürchten, daß das Zeug zu schnell verdunstet.»

Es fiel noch immer etwas Schnee, als wir Lee in den Garten folgten, um ihm beim Besprühen seiner schlafenden Kräuter zuzuschauen.

«Seit zehn Jahren hat dieser Boden nichts anderes bekommen als biodynamische Präparate», sagte er. «Der Erfolg dieser Methode macht sich im Laufe der ersten drei oder vier Jahre bemerkbar. Der Boden wird ständig fruchtbarer, und seine Produkte gewinnen an Qualität und Aroma. Wir ernten nur an solchen Tagen, da der Mond bestimmte Pflanzen beeinflußt und ihnen eine bessere Qualität verleiht. Unseren Kunden fallen immer wieder die Schönheit und Würzigkeit unserer Kräuter auf; aber wenn ich dann versuche, ihnen zu erklären, daß dies auf kosmischen Kräften beruht, macht meine Frau mir immer Zeichen, den Mund zu halten. Sie meint, die meisten Menschen seien noch nicht bereit, dergleichen zu akzeptieren.»

Lee bewegte sich zwischen den Kräuterreihen und pumpte dabei einen feinen Nebel in die Luft. «Nach jahrelangen sorgfältigen Untersuchungen», fuhr er fort, «hat Sherry Wildfeuer vom Camp Hill Village in den Kimberton Hills, Pennsylvania, einen Kalender erstellt, der genau die Tage (und Stunden) aufzeigt, die am besten geeignet sind für die Arbeit an den Blättern, den Wurzeln, Früchten oder anderen Pflanzenteilen. Danach empfiehlt es sich, mit Spinat an einem Blattag zu arbeiten, mit Kartoffeln an einem Wurzeltag, mit Pfirsichen an einem Fruchttag, mit Blüten an einem Blumentag usw. Die Tage folgen in einem Neunerzyklus aufeinander, was einem Drittel einer Mondphase entspricht. Umpflanzen tun wir immer nur an einem Wurzeltag, damit die Wurzeln sich richtig eingraben können. Am besten konnte ich das bei Brokkolisetzlingen beobachten. Sonst braucht der Brokkoli meist mehrere Wochen, um zu wachsen. Wir setzen ihn in der richtigen Mondphase, und die Setzlinge wachsen innerhalb von drei Tagen. Jeder weiß, daß Apfelbäume beschnitten und Kuhhörner gestutzt werden sollen, wenn der Mond abnimmt, weil die großen Gezeitenkräfte sonst dafür sorgen, daß die Wunden beim Baum wie bei der Kuh bluten und schlecht heilen. Wenn Sie wollen, daß Ihr Haar kräftiger wächst, schneiden Sie es nur bei Vollmond. Warum also nicht auch die anderen Daten des Kalenders berücksichtigen? Sobald man sich mit den Mondphasen beschäftigt, merkt man schnell all deren Auswirkungen, nicht bloß aufs Wetter.»

Lee setzte ein breites Lächeln auf: «Die Mechanismen erscheinen sehr komplex, aber die Voraussetzung ist einfach. Dieser Planet und alles, was auf ihm existiert, ist Teil des Sonnensystems und des Kosmos. So ist jeder Grashalm ein Teil des Ganzen. Dank seiner vorausschauenden Sicht konnte Steiner die formenden Kräfte und ihr zyklisches Auftreten beschreiben.»

«Was ist mit BD 501?» fragten wir.

«Ach ja», setzte Lee gleich bereitwillig zu einer Erklärung an, «dieses Präparat ist für das Frühjahr und den Frühsommer. Wenn die Blätter zu sprießen beginnen, die Pflanzen drei oder vier Blattansätze haben und zu wachsen anfangen, dann sprühen wir das Kieselpräparat 501. Ein Teelöffel aus gemahlenem Quarz wird in etwa 12 Liter Wasser gemischt, eine Stunde lang verwirbelt, wie ich es euch vorhin mit dem BD 500 gezeigt habe. Das ergibt ein äußerst kräftiges Mittel. Bei einer mikroskopischen Untersuchung von 501 würde man zwar nichts anderes entdecken als 12 Liter reines Regenwasser – aber es wirkt schnell; man kann es sofort sehen. Steiner sagt, es intensiviert den Lichtstoffwechsel in den Pflanzen, regt die Photosynthese an und damit die Bildung von Chlorophyll. Ich weiß, daß es Farbe, Aroma und Haltbarkeit unserer Ernten beeinflußt. BD 501 sprüht man während des Sommers, um die Kräfte des Lichts miteinzubringen.»

Lee setzte das Sprühgerät ab; aber es war noch etwas Flüssigkeit im Tank. «Jetzt werde ich Ihnen zeigen, wie man einen biodynamischen Komposthaufen herstellt. Ich mache sie nie sehr groß. Ich brauche nicht so viel für meine neun Morgen Land, vor allem nicht, wenn ich mit dem Faß-Kompost arbeite. Aber ich gebe immer gern eine Handvoll normalen biodynamischen Kompost in jedes Pflanzloch, wenn ich die Kräuter umpflanze. Wenn es Ihnen also nichts ausmacht, hier draußen im Schnee zu stehen, dann baue ich Ihnen jetzt einen hübschen kleinen Misthaufen.»

Sofort fing Lee an, ein Stück Boden von etwa 90 mal 120 Zentimeter auf dem nackten Grund zu säubern. «Der Haufen muß direkten Kontakt zum Boden haben, damit die Regenwürmer und Kleinstlebewesen freien Zugang besitzen, um das Material zu zersetzen.»

Mit einer Schubkarre sammelte er verschiedene Ingredienzen, die er dann in Schichten übereinandertürmte. Zuerst getrocknetes Unkraut, das er am Rand eines Feldes ausriß. Darüber kam eine dünne Lage Erde (etwa 6 bis 8 Zentimeter), darauf folgte eine Lage Stroh und dann eine Lage Kuhmist.

«Das ist biodynamischer Mist», lachte er ganz glücklich. «Ich hab ihn von Hugh Courtney im Kofferraum meines Wagens mitgebracht. Jetzt gehört eigentlich noch eine Lage ungelöschter Kalk darauf; aber ich habe leider keinen. Doch bei meinem Boden geht es auch ganz gut ohne.»

Lee grub einige Disteln aus und noch ein paar grüne Unkräuter, die überlebt hatten. «Das hier ist weiße Scharfgarbe», sagte er, zog sie mit den Wurzeln heraus und schwang sie in der Luft. «Sie wächst auch wild. Aber ich habe sie überall angepflanzt, und wir ernten sie im Frühjahr, vor allem für Hugh. Sie gehört zu den Dingen, die man in eine Wildblase füllen kann. Wir verwenden sie aber auch bei unseren Kräutermischungen. Sie ist ein gutes schleimlösendes und schweißtreibendes Mittel. Wenn sie Heilkräuter ziehen wollen, müssen Sie wissen, wozu die einzelnen Kräuter gut sind. Außerdem sollten sie auf jeden Fall biodynamisch wachsen.»

Lee schob seine Schubkarre zu drei Komposthaufen, die bereits «arbeiteten». Der erste war schon fertig, wie wir leicht erkennen konnten an dem dunkelbraunen, krümeligen Material, das er uns auf einer Schaufel zeigte. Es roch gut und erdig, und viele Regenwürmer krochen darin herum. Der Haufen daneben war gerade in voller biologischer Zersetzung begriffen. Er würde wohl in einigen Monaten fertig sein. Der dritte Haufen bestand sichtlich aus Küchenabfällen, denn wir konnten Orangen- und Eierschalen entdecken.

«Ich habe über meinen ganzen Besitz solche kleinen Komposthaufen verteilt», sagte Lee. «Wenn sie fertig sind, kann ich sie direkt von Ort und Stelle aus verteilen.» Er schaufelte etwas von dem schon abgebauten Material in seine Karre und brachte es zu dem neuen Komposthaufen. «Ein wenig von dem älteren Zeug hier hilft bei der Entwicklung des neuen Haufens. Aber die wirklichen Helfer sind die Steinerschen Präparate, von denen Pfeiffer gesprochen hat, deren eigentlichen Inhalt er aber zu verheimlichen versuchte. Ich werde sie dem Haufen hinzufügen, sobald er etwas über einen Meter hoch ist und sozusagen schon eine Haut entwickelt hat.»

Mit Haut meinte Lee eine Lage Stroh und Erde, um den Haufen vor Wetterunbilden zu schützen, nicht jedoch vor dem erquickenden Regen. Diese Schicht ordnete er mit der Schaufel sorgfältig an und stach dann mit dem Griff fünf Löcher in den Haufen, jeweils gut 50 Zentimeter tief.

«In jedes dieser Löcher werde ich eines der Präparate – 502 bis 506 – geben», erklärte er und holte aus seiner Tasche fünf kleine Plastikbehälter, nicht größer als Teebeutel. Den Inhalt jedes dieser Beutel – nicht mehr als ein Gramm etwa – schüttete er in jeweils ein Loch und verschloß es dann.

Das letzte Präparat – 507, Baldrian bzw. Saft der Baldrianpflanze – goß er aus einem Fläschchen in sein Sprühgerät, das noch die Reste der Mischung aus Faß-Kompost und Präparat 500 enthielt. Das Ganze sprühte er in einem feinen Nebel über den Haufen.

«Der Kompost muß feucht sein», erklärte er, weitersprühend, «sonst erhitzt er sich. Er darf aber auch nicht zu naß sein, sonst haben die Mikroben nicht genügend Luft zum Atmen. Dann findet keine Fermentation statt, und der Kompost verdirbt.»

Er schaute mit einem zufriedenen Grinsen um sich. «Kommen Sie im Frühling wieder, und Sie werden einen wunderschönen Haufen von zersetztem Kompost sehen, der in der Lage ist, dem Boden Leben zu verleihen. Dieser Haufen hier wird dann weicher, dunkler, mürber Humus geworden sein, das Geheimnis landwirtschaftlicher Gesundheit auf unserem Planeten – dank Steiner, den kosmischen Kräften und Milliarden oder Billionen mitarbeitender Mikroorganismen.

«Wer in Amerika arbeitet sonst noch nach dieser Methode?» fragten wir.

«Ah! Um das zu erfahren, müssen Sie nach Kimberton gehen, zur Bio-Dynamic Association, und mit dem dortigen Chef sprechen, Roderick Shouldice. Der weiß eine Menge über solche Leute in Dakota und Ontario.»

# 3 Der Einfluß des Mondes

Dreißig Meilen westlich von Philadelphia wurde während der späten dreißiger Jahre dieses Jahrhunderts in den flachen Hügeln von Kimberton eine der ersten biodynamischen Farmen Amerikas aufgebaut. Sie betreibt eine ökologische, autarke, nicht-synthetische Landwirtschaft. Auf den baumlosen Höhenzügen von Surrey errichtete Alarik Myrin von der Sun Oil Company auf einem tausend Morgen großen Stück Land Ehrenfried Pfeiffer ein Denkmal. Dieser frühe Schüler von Rudolf Steiner war Biochemiker und Bauer in einem. Er floh vor den Nationalsozialisten und brachte die landwirtschaftliche Botschaft seines Meisters nach Amerika.

Das alte Herrenhaus, das zu einer vierhundert Morgen großen Farm gehört, beherbergt heute viele behinderte Personen jeden Alters. Schon Steiner selbst hatte sich viele Jahre seines Lebens bemüht, Behinderten zu helfen, und Camp Hill Village ist eine von mehreren solcher Gemeinschaften in der Steinernachfolge, die es heute von Irland bis Botswana gibt. Es ist ein Unternehmen, das keinen Gewinn abwirft und zum Teil von der Regierung subventioniert wird. Seine Bewohner verrichten die täglichen Arbeiten auf der Farm, zu der auch eine Bäckerei und eine Käserei gehören. In einem Laden werden biodynamische Produkte verkauft, leckeres selbstgebackenes Brot und besonders schmackhaftes Gemüse.

Roderick Shouldice, ein ruhiger, etwa dreißigjähriger Mann, der kürzlich zum Verwalter der Bio-Dynamic Association ernannt worden war, erklärte uns, daß man das ursprüngliche Gebiet kurz vor dem Tod von Myrin in zwei Farmen aufgeteilt hatte, die aber beide biodynamisch betrieben würden. Die Farmen haben sich

Autarkie, Selbstversorgung und Gesundheit zum Ziel gesetzt. Sie bauen Weizen, Roggen, Gerste, Hafer, Sojabohnen und Mais ebenso an wie die meisten gängigen Obst- und Gemüsesorten. Viele dieser Obstbäume hatte Pfeiffer in den frühen vierziger Jahren auf den bebauten Abhängen gepflanzt, um einer Erosion vorzubeugen. Sie tragen heute noch: Es sind Apfel- und Birnbäume, deren Rinde mit einem speziellen Steinerschen Präparat bestrichen wird, um den Mehltau zu bekämpfen. (Genauere Angaben zu Mischung und Herstellung bestimmter Präparate sind hier wie auch in anderen Fällen den praktischen Anleitungen im Anhang zu entnehmen.)

In einem klug unterteilten Vorratskeller, den die Myrins in der Nähe eines der Häuser gebaut hatten, lagerten in Tongefäßen, fein säuberlich von feuchtem Torfmoos umgeben, die verschiedenen Steinerschen Präparate 500 bis 507. Die Deckel der Gefäße waren mit gelber Farbe unterschiedlich gekennzeichnet, um Schafgarbe, Eichenrinde und Brennessel auseinanderhalten zu können. Die Präparate warteten darauf, entweder einem Komposthaufen eingeimpft oder in homöopathischen Dosen über ausgelaugten Boden gesprüht zu werden.

Wie uns Rod Shouldice erklärte, verwendet die Seven Stars Farm – das Pendant zur Behinderten-Farm – nicht Maria Thuns Faß-Kompost, sondern hält genügend Kühe: Mehrere riesige Komposthaufen, die mit den Präparaten geimpft werden, liefern genügend Dünger für das ganze Ackerland. Braunvieh, Simmentaler sowie Guernsey- und Hereford-Kühe, Schweine, Schafe, Ziegen und Hühner produzieren alle biodynamischen Mist für den biodynamischen Kompost. Es gehört zur Steinerschen Lehre, daß jede Farm mit dem Mist der Tiere düngen sollte, die auf der Farm leben. Bei diesem Kreislauf wird der Boden immer reicher und besser, ohne Zugabe fremder oder chemischer Stoffe.

Das Präparat 500 wird auf der Farm selbst verwirbelt. Rod verwendet dazu eine Plattform, knapp zwei Meter über dem Boden angebracht und überragt von einem Gestell, von dem ein etwa drei Meter langer, massiver, beweglicher Stab in ein 500-Liter-Faß hineinhängt. Mit diesem System kann Rod 340 Liter auf einmal ohne große Anstrengung verwirbeln. Das fertige Präparat 500 wird dann in einen Sprühapparat gegossen, der auf einem Traktor befestigt ist. Damit können etwa 20 Liter auf einen Morgen versprüht werden, und das 19mal. Die ganze Farm wird mit biodynamischem Kompost aus eigenen Haufen gedüngt. Er wird im Frühjahr unter die oberste Bodenschicht gepflügt und regelmäßig von den kosmischen Kräften stimuliert, die durch das Versprühen der Präparate 500 und 501 freigesetzt werden.

Für diese Biodynamiker ist die ganze Erde nur eine Reflexion dessen, was im Kosmos geschieht. Diese Vorstellung geht mindestens bis auf die alten Römer zurück, als noch niemand leugnete, daß Mond, Sonne und die sieben damals bekannten Planeten großen Einfluß auf die Erde haben. In seiner *Naturgeschichte* beschreibt der römische Gelehrte Plinius der Ältere, ein Zeitgenosse von Jesus, den Einfluß der Mondphasen auf das pflanzliche und tierische Leben. Wollte man saftige und gutaussehende Früchte und Gemüse für den Verkauf oder zum eigenen Verzehr haben, so lag die bestmögliche Erntezeit bei Vollmond, gerade dann, wenn die Ameisen am eifrigsten in ihren Bauten herumkriechen, sogar bei Nacht; auch Meerestiere wie Austern haben dann die Zeit ihres größten Wachstums. Bei Neumond, sagt man, sind die Ameisen viel fauler, und das Wachstum von Meerestieren verlangsamt sich. Plinius schreibt außerdem, daß bei Neumond das Obst viel schneller verfault bzw. austrocknet. Und Vergil schlug vor, Landwirte sollten sich von den himmlischen Sphären und Konstellationen anregen lassen. Sie würden ihnen sagen, wann die beste Säzeit sei. Gewisse Samen gehörten dann in den Boden, «wenn der Stier das Jahr mit seinen goldenen Hörnern eröffnet».

In Camp Hill wurden die Auswirkungen des Kosmos auf das Wachstum der Pflanzen durch intensive Labortests und Feldexperimente im Laufe des letzten halben Jahrhunderts bestätigt. Als ein Zeichen dafür, daß der Mensch früher einmal den Einfluß der Sonne auf Boden und Pflanzen verstanden hatte, steht die ägyptische Hieroglyphe für den Sonnengott Ra, der immer mit Strahlen an den Fingerspitzen gezeigt wird.

Wie Sterngucker beobachtet haben, üben Sonne, Mond, Planeten und Sterne alle vierundzwanzig Stunden eine starke, ausgeprägte Wirkung auf das Wachstum der Pflanzen aus. Pflanz- und Erntearbeiten auf der Camp Hill Village Farm werden so streng wie möglich entsprechend dem Kimberton Hills Calendar vorgenommen, dessen Herausgeber, Sherry Wildfeuer, sowie einige seiner Mitarbeiter ganz in der Nähe wohnen. Steiner und seine Nachfolger sind der Ansicht, daß Sonne, Mond und Planeten während ihres Durchgangs durch die zwölf Tierkreiszeichen am Himmel verschiedene Auswirkungen auf die Erde und die auf ihr wachsenden Pflanzen haben. Da die Sonne jeden Tag vier Minuten später aufgeht als die Sterne, denen sie am vorangegangenen Tag entgegengezogen ist, durchquert sie in einem Jahr den ganzen Zodiakus und bleibt in jedem Sternbild einen Monat lang. Der Mond hält sich während seines monatlichen Zyklus jeweils nur ungefähr drei Tage in jedem Sternzeichen auf. Abgesehen von seinem sichtbaren Zu- und Abnehmen – dessen Einfluß auf die Gezeiten und das Wachstum der Pflanzen nicht länger bestritten wird –, zeigt der Mond zwei weitere Bewegungen, von denen Steiner-Anhänger behaupten, daß auch sie die Pflanzen und die Erde beeinflussen. Aufgrund seiner elliptischen Umlaufbahn ist der Mond der Erde einmal näher und einmal ferner. Das geschieht genauso harmonisch wie der Ablauf von Sommer und Winter, wo Erde und Sonne mal mehr, mal weniger entfernt voneinander sind. Wenn der Mond seine größte Erdnähe, das Perigäum, erreicht und gerade Winter herrscht, so ist nach Meinung der biodynamischen Landwirte die Beziehung der Pflanzen zur Sonne gestört: Pflanzen, die zu dieser Zeit ausgesät wurden, sind besonders anfällig gegenüber Pilzkrankheiten und Schädlingen.

Europäische biodynamische Mondbeobachter wie die Kompostforscherin Maria Thun weisen darauf hin, daß der zunehmende Mond die Pflanzenkräfte und -säfte viel besser aufsteigen läßt, so daß die Pflanzen voller Vitalität sind. Aber sobald der Mond seinen höchsten Punkt erreicht hat und erneut abzunehmen beginnt, orientiert sich die Pflanze wieder stärker auf ihre Wurzel hin. Damit beginnt die für das Umpflanzen günstige Zeit, weil die Pflanze jetzt besonders schnell kleine Wurzeln zu bilden vermag.

Wenn der Saftfluß schwächer wird, ist die Zeit auch günstig, Bäume zu schneiden und Hecken zu trimmen. Wenn der Mond niedrig am Horizont steht und so den Einfluß der Sonne im Herbst und Winter widerspiegelt, konzentriert sich die Vitalität der Pflanzen auf die unteren Teile. Nun ist die Zeit gekommen zum Düngen, zum Schneiden, zum Kompostieren und zum Ernten von Wurzelgemüsen.

Die Biodynamiker sind der Meinung, daß die Kräfte, die kontinuierlich entsprechend den Konstellationen fließen, vom Mond wie in einem Brennglas konzentriert werden und dann direkt auf die Pflanzen einwirken. Bei der Arbeit mit den Pflanzen wählen sie deshalb jene Tage aus, an denen der Mond in den Abschnitt des Himmels eingetreten ist, der gerade für das Wachstum jener Pflanzenteile förderlich ist, die stimuliert werden sollen.

In Kimberton Hills weiß man genau, welche Tage für Blatt- und welche für Fruchtgemüse am günstigsten sind. So erklärte uns Rod, daß sie Kohlsamen immer an Blattagen aussäen und für Tomaten einen Fruchttag abwarten. Die vier Pflanzenteile – Wurzel, Blatt und Sproß, Blüte, Frucht und Samen – haben unterschiedliche Qualitäten und Funktionen. Beim Anbau ihrer Pflanzen achten Biodynamiker darauf, das Wachstum der Wurzeln zu fördern bei Gemüsen wie Karotten, Beten, Steckrüben und Kartoffeln; das Wachstum von Blättern bei Salat, Spinat und Gras; das Wachstum der Blüten vor allem bei ihren Lieblingsblumen; das Wachstum von Früchten und Samen bei Feldfrüchten wie Weizen, Mais, Tomaten, Bohnen und Kürbis. Steiner-Anhänger weisen darauf hin, daß der Mond nicht nur als reflektierender Himmelskörper, sondern auch aus eigener Kraft auf die Erde durch das Element Wasser einwirkt, auf die Pflanzen also entweder durch Regen oder Bewässerung. Außerdem ist das Wasser Träger jener Kräfte, welche die Fortpflanzung und das vegetative Wachstum beeinflussen.

Ein anderer grundlegender Rhythmus ist die tägliche Rotation der Erde um ihre eigene Achse. Wie Maria Thun sagt, wird innerhalb eines einzigen Tages eine Pflanze durch die vollständige Umdrehung der Erde beeinflußt – ein Effekt, den man vergleichen kann mit dem, was Biodynamiker als das jährliche Ein- und Aus-«atmen» der Erde bezeichnen. Sie behaupten, daß ab drei Uhr morgens bis mittags dieser tägliche Rhythmus dafür sorgt, daß die Säfte steigen; von drei Uhr nachmittags bis Mitternacht jedoch beeinflußt dieser Rhythmus die Versorgung der unteren Pflanzenteile.

Als Steiner bemerkte, daß Eiskristalle, die sich im Winter an Fensterscheiben bilden, unterschiedlich sind, je nachdem ob sie an einem Blumengeschäft wachsen oder an einem Metzgerladen, schlug er Pfeiffer und seiner langjährigen Schülerin Lily Kolisko vor, sie sollten im Labor Versuche mit Kristallformen anstellen, um die «gestaltbildenden Kräfte» in der Natur zu demonstrieren. Auf Steiners Wunsch hin – der «hinter die Dinge» kommen wollte – entwickelte Pfeiffer eine Art Chromatographie: Er ließ mehrere verschiedene Mineralsalzlösungen von Papier aufsaugen und erhielt dabei unterschiedliche Muster, entsprechend den im Boden und in den Pflanzen herrschenden Kräften.

Kolisko ging noch einen Schritt weiter und bestätigte mit einer ähnlichen Methode, die als «Kapillar-Dynamolyse» bekannt geworden ist, die Lehre von Steiner wie von Paracelsus, daß nämlich jeder Planet einem Metall assoziiert ist. Er wirkt auf «sein» Metall ganz spezifisch ein, und zwar entsprechend seinen eigenen Bewegungen. Mit ihrer Methode war Lily Kolisko in der Lage zu erklären, warum auch Gegenstände aus reinem Metall – wie etwa Kugellager – sich als fehlerhaft erweisen können: dann nämlich, wenn sie in einer ungünstigen Planetenphase hergestellt wurden. Die gleichen, sehr subtilen Kräfte fand sie in den lebenden Zellen von Pflanzen am Werk. Sie kam auch darauf, daß selbst solche Dinge wie das Schneiden von Holz – soll das Produkt haltbar sein – in der richtigen Mondphase getan werden müssen. In einem Zeitraum von dreißig Jahren hat Lily Kolisko viele sehr gründliche Experimente durchgeführt, um die tatsächlichen Einwirkungen der Sterne, der Sonne, der Planeten und des Mondes auf das Keimen von Samen und das Wachstum von Pflanzen zu beweisen – alles nachzulesen in ihrem Buch *Agriculture of Tomorrow*, an dem auch ihr Mann Eugen mitarbeitete.

Rod berichtete uns außerdem, daß die angehenden Farmer, die auch auf Kimberton Hills geschult werden, Farben, Bewegungen und die allmähliche Umgestaltung der Natur beobachten. Dadurch lernen sie, das «Wesen der Pflanzen» zu erkennen, das in allen Formen vom Saatgut über die Wurzeln bis zum Blatt und wieder zurück zum Samen lebt und sich entfaltet.

Entsprechend den kosmischen Zyklen ernten sie Salat und andere Feldfrüchte, die über der Erde wachsen, am Morgen, wenn diese voller Vitalität sind, Wurzelgemüse dagegen am späten Nachmittag. Das Umpflanzen erledigt man ebenfalls am besten am späten Nachmittag, wenn die Säfte allmählich nach unten fließen, was zur Folge hat, daß die Wurzeln in ihrer neuen Umgebung leichter «Fuß fassen».

Sie führen die normalen Landarbeiten wie Säen, Umpflanzen, Anbauen und Ernten zu den Zeiten durch, da sich das entsprechende kosmische Element am günstigsten auswirkt. Auf diese Weise lassen sich Größe, Form, Geschmack und Lagerqualität der Ernten positiv beeinflussen.

Es konnte gezeigt werden, daß Pflanzen auf Wetterwechsel reagieren, indem sie ihre Säfte in ihre Wurzeln schicken, um einem nahenden Sturm gegenüber gewappnet zu sein. Auf diese Weise können sie Zucker in die Blätter und in die Zweige zurücktransportieren, wenn die Lage sich wieder beruhigt hat, um so durch den Sturm eventuell verursachte Schäden zu reparieren. Natürlich bleibt dabei ein Rätsel, wie Pflanzen wissen können, daß ein Sturm naht. Aber mit einem empirischen Test läßt sich der Zuckergehalt einer Pflanze leicht messen – kurz bevor ein Sturm aufkommt, während des Sturms und kurz danach.

Wie Steiner und Paracelsus sind auch die Kimberton-Farmer überzeugt davon, daß die vier Teile einer Pflanze mit den vier klassischen Elementen der Natur korrelieren: Erde, Wasser, Luft und Feuer. Ihrer Ansicht nach sind die Wurzeln einer Pflanze dem Element Erde und die grünen Pflanzenteile dem Wasser assoziiert; die Blüten öffnen sich der Luft, und die Frucht reift allmählich in der Sonnenwärme.

Ausgehend von der Planetenstellung werden die vier Elemente den vier Segmenten des Tierkreises zugeordnet: Erde – Stier, Jungfrau, Steinbock; Wasser – Krebs, Skorpion, Fische; Luft – Zwillinge, Waage, Wassermann; Feuer – Widder, Löwe, Schütze. Und sie stellen sich vor, daß der Mond, wenn er an diesen Konstellationen vorbeizieht, deren spezielle elementare Kräfte in die Lage versetzt, verstärkt in das Pflanzenleben einzugreifen. Maria Thun, die, wie bereits erwähnt, lange auf einem deutschen Staatsgut experimentiert und gearbeitet hat, sammelte Daten über die Auswirkungen von Planetenoppositionen, Trigonalaspekten und Konjunktionen auf das Pflanzenwachstum. Während Oppositionen und Trigone sich positiv auswirken, gelten Knoten (wo sich Planetenlaufbahnen schneiden), Verfinsterungen (wenn ein Himmelskörper vor einem anderen vorbeizieht) und totale Finsternisse (wenn ein Himmelskörper den anderen völlig verdeckt und verdunkelt) allgemein als wenig günstig für die Arbeit an Pflanzen, da sie oft geradezu kontraproduktiv wirken, vor allem beim Säen.

So wie statistisch bestätigt wurde, daß an Mondknotentagen die Zahl der Verkehrsunfälle steigt, konnten auch die Einflüsse des Mondes auf die Viehzucht von den Steinerschen Farmern über die Jahre hinweg belegt werden. Wird ein Stier an einem Knotentag einer Kuh zugeführt, nimmt die Kuh entweder nicht auf, oder, was schlimmer ist, das Kalb entwickelt unerwünschte Merkmale. Die Erfahrung hat folgendes gezeigt: Wenn Planeten in eine Opposition von 180 Grad eintreten – egal ob zur Sonne oder zu einem anderen Planeten –, so werden die Lebenskräfte der Pflanzen stark intensiviert. Und zwar beginnt dies bereits einige Tage vor dem eigentlichen Ereignis.

Maria Thun behauptet, daß die Kräfte der beiden opponierenden Planeten, beeinflußt von den Impulsen ihrer entsprechenden Tierkreiskonstellationen, sich wechselseitig durchdringen und in ihren Auswirkungen auf die Erde verstärken. Sie sagt weiter, daß die Wirkungen des Mondes manchmal durch Oppositionen gesteigert, bei anderen Gelegenheiten jedoch herabgesetzt werden.

Diese ganze Lehre, die ein Wiederaufleben alten astrologischen Wissens bedeutet, ist das Resultat jahrelanger, sorgfältiger Experimente, die ergebene Jünger der Steinerschen Lehre mit streng wissenschaftlichen Methoden durchgeführt haben. Als Maria Thun mit ihren Studien über die rhythmischen Zyklen des Mondes begann, war sie sich nicht im klaren darüber, daß ihr Kasseler Gemüsegarten in der Nähe eines Hügelringes lag, dessen einzelne Hügel seit alten keltischen und druidischen Zeiten jeweils einem bestimmten Tierkreiszeichen assoziiert waren. Aber sie entdeckte bald, daß die alten Überlieferungen von solchen «Mysterienzentren» es ihr ermöglichten, Beziehungen zwischen den Wirkungen von Mond, Sonne und Planeten herzustellen, entsprechend den zwölf Tierkreiskonstellationen, wie wir sie nachts je nach Jahreszeit erkennen können.

Aus ihren Beobachtungen ging ein Kalender hervor, die *Bio-*

dynamic Sowing Chart («Biodynamische Sätabelle»), die alle Daten der drei Mondrhythmen der Planetenstellungen und der Tierkreiszeichen enthält und mit deren Hilfe die Mitglieder solcher Gemeinschaften wie Kimberton anpflanzen und am Ende hervorragende Produkte ernten.

# 4 Abfall, der Gold wert ist

In den friedlichen Waldgebieten des südlichen New York, westlich vom Hudson River, lebt Margrit Selke, eine muntere alte Dame von etwa achtzig Jahren. Sie bewohnt eine Hütte, die mehr an das Zuhause einer guten Fee erinnert als an eine Forschungsstation. Es ist das Pfeiffer-Laboratorium auf der Threefold Farm. Dieses winzige Labor enthält jedoch die ganze Ausrüstung, die man für den Pfeifferschen «Starter» braucht: Destillierkolben, Retorten, Mikroskope, Heiz- und Kühlgefäße, große, eigens entwickelte Mischbottiche und eine Reihe von Kühlapparaten, die gefüllt sind mit Ampullen, in denen sich zahlreiche Bakterienstämme befinden, die entweder in einer Nährlösung gezüchtet werden oder gerade ausruhen. Die Bakterien haben die Aufgabe, jeden einzelnen Bestandteil abbaubaren organischen Abfalls bis auf den letzten Rest zu vertilgen.

Margrit Selke – auch sie floh aus Hitler-Deutschland – produziert bis heute den sogenannte Starter von Pfeiffer, an dem nach wie vor Interesse besteht. An dem Tag, als wir sie besuchten, lagen da ungefähr tausend kleine in Plastik gehüllte Päckchen bereit, jedes etwa halb so groß wie ein Fußschemel. Die Päckchen sollten nach Saudi-Arabien geschickt werden. Weitere tausend waren fertig für Dubai. Jedes dieser Päckchen hatte die Aufgabe, ungefähr tausend Morgen unfruchtbaren Bodens wiederzubeleben.

Ehrenfried Pfeiffer war gerade zwanzig Jahre alt, als er zu Steiner kam. Das war im Jahr 1919 in Dornach, nahe Basel. Der Meister – damals etwa fünfzig – erkannte schnell das Talent des jungen Mannes. Er brachte ihn von der Elektronik und der physikalischen

Chemie ab und erschloß ihm andere, lebenswichtigere Gebiete, nämlich die Biochemie und Biologie sowie deren Anwendungsmöglichkeiten in der Landwirtschaft.

Bis 1925 hatte Pfeiffer sein erstes biochemisches Forschungslaboratorium in der Arzneimittelfirma Weleda aufgebaut. Diese Firma, die Medikamente auf natürlicher Basis produziert, hat ihren Sitz in Arlesheim in der Nähe von Dornach. Pfeiffer wollte Steiner nicht nur als Anthroposoph nacheifern, sondern auch auf der Grundlage seiner erst kürzlich aufgestellten Theorien über den Zustand der Landwirtschaft weiterarbeiten. Kurz vor seinem Tod hatte Steiner Pfeiffer die gleiche Aufgabe gestellt wie Lily Kolisko: nach einem chemischen Mittel zu suchen, das die gestaltenden Kräfte in biologischen Substanzen aufdecken könnte. Angespornt von der Notwendigkeit, durch streng wissenschaftliche Methoden jenen Stoff nachzuweisen, der organisches von anorganischem Material unterscheidet, untersuchte Pfeiffer eine große Anzahl von Chemikalien und landete schließlich beim Kupferchlorid als dem wohl besten Agens. Damit wurde es Pfeiffer möglich, eine ähnliche Methode wie die von Kolisko zu entwickeln, um biologische Substanzen zu analysieren, und zwar die sogenannte «empfindliche Kristallisation».

Um die Wirksamkeit der Steinerschen Präparate zu testen, führte Pfeiffer eine Serie von Experimenten durch, bei denen er zerhackte Kartoffeln in verdünnte Lösungen der Präparate 500 bis 507 legte und die Entwicklung der Wurzeln beobachtete. Dabei entdeckte er, daß BD 500 eine stimulierende Wirkung auf das Wurzelwachstum ausübte: zahlreiche faserige Würzelchen entstanden. BD 501 dagegen steigerte die Assimilationsfähigkeit von Pflanzen, und BD 504 hatte einen ganz besonderen Einfluß auf Duft und Geschmack. Alle anderen Präparate verstärkten das Wachstum, wie man aufgrund von Kontrollversuchen erkennen konnte.

Pfeiffer behauptete, daß die menschliche Nahrung im letzten halben Jahrhundert – seit dem Aufkommen des Kunstdüngers und der Insektizide also – auf der ganzen Welt immer weniger Proteine enthalte und daß eigentlich überhaupt nichts mehr normal sei, was die Landwirtschaft betrifft. Er verglich mit chemischer Hilfe gewachsenen Weizensamen mit biodynamischem Weizensamen und konnte zeigen, daß am siebten Tag nach dem Keimen der biodynamische Samen 42 Prozent Protein enthielt, der kunstgedüngte dagegen nur 23 Prozent. Als der Weizen im Sommer geerntet wurde, zeigte es sich, daß der biodynamische Weizen ein fast poliert wirkendes Korn und 12 bis 18 Prozent Proteine besaß im Vergleich zu den 10 bis 11 Prozent des chemisch gezogenen Weizens, was Pfeiffer zu der Bemerkung veranlaßte, daß derart nahrhafter Weizen fast das Fleischessen überflüssig macht.

Er setzte die biodynamischen Samen eine halbe Stunde lang einer Hitze von 100 Grad Celsius aus und bemerkte, daß diese dennoch keimten, während die künstlich gedüngten Kerne tot waren. Er machte weitere Experimente direkt auf den Feldern. Er bebaute benachbarte Parzellen wiederholt in derselben Weise und pflanzte auch dieselbe Frucht, düngte jedoch auf verschiedene Art, um die Unterschiede zu demonstrieren.

In den Jahren 1926 bis 1938 betrieb Pfeiffer mehrere Gutshöfe in Holland, insgesamt ungefähr 800 Morgen Land, wozu auch eine eigene Mühle gehörte und eine Bäckerei, in der besonders gesundes Vollkornbrot gebacken wurde. Biodynamisch gezogenes Gemüse, das unter der Bezeichnung «Demeter» – nach der griechischen Göttin der Fruchtbarkeit und der Landwirtschaft – vertrieben wurde, blieb zunächst oft, weil zu teuer, liegen, aber da die Kinder partout kein anderes Gemüse mehr essen wollten, fand es schließlich auch regelmäßig seine Abnehmer.

Aus Angst, die Amerikaner zu verschrecken, hat Pfeiffer in seinem ersten Buch, das in den Vereinigten Staaten unter dem Titel *Bio-Dynamic Farming and Gardening* erschien, die Steinersche Lehre sehr gemäßigt wiedergegeben. Pfeiffer versuchte auch, niemanden vor den Kopf zu stoßen, der mit metaphysischen Dingen nichts anzufangen wußte. Auf diese Weise kam es zu keinerlei Angriffen, und Pfeiffer konnte sich als Leitfigur für einige wenige Menschen durchsetzen. Die medizinische Fakultät des Hahnemann Medical College in Philadelphia, ein Institut, das sich zur damaligen Zeit vor allem der Homöopathie verschrieben hatte, verlieh ihm die Ehrendoktorwürde für seine bemerkenswerten biologischen Forschungen mit Hilfe der Kristallisation: Anhand eines einzigen Tropfen Bluts konnte er viele Krankheiten diagnostizieren, darunter auch Krebs.

Als er sich im Jahre 1944 – nun bereits amerikanischer Staatsbürger – mit seinem Chef in Kimberton Hills zerstritten hatte, gründete Pfeiffer eine eigene Farm von 285 Morgen in Chester, New York, die er biodynamisch betrieb. Aber der Boden war steinig und unfruchtbar, das Vieh wurde von der fürchterlichen Bangschen Krankheit befallen. Nur Pfeiffers Einsatzbereitschaft und dem von ihm verwendeten, auf wissenschaftlicher Basis zusammengestellten Kompost war es zu verdanken, daß man innerhalb von zwei Jahren die Felder doch erfolgreich bebauen konnte. Er verfütterte das Korn, das dort wuchs, an sein Vieh und konnte es so ohne jegliche Medikamente kurieren. «Die Tiere heilen sich selbst», war Pfeiffers lächelnde Erklärung. «Wir müssen sie nur mit Nahrung versorgen und pflegen.»

Pfeiffer beschäftigte sich eingehend mit dem allgemeinen Zustand der Böden in Amerika und fand dabei heraus, daß ungefähr ein Drittel der Vereinigten Staaten auf dem besten Weg war, aufgrund von Erosion und falschen landwirtschaftlichen Praktiken nutzlos zu werden. Im mittleren Westen wanderte das Gebiet der Sandstürme mit einer Geschwindigkeit von 40 Meilen pro Jahr ostwärts. Durch Überweidung und zu intensive Bodenbearbeitung, ohne auch nur das Geringste zum Schutz des Bodens zu tun, hatte sich die Grasnarbe allmählich aufgelöst. Die schützende Bodendecke wurde durch Trockenheit und Wind abgetragen. Man hatte die biologisch günstige Form einer ausgewogenen, abwechslungsreichen Landwirtschaft mit Gemüseanbau, Weiden und Gründüngung aufgegeben zugunsten einer einseitigen Monokultur. Zwischen 1935 und 1938 verließen etwa 90 Prozent der Siedler der Great Plains ihre Farmen – wie von John Steinbeck in seinem Roman *Früchte des Zorns* auf dramatische Weise beschrieben.

Pfeiffer predigte immer wieder, daß Böden, die intensiv mit chemischen Düngemitteln behandelt, und Obstbäume, die längere Zeit mit Chemikalien besprüht werden, nicht mehr biologisch aktiv sein können. Sie beginnen abzusterben. Auch Weingärten, die man jahrelang mit Kupfer- und Kalklösungen traktiert, verlieren ihre Regenwürmer, so daß kein Humus mehr gebildet wird.

Laut Pfeiffer schädigen und zerstören große Dosen chemischer Düngemittel, vor allem solche, die lösliche Salze wie Kalium- und Ammoniumsulfat enthalten, oder hochexplosive Substanzen wie

Nitrophosphate, oder auch giftige Sprays wie Arsen- und Bleipräparate, die mikroorganische Welt. Und er legte immer wieder dar, daß jede Maßnahme, die das Leben im Boden stört und die Regenwürmer und Bakterien vertreibt, den Boden immer ärmer zurückläßt und immer weniger fähig, Pflanzen zu ernähren. Die einzige gesunde Alternative sei Steiners biodynamischer Kompost, wie Pfeiffer stets betonte.

Schon in Dornach hatte Steiner vorgeschlagen, nach einer Methode zu suchen, wie man größere Mengen organischen Materials in Düngekompost umwandeln könnte. Für Pfeiffer bedeutete dies, einzelne Bakterienstämme zu identifizieren und zu isolieren, die in der Lage wären, die verschiedenen Bestandteile des Abfalls einer ganzen Stadt abzubauen und umzuwandeln.

Um seine Forschungen voranzutreiben, gründete Pfeiffer das Biochemical Research Laboratory auf der Threefold Farm in Chester, New York, einem Steinerschen Zentrum, das in den zwanziger Jahren von einem Anthroposophen gegründet worden war, der sich nun freute, Pfeiffer auf diese Weise Gelegenheit geben zu können, die Steinersche Lehre weiterzuentwickeln.

Mit Hilfe von Margrit Selke suchte und isolierte Pfeiffer geduldig die verschiedenen Bakterienstämme. Er versetzte sie in einen Ruhezustand und fügte sie den traditionellen biodynamischen Präparaten von Rudolf Steiner hinzu. Er sagte voraus, daß er auf diese Weise einen bakteriellen «Starter» schaffen würde, der so vital sei, daß man ihn «Bio-Dynamit» nennen könnte. Er sei in der Lage, große Mengen von Stadt- und Schlachthausabfällen in wertvollen organischen Dünger umzuwandeln, und zwar zu konkurrenzfähigen Preisen, so daß man auf chemische Mittel verzichten könne.

Es wird behauptet, Pfeiffer habe auch deswegen die Steinerschen Originalpräparate weiterentwickelt, weil er es schwierig fand, die amerikanischen Farmer von der Notwendigkeit zu überzeugen, die verschiedenen Bestandteile dieser Präparate durch das einstündige Verwirbeln zu potenzieren. In seinem Starter waren die Präparate in bereits potenzierter Form enthalten. Nur einige wenige biodynamische Enthusiasten waren weiterhin bereit, die Originalpräparate zu benutzen und so zu bearbeiten, wie Steiner dies gefordert hatte. Unterdessen stieg Pfeiffer groß ins Geschäft der Kompostierung von Stadtmüll ein.

Im Jahr 1950 traf er sich mit Tony Dalcino, dem Präsidenten einer Müllabfuhrgesellschaft in Oakland, Kalifornien, und bot ihm an, die 400 Tonnen Abfall, die täglich von Dalcinos Lastwagen aus der Stadt Oakland abtransportiert wurden, zum großen Teil in fruchtbaren Humus umzuwandeln. Pfeiffer konnte außerdem den Besitzer einer Altpapierfirma in Buffalo, New York, Richard Stovroff, von seiner Idee überzeugen, indem er ihm als Köder den Altpapieranteil jeder Abfallfuhre anbot. Sieben Aktionäre, in der Hauptsache Papierverarbeiter, die den Abfall als preiswerte Altpapierquelle betrachteten, ließen sich davon überzeugen, eine Gesamtsumme von 150 000 Dollar als Startkapital aufzubringen. Damit war die Comco Company gegründet.

Kurz darauf wurde ein kleines, schiefergraues Gebäude auf der Halbinsel am Rande der San Francisco Bay gebaut. Täglich wurden nun die Fließbänder mit etwa 100 Tonnen Abfall beschickt, und heraus kam ein Kompost, der mit dem Pfeifferschen Starter geimpft wurde.

Ein Journalist beschrieb damals, wie ganze Kolonnen von vollbeladenen Müllwagen zur Comco-Fabrik hinunterrumpelten, um auf dem stets abfallübersäten Hof ihre stinkenden Ladungen loszuwerden. Traktoren stießen das Zeug portionsweise in einen langen Trog, der in die Fabrikanlage führte. Dort hingen zwei gigantische Ansaugrohre über dem Fließband wie zwei übergroße Staubsauger und saugten das meiste Altpapier auf. Riesige Magnete suchten nach Metallgegenständen, und zehn Arbeiter durchwühlten mit behandschuhten Händen den Abfall und zogen Glas- und Holzgegenstände heraus. Was nach diesen Sortiervorgängen übrigblieb, kam über eine Rutsche auf wartende Lastwagen, die das Ganze in Trichterwagen kippten. Deren riesige rotierende Stahlblätter zerkleinerten alles wie in einem Fleischwolf. Dabei wurde es mit Wasser besprüht, in dem viele Bakterien schwammen – ungefähr ein Eßlöffel voll Bakterien auf eine Tonne Dreck.

Die Bakterien fingen sofort an zu arbeiten. Innerhalb von zwei bis vier Tagen konnten sie sich dreihundertmillionenmal vermehren. Die dabei entstehende Stoffwechselwärme war so intensiv, daß die Mischung auf über 70 Grad Celsius erhitzt wurde. Ganze Bakterienstämme stürzten sich wütend auf den Abfall, dekompostierten und verarbeiteten ihn. Dabei entstanden Enzyme, die den

Verdauungsprozeß beschleunigten und chemische Veränderungen möglich machten. Sie waren schon ein sonderbarer Anblick in der Landschaft um San Francisco, diese hochaufgetürmten Haufen, die regelrecht kochten und dichte Dampfwolken ausstießen.

In weniger als einer Woche war die Zersetzung abgeschlossen, die Haufen sanken in sich zusammen und kühlten ab. Pfeiffer analysierte den Prozeß so: «Während des Verdauungsprozesses entwickeln sich nahrungsbildende Bakterien. Ihre Funktion dabei ist die gleiche wie im Lebensprozeß selbst. Sie benutzen das zersetzte Material, um lebendes organisches Material aufzubauen; sie lagern Nährstoffe in die Masse ein, damit heranwachsende Pflanzen sie nutzen können, und verändern die Grundelemente so, daß sie von den Pflanzenwurzeln absorbiert werden können.»

Pfeiffer erklärte, ein solches Bakterienleben sei auch in jungfräulicher Erde vorhanden, im Kompost sei die Konzentration jedoch viele hundert Mal größer. «Nach einer Woche heftiger Zersetzung ist der Abfall kein verrottetes Material mehr, sondern gute Pflanzennahrung. Er riecht nicht mehr. Er vertreibt auch Ungeziefer. Und aasfressende Vögel werden zwar darüber kreisen, es aber nicht wagen, sich darauf niederzulassen.»

Man hat festgestellt, daß Gemüse, das mit diesem umgewandelten Abfall aufgezogen wurde, bis zu 25 Prozent mehr wiegt als Gemüse, das mit normalen Düngemitteln behandelt wurde, und einen dreimal größeren Vitamin-A-Gehalt aufweist. Getreide enthält bedeutend mehr Proteine. Laborexperimente haben gezeigt, daß Pfeiffers Mischung imstande ist, sogar aus völlig unfruchtbarem Sandboden fruchtbare Erde zu machen. Damit könnten unter Umständen sogar Wüsten in bebaubares Land umgewandelt werden, solange ausreichend Wasser zur Verfügung steht. Der Gehalt an organischem Material, das Gleichgewicht der Mineralien und die Bodenstruktur würden dadurch wiederhergestellt. Der Boden wäre in der Lage, wieder Feuchtigkeit aufzunehmen und zu speichern.

Man hegte die Hoffnung, die Nation mit billigem, natürlichem, organischem Material zu versorgen. «Wenn jedes Jahr der gesamte Abfall der Vereinigten Staaten umgewandelt würde», sagte Pfeiffer, «hätten wir ungefähr 30 Millionen Tonnen Kompost. Das wäre genug, um etwa 10 Millionen Morgen Land zu düngen. Und Mülldeponien würden aus der Landschaft verschwinden.»

Doch schon bald sah sich Pfeiffer einer konzertierten Aktion der Produzenten chemikalischer Düngemittel gegenüber, die Angst um ihren Profit hatten. Nach zwei Jahren mußte die Oakland Comco Company ihre Pforten wieder schließen.

Fast vierzig Jahre später gibt es nichts mehr, was an die großartige Erfindung von Pfeiffer erinnert. Einem kürzlich erschienenen Artikel in der *New York Times* zufolge wird es das Hauptproblem der nächsten zehn Jahre sein, wie die Stadt New York mit ihrem Abfall fertig wird. Sie produziert immerhin 10 Millionen Tonnen pro Jahr. Bis 1990 wird jeder dafür zur Verfügung stehende Raum genutzt sein ...

Pfeiffer kehrte in sein Laboratorium auf der Threefold Farm zurück. Er war zutiefst enttäuscht, aber entschlossen, seine Forschungen weiterzuführen, für seine Sache zu kämpfen und allen Vorurteilen entgegenzutreten, die gegen die biodynamische Landwirtschaft bestanden.

Als Pfeiffer 1961 an Tuberkulose starb, blieb Margrit Selke allein zurück in ihrem Zauberlabor und hielt die Erinnerung an ihn und sein Wirken wach. Doc, wie die Mitarbeiter Pfeiffer genannt hatten, war immer bereit gewesen, sein Wissen über biodynamische Anbaumethoden zur Verfügung zu stellen. Einem kleinen Schrebergarten widmete er genausoviel Aufmerksamkeit wie einer großen Farm von mehreren hundert Morgen, wenn man ihn um Rat fragte. Wurde ihm ein Garten mit einer hohen giftigen Eisenkonzentration gezeigt, so verschrieb er das Steinersche Rezept, im weiten Umkreis Brennesseln zu pflanzen. Resultat: In der nächsten Bodenprobe waren 40 Prozent weniger Eisen enthalten. Und dies blieb auch so. Zu seinen mehr arkanischen Vorschlägen gehörte auch, niemals Steine vom Boden zu entfernen, die kleiner als eine Männerfaust sind. Steine sind eine wertvolle Mineralienquelle, und ihr Verlust würde zu einer Verarmung des Bodens führen.

Die Biodynamikerin und Autorin des Buches *Compansion Plants and How to Use Them*, Helen Philbrick, erinnert sich daran, wie Pfeiffer einen Pfirsichbaum heilte, der an seinem Stamm eine größere Verletzung hatte und rundherum abfaulte. Trotz sorgfältiger Behandlung und sauberen Ausschneidens vegetierte er nur noch so dahin. Pfeiffer schaute sich den Baum genau an, von oben bis unten, ging einmal ganz um ihn herum, studierte den Boden, das Gelände, den Himmel und die angrenzenden Bäume. Dann trat er plötzlich auf die Straße hinaus und untersuchte den Wassergraben und die Zäune. Helen Philbrick dachte schon, er hätte ihren Baum völlig vergessen, da kam er zurück und sagte: «Die Zaunpfähle da drüben machen Ihrem Pfirsichbaum Schwierigkeiten.» Und als er ihren ungläubigen Blick sah, erklärte Pfeiffer ruhig: «Die Zaunpfähle da drüben beherbergen weiße Porlinge, wie Sie selber sehen können. Die Aufgabe dieses Pilzes ist es, abgestorbenes Holz in Humus umzuwandeln, damit es wieder zu Erde werden und der Zyklus von vorn beginnen kann. Der Pilz von den toten Zaunpfählen da drüben hat sich auch in dem zerfallenden Holz des beschädigten Pfirsichbaums ausgebreitet, und sein Holz fault folglich weiter. Sie sollten entweder die Zaunpfähle da drüben entfernen oder sie mit Maschinenöl behandeln, damit das Pilzwachstum gestoppt wird. So läßt sich Ihr Pfirsichbaum retten.» Nachdem Helen Philbrick seinem Rat gefolgt war, konnte sie in den nächsten Jahren noch eine Menge Pfirsiche von diesem Baum ernten.

Aber Pfeiffers Rat wurde nicht immer so prompt ausgeführt. Aufs ganze gesehen, gelang es ihm nicht, seine amerikanischen Mitbürger von der biodynamischen Landwirtschaft à la Rudolf Steiner zu überzeugen. Es waren so wenige, die nach seinen Vorschriften arbeiteten, daß er irgendwann resignierte und kaum mehr öffentlich über die BD-Präparate sprach. Wer aber seine Felder biodynamisch bestellen wollte, selbst jedoch nicht mit den Präparaten umzugehen verstand, der konnte sich viele Jahre lang auf einen guten Geist verlassen, der zwischen den Hügeln von Pennsylvania südlich von Poconos lebte: Josephine Porter. Sie engagierte sich so unermüdlich für die biodynamischen Methoden von Steiner wie sonst kaum jemand und sorgte dafür, daß seine Lehren nicht in Vergessenheit gerieten.

Seit Mitte der vierziger Jahre, als sie Pfeiffer zum ersten Mal begegnete und auf seiner Farm in Chester, New York, arbeitete, bis zu ihrem Tode 1985, sorgte Josephine für die regelmäßige Herstellung aller Präparate. Mit ihren kleinen, behandschuhten Händen sammelte sie den Kuhmist von ihrer Angus-Herde, besorgte sich Kuhhörner aus den Schlachthäusern, schwatzte freundlichen Jägern Wildtierblasen ab, zog Schafgarbe, Kamille, Brennessel, Schachtelhalm und Baldrian, trocknete, preßte, stopfte und nähte Tag für Tag, Jahr für Jahr, ihr ganzes Leben lang. Und ihre Mühe wurde belohnt durch die Gewißheit, daß ihr Lebenswerk fortgeführt werden würde: von ihrem Schüler Hugh Courtney. Hugh war und ist ebenso wie Josephine davon überzeugt, daß in der korrekten Herstellung der Präparate eine Rettungsmöglichkeit für die Böden Amerikas liegt.

# 5 Mikrokosmos

Die Erde war kaum entstanden, da gab es bereits Leben auf ihr, und zwar in Form von Bakterien. Diese mikroskopisch kleinen Organismen und die Erde sind so eng miteinander verbunden, daß es für Biologen unmöglich ist, eindeutig zu definieren, was Leben ist und was nicht.

Eine fortpflanzungsfähige Bakterie teilt sich bereits nach weniger als einer halben Stunde Existenz und kann im Laufe eines einzigen Tages dreihundert Millionen neue Bakterien bilden und am nächsten Tag mehr ihresgleichen, als es jemals Menschen auf der Erde gegeben hat. Wie Lynn Margulis und ihr Sohn Dorion Sagan in ihrem Buch *Microcosmos* dargelegt haben, könnten Bakterien in vier Tagen ungehinderten Wachstums alle Protonen und Quarks, die nach Schätzungen der Physiker im gesamten Universum existieren, zahlenmäßig übertreffen.

Aufgrund ihrer hohen Konzentration im Boden sorgen die Bakterien für dessen Fruchtbarkeit. Ihre Körper sind eine einzige chemische Fabrik, mit deren Hilfe sie die einzelnen Bestandteile des Bodens aufbereiten und sie den Pflanzen zur Verfügung stellen. Nicht nur Stickstoff und Kohlenstoff brauchen die Hilfe der Bakterien, bevor sie den Pflanzen nützlich sein können. Die Bakterien verwandeln Stickstoff in Nitrat, Phosphor in Phosphat, Schwefel in Sulfat, Chlor in Chlorid, Bor in Borat und so weiter.

Nur wenige Bakterien können von anorganischen Stoffen wie Gesteinsstaub überleben, die meisten brauchen organisches Material. Sie bauen im Boden organische Moleküle ab, die von Pflanzen und Tieren hinterlassen wurden. Dabei werden tote Zellen in mineralische Substanzen umgewandelt und gelöst, so daß sie sofort von Pflanzen und später in der Nahrungskette auch von anderen Lebewesen aufgenommen werden können.

Als erstes greifen die Bakterien jene Substanzen an, die sich besonders bereitwillig zersetzen lassen, wie Zucker und Zellulose. Sobald diese aufgearbeitet sind, sterben die meisten Bakterien ab. Ihre «Leichen» machen die Hälfte des gesamten organischen Materials im Boden aus. Diese toten Bakterien werden wiederum von anderen Bakterien zersetzt und weiterverarbeitet – ein niemals endender Prozeß. Der Abbau von Pflanzengewebe ist allerdings unvollständig. So widerstehen zum Beispiel Lignin, Tannin und manche Wachse den Angriffen der Mikroorganismen und werden in einen Humus umgewandelt, der einem langsameren Zerfall unterliegt. Dadurch erhält der Boden seine Eigenschaft, Wasser aufzunehmen, aber auch seine kolloidale Struktur und seine Widerstandskraft gegenüber Erosion.

Tierische Ausscheidungsprodukte wie Harnstoff werden von Brigaden von Bakterien umgewandelt in Ammoniak und Ammoniumsalze, die wiederum von weiteren Bakterien in Nitrate transformiert werden.

Ohne die Fähigkeit der Bakterien, Stickstoff direkt aus der Luft zu fixieren, wäre jegliches Leben auf der Erde bereits an Stickstoffmangel gestorben.

Bier, Wein, Brot und Käse gäbe es nicht ohne die Tätigkeit von Bakterien. Auf diese Weise wird der Mensch zu einem ähnlichen «Kotfresser» wie die Bakterien selbst. Denn der Alkohol und das Kohlenstoffdioxid in einem kühlen Erfrischungsgetränk sind nichts anderes als Abfälle lebender Bakterien.

Und so vielfältig ist die Alchimie der Bakterien, daß sie aus einer Maislauge Penicillin herstellen können und aus einem toten Tintenfisch Parfum. Die drei Grundstoffe der Industriegesellschaft – Kohle, Kalk und Eisenerz – sind ebenfalls eine Hinterlassenschaft der Bakterien. Es ist sogar möglich, daß all die Ölfelder aus den Resten alter, ausgestorbener mikrobischer Kieselalgen entstanden sind – fossile Lagerstätten zum Beispiel enthalten Milliarden Kubikmeter an Bakterien. Auch das Element Schwefel verdankt seine Existenz weitgehend den Bakterien. Die Abbaugebiete in Texas, die 90 Prozent des Schwefelbedarfs der ganzen Welt decken, entstanden durch die Einwirkung von Bakterien auf Kalziumsulfat, das wir alle als Gips kennen.

Schließlich sind sie die unentbehrlichen «unbezahlten Arbeiter» auf den Feldern. Einige sammeln den Stickstoff direkt aus der Luft, andere dienen als Aasfresser, wieder andere holen aus Proteinen das Ammoniak heraus. Noch andere verwandeln Ammoniak in Nitrit und Nitrat. Im Existenzkampf finden es manche einfacher, sich von toten Körpern ihrer eigenen Art zu ernähren, als selber Nährstoffe aus rein anorganischen Materialien aufzubauen. Einigen Bakterien gelingt es, sich als Parasiten oder Einmieter an andere lebende Bakterien anzuheften – als willkommene oder auch unwillkommene Gäste.

Margulis und Sagan sind sich sicher, daß alle sichtbaren Organismen aus einer Symbiose mit ihren unsichtbaren Vorgängern entstanden sind. Die Forscher sind überzeugt davon, daß die Photosynthese – die sie als die wichtigste metabolische Innovation in der Geschichte des Lebens auf unserem Planeten bezeichnen – zum ersten Mal nicht in Pflanzen, sondern in Bakterien stattfand. Diese Nutzung der winzig kleinen Lichtteilchen (Photonen), um den Kohlenstoff bis zu einer energiereichen Form zu reduzieren, geschah zuerst in den Bakterien und erst später in den Pflanzen und Algen. Auch die winzigen grünen Chloroplasten, die sich in den Blattzellen befinden und Sonnenenergie einfangen, waren ursprünglich, so meinen jedenfalls Margulis und Sagan, selbständige Bakterien, die von den Pflanzen zu ihrem eigenen Vorteil eingefangen wurden und für diese arbeiten mußten.

Photosynthetische Bakterien scheinen die Nachkommen jener Vorfahren zu sein, die eine wichtige Rolle spielten, bevor die Blaualgen (oder Cyanobakterien) auftraten und aus Wasser freien Sauerstoff gewannen, dann lernten, diesen Sauerstoff einzuatmen, und diese Fähigkeit an uns weitergaben. «Die Produktion von Nahrung und Sauerstoff mit Hilfe des Sonnenlichts wurde zur Grundlage des globalen Nahrungskreislaufs, der sich bis in unsere Tage erstreckt. Ohne die photosynthetisch gewonnene Nahrung und den Sauerstoff aus der Luft hätten sich niemals Tiere entwickeln können.»

Heute besorgen die grünen Pflanzen den größten Teil der Photosynthese auf Erden, während die meisten Bakterien und in geringerem Maße auch die Pilze die Umwandlung der Abfälle aller lebenden Organismen in mineralische Substanzen gewährleisten, die dann den Pflanzen zur Verfügung stehen. So ist die Biosphäre ein riesengroßes, zusammenhängendes lebendes System, ein Organismus in sich selbst, zu dem der Mensch, die Tiere, Pflanzen, Würmer und alle Mikroorganismen gehören, wobei jedes Wesen vom anderen beeinflußt wird.

Während die Kleinstlebewesen den Boden aufbauen, ist der eigentliche Umpflüger und Befruchter des Bodens nicht etwa der Mensch, sondern der Wurm. «Es darf bezweifelt werden», schrieb Charles Darwin, «daß es viele andere Tiere gegeben hat, die eine so wichtige Rolle in der Geschichte der Erde gespielt haben wie diese niederen Kreaturen.» Der gesamte pflanzliche Abfall Englands habe die Verdauungskanäle der Würmer passiert und werde dies auch weiterhin für alle Zeiten tun. Darwin betrachtete den Regenwurm als ein Tier von größerem Nutzen als das Pferd, ausgestattet mit größerer Macht als der afrikanische Elefant und vermutlich auch für den Menschen wichtiger als sogar die Kuh. Aber selbst Darwin übersah den größten Vorteil des Wurms: daß sich in seinem Verdauungstrakt enorme Mengen von Kleinstlebewesen befinden, deren Abfälle die Basis für den fruchtbaren Humus bilden.

Die Regenwürmer gehören zu einer bereits viele Millionen Jahre alten bodenbewohnenden Tiergruppe. Sie weisen eine erstaunliche Farben- und Größenvielfalt auf. Es gibt zum Beispiel braune, purpurne, rote, rosafarbene, blaue, grüne und hellbraune. Die kleinsten unter ihnen werden nur einen Zentimeter lang, es gibt aber auch etwa drei Meter große Giganten in Australien. Südafrikanische Zeitungen berichteten sogar einmal von einem Monster mit der stattlichen Länge von sechs Metern und einem «Taillen-Durchmesser» von etwa 30 Zentimetern – Ausmaße einer Boa Constrictor. Der gewöhnliche Regenwurm in Europa und Amerika, *Lumbricus terrestris*, wird nur ungefähr 15 Zentimeter lang.

Vor zehntausend Jahren, unmittelbar nach der letzten Eiszeit, fand man den Regenwurm nur in einigen wenigen, begrenzten Gebieten unseres Planeten, so zum Beispiel in den drei Tälern der ersten großen Hochkulturen – im Tal des Indus, des Euphrats und des Nils –, wo man fast ohne jede Landbearbeitung ernten konnte, da der Boden von einer unwahrscheinlichen Fruchtbarkeit war. Wie Jerry Minnich in seinem *Earthworm Book* ausführt, gab es auch in anderen Gegenden der Erde ein ideales Klima und ebenso reiche Böden. Trotzdem konnten sich dort keine derart fortgeschrittenen Kulturen entwickeln, mit Ausnahme von China. Ägypten ist laut Minnich ein gutes Beispiel dafür, daß sich eine komplexe Zivilisation erst dann entwickeln kann, wenn bestimmte landwirtschaftliche Voraussetzungen vorhanden sind, und zu denen gehört der Regenwurm.

Dreißig Jahre vor Darwins Geburt, zu der Zeit, als die amerikanischen Kolonisten ihre Heimatländer verließen, schrieb der englische Naturforscher Gilbert White:

«Würmer scheinen die größten Förderer der Vegetation zu sein, indem sie den Boden durchlöchern und lockern, ihn für Regen und Wurzeln aufnahmefähig machen. Sie ziehen Pflanzenfasern in Form von Stroh, kleinen Ästchen und Blättern in ihn hinein. Und vor allem werfen sie eine Unzahl kleiner Erdhügel auf, die ihre Exkremente beinhalten, was einen wunderbaren Dung für Getreide und Gras abgibt... Eine Erde ohne Würmer würde eine kalte, harte Erde sein, ohne jede Fermentation und damit völlig steril.»

Daß dieses Phänomen schon in den Jahrhunderten vor Christi Geburt verstanden wurde, zeigt ein Dekret von Kleopatra, den Regenwurm als heiliges Tier zu verehren und zu schützen. Einem Ägypter war es verboten, Regenwürmer aus dem Boden zu entfernen, und die Bauern durften die Würmer nicht stören, um die berühmte Fruchtbarkeit des Niltals nicht zu gefährden.

In den nördlichen Teilen von Nordamerika hatte die letzte Eiszeit das Land so sehr von Regenwürmern leergefegt, daß es dort nur noch wenige Gebiete gab, wo der Boden fruchtbar genug war, um wenigstens kleinere Populationen von Indianern ernähren zu können.

Die Europäer brachten dann den Regenwurm wieder nach Amerika. Seine Eier hingen an den Hufeisen ihrer Pferde und an den mitgeführten Pflanzen. So änderte sich die Situation im Land. In kürzester Zeit wurde ein reicher, aber ruhender Boden zu höchster Fruchtbarkeit gebracht. Die üppigen Wiesen von Neu-England, die ausgedehnten Farmgebiete des oberen Mittelwestens, die riesigen Weizenfelder von Kanada – das alles hat der Mensch dem Regenwurm zu verdanken.

Minnich berichtet auch, daß Bodenkundler in Neuseeland in den frühen zwanziger Jahren unseres Jahrhunderts beobachtet haben, wie europäische Regenwürmer den bislang wurmlosen Boden der Insel eroberten. Das hügelige Weideland, das bis dato kaum eine zusammenhängende Grasdecke trug, wurde allmählich zu einer üppigen grünen Wiese, obwohl überhaupt kein Düngemittel angewendet wurde. Schon bald gab es über vier Millionen Regenwürmer pro Morgen, das waren dreimal so viele wie die größten Populationen derselben Art in der Alten Welt je umfaßten. Die große Fruchtbarkeit beruhte vor allem auf den Exkrementen der Regenwürmer, die einen wertvollen Kompost abgeben. Er enthält Mineralien und organische Stoffe in löslicher Form und bildet damit einen wunderbaren Dünger und Bodenverbesserer.

Regenwürmer können in kürzerer Zeit mehr Kompost herstellen, als dies jede andere «Methode» vermag. Während sie sich durch den Boden arbeiten, sind sie ständig in Schleim eingehüllt, der ihnen hilft, auch durch den rauhesten Untergrund zu kriechen. Außerdem geben sie diesen Schleim an ihre Gänge ab, die damit auszementiert werden. Der Schleim hilft den Regenwürmern einerseits, dem Zugriff eines Beutetiers zu entschlüpfen, und andrerseits sorgt er für eine feste Bodenstruktur, wodurch wiederum Feuchtigkeit besser festgehalten wird. Als nichtwählerischer Allesfresser – der griechische Philosoph Aristoteles nannte die Regenwürmer «die Därme des Bodens» – verdaut der augenlose Regenwurm alles, was sich ihm in genügend kleinen Bissen für seinen zahnlosen Gaumen präsentiert. Während er sich durch Muskelbewegungen im Boden vorarbeitet, nimmt er nicht nur organische Stoffe zu sich, sondern auch die rohe Erde selbst, wobei Sand und andere mineralische Stoffe ihm als Mahlsteine für seinen Kaumagen dienen. Alle diese Bestandteile werden mit Verdauungssäften und Bakterien vermischt und verlassen den Regenwurm in einer Zusammensetzung, die von den Pflanzen leicht aufgenommen werden kann.

Die Ausscheidungen des Wurms werden durch ständige Kalkgaben aus drei Paar Drüsen in der Nähe des Kaumagens neutralisiert. Außerdem wird alles vor der Verdauung bis aufs feinste zermahlen. Dadurch sind diese Ausscheidungen fünfmal reicher an *N*itrogenium (Stickstoff), siebenmal reicher an *P*hosphaten und elfmal reicher an *K*alium als alles, was sich in den obersten zwanzig Zentimetern des Bodens befindet. Es entsteht ein Nährstoff, der genau die richtige Zusammensetzung hat, damit ihn die Pflanzen aufnehmen können. Echter organischer NPK-Dünger also! Außerdem sind diese Ausscheidungen immer viel weniger sauer als der Boden, aus dem sie hergestellt wurden. Durch die Arbeit von ganzen Armeen von Regenwürmern wird der pH-Wert auf natürliche Weise verbessert, so daß der Boden weder zu säurehaltig, noch zu basisch wird. Das ist ein für das Wachstum der Pflanzen wichtiger Faktor.

Ist dieser arbeitsame Wurm nun tatsächlich der große Transformator, wie der französische Wissenschaftler Louis Kervran behauptete, oder sammelt und destilliert er die einzelnen Elemente nur und gibt sie dann in etwas verwandelter Form als Düngemittel an den Boden ab? Es sieht so aus, als sei Kervrans These die wahrscheinlichere.

Auch wenn ausreichend organische Stoffe vorhanden sind, konsumiert der Regenwurm große Mengen an Erde. Durch den Mischvorgang entsteht ein gesättigter Humus, in dem mehr Pflanzennährstoffe sind, als sich vorher darin befanden. Die Ausscheidungen enthalten einen höheren Prozentsatz an Aggregaten, als sie in der umgebenden Erde zu finden sind. Damit sind Ansammlungen von Sand, Ton- und Schluffteilchen gemeint. Sie sind zu größeren Einheiten gruppiert und verleihen dadurch dem Boden eine krümelige Struktur.

Man sagt, daß die Ausscheidungen eines Regenwurms pro Tag seinem eigenen Gewicht entsprechen. Henry Hopp vom USDA (United States Department of Agriculture) schätzt, daß ein Morgen gut bebauten Landes jedes Jahr mit mehr als 5 Tonnen Ausscheidungen versorgt wird. Das sind also mehr als 5 Prozent des gesamten Bodens, die umgegraben werden. Auch bei weniger fruchtbarem Land soll er mehr als 50 Tonnen Erde pro Morgen bearbeiten. Im Niltal sind es angeblich sogar über 200 Tonnen, denen er Fruchtbarkeit verleiht.

Regenwürmer sind hervorragende Graber und Erdbeweger und gelangen bis in eine Tiefe von 4,5 Meter. Sie schlängeln sich zwischen den Erdklumpem hindurch bzw. drücken sie zur Seite, und ein einzelner Wurm kann einen Stein bewegen, der fünfzigmal schwerer ist als er selbst. Während die Regenwürmer graben, mischen sie den Boden und heben ihn an, brechen kleine Klumpen auf und vergraben Steine. Die einen bringen Blätter und sonstige organische Stoffe in die Tiefe, die anderen tragen Nährstoffe und Humus an die Oberfläche. Die durch den Schleim befestigten Gänge bilden Schnellstraßen für die Pflanzenwurzeln. Außerdem verhindert dieser Schleim, der auch gleichzeitig Humus bildet, jegliche Erosion. Henry Hopp sagt, daß diese Materialien, einmal getrocknet, sich nicht mehr in Wasser auflösen. Während der so behandelte Boden die nötige Feuchtigkeit zurückhält, wirken die Gänge gleichzeitig wie Drainagen für überflüssiges Wasser. Experimente haben ergeben, daß man Böden, in denen Regenwürmer leben, vier- bis zehnmal schneller entwässern kann als solche, die keine beherbergen. Auf der anderen Seite verbessern in leichten sandigen Böden, wo das Wasser direkt im Untergrund versickert, die Bestandteile des Regenwurmkots entscheidend die Fähigkeit, das Wasser zu binden.

Wenn die Regenwürmer sich in den Untergrund graben und diesen auflockern und mit Gängen durchziehen, vertiefen sie automatisch die obere Bodenschicht. Während sie winzige mineralische Teilchen aufspalten und sie auf oder in der Nähe der Oberfläche als Ausscheidungen wiedergeben, führen sie der Wurzelzone der Pflanzen ständig Nährstoffe zu. Damit verschaffen sie den Pflanzen Mineralstoffe, die sie auf andere Weise meistens nicht bekommen könnten.

Mit ihren verschiedenen Tätigkeiten – Mischen, Graben, Wühlen, Düngen und Herstellen von Humus – haben die Regenwürmer einen immensen Einfluß auf den Boden, auf dessen Struktur, auf dessen Fruchtbarkeit und auf dessen Fähigkeit, alles, was in und auf ihm lebt, zu erhalten, vor allem die Pflanzen, die den Grundstock für unsere Ernährung bilden. Aber die Regenwürmer müssen auch ernährt werden. Denn sie vermehren sich im gleichen Maße, wie organische Stoffe im Boden vorhanden sind – für die müssen wir sorgen, wenn der Regenwurm uns erhalten bleiben soll. *Eusenia foetida*, der rote Mistwurm, der in Komposthaufen lebt und dort tierischen Dung in gut riechenden Humus verwandelt, wird ungefähr 12 bis 13 Zentimeter lang, kann aber nicht leben ohne Riesenmengen von zerfallendem, organischem Material.

Regenwürmer kommen nachts gern an die Oberfläche der Erde. Sie leben dort von Blättern, die sie in ihre Gänge hineinziehen. Dabei sind sie mit ihrem stecknadelkopfgroßen Gehirn immerhin so schlau, die Blätter mit ihrem schmalen Ende nach unten zu ziehen. Sie zeigen mehr Verstand, als so mancher Laubsammler beweist, der Jahr für Jahr dem Regenwurm seine Nahrung wegnimmt.

In einem Obstgarten können Regenwürmer während der drei Herbstmonate 90 Prozent des gefallenen Laubs verarbeiten, wobei sie auch zähes Material wie Stiele und Wurzeln auflösen. Darwin hatte Gänge gesehen, in denen sich Zweige, Papierfetzen, Federn, Wollreste und Pferdehaare befanden. Er behauptete, daß die Würmer, obwohl von Haus aus Kotfresser, eine Vorliebe für Sellerie, Karottenblätter, Wildkirschblätter und vor allem rohes Fleisch, sogar fettes, zeigen. Minnich berichtet, daß ein professioneller Regenwurmzüchter in Wisconsin seine Lieblinge am Samstagabend sogar mit Eiskrem füttert.

Noch überraschender klingt allerdings sein Bericht, daß ein deutscher Forscher, C. Merker, in den vierziger Jahren unseres Jahrhunderts seinen erstaunten Kollegen versicherte, Regenwürmer hätten eine Stimme, ja, sie könnten sogar singen. Ihre zarten Stimmen hört man zwar «kaum in Solonummern, sondern normalerweise in ‹Chören›, mit einem klaren und wechselnden Rhythmus». Dr. Merker behauptete, den Gesang aus einer Entfernung von mehr als drei Metern hören zu können. Die Töne kämen übrigens nicht durch Zufall, sondern durch Öffnen und Schließen der Münder zustande.

Wie das allerdings vor sich gehen soll, da Regenwürmer doch keine Lungen haben, ist noch nicht geklärt. Regenwürmer atmen durch die gesamte Hautoberfläche, in ihrer Schleimschicht löst sich der Sauerstoff auf und gelangt dann ins Blut. Für den Kreislauf sorgen fünf segmentale Doppelherzen in der Nähe des Kopfes. Eine der Hauptaufgaben des Regenwurms ist es, zur Verfügung stehende mineralische Nährstoffe zu verarbeiten. Enzyme im Verdauungstrakt machen sie wasserlöslich, so daß sie von den Wurzelhärchen der Pflanzen leicht aufzusaugen sind. Von dort wandern sie dann weiter in die Zellen der Pflanzen, Tiere und Menschen.

Wie André Voisin betont, würde es ohne Regenwürmer keine Zivilisation geben. Doch Minnich beklagt, daß sich mit der einzigen Ausnahme von Dr. Henry Hopp die Wissenschaftler des USDA genauso wie deren Kollegen an anderen Universitäten für Regenwürmer nicht weiter interessieren.

Regenwürmer sind normalerweise gesunde und langlebige Tiere, doch wird ihnen durch viele Pestizide und die meisten chemischen Düngemittel arg mitgespielt. Konzentriertes Kupfersulfat, das nur wenige Zentimeter unter der Bodenoberfläche eingebracht wird, kann selbst in einer Konzentration von nur 260 ppm (parts per million) eine Wurmpopulation drastisch reduzieren, und jeder Stickstoffdünger rottet sie in kurzer Zeit aus. Fast alle käuflichen Düngemittel enthalten große Mengen an Stickstoff in Form von Ammoniak, das die Regenwürmer im Boden abtötet.

Je mehr organisches Material die Regenwürmer erhalten, desto schneller vermehren sie sich. Unter guten Bedingungen kann ein durchschnittlicher roter Regenwurm jährlich einhundertfünfzig bis über zweihundert Jungtiere hervorbringen. Bei der Vereinigung tauschen die Tiere, die übrigens jeweils sowohl männliche wie weibliche Fortpflanzungszellen besitzen, Samenzellen aus, die in becherähnlichen Höhlungen im neunten und zehnten Segment ihres Körpers liegen. Dabei wird aus der Geschlechtsregion ein speziell zusammengesetzter Schleim abgegeben, damit die Samenzellen, die gegenseitig ausgetauscht werden, geschützt bleiben. Weiterer Schleim, der vom Clitellum abgesondert wird, bildet einen geleeähnlichen Ring, der die Wurmeier von den Eierstöcken ebenso aufnimmt wie die Samenzellen von den Hoden, wobei der Ring vom Körper abgestoßen wird und einen winzigen gelben Kokon bildet. Wenn sie größer werden, ähneln sie kleinen Zitronen und enthalten Unmengen von befruchteten Eiern. Man kann sie in wärmeren Wintermonaten im Boden entdecken.

Und wenn sie sich vermehren, dann tun dies auch ihre symbiontischen Vorfahren, die Mikroorganismen, die Humusbildner und Grundsteinleger für einen fruchtbaren Boden. Und genau das war Steiners Intention: Mit seinen biodynamischen Präparaten wollte er eine Umgebung schaffen, in der die essentiellen kosmischen und irdischen Kräfte so zur Wirkung kommen, daß dieses Stoffwechselwunder stattfinden kann.

# 6 Das Wunder auf der anderen Seite der Erde

Während in Amerika die biodynamische Landwirtschaft seit ihrer Einführung vor fünfzig Jahren kaum Fortschritte gemacht hat, soll sie in Australien angeblich viele Anhänger gefunden haben, die zusammen über eine Million Morgen entsprechend bebauen. Um herauszufinden, ob dieses Gerücht stimmt, machten wir uns auf den Weg zum anderen Ende der Welt.

Am Flughafen von Melbourne trafen wir einen kleinen, drahtig wirkenden Mann mit durchdringend blickenden braunen Augen und slawischem Aussehen: Alex Podolinsky, den Gründer der Biodynamic Farming Association of Australia. Podolinsky, dessen Familie nach der Oktoberrevolution nach Deutschland geflüchtet war, wuchs in Bayern auf, wo er auch Steiners Anthroposophie kennenlernte. Sobald er die Hochschule verlassen hatte, mußte er als Staatenloser und sogenannter «Beute-Deutscher» in die Wehrmacht eintreten. Nach schrecklichen Jahren an der Ostfront wurde er, wieder im Westen, bei einem Bombenangriff der Alliierten so schwer getroffen, daß die Chirurgen alle Hoffnung aufgaben, sein verletztes Rückgrat je wieder in Ordnung zu bringen. Einigermaßen wieder zusammengeflickt, überlebte er einen Luftangriff, der das ganze Hospital in Trümmer legte – als ob er noch eine Aufgabe zu erfüllen hätte.

Als er 1949 nach Australien kam, stellte Alex schnell fest, daß die Bedeutung dieses Kontinents, der zur Hälfte aus Wüste besteht, nicht in den übervölkerten Städten liegt, sondern in den weiten Flächen nutzbaren Ackerlandes, und daß es seine wahre Berufung sei, mit der Natur zu arbeiten.

Mit der Landwirtschaft begann er, als ihm ein wohlhabender Freund eine kleine, heruntergekommene Farm in der Nähe von Powelltown, Victoria, einem kleinen Nest östlich von Melbourne, für ein Jahr zur Pacht anbot. Er sollte mal sehen, was aus dem Boden zu machen war.

Hier nun fing Podolinsky an, sein Wissen über biodynamischen Anbau, das er in Deutschland erworben hatte, praktisch zu nutzen. Dabei mußte er auch überlegen, wie sich die Methoden den Bedingungen der südlichen Hemisphäre am besten anpassen ließen. Dazu gehörte zum Beispiel ein bedeutend intensiveres Licht als in Nordeuropa, kürzere und längere Dürrezeiten sowie Böden, die so empfindlich und flachgrundig sind, daß die vorherrschende Vegetation in den östlichen Landesteilen aus 1800 Arten von riesengroßen Gummi- oder Eukalyptusbäumen besteht. Ihre Wurzeln reichen nicht tiefer als die der Regenwaldbäume im Amazonasdelta.

Auf dem Weg vom Flughafen sprach Podolinsky über die älteren Farmer, die genau gemerkt hatten, was mit ihrem Land geschah. «In den zwanziger Jahren fingen sie mit Superphosphaten an und hatten eine unwahrscheinliche Klee-Ernte. In den nächsten Jahrzehnten mußten sie immer mehr Phosphat verwenden und erhielten trotzdem keinen vergleichbaren Ertrag. Also gingen sie zur Kaliumdüngung über, hatten aber bereits nach zwei Jahren auch damit keinen Erfolg mehr. Danach versuchten sie es mit Stickstoffdünger, der das Wachstum ungemein förderte, aber die Böden ernsthaft schädigte. Die total entnervten Farmer wußten nicht mehr, was sie tun sollten. Viele gingen damals zur biodynamischen Landwirtschaft über. Natürlich hatte nicht die Anthroposophie oder die Steinersche Philosophie, von der sie nichts wissen konnten, sie dazu gebracht, sondern gesunder Menschenverstand.»

Mit viel Schwung und Selbstbewußtsein machte sich Podolinsky an die Arbeit – mit dem Ziel, der Welt, den Pflanzen, den Tieren, den Menschen und vor allem Mutter Erde nur Gutes zu tun.

«Von dem Gras, das auf meiner ersten kleinen Farm wuchs, konnten sich keine zwei Rinder ernähren», erklärte er uns. «Wir konnten auch keinen Kompost herstellen. Ich merkte plötzlich, daß das wichtigste in der Landwirtschaft im alten Europa die Kuh ist. Aber in Australien gibt es keine Kühe, sondern nur Känguruhs, und deren Mist ergibt keinen so guten Dünger wie der von Kühen. So dachte ich mir, daß das, was der Kuhmist jahrtausendelang in Europa getan hat, hier in Australien ersetzt werden müßte durch die ‹Kuhkraft› von Steiners Präparat 500. Es könnte dem Land einen ‹neuen Impuls› verleihen und zu schnellen Resultaten führen.»

Während der letzten fünfunddreißig Jahre breitete sich die biodynamische Anbaumethode von Podolinsky über ganz Australien aus. Bis heute sind es Hunderte von zähen, praktischen Aussies, die auf diese Weise sehr erfolgreich ihr Land bestellen, und zwar alle Bodentypen, an der Küste wie im Inland, im Hügelgebiet wie im Flachland. Dabei verbrachten sie nicht eine einzige Stunde damit, diese neue Methode irgendwie zu publizieren oder gar theoretisch abzusichern. Die Botschaft von der Biodynamik erreichte per Mundpropaganda alle Teile des Kontinents.

Den großen Durchbruch brachte dann ein 38-Minuten-Film, «A Winter's Tale», der 1985 im australischen Fernsehen landesweit ausgestrahlt wurde. Er gehörte zu einer sehr beliebten Serie, *Big Country*, die schon seit mehr als zehn Jahren gesendet wird. Der Film begann mit einer Szene, die einen nicht wieder losließ: Podolinsky saß auf einem Traktor und sprühte das Präparat 500 auf eine vom Mond beschienene Weide. Im Hintergrund hörte man das Rufen einer Eule. Später konnte man dann sehen, wie Alex die Kuhhörner stopfte und vergrub. Dabei unterhielt er sich freundschaftlich mit seiner Rinderherde, die auf einer üppigen, fruchtbaren Weide stand, die in über zwanzig Jahren auch nicht ein Krümelchen irgendeiner Chemikalie gesehen hatte. Der Film war eine Sensation. Kein einziges anderes Programm in der Geschichte der ABC (Australian Broadcasting Company) hat je eine so große Resonanz hervorgerufen wie gerade dieser Film. Kurz nach der Ausstrahlung erhielt der Sender über 6000 Briefe, sehr viele davon handgeschrieben. Die meisten Farmer wollten unbedingt mehr wissen über das, was sie da gesehen hatten und was viele von ihnen als «einfach wunderbar» bezeichneten.

Es war jetzt Mitte Juli, und wir befanden uns mitten im australischen Winter. Es dämmerte bereits, als wir die Auffahrt zu Alex Podolinskys bescheidenem Farmhaus in Powelltown erreichten, in dem er seit vierundzwanzig Jahren lebt und wo er sieben Kinder großzog.

Ein feuchter Nebel hing über dem abgeschiedenen Tal, und eine kühle, aber schneelose Luft lag über dem Haus, alles durchdringend bis auf die Küche, wo Alex eine wundervolle Mahlzeit vorbereitet hatte: Roastbeef, das in einer Gemüsebrühe köchelte.

«Biodynamisch gezogenes Schlachtvieh», sagte Alex voller Vorfreude auf die Mahlzeit, «hat viel mehr Fleisch auf den Rippen und im Durchschnitt weniger Fett. Es schmeckt auch sehr viel besser. Es läßt sich besser schneiden und hat nicht diese Fettmarmorierung, die in den Staaten so geschätzt wird.»

Wie jeder Landwirt steht auch Alex jeden Tag vor Sonnenaufgang auf, um seine Kühe zu melken. Da er dies seit vielen Jahren tut, hat Alex zu seinen Tieren eine ganz besondere Beziehung aufgebaut, wie sie weniger sensiblen Bauern so einfach nicht möglich ist.

Er zeigte auf eine rotbraune Jersey-Milchkuh. «Sehen Sie zum Beispiel dieses Tier dort? Im Vergleich zu anderen Wiederkäuern wie Schafen und Ziegen, die auch verschiedene Mägen haben, steht diese Kuh einfach da und käut wieder. Ihre Beine sind nicht für den Galopp geschaffen wie die einer Gazelle oder eines Pferdes. Sie ist zuverlässig, ruhig und harmonisch. Ihr Verdauungssystem ist ein wahrer Kosmos, das ausgeklügeltste in der ganzen Natur. Der Mist, den sie hinterläßt, besteht zu 25 Prozent aus Bakterien.»

Alex führte uns zu seinem hektargroßen Gemüsegarten, um uns den Unterschied zu zeigen zwischen dem Land, das er damals vorgefunden hatte, und dem, was heute daraus geworden ist. Er ergriff einen Spaten und stach das scharfe Blatt bis zu einem Viertel in einen Streifen noch unbebauten Bodens, der sich am Rande des Gartens befand. Mit einem scharfen, knirschenden Geräusch zog er einen Haufen schwarzsandiger Erde heraus, deren Teile so locker miteinander verbunden waren, daß man sie aus dem engen Hals einer Flasche hätte gießen können. Nachdem Alex einige Schritte weiter in den Garten gegangen war, stach er nun den Spaten der ganzen Länge nach in den schwammartigen, elastischen Boden. Diesmal brachte er ein Häufchen Erde zutage, welches die Farbe von Schokolade aufwies.

«Es ist der Humus, der für einen solchen Reichtum sorgt», sagte er zufrieden. «Das Wort kommt aus dem Lateinischen und heißt

Erdreich, das dazugehörige Adjektiv, *humilis*, bedeutet soviel wie ärmlich oder demütig. Es ist eine kolloidale geleeartige Substanz, weder fest noch flüssig, die man in der Hand halten kann, ohne daß sie einem zwischen den Fingern zerrinnt. Das Hauptcharakteristikum von Humus ist, daß er den Pflanzen zu jeder Zeit in gelöster Form zur Verfügung steht, da seine Bestandteile weder durchsickern noch verdunsten. Humus kann bis zu 75 Prozent seines Volumens Wasser binden – Wasser, das lebenswichtige Mineralstoffe in gelöster Form enthält. Sie stehen den Pflanzen in einer ausgewogenen kolloidalen Form zur Verfügung.»

Alex stocherte mit seinem Spaten im Boden herum. «Wir hatten hier in der letzten Zeit sehr viel Regen. Trotzdem können Sie sehen, daß der Boden nicht ausgewaschen ist. Hier im Garten enthält er mehr als 15 Prozent, vielleicht sogar 18 Prozent organische Stoffe, während auf dem unbebauten Streifen, wo ich zuerst gegraben habe, der Prozentsatz unter 1 liegt. Das alles ist dem Präparat 500 zu verdanken. Es ist der Schlüssel für die Nahrungsmittelproduktion der Zukunft. Seine konzentrierten Lebenskräfte sind so mächtig, daß eine winzige Menge davon genügt, totes Erdreich wiederzubeleben.»

Er hob einen Erdbatzen auf, aus dem dicke Pflanzenwurzeln herausragten. «Schauen Sie sich die weißen, gesunden Wurzelhaare an, die sogar jetzt, in der kältesten Zeit des Winters, wachsen. Sie sind erst ein paar Tage alt, aber schon sehr aktiv. Diese Art Wurzeln unterscheiden sich sehr von den röhrenförmigen Wurzeln, die das Wasser für die Transpiration leiten und die Sie als einzige in einem chemisch gedüngten Boden entdecken werden. Diese Wurzelhaare sind der Schlüssel zum biodynamischen Erfolg, denn es ist nicht allein der Boden, der die Pflanzen macht, sondern die Pflanzen machen auch den Boden – eine wunderbare Symbiose. Wurzeln und Bakterien leben und sterben zusammen, und zusammen sorgen sie für den Humus, aus dem wieder neues Leben entsteht.»

Auf dem Weg zu einem Schuppen hob er einen Glasbehälter hoch und sagte: «Humus und Wurzeln sind füreinander geschaffen. Diese Ehe ist im Himmel geschlossen worden. Während des Wachstumsmaximums im Frühjahr vergraben wir ein Glas mit Humus ungefähr 10 Zentimeter unter der Oberfläche einer biologisch aktiven Weide. Sechs Wochen später ist die braune, schwammartige Substanz verschwunden, und der Behälter ist voller kleiner weißer Wurzelhaare. Man kann sie nur mit großen Schwierigkeiten herausziehen. Wenn es gelingt, sehen sie ganz sauber aus, so als wären sie frisch gewaschen und getrocknet. Die Wurzeln haben das Glas regelrecht überfallen und jeden Millimeter Humus verarbeitet, nicht nur die löslichen Teile, sondern wirklich alles. Damit wird klar, daß der Humus das erste und wichtigste Nahrungsmittel für sie ist.»

Alex ging rund um den Schuppen und erklärte uns weiter: «In einem anderen Glasbehälter habe ich Humus drei Tage lang luftdicht abgeschlossen aufbewahrt. Von der Sauerstoffzufuhr abgeschnitten, verwandelte sich das Zeug in faulende, übelriechende grüne Teilchen. Dieses halb verrottete Material, in dem schädliche anaerobe Krankheitskeime unter Sauerstoffabschluß gedeihen, läßt den Boden sterben. In lebendigen Böden werden diese Krankheitskeime von den aeroben Bakterien neutralisiert. Die Kühe merken das und trinken bereitwillig aus Eimern, in denen eine gewisse Menge von Humus aufgelöst wurde, obwohl dieser Humus von ihrem eigenen Mist stammt. Normalerweise trinken sie nämlich kein Wasser, das durch Mist in seiner Rohform verunreinigt ist.»

Hinter dem Schuppen war ein Platz von etwa 18 mal 21 Metern mit galvanisierter Dachpappe und Plastikplanen abgedeckt: Ein wettergeschützter Winterplatz für Kuhhörner – 160 000 Stück! –, alle fein säuberlich gestopft und vergraben, von Alex und seinem behinderten Assistenten, eine umständliche, zeitaufwendige Arbeit.

«Nicht nur, daß jedes Horn gefüllt werden muß, es muß ja auch wieder geleert werden: 130 000 allein auf meiner Farm! Nirgendwo sonst in Australien sind so viele auf einem Platz vergraben, obwohl mittlerweile schon eine ganze Reihe von Leuten Kuhhörner vergraben. Einer von ihnen, Max Chandler, besitzt 16 000 Morgen in der Nähe von Monto in New South Wales, und er brachte kürzlich dreißig Säcke voller riesiger Hörner einer einheimischen Rinderrasse. Sie sind in der Tat fast doppelt so schwer wie alle anderen, die ich jemals gesehen habe. Großartig! Sie stammen aus dem Westen des Kontinents, eines unserer Mitglieder, das dort drüben immer wildblühende Pflanzen sammelt, hat uns großzügig damit versorgt. Und ein Zuckerrohrfarmer im Norden von Queensland hat in den letzten Monaten eine ganze Tonne davon gefunden. Wir brauchen jedes einzelne und eigentlich noch viel mehr. Nach der Ausstrahlung des Fernsehfilms haben viele Farmer angefragt, ob sie unserer Association beitreten können. Dazu gehören welche, die bis zu 12 000 Morgen Weizenfelder bebauen. Wir würden uns unserer Verantwortung entziehen, wenn wir sie bei der Umstellung sich selbst überließen, statt sie mit allem Nötigen zu versorgen.»

Natürlich fragten wir uns auch, ob es vielleicht die Form des Kuhhorns ist, die das Wachstum der Bakterien beeinflußt. Oder ist es allein das Vergraben, das aus dem Kuhmist das Präparat 500 macht?

Alex zögerte. «Es ist einfach ‹das Ziehen der Erde›, dem die Hörner unterliegen. Zu einem gewissen Zeitpunkt im Jahr, wenn die Vegetation schläft, übt die Erde eine starke Zugkraft aus. Der Prozeß findet statt – was wirklich sehr erstaunlich ist –, wenn die Bodentemperatur unter 5 Grad Celsius liegt, wenn es also so kalt ist, daß kaum mehr Bakterien aktiv sind. Dieses kalte Gebiet hier von Victoria ist das beste dafür, was ich je in Australien gesehen habe.» Dann fügte er mit Bestimmtheit hinzu: «Was die Kuhhörner betrifft, so war die Sache für alle, als sie Steiners Vorschlag zum ersten Mal hörten, äußerst befremdlich; aber die darauffolgenden Experimente bewiesen, daß er recht hatte. Wir haben Tests mit dem gleichen Kuhdung durchgeführt, wobei wir einen Teil in Kuhhörner getan haben, einen anderen Teil in hölzerne Kisten, in Porzellan – oder andere Behälter. Dann haben wir alle nebeneinander vergraben, jeweils nur ein paar Zentimeter voneinander entfernt. Aber wir mußten feststellen, daß der Mist in den anderen Behältern sich niemals so verwandelt, wie es der in den Kuhhörnern tut. Steiner», so fügte er mit einem Lächeln hinzu, «war keineswegs dagegen, auch mit anderen Methoden zu experimentieren. Er zeigte uns schließlich nur den Weg. Er wollte, daß wir selbst die Augen aufmachen und sehen und für uns selbst Dinge ausprobieren, wenn wir etwas wirklich für gut und richtig halten.»

Auf dem Weg zurück zur Hütte erzählte uns Alex, daß er bei einem deutschen Bauern aufgewachsen ist, Ernst Jacobi, der in den zwanziger Jahren einen der ersten erfolgreichen biodynamischen Bauernhöfe in Süddeutschland geführt hatte.

«Jacobi erntete wunderbares Gemüse», sagte Alex. «Sogar König Faruk wurde einer seiner Kunden. Der König lud Jacobi – einen einfachen, fröhlichen Menschen und wahren Philosophen – nach Kairo ein, um dort biodynamische Gärten für die königlichen Güter anzulegen. Und der König war sehr angetan von Jacobis Arbeit.»

Im Innern des Schuppens lagerte das fertige Produkt 500: Zylindrische Behälter stecken in würfelförmigen Kästen, in Torfmoos gebettet und mit etwa 5 Zentimeter starken Deckeln versehen, die aber nicht völlig abschließen, sondern durch einen kleinen Spalt Luft zirkulieren lassen.

Das Präparat 500 in den Behältern war fast schwarz und feucht. Die Kästen hatten Löcher am Boden, so daß auch von unten her ein Luftaustausch stattfinden konnte. Außerdem hatte man eine Lage leerer Kuhhörner auf dem Kastenboden verteilt und darüber erst das Präparat 500, so daß eine weitere Luftzufuhr gewährleistet war.

«Es ist sehr wichtig», sagte Alex und gab damit die Warnungen unseres Experten, Hugh Courtney, aus Virginia wieder, «daß das Ganze nicht zu dicht an einer streng riechenden Verschmutzungsquelle steht, etwa einem Benzinkanister oder einer Benzin- oder Dieselpumpe.»

Auf einem großen Tisch lag genügend von dem Präparat 500, um tausend Morgen sterbenden Boden zu regenerieren. Alex hatte einen winzigen Klumpen von dem schwärzlichen Zeug in die Hände genommen, gerade genug, um damit einen Morgen Land zu bearbeiten. Der Klumpen sah eigentlich gar nicht nach Erde aus, aber auch nicht wie Kitt oder Schwarzbrotkrume, sondern eher wie eine Kombination aus diesen drei Dingen. Es fühlte sich geschmeidig an und roch süß.

«Es reagiert wie ein Materieteilchen bei der Kernspaltung», erläuterte Alex weiter. «Es kann eine enorme, aber viel ruhigere Explosion verursachen.»

Um es zu aktivieren, nimmt Alex etwa 1 Pfund BD 500 mit ca. 200 Litern Wasser und läßt alles von seiner Spezialmaschine automatisch umrühren. Er sagte, daß dieses Verwirbeln viel wirkungsvoller wäre, wenn es unter freiem Himmel stattfände und nicht unter dem Dach einer Hütte oder eines Schuppens. Durch den whirlpoolähnlichen Wirbel im Gefäß entwickelten saugende Kräfte ihre Wirkung, die Alex als ein Ziehen in Richtung auf die «kosmische Kraft» hin bezeichnete. «Sobald ein guter Wirbel entstanden ist, wechselt die Maschine abrupt und selbsttätig die Drehrichtung, wodurch der Wirbel zerstört wird und ein totales Chaos im Wasser entsteht. Dann baut sich wieder ein neuer Wirbel in der entgegengesetzten Richtung auf.»

Alex betonte, daß das Chaos zwischen den beiden alternierenden Wirbeln ganz besonders wichtig sei. Er erklärte, daß für die Griechen das Chaos das erste Stadium der Welt war. Aus ihm entstanden die kosmische Ordnung und die Harmonie. «Wir merken es zwar nicht immer, aber das Chaos ist für unser kreatives Leben von großer Bedeutung. Jeder kreative Mensch befindet sich innerlich zunächst in einem chaotischen Zustand, bevor sich die Dinge fügen und er sein Werk schaffen kann.»

Am nächsten Morgen, im ersten Sonnenschein, machten wir uns auf den Weg. Wir wollten ungefähr sechstausend Meilen über Land fahren und einen nach dem anderen der über fünfzig Farmer besuchen, die nach Alex' biodynamischer Methode anbauen und die oft weit entfernt voneinander wohnen.

Unser Weg führte uns von Gippsland im Südosten von Victoria bis zum Tal des größten australischen Flusses, dem Murray. Es ging über die Blue Mountains westlich von Sydney, dann die Küste hinauf bis nach Port Macquarie, weiter auf das etwa 1200 Meter hoch gelegene New-England-Plateau in New South Wales, dann wieder zurück durch die Great Dividing Range, die sich in nordöstlicher Richtung am östlichen Rande des Kontinents in einer Durchschnittsentfernung von fünfzig Meilen vom Meer erstreckt, dann hinauf ins tropische Queensland, das doppelt so groß ist wie Texas.

Auf der ersten Wegstrecke wand sich die Straße durch einen Wald und führte dann auf offenes Farmland. Wir sahen die Poowong Farm von Trevor Hatch, einem der ersten Mitglieder der Association. Alex betrachtet ihn als seinen möglichen Nachfolger im Hinblick auf die Leitung der Association.

Hatch ist ein Mann von Mitte Vierzig, schlank, aber stark wie ein

Weltmeister im Ringen. Ihm gehören 450 Morgen Land, auf dem er Rinder züchtet und Kartoffeln anbaut. Sein Vater hatte die Farm in den frühen fünfziger Jahren gekauft, als man das Land als viertklassig bewertete. Der Vater hatte es fast vollständig roden müssen, nur einige Baumgruppen ließ er zur Verschönerung der Landschaft stehen. Der Boden war der ärmste, den man sich vorstellen kann.

Um uns zu zeigen, wie es früher hier ausgesehen haben muß, ging Trevor zu einem großen Eukalyptusbaum und hieb neben dessen Stamm eine scharfkantige Schaufel in den Boden. Man hörte einen knirschenden Laut, und zutage kam ein völlig lebloser Boden.

Trevor ging nun zu einem großen Paddock – das ist die australische Bezeichnung für ein eingezäuntes Feld –, der bis zu einem Bach hinunterreichte, wo das Vieh graste. Hier glitt die Schaufel fast geräuschlos 20 bis 30 Zentimeter tief in weichen, schwarzen und reichen Lehmboden, der voller Regenwürmer und weißer Wurzelhaare war. Er hob einen kleinen, erbsenförmigen Gegenstand auf, hielt ihn in seiner offenen Hand und lächelte zufrieden. «Wurmeier!» erklärte er uns, «es gibt Millionen davon.»

An einer Lichtung mit Eukalyptusbäumen, deren Rinde das Vieh vom Boden bis zu einer für die Tiere erreichbaren Höhe abgefressen hatte, erklärte uns Trevor, daß das Vieh früher Baumrinde gekaut hätte, um jene Nährstoffe zu erhalten, die die Weide offensichtlich nicht bot. «Sie hatten keinen Ernährungsfachmann nötig, um zu erkennen, daß ihnen das Gras nicht ausreiche», meinte Trevor.

Alex lächelte. «Sie brauchen sich nur den Glanz des Fells dieser Tiere anzuschauen oder zu beobachten, wie sie stehen und sich bewegen, um zu erkennen, daß sie jetzt auf einer biodynamischen Weide grasen.»

Als wir so durch die Landschaft streiften, konnten wir sehen, daß Trevors Weiden noch grün waren – mitten im australischen Winter –, während die «konventionell» behandelte Weide des Nachbarbesitzes braungrau dalag. Trevor führte uns einen Fahrweg entlang, der mit gelbblühenden australischen Akazienbäumen gesäumt war, zu einem Schuppen, wo er, genau wie Alex, seine Behälter aufbewahrt, in denen sich das Präparat 500 befindet.

Auch hier gab es eine eigens von ihm entworfene Maschine, um das BD 501 herzustellen. Er hatte sich aus Queensland mehrere hundert Pfund reinen kristallenen Quarzes besorgt, das er zu einem mehlähnlichen Pulver zermahlte. Es wird stundenlang zwischen zwei großen, länglichen Metallplatten geschmirgelt und sieht dann aus wie frisch gefallener Schnee.

«In der Kristallsubstanz ist eine lichttragende Kraft enthalten», erläuterte Alex, «aber sie ist eingefroren und muß durch Zerkleinern und Reiben befreit werden. Wird es während des Sommers in einem Kuhhorn vergraben, absorbiert das Quarzpulver nicht das normale Sonnenlicht, sondern Steiners ‹Lichtäther›, der aktiviert wird, indem man ihn genau wie das Präparat 500 verwirbelt.»

Trevor zeigte uns voll Stolz seine Ausrüstung und die Maschinen, die er selbst entworfen hatte. Er muß beispielsweise nicht vom Traktor steigen, um das Heu in drei Etagen im Schuppen zu stapeln oder um es an das Vieh in den Paddocks zu verfüttern. So ist es ihm möglich, die ganze Farm allein zu bewirtschaften; denn sein Vater ist inzwischen zu alt, um noch richtig mit anpacken zu können. Zu den anderen Gerätschaften, die Trevor erfunden und in seiner eigenen Schweißerwerkstatt zusammengebaut hat, gehört zum Beispiel ein Heuverteiler. Mit dessen Hilfe versorgt er das Weidevieh mit dem Winterfutter, das er in riesengroßen, 800 Pfund schweren Ballen aufbewahrt. Ein Kartoffelsammler zieht die Kartoffeln aus dem Boden, sortiert sie und füllt sie ihrer Größe nach in Säcke. Das Ganze ist montiert auf einem Vehikel mit eigenem Antrieb.

«Unsere biodynamischen Farmer», sagte Alex, «haben gelernt, ihre Ausrüstung selbst zu entwerfen und sie aus Schrott zusammenzubasteln. Das hat sie unabhängig gemacht von den Herstellern schwerer Maschinen, die nur das Land kaputtmachen.»

Auf dem Weg nach Norden zum Golden Valley, nahe dem Murray River, übernachteten wir sechs Meilen nördlich vom Waranga-Reservoir zum ersten Mal, und zwar in Merrigum, im Haus von Farry Greenwood. Bis zu seinem Tod im Jahr 1986 besaß und führte Greenwood die größte Birnenplantage Australiens. Jetzt tut es sein Sohn Lynton. Als wir uns in der kleinen Küche des bescheidenen Bungalows zum Abendessen hinsetzten, erklärte Lynton: «Ich bringe immer eine ganze Menge Birnen zur Konservenfabrik, wo ich dann mit anderen Farmern zusammensitze, während unsere Produkte abgeladen und inspiziert werden. Mich haben schon einige gefragt, wie ich es nur anstellen würde, ohne die vielen Pestizide auszukommen. Aber nie kam mal einer rüber zu mir, um sich meine Plantage wirklich anzuschauen und herauszubekommen, wie das läuft so ganz ohne Chemie.»

Lynton beugte sich vor. «Alle Plantagenbesitzer hier um uns herum mußten weggehen, da ihr Land von den Chemikalien ausgebrannt war. Wußten Sie, daß ein Birnbaum ein ganzes Jahrhundert lang Früchte tragen kann und ein Pfirsichbaum normalerweise 40 bis 50 Jahre lang? In dieser Gegend lebten einmal die größten Tomatenpflanzer Australiens. Auch sie haben das Land verlassen, nachdem sie es im ganzen Distrikt kaputtgemacht hatten.»

Der einzige übriggebliebene Obstgarten lag zwei Stunden flußabwärts in Walkool in einem kilometerbreiten Tal. Dort stand vor zehn Jahren Thory McDougal, ein großer, sehniger Milchviehfarmer schottischer Herkunft, der schon in der fünften Generation in Australien lebte, kurz vor dem Ruin. Sein Land war ausgelaugt, die Böden von immer mehr Düngergaben abhängig. Dann traf er Alex, und seine Farm konnte gerettet werden.

Im Jahre 1984 erwarb er eine andere heruntergekommene, völlig ausgelaugte Farm, die aus nichts weiter bestand als salzigem Schmutz. Ihr früherer Besitzer hatte sie verlassen. Heute ist sie eine große blühende Reisfarm, die in nichts mehr an das Stück Land erinnert, das McDougal damals gekauft hatte – bis auf eine kleine Ecke.

«Bevor wir das Präparat 500 anwandten», sagte McDougal, «war der Boden so fest, daß die Pflanzenwurzeln sich nur auf der Oberfläche ausbreiteten und die Pflanzen selbst krank waren. Schauen Sie es sich jetzt an! Hier sind tiefe Wurzeln und alle gesund! Damals hat man mich für verrückt erklärt, als ich das Gelände hier kaufte.»

«Auf dieser Farm», sagte Alex am nächsten Morgen, als wir den Murray River entlangfuhren, «baut McDougal wirklich biodynamischen Reis an, den einzigen nichtvergifteten Reis auf der Erde! Jetzt ist der Australian Rice Board auf uns zugekommen, da es für die Chemie-Farmer schwierig geworden ist, auf den internationalen Märkten irgendein landwirtschaftliches Produkt aus Australien loszuwerden. Wir aber können jede Menge biodynamischen Reis zu einem guten Preis verkaufen, denn es besteht eine große Nachfrage danach in Ländern wie der Schweiz, wo Baby-Nahrungsmittelhersteller und andere Produzenten unvergiftetes Rohmaterial brauchen. Wir exportieren biodynamisch gezogenes Getreide in 20-Tonnen-Containern nach Übersee und zahlen unseren Farmern eine Extraprämie von 50 Dollar pro Tonne für biodynamisches Qualitätsgetreide. Heute bekommen sie 200 Dollar für die Tonne, ein Erlös, von dem sie leben können. Thory erntet pro Morgen ungefähr eine Tonne mehr Reis als der Durchschnittsfarmer, und er spart sich die Ausgaben für die rund zwei Dutzend verschiedenen Chemikalien, die er nach Meinung der anderen benutzen sollte.»

Nach monatelangen Anstrengungen schaffte es Podolinsky sogar, die Rice Growers Cooperative in Leeton, New South Wales, davon zu überzeugen, die erste biodynamische Reisernte von McDougal zu lagern, zu polieren und auf den Markt zu bringen. Dabei sollte seine Ernte vom anderen, mit üblichen Methoden gezogenen Reis völlig getrennt bleiben, um den strengen Richtlinien zu entsprechen, welche die Marketing-Abteilung der BD Association aufgestellt hatte. Beeindruckt von den Preisen, die für den biodynamischen Reis verlangt werden konnten – in Australien wie auch im Ausland –, brachte die Cooperative im Mai 1987 als Titelgeschichte ihres Handelsjournals *RCL Magazine*: «Ein Tag mit Alex Podolinsky».

Die Reispflanzer befanden sich in größten Schwierigkeiten. So kündigte der Herausgeber des Magazins, Chris Black, in der Einleitung des Artikels an, daß die Cooperative gern noch mehr biodynamischen Reis hätte. Damit wurde zum ersten Mal zugegeben, daß sich der Reisanbau mit Chemikalien, wie er seit Jahrzehnten praktiziert wird, auf dem absteigenden Ast befindet, während die biodynamische Anbaumethode wie ein neuer Stern am Himmel aufgeht.

Das Ergebnis war, daß eine ganze Reihe von Pflanzern in den «Riverina» – wie das Reisgebiet genannt wird – begann, sich um ihre Anerkennung als biodynamische Farmer zu bemühen. Nach dreißigjähriger Arbeit war endlich eine Schranke durchbrochen worden, die das Landwirtschaftsministerium in Canberra aufgerichtet hatte. Dieses besaß zwar genügend Daten über biodynamische Methoden, lehnte es aber ab zuzugeben, daß eine so zuträgliche und gesunde Praxis für den Anbau von Reis und anderen landwirtschaftlichen Erzeugnissen überhaupt existierte.

Sechs Monate nach der Titelgeschichte im *RCL Magazine* erschien ein ganzseitiges Feature in der einzigen überregionalen Zeitung des Kontinents, *The Australian*. Der Artikel trug den Titel «Bio-Dynamic Man». Auf einem Bild ergriff Podolinsky mit der linken Hand den immer bereitstehenden Spaten, hob den Blick zum Himmel und brachte seine zentrale Botschaft auf den Punkt: «Es ist schon wahr, daß man ist, was man ißt, und im Augenblick bestehen die meisten Menschen und Tiere aus einem komplizierten chemischen Cocktail von Insektiziden, Pestiziden, Fungiziden, Unkrautvertilgungsmitteln und synthetischen Düngemitteln.»

Der Artikel machte den Unterschied zwischen dieser allgemeinen Situation und der biodynamischen Arbeitsweise deutlich: «Podolinsky stellt die Frage, warum auf biodynamischen Farmen Pflanzen niemals krank werden, sich die Mägen der Rinder niemals infolge von Verdauungsstörungen aufblähen und Schafe keine Arznei-Tauchbäder brauchen, um von Darmparasiten befreit zu werden – wie dies alles auf konventionell geführten Farmen der Fall ist. Und wenn die biodynamischen Praktiken wirklich minderwertig sind, wie offiziell behauptet wird, warum kann sich dann die Association vor Bestellungen von Gerste, Hafer, Weizen, Reis, Gemüse und anderen Produkten kaum noch retten? Wissen unsere Kunden etwas, das die nationalen und regionalen Landwirtschaftsministerien noch nicht wissen?»

Als wir unsere Fahrt in Richtung New South Wales fortsetzten, wurde die Landschaft immer flacher, die Hügel immer niedriger. Große schwarz-weiße Vögel mit gebogenen Schnäbeln und langen Beinen suchten in Bewässerungsgräben nach ihrem Frühstück. «Das sind Ibisse», sagte Alex, «und das da drüben sind Schwäne, schwarze, wie sie hier heimisch sind. Ein bißchen weiter wohnt Kevin Twigg. Aber ich glaube nicht, daß er zu Hause ist. Leider – denn er ist einer der intelligentesten Menschen, die ich kenne. Er hat eine erstklassige Rührmaschine gebaut. Vor vielen Jahren, als ich meinen ersten Vortrag über Rühren und Verwirbeln hielt, war Kevin unter den Zuhörern. Wir hatten damals noch keine Maschinen dafür – wir verwirbelten alles mit der Hand.»

Wir sahen ein Verkehrszeichen, was in dieser Gegend nicht eben häufig ist, und Alex bog von der Hauptstraße ab. «Bevor Kevin sein Kunstwerk fertigbrachte», sagte er mit einem zufriedenen Lächeln, «hatte kein Mensch auf der Welt eine richtige Rührmaschine. Ich hatte die eine auf Ehrenfried Pfeiffers alter Farm in Loverendale in Holland gesehen. Sie funktionierte nur in einer Richtung und konnte nicht umdrehen, um das ‹Chaos› zwischen den beiden Wirbeln herzustellen. Das ist typisch für die Steinerschen ‹Theoretiker›, daß sie eine Maschine herstellen, die nur in einer Richtung funktioniert. Kevin nahm einen ganz normalen Elektromotor und baute ihn so um, daß die Maschine automatisch die Richtung ändert, und zwar jeweils nach 19 oder 20 Sekunden. Kein Ingenieur wäre auf den Gedanken gekommen, einen Elektromotor so zu verwenden, wie Kevin es getan hat. Sie können noch nicht einmal erklären, warum die Maschine so funktioniert, wie sie es tut. Ich werde sie Ihnen vorführen, wenn wir zu den Weidegründen der Stephens-Brüder nach New England kommen. Sie probieren eine solche Maschine gerade zum ersten Mal aus und baten mich, zu schauen, ob sie auch korrekt läuft.»

Alex führte aus, wie wichtig die richtige Form des Verwirbelns für die ganze Prozedur sei. Ein Wasserbau-Ingenieur aus dem Schwarzwald, Theodor Schwenk, hatte entdeckt, daß nur ein genügend offener Wirbel das Fließen in der aufwärts und abwärts gerichteten Bewegung umdrehen kann. Schwenks Tests zeigten überraschend, daß freifließendes Wasser in Bächen und kleinen Flüssen ständig kleine Wirbel erzeugt – Beleg einer Lebendigkeit des Wassers, wie sie im Rohrleitungswasser der Städte nicht mehr zu finden ist. Podolinsky bestand dann darauf, daß nur Wasser von höchster Qualität für das Verwirbeln benutzt werden darf.

Die Stephens-Brüder, rauhe australische Burschen, hatten sich 1956 im Grenzgebiet von New South Wales und Queensland eine kleine Schaf- und Rinderfarm etwas außerhalb des kleinen Ortes Emmaville hoch oben im Gebirge gekauft.

«Aber die Farm war nicht groß genug, um uns alle zu ernähren», erzählte uns der jüngere Bruder, «so ging ich für zwölf Jahre weg und verdiente ein paar Dollar mit Schafscheren. Als ich ein bißchen Geld zusammen hatte, kaufte ich die Farm daneben. Während der Schafschur lernte ich einen Burschen kennen, Max Thompson, auch Scherer von Beruf, der mir von biodynamischen Methoden erzählte. Und dann kam Alex rüber und redete mit uns über alles, als gehörten wir zu seiner Familie.»

Außerhalb des Hauses stand auf Rollen ein zylindrisches, 200 Liter fassendes Gefäß, bereits mit Wasser gefüllt. Das war genug, um 16 Morgen Land zu behandeln. Alex sah es zufrieden an und drehte am Schalter, um den Mechanismus in Bewegung zu setzen. «Zunächst muß man darauf achten, daß – wie beim Rühren mit der Hand – der Wirbel am Rand anfängt und dabei ganz glatt ist. Dann durchbreche ich ihn und erzeuge das bekannte Chaos; denn das ist es ja, was wir wollen! Anfangen muß ich immer am Rand. Hier, schauen Sie! Es beginnt sich umzudrehen. Das war aber nicht schnell genug. Es hätte eher umschalten müssen.»

Alex machte eine Pause und drehte ein wenig am Schwimmer, sofort änderte der Wirbel seine Richtung schneller. Während wir die Blasen beobachteten, die im Wirbel entstanden, erklärte Alex begeistert: «Es gibt gewisse Dinge, die kann man nicht voraussagen. Nehmen wir zum Beispiel den Wirbel hier. Alles Wetter arbeitet mit Wirbeln. Man kann zwar genau sagen, wo sich eine Wetterfront befindet, aber nicht, was sich im Innern dieser Front zusammenbraut. Hier haben wir etwas, das sich jedes Mal völlig neu entwickelt. Mathematiker haben versucht, dem Problem mit Gleichungen beizukommen, aber mit Gleichungen kann man nicht das Wesen der Dinge erkennen. Diese Rührmaschinen sind völlig identisch; aber jede arbeitet ein wenig anders. Jede muß neu eingestellt werden.»

Einer der Stephens-Brüder fragte: «Wie steht es mit dem Wasser? Können wir das vom Fluß nehmen?»

«Natürlich!» sagte Alex. «Denn der Fluß lebt noch. Aber achten Sie darauf, daß Sie das Wasser durch Rohre oder Leitungen in den Behälter führen, die auf keinen Fall verseucht, sondern ganz sauber sind! Wenn ich die Farmen besuche, halte ich immer nach dem besten, das heißt lebendigsten Wasser Ausschau zum Verwirbeln des Präparats 500. Lassen Sie mich das Wasser in einem Glas sehen, und ich kann Ihnen genau sagen, welches gut bzw. schlecht ist. Das ist eine Funktion des Lichts im Wasser. Totes Wasser nimmt kein Licht auf, im Gegensatz zum lebendigen. Wasser verjüngt sich, wenn es tief in gesunde Erde hineingelangt und dann durch die Pflanzen wieder nach oben steigt. Es gibt keine bessere Reinigungsmöglichkeit für das Wasser. Wasser, das auf diese Weise durch den Boden gegangen ist und durch die Pflanzen wieder ausgeatmet wird, ist wunderbares Wasser.»

Alex überprüfte die Wassertemperatur. «Schauen Sie auf das Wasser, nicht fühlen, nur schauen. Sehen Sie, wie warm das Wasser ist? Ich kann die Temperatur genau sehen. Wenn das Wasser lauwarm ist, läßt es sich viel leichter und schneller verwirbeln. Sehen Sie den Unterschied? Schauen Sie sich an, wie das Wasser im Innern kocht! Es ist das wahre Chaos.»

Er schaltete die Maschine ab. «Normalerweise müßten Sie das Verwirbeln genau eine Stunde lang durchhalten. Und nicht eine Minute länger. Dann lassen Sie das Wasser durch ein rostfreies, feines Maschensieb passieren, bevor Sie es in Ihre Sprühvorrichtung geben. Sonst könnten noch Faserrückstände enthalten sein, die den Zerstäuber blockieren. Es gibt auch Leute, die porösen Stoff dazu verwenden. Aber tun Sie das lieber nicht; denn wenn der Stoff reißt, haben Sie erst recht Fasern im Sprühapparat.»

Während wir über die Weiden der Stephens-Brüder fuhren, mitten durch Schafherden hindurch, die den schmutzigen Weg vor uns kreuzten, erklärte uns Graham Stephens, er habe einen Anhänger gebaut, mit dem er die neue Maschine in jeden Teil seines Grundstücks fahren und so gleich nach dem Verwirbeln mit dem Sprühen beginnen könne.

«Das Wichtigste von allem ist», betonte Alex, «daß das Präparat 500 innerhalb einer Stunde nach dem Verwirbeln auf das Land gesprüht wird. Je länger Sie damit warten, desto mehr Kraft geht wieder verloren.»

Das Wetter wurde freundlicher und wärmer, als wir uns zu unserer letzten Station aufmachten. Wir fuhren die Küste hinauf von Brisbane nach Townsville, um Barry Ahearn zu besuchen, Zuckerrohrpflanzer in der dritten Generation. Uns war, als hätten wir den Winter am Atlantik hinter uns gelassen und würden nach Florida reisen.

In Australien wird, im Gegensatz zu Hawaii und anderen Anbaugebieten, das Zuckerrohr nicht in großen Monokulturen angepflanzt, sondern von einzelnen Farmern auf Äckern, die nicht größer als 150 bis 200 Morgen sind.

Alex sagte, Ahearn sei einer der eifrigsten Schüler der Biodynamik und der erste Zuckerrohrpflanzer der Association. Alex war sehr gespannt, wie sich die ersten ein oder zwei Sprühvorgänge mit dem Präparat 500 auf den Zuckerrohrboden auswirken würden.

Als wir uns Ayr, dem Zentrum des Zuckerrohranbaus, näherten, beklagte sich Alex über den Geruch von chemischen Sprühmitteln, der über den Feldern lag. «Am schlimmsten ist es in Toowoomba, westlich von Brisbane, ungefähr sechshundert Meilen südlich von hier», sagte er und zeigte deutlich seinen Widerwillen. «Die sprühen dort so viel, daß sie extra Querrinnen anlegen mußten gegen die Erosion! Sie spritzen jede Woche mit irgendeinem Zeug wie Agent Orange oder sogar noch Schlimmerem. Man muß immer darauf achten, daß man das Auto geschlossen hat. Es tötet einfach alles.»

Vor seinem baumbeschatteten Farmhaus trafen wir Barry Ahearn. Er war ein kleiner, muskulöser und sonnengebräunter Bursche, der einen alten australischen Buschhut trug und freundlich lächelte.

«Barry hat drei Brüder», sagte uns Alex. «Zwei von ihnen sind Zuckerrohrpflanzer wie er. Sie beginnen gerade mit der Biodynamik. Der dritte ist im Chemikaliengeschäft. So geht ein ziemlicher Riß quer durch die Familie, wie Sie sich vorstellen können.»

Das nächste Feld mit großem, grünem Zuckerrohr lag keine hundert Meter vom Haus entfernt. Als wir dort ankamen, ging Alex direkt auf das Pflanzendickicht zu, machte ein Loch in den Boden und brachte gute biodynamische Erde zutage.

Barry sagte uns, er habe die Halme weiter voneinander entfernt gepflanzt, als es die anderen Farmer täten, da er bemerkt hätte, daß die Pflanzen am Rand eines Feldes besser wachsen und offenbar mehr Platz brauchen, um sich zu entwickeln.

Auf einem anderen Feld wuchsen junge Zuckerrohrpflanzen, gerade erst wenige Zentimeter hoch. Zwischen den großzügig angelegten Reihen sah man Zucchini, Bohnen, Melonen und andere Früchte.

«Alex erklärte mir», kommentierte Barry, «daß man Gemüse

zwischen die jungen Zuckerrohrpflanzen aussäen kann, solange genügend Platz da ist. Auf diese Weise verdiene ich mir ein bißchen Geld dazu, während ich darauf warte, daß das Zuckerrohr wächst und reift. Hinzu kommt, daß das Gemüse biodynamisch aufgezogen wird, was mir einen höheren Marktpreis garantiert. Auch das ist ein Teil der Bemühungen, von der ungesunden Monokultur des Zuckerrohranbaus wegzukommen, die zur Verschlechterung des Bodens beiträgt. Nachdem ich vor etwa zwei Jahren die Biodynamik entdeckt habe, betrachte ich vieles ganz anders. Heute weiß ich zum Beispiel, daß das viele Unkraut überall auf den Feldern von den falschen Bearbeitungsmethoden herrührt; vor allem wenn diese schon seit mehr als einer Generation angewendet werden. Das ist wie mit dem ununterbrochenen Anbau der immer gleichen Pflanze. Das alles führt unweigerlich zu Unkraut.»

«Eine ganze Menge Leute», fügte Barry lachend hinzu, «prophezeiten mir, es würde nicht möglich sein, auf diesem Boden Gemüse zu ziehen. Es würde mit Sicherheit schnell vom Mehltau befallen werden, und ich würde bald pleite sein. Aber schauen Sie sich diese üppigen Reihen an! Und was das Pleitemachen betrifft, so hatte ich ein Brutto-Einkommen von ungefähr 130 000 Dollar, als ich mit dem biodynamischen Anbau begann. Sicher, es ist inzwischen auf 90 000 Dollar gesunken. Das hört sich zwar fürchterlich an, aber dazu muß man wissen, daß mein Netto-Einkommen das gleiche geblieben ist. Warum in aller Welt, so mußte ich mich selbst fragen, habe ich mein Geld ausgegeben, um in all den Jahren die großen Chemiefirmen zu bereichern, wenn ich nicht mehr Bargeld zur Verfügung hatte als heute, wo ich keine Chemikalien mehr benutze und wo ich weniger anpflanze als vorher?! Für den Farmer ist der Boden echtes Kapital, ist sozusagen sein Geld auf der Bank. Und so wie ich es jetzt mache, wird er immer mehr an Qualität und Wert gewinnen. Der Gemüseanbau, den ich vorher nie betrieben und an den ich noch nicht einmal gedacht hatte, bevor ich mit BD in Berührung kam, hilft mir, mein Land zu verbessern und außerdem mein Netto-Einkommen zu erhöhen. Der biodynamische Anbau macht mein Land produktiver, meine Ernten gesünder und hilft mir, mich völlig von diesem fürchterlichen Druck zu befreien.»

Er schaute über das wogende Grün und seufzte zufrieden. «Es ist wirklich wirtschaftlich im landwirtschaftlichen Sinn des Wortes!»

Barrys Bruder Kevin kam zu uns rüber. Er war viel größer, dünner und dunkler als sein Bruder, mit leuchtenden Augen in einem unverkennbar irischen Gesicht, so daß man niemals darauf gekommen wäre, daß sie miteinander verwandt sind.

Kevin sagte uns, er sei Barrys Beispiel gefolgt und betreibe seinen Zuckerrohranbau nun auch biodynamisch: «Ich glaube, daß alles andere keinen Sinn hat. Als ich zum ersten Mal den ABC-Film sah, war ich sehr überrascht, und obwohl ich nicht wirklich verstand, worum es ging, begriff ich doch, daß es vor allem auf die Verbesserung des Bodens ankommt. Der Boden ist wie unser Körper. Ohne einen guten Boden wären wir alle tot.»

Als wir Alex wieder verließen, war uns klargeworden, daß das Steinersche System in Australien mit Erfolg angewandt wird, und zwar auf über einer Million Morgen – zuvor ausgelaugter, sterbender Boden, wo heute alles blüht und gedeiht, und das völlig ohne Chemie. Mit Hilfe der Präparate 500 und 501 konnten sich Pflanzen, Tiere und Menschen in ganz Australien regenerieren. Dank Alex Podolinsky und seinen über dreißigjährigen Bemühungen um die Verbreitung der Steinerschen Lehren produzieren heute australische biodynamische Farmer gesunde Ernten. Sie verkaufen sie mit Gewinn, und außerdem vergrößern sie ihr wirkliches Kapital – den Boden.

Und uns wollte ein Gedanke nicht mehr aus dem Kopf: Wenn eine so fruchtbare Umwandlung auf dem kleinsten Kontinent der Welt stattfinden konnte, warum dann nicht auch auf dem fünfmal so großen Kontinent Amerika? Gab es irgendwelche Aussichten für die USA?

# 7  Es ist möglich!

In den Ebenen von Nord-Dakota gibt es so wenig Bäume, daß der Telegrafenmast scherzhaft zum Staatsbaum erkoren wurde. Vom Flugzeug aus hat man einen grenzenlosen Blick über weite Flächen, die in grüne, ockerfarbene und schokoladenbraune Quadrate unterteilt sind. Jedes dieser Quadrate umfaßt 640 Morgen. Für die ersten Siedler war das genügend Land, um zwei Familien zu ernähren. Das ganze «Trockenland» erstreckt sich westlich eines früheren Binnensees, dem sogenannten Red River Valley, und östlich des Hanges, der zum Missouri führt. Im ganzen Gebiet fallen jährlich 42 bis 45 Zentimeter Regen. Es wäre zu teuer, Wasser für die Feldberieselung aus einer 140 Meter tief gelegenen Grundwasserschicht hochzupumpen. Die Brunnen sind nur für den Haushalt bestimmt.

In der Abfertigungshalle des Flughafens von Jamestown hängt eine große Hinweistafel, die den Besuchern mitteilt, daß sie sich im Herzen des amerikanischen Farmlandes, der Drift Prairie, befinden. Doch Fotos mit wogenden Kornfeldern kann man keine entdecken, sondern nur Werbeplakate für giftige Schädlingsbekämpfungs- und Unkrautvertilgungsmittel. Dieses einstmals wunderschöne Land hat die chemische Industrie für sich erobert.

Vor dem Gebäude hielt ein uralter Chevrolet Impala, aus dem Fred Kirschenmann sprang, ein blonder Riese, der in robusten Lederstiefeln und einem blauen Overall steckte. Natürlich hatte er auch die obligate rote Kappe der Farmer auf. Was uns zu ihm führte, war nicht sein Diplom in Geschichte und seine beiden Doktortitel in Politikwissenschaft und Theologie, sondern ein Artikel in der Zeitschrift *Agweek*, der versprach: «Der Wechsel zu organischem Landbau kann schwierig, aber gewinnträchtig sein», und versicherte, daß die giftfreien Methoden eines Farmers aus Nord-Dakota funktionierten: «Seine Produktionskosten sind niedriger als die der Nachbarn ... Er erhält Preise und Auszeichnungen ... Sein Boden ist fruchtbar und gesund.»

Ein Teil des 3000 Morgen großen Besitzes von Kirschenmann liegt abseits der Staatsstraße 84. Die Farm befindet sich in der Nähe des winzigen Ortes Windsor, der nur aus einer kleinen römisch-katholischen Kirche besteht, einem Getreidesilo und einem einzigen öffentlichen Gebäude, einem cremefarbenen Blockhaus, das sich selbst als «Die beste Bar der Stadt» anpreist! Die Bar ist ein Treffpunkt, zu dem die Farmer aus weitentlegenen Gebieten kommen.

In den späten siebziger Jahren waren die hier ansässigen Farmer sehr überrascht, als sie bemerkten, daß ganz in der Nähe von Windsor ein sehr sonderbares Haus gebaut wurde, das sich mehr unter der Erde als darüber befindet. Es liegt an bzw. in einem Hügel und erinnert an einen Bunker. Das Haus hatte Fred Kirschenmann gebaut, der etwa dreißig Meilen von hier entfernt, in Streeter, auf der Farm seines Vaters groß geworden war. Auch seine Frau Janet, die aus dem Städtchen Braintree, Massachusetts, stammt, war mit für den Bau verantwortlich. Sie hatte sich nämlich von einem Artikel in der Bostoner Zeitung *Globe* anregen lassen, auch so ein «Erdhaus» zu bauen, wie es der Architekt John Benard kreiert hatte. Es sieht aus wie ein zu groß geratener Vorratskeller. Es ist im Sommer kühl und luftig, und im Winter macht ein einziger kleiner Holzofen das Haus gemütlich warm, auch wenn draußen ein Sturm den Schnee vor der Haustür so auftürmt, daß Fred einen Tunnel von über zwei Metern Höhe graben muß, wenn er auf die Straße will.

Die gemütliche Küche wird von einer einzigen Lichtquelle erhellt, einem Lichtschacht, der sich in der Mitte des Gebäudes befindet, das dadurch mehr Licht hat als so manches mit Fenstern versehene Haus.

Wir setzten uns an den großen Tisch, der übersät war mit landwirtschaftlichen Veröffentlichungen und enzyklopädischen Ratgebern über organischen Gartenbau und biologische Schädlingsbekämpfung. Fred begann sofort zu erzählen, wie er zum größten biodynamisch anbauenden Farmer der Vereinigten Staaten geworden ist. Fred baut auf seiner Farm Weizen, Buchweizen, Roggen, Hirse, Hafer und Sonnenblumen an. Er hat das alles zwei graduierten Studenten von der Universität Ohio zu verdanken, die er unter seine Fittiche genommen hatte: David Vetter, der ihn mit der Philosophie und den landwirtschaftlichen Vorstellungen Rudolf Steiners bekannt gemacht hat, und seiner Schülerin und späteren Frau Janet, die seine Interessen unterstützte.

Jeden Sommer verbrachten die Kirschenmanns ihre Ferien auf der Farm von Freds Vater Theodore in Nord-Dakota. Sie halfen dem inzwischen Siebzigjährigen bei der Ernte auf der Farm in Windsor und auf der älteren «Familienfarm», die sich dreißig Meilen von Streeter entfernt befand. Zu dieser Farm gehörte ein 600 Morgen großes Stück Prärie, das noch genauso jungfräulich dalag wie zu Zeiten, als Tausende von Bisons über das Land donnerten.

Eines Nachmittags im Jahre 1977 rief ihn der Vater an und sagte, er habe einen Herzanfall erlitten. Es sehe so aus, als müsse er die Farm verkaufen, es sei denn, er, Fred, wolle sie übernehmen.

Janet und Fred sahen sich nur wortlos an: Es war wohl ihre Bestimmung, nach Hause zurückzukehren, um etwas gegen die dauernde Verschlechterung des Bodens auf ihrer Familienfarm zu tun.

Schon der alte Kirschenmann hatte das Gefühl, daß irgend etwas falsch lief mit der konventionellen Landwirtschaft, wie sie seit mehr als zwei Jahrzehnten betrieben wurde. Fred und Janet wußten, daß sie, so groß die Schwierigkeiten auch sein würden, mit den Chemikalien aufhören und zu organischen Mitteln greifen mußten. Sie waren betroffen von der Tatsache, daß der Ernte-Ertrag von chemisch angebautem Weizen auf der Farm von Freds Vater und auch auf den Nachbarfarmen immer geringer wurde.

Da Fred nicht genau wußte, wie er die Sache eigentlich anpakken sollte, rief er seinen früheren Studenten der Bodenkunde, David Vetter, an, der sofort von seiner Farm in Nebraska heraufkam. Mehrere Tage lang half er ihm, einen Anbauplan auszuarbeiten, der auf einer Analyse der Bodenbedingungen beruhte. Sie wollten ungefähr ein Drittel, das waren etwa 700 Morgen, ihrer Anbauflächen auf «organisch» umstellen.

«David meinte, daß wir langsam vorgehen sollten», erzählte uns Fred. «700 Morgen von bebautem Land auf einmal umzustellen könnte zu einem Desaster führen. Statt dessen riet er uns zu einigen Kontrollflächen. Aber wir wollten mehr; so schlug er uns vor, es auf nebeneinanderliegenden Vergleichsfeldern auszuprobieren. Die einen sollten konventionell, die anderen organisch bebaut werden.

Kirschenmann begann mit Weizen und Hafer und beachtete Vetters Ratschläge. Er wollte die Fruchtbarkeit auf den frisch umgestellten Feldern über mehrere Jahre hinweg fördern. Die Böden sollten die Chance bekommen, sich an die neue Behandlung zu gewöhnen; stickstoffbindender Klee sollte sich einstellen. Dafür importierte Fred eine Flüssigkeitsmischung aus Fisch und Seetang, die er über einen Händler in Nebraska aus Texas bekam.

Gegen Ende der ersten Saison bemerkten sie begeistert, daß es keinen Unterschied gab zwischen den umgestellten Getreidefeldern und denen, die auf üblichem, sprich chemischem Weg bebaut worden waren.

«Nun beschlossen wir, aufs Ganze zu gehen», sagte Fred. «Wir wollten unbedingt beweisen, daß die organische Landwirtschaft mindestens so gut, wenn nicht besser ist als die teuren chemischen Programme.»

Im folgenden Jahr ließen die Kirschenmanns sämtliche Chemikalien weg und behandelten den ganzen Boden mit Naturprodukten und, wie Janet jammerte: «Wir verloren fast unser letztes Hemd.»

Zu ihrem großen Schrecken zeigten sich nämlich kurz nach der Aussaat wilder Hafer, Senf, Fuchsschwanz, Pfennigkraut und kanadische Disteln sowie andere ausdauernde und einjährige Unkräuter. Sie waren letztes Jahr nicht erschienen, breiteten sich jetzt aber über die gerade keimende Getreidesaat. Das Getreide konnte eine solche Konkurrenz nicht verkraften.

«Wir mußten feststellen», bemerkte Fred, «daß wir im ersten Jahr pures Glück hatten. Wir hatten einen außergewöhnlich warmen Frühling gehabt. Ende April/Anfang Mai stiegen die Temperaturen bis auf 30 Grad Celsius. Dieses ungewöhnlich heiße Wetter wurde von Gewitterstürmen mit außergewöhnlich vielen Blitzen begleitet, die irgendwie die Stickstoffversorgung im Boden verbesserten. Die Bedingungen waren für uns genau richtig, um aufs Land hinauszufahren und das Unkraut mit Eggen und Harken auszureißen, bevor wir mit dem Pflanzen begannen.»

Auf diese idealen Klimabedingungen, die nur sehr selten in der Drift Prairie auftreten, folgte im nächsten Jahr der übliche kühle und feuchte Frühling, in dem das Unkraut bis spät in den Juli hinein nicht entfernt werden konnte. Auf vielen Feldern konnten sie nur siebzehn Scheffel pro Morgen ernten statt der erhofften fünfzig. Ganze Felder von Hartweizen, der sich wunderbar für Spaghetti und andere Teigwaren eignet, waren vom Fuchsschwanzgras befallen; auf anderen Feldern gab es fast überhaupt keine Ernte.

«Wir waren wirklich entsetzt und beunruhigt», warf Janet ein. «Aber was sollten wir tun? Wir hatten eine Verpflichtung übernommen, und es war absolut nicht sinnvoll, einen Rückzieher zu machen, das heißt, zu den Chemikalien zurückzukehren.»

Ihre Geduld zahlte sich aus. Im dritten Jahr des organischen Anbaus entwickelten die Kirschenmanns ein System des Fruchtwechsels, mit dem sie die Monokultur – den Anbau einer einzigen Pflanzenart Jahr für Jahr – abschaffen wollten. Solche Monokulturen waren im Getreidegürtel des Mittelwestens beliebt geworden und breiteten sich später auch immer mehr in den Weizengebieten von Dakota und den Nachbarstaaten aus.

«Dieser unersättliche Wunsch nach Weizen, Weizen und noch mehr Weizen», sagte Fred, «führte zum massiven Einsatz von Herbiziden. Denn Unkräuter lieben Monokulturen. Das wird in den Getreidegebieten weitgehend akzeptiert, obwohl es völlig unnatürlich ist. Die Monokultur wurde hier immer beliebter, als die Farmer von der Viehwirtschaft genug hatten und ihr Weideland umpflügten. Sie fällten alle Bäume, die als Windbrecher so nötig sind und die nach den Sandstürmen in den dreißiger Jahren so sorgfältig angepflanzt worden waren. Statt dessen nutzten sie ihr gesamtes Land und konzentrierten sich dabei auf ein, höchstens zwei Hauptfrüchte. Diese Umstellung hatten die Berater des Extension Service vorangetrieben. Sie setzte sich so richtig durch in den späten sechziger und frühen siebziger Jahren. Die Berater erzählten den Produzenten, daß dies der einzige Weg sei, um zu überleben. Wie Sie wohl wissen, geschah mit den Wäldern genau dasselbe. Man fällte alle Mischwälder und pflanzte nur Bäume einer einzigen Art an, und das über riesengroße Landstriche.»

Aber mit dem Fruchtwechsel, erklärte uns Fred, konnten er und andere organisch anbauende Farmer das Unkraut in Schach halten. Der Fruchtwechsel beginnt im ersten Jahr Mitte April mit der Aussaat kälteliebender Weizen- oder Hafersorten. Im nächsten Jahr sät man Mitte Mai Sonnenblumensamen aus oder gegen Ende des Monats Hirse. Die Unkräuter, die sich auf das Weizenjahr eingestellt haben, keimen, bevor die Sonnenblumen gesät werden, und können dann mechanisch vernichtet werden.

«Die nächsten Jahre», fuhr Kirschenmann fort, «warteten wir immer länger mit der Aussaat von Getreide. Damit konnten wir den nächsten Schub von Unkräutern abwarten, um sie zu vernichten. Wir benutzen dazu ein Gerät mit einer Stahlstange im Boden, die von einer Kette entgegengesetzt zur Fahrtrichtung gedreht wird. Dabei werden die Unkräuter mit ihren Wurzeln herausgerissen und auf der Oberfläche des Bodens verteilt, wo sie in der heißen Sonne verrotten. Auf diese Weise nähren sie sogar den Boden, anstatt ihn zu erschöpfen.»

Im vierten Jahr liegt das Feld brach und kann den ganzen Sommer über von Unkräutern frei gehalten werden. Im Herbst eggt man auf dem brachliegenden Boden ausgesäte Klee-Ernte unter, um den Boden für den Weizen des nächsten normalen Zyklus vorzubereiten.

«Sie können sich nicht vorstellen, wie sich unser Boden verbesserte», sagte Fred mit einem Lächeln. «Die Würmer vermehrten sich enorm in unseren organischen Feldern. Es waren so viele, daß jedesmal welche an den Zacken meines Pflugs hingen, wenn ich ihn aus dem Boden zog.» Seine Augen leuchteten, doch plötzlich verdüsterte sich sein Blick. «Es ist eine Schande, was mit diesen reichen Böden der Drift Prairie vorher geschah. Auf der ersten Farm hatten wir wie viele andere auch im Durchschnitt eine nur 15 bis 18 Zentimeter dicke schwarze oberste Bodenschicht. Chemikalien hatten sie jedoch völlig verdorben. Das war besonders schade, da völlig unnötig. Ein gesundes organisches Pflanzprogramm hätte keinerlei Chemikalien erfordert. Als Alex Podolinsky 1984 unsere North Dakota Natural Farmers Group zum ersten Mal besuchte – nachdem er durch das ganze Land gereist war –, meinte er: ‹Wäre ein australischer Farmer plötzlich auf einem solchen Stück Land aufgewacht, so hätte er wohl geglaubt, er sei gestorben und schon im Himmel!›»

Nord-Dakota muß jetzt, wie auch andere landwirtschaftlich geprägte Bundesstaaten im ganzen Land, einen hohen Preis zahlen für den «freien Umgang» mit Chemikalien. Es ist fünf vor zwölf, was die Bodenvergiftung betrifft. Aber jetzt weht ein etwas anderer Wind. Letztes Jahr wurde in Süd-Dakota ein Gesetz erlassen, das verhindern soll, daß Viehzuchtbetriebe hemmungslos Nitrate an die Umwelt abgeben. Bei Nichtbeachtung gibt es Strafen bis zu 10000 Dollar pro Tag. Die Konsumenten üben auf die Gesetzgeber schweren Druck aus, damit die Grundwasserquellen und Nahrungsmittel nicht weiter vergiftet werden.

Fred ergriff wieder das Wort: «Die Farmer müssen jetzt längst überfällige Rechnungen bezahlen. Aber es sind grundsätzliche Veränderungen in Aussicht. Die wichtigste davon betrifft den erschöpften Boden. Der Zusammenbruch kommt noch schneller, wenn die Öl- und Gasquellen versiegen. Das wird zwar wohl nicht so bald passieren, aber wenn der Preis für Kohlenwasserstoff weiter steigt, werden die Farmer einfach nicht mehr in der Lage sein, sich fossile Treibstoffe zu leisten oder die Petrochemikalien, die daraus hergestellt werden. Ich glaube, daß jetzt endlich auch die konventionellen Farmer anfangen, die Dinge klarer zu sehen. Sie wissen, daß sie seit Jahren am Rande des Abgrunds stehen, und haben auch alle die Horrorgeschichten gelesen, die über die vielen bankrotten Farmer kursieren. Aber die Leute von der Universität erzählen ihnen weiter, daß sie auf keinen Fall weniger Chemie verwenden dürften, weil sonst ihre Erträge immer geringer würden und sie damit in die roten Zahlen kämen.»

«Ich habe mit fast tausend Farmern in diesen Prärie-Staaten hier gesprochen», fuhr Fred fort, «und nicht ein einziger von ihnen sagte mir: ‹Die Chemikalien sind ganz was Tolles, genau das, was wir für die Landwirtschaft der Zukunft brauchen.› Statt dessen sagten sie mir, daß sie irgendwie wüßten, daß etwas falsch sei an der Art, wie sie ihre Farmen führten. Aber sie schüttelten nur hilflos ihren Kopf oder starrten auf den Boden und sagten, daß sie nichts tun könnten. Und dann fügten sie noch traurig hinzu: ‹Das ist nun mal so. Noch ein schlechtes Jahr, und ich kann aufhören.›»

Die Farmer sind so in ihrem chemischen System befangen, daß sie nur noch darüber nachdenken können, welches Produkt sie als nächstes verwenden sollen. Viele von ihnen haben den üblichen NPK-Dünger, der nicht mehr den gewünschten Erfolg brachte, durch Ammoniak ersetzt. Dieses Gas pressen sie unter hohem Druck in den Boden hinein. Dadurch bekommt man in den ersten drei Jahren wirklich großartige Ernten, aber danach verwandelt sich das Land allmählich in eine Betonpiste.

Fred seufzte kurz und erzählte weiter: «Ein Nachbar von mir, ungefähr sechzig Jahre alt, hat wenigstens verstanden, daß man so wenig Chemikalien wie möglich verwenden sollte. Von allen konventionellen Farmern hier in der Gegend ist er der mit dem meisten Verstand. Er hat uns auch mehrere Male besucht, um sehr aufmerksam zu beobachten, was ich hier tue. Am liebsten würde er wohl zu den organischen Methoden, wie wir sie benutzen, überwechseln. Als wir einmal zusammen auf einem meiner Felder standen, bewunderte er die Bodenstruktur und sagte: ‹Was du hier machst, ist richtig, aber bei uns würde es nicht funktionieren, außer wir würden uns alle umstellen. Sonst hätte uns die Bank sofort am Kragen, einen nach dem anderen.›»

«Ich sah ihn betroffen an», sagte Fred, «und forderte ihn auf: ‹Wenn du dir einmal meine Kontoauszüge ansehen würdest, könnte ich dir in wenigen Minuten beweisen, daß es mir mindestens so gutgeht wie euch, vielleicht sogar besser.› Aber er starrte mich nur ungläubig an und sagte nichts weiter.»

Die Farmer sind daran gewöhnt, nur ein einziges Produkt anzubauen – Weizen oder Sonnenblumen oder etwas anderes –, und übernehmen nur widerwillig die neuen Anbaumethoden mit Fruchtwechsel, da dies ein Umdenken erfordert. «Die größte Schwierigkeit dabei», so Fred, «ist es, die gängige Meinung zu unterlaufen und den Status quo, der jährlich aufs neue durch die Werbekampagnen der Chemiefirmen aufrechterhalten wird. Sie werden kaum glauben, wie groß der Anteil der Agrochemiefirmen an der Fernsehwerbung ist. Das fängt schon mitten im Winter an, und zwar im normalen wie im Kabelprogramm, damit die faul zu Haus sitzenden Zuschauer rechtzeitig aufmerksam werden.»

Jährlich erscheinen neue Schädlingsbekämpfungsmittel, und die Farmer vertrauen den Giftverkäufern mehr als den landwirtschaftlichen Beratern, die ihnen sagen könnten, welche Produkte am besten zu ihren Feldern passen. Es gibt immer wieder neue Werbebroschüren, und es werden Informationstreffen für die Farmer veranstaltet, bei denen Kaffee und Kuchen serviert wird, bevor man ihnen die ganze Giftpalette präsentiert. Das funktioniert so ähnlich wie bei manchen Pharmafirmen, die ihre Medikamente an den Arzt bringen wollen. Zur Zeit gibt es nicht weniger als 78 verschiedene Produkte zur Unkrautvertilgung!

Die Tragik dieser trostlosen Philosophie hat bereits dazu geführt, daß in Nord-Dakota die reichen Farmer die ärmeren aufkaufen oder ihr Land pachten, nachdem es von Banken und Versicherungsgesellschaften übernommen wurde. Das Schlimmste aber ist, nach Meinung von Kirschenmann, daß die großen Farmer weiterhin nach der Philosophie des Agrobusiness – größer werden oder out sein – ihr Land bearbeiten. Solche Landwirte kümmern sich überhaupt nicht um die Pflege des Bodens. Auf der anderen Seite haben viele kleinere Farmer, die jetzt bankrott gehen oder gezwungen sind zu verkaufen, ihren Boden immer pfleglich behandelt. Dieser wird nun aber von den Großgrundbesitzern zerstört.

Wie die ganze Gegend hier, so war auch Kirschenmanns BD-Farm von kleinen Tümpeln oder seeähnlichen Sumpflöchern übersät, die von der letzten Eiszeit übriggeblieben sind. Im späten März werden sie von Enten, Gänsen und Schwänen bevölkert, die nach Norden zu ihren Brutplätzen fliegen. Mitte Oktober machen sie auch auf dem Rückweg wieder hier Station. Viele werden ein Opfer der Jäger, die extra aus New York oder Kalifornien anreisen, um ihrem blutigen Freizeitvergnügen nachzugehen.

Wir fuhren über einen kleinen Damm, der über einen solchen Tümpel führte. Eine einsame Kanadagans warnte uns mit ihrem Ruf, ihrem Nest nicht zu nahe zu kommen, in dem sie eine neue Generation junger Gänse aufzog.

Auf der anderen Seite des Tümpels hielt Fred an und zeigte auf ein Weizenfeld. «Ich bin normalerweise nicht dafür, das herunterzumachen, was meine Nachbarn tun. Aber schauen Sie sich doch mal mein Weizenfeld genau an. Ich habe an einem heißen Tag, am 10. April, ausgesät, als der Boden hier rundherum völlig trocken war. Ich wußte genau, daß es sehr schwierig sein würde, die Saat zum Keimen zu bringen. Trotzdem sproß der Weizensamen, wie

Sie sehen können, und die Pflanzen sind jetzt schon fast einen Meter hoch.»

Eine Meile weiter sahen wir das Feld eines Nachbarn, der seinen Weizen zur gleichen Zeit wie Kirschenmann ausgesät hatte. Die Pflanzen zeigten eine ganz unterschiedliche Wuchshöhe, einige schauten kaum aus dem Boden, andere hatten keine Ähren entwickelt. «Es wird für ihn sehr schwierig werden, überhaupt eine Ernte einzufahren», meinte Fred. «Zur Erntezeit wird er entweder den spätentwickelten Teil verlieren, oder er riskiert es, so lange zu warten, bis alles reif ist. Das könnte dann aber ganz zu spät sein. Schauen Sie sich doch einmal die kleinen Gräben an, die sich parallel zu den Reihen hinziehen. Das sind Spuren des Traktors, der mit seinem Gewicht die sowieso schon feste Erde plattgewalzt hat. Dadurch ist der Boden jetzt so verdichtet, daß kaum eine gute Ernte zu erwarten ist. Ein solcher Boden kann keine Feuchtigkeit aufnehmen, das Land trocknet aus, und zwar so schnell, daß kein einziges Samenkorn eine Chance zum Keimen hat. Und wenn doch, dann ist es nur sehr schwach entwickelt. Meine poröse Bodenstruktur hingegen fängt jeden einzelnen Regentropfen auf und hält ihn auch fest.»

Als wir uns der Hauptfarm näherten, fuhren wir an einem eingezäunten Gelände vorbei, auf dem fast meterhohes, dickes Gras wuchs. «Was Sie hier sehen», erklärte Fred, «ist natürliches, einheimisches Prärie-Gras, wie es früher Millionen von Bisons abweideten. Wir haben 900 Morgen davon. Die Pflanzendecke besteht aus Tausenden von verschiedenen Gräsern und wilden Blumen, die jedes Jahr in den unterschiedlichsten Farben blühen. Die Qualität dieses Futters ist nicht zu überbieten. Wir wenden das gleiche Verfahren an, wie es Podolinsky den australischen Viehzüchtern empfohlen hat. Wir lassen unser Vieh etwa 20 bis 30 Tage lang auf einem Teil der Weide und treiben es dann auf den nächsten Abschnitt, damit das Gras auf der ersten Weide wieder nachwachsen kann. Bisons, obwohl sie niemals ein Buch über Weidehaltung gelesen haben, machten es schon immer so. Sie wechselten von einem Gebiet zum anderen, wobei es niemals zu einer Überweidung des von Gott gegebenen Landes gekommen war.»

Auf einem nahe gelegenen Hügel stand eine hundertköpfige Viehherde, die hauptsächlich aus einer Kreuzung von Angus- und

Hereford-Rindern bestand. Freds Vater hatte diese Rassenmischung geschaffen, und Fred hatte dazu noch Tarantais-Bullen eingekreuzt, eine französische Hochlandrasse, die vor allem für ihre Widerstandskraft bei kaltem Wetter bekannt ist sowie für einen ausgeprägten Mutterinstinkt der weiblichen Tiere. Sie haben jedes Jahr etwa 80 Kälber, die verkauft werden, sobald sie 650 bis 700 Pfund erreicht haben. Einige Färsen werden zurückbehalten, um zu alt gewordene Kälber zu ersetzen. Die Einkünfte aus dem Verkauf der Kälber werden jedoch noch weit übertroffen vom Wert des Dungs ihrer Mütter, der während der Wintermonate gesammelt wird. Schließlich ist der Mist, beimpft mit den Steinerschen Präparaten, die Hauptsache im biodynamischen Landbau.

Neben Freds Elternhaus befindet sich das Winterquartier der Herde. Es besteht aus zwei Ställen, die an den Seiten offen sind, aber den Tieren doch genügend Schutz bieten in kalten Nächten und bei plötzlich aufkommenden Schneestürmen. In 1 1/2 Meter hohen und 6 Meter langen Haufen waren ungefähr 800 Tonnen Kuhmist und Stroh zusammengetragen, die Fred mit seinem alten Frontlader aufgestapelt hatte. Jedes Jahr wendet Kirschenmann mit demselben alten Lader das organische Material völlig um. Es soll kompostieren, bevor es präpariert und auf die brachliegenden Kleefelder verteilt wird.

«Ich mache es nicht genau nach Vorschrift», gab Fred freimütig zu. «Ich habe nicht die Zeit, den ganzen Mist durch einen Häcksler zu jagen, damit er ordentlich zerkleinert wird, wie es die Puristen immer predigen. Wenn ich das mit dieser Menge von Mist tun müßte, wäre ich das ganze Jahr nur damit beschäftigt.»

Jetzt hielt Fred den Zeitpunkt für gekommen, uns zu erzählen, wie er zur biodynamischen Landwirtschaft gefunden hatte.

Er war nach der «Versuch und Irrtum»-Methode vorgegangen und hatte aus seinen Fehlern gelernt. 1979 gründete er die North Dakota Natural Farmers Association, die damals zwanzig Mitglieder zählte. Sie hatten als Gleichgesinnte bereits mit organischen Anbaumethoden angefangen.

Auf die neugegründete Association wurde in jenem Winter Michael Marcolla aufmerksam, ein junger, energischer Mann um die Dreißig, der die Mercantile Food Company in Bridgeport, Connecticut, gegründet hatte. Er wollte nordamerikanische und europäische Konsumenten mit etwas anderem versorgen als dem, was sie normalerweise in ihren Läden fanden, nämlich mit organisch gewachsenem Getreide und natürlichen Nahrungsmitteln.

Um sicher zu sein, daß seine Produkte wirklich von erstklassiger Qualität waren, organisierte Marcolla die Farm Verified Organic (FVO), deren Programm ganz bestimmte Richtlinien und Normen für den organischen Landanbau definierte und garantierte.

Als Marcolla Kirschenmanns Farm besuchte, war er von dessen Methoden beeindruckt. Aber auch Fred war beeindruckt, und zwar von dem Angebot einer fünfzehnprozentigen Prämie über dem Preis, den er für sein Getreide im lokalen Silo bekommen hätte.

«Als ich mit dem organischen Programm begann», sagte Fred lächelnd, «hatte ich keine Ahnung, daß es Märkte gibt, wo man was extra dafür bekommen kann. Ich hatte vor allem angefangen, weil ich um den Boden besorgt war. Als mir Marcolla erzählte, er handle mit Weizen, der organisch gewachsen sei und 15 Prozent Protein enthalte, erzählte ich ihm, daß mein Weizen mit 15,5 Prozent aufwarten könne. Nachdem er meine Farm inspiziert hatte, ließ er mir zu meiner Überraschung mitteilen, daß ich 50 Cent mehr pro Scheffel kriegen könne als die sowieso schon recht hohen 4 Dollar 50. Soviel bekamen zu jener Zeit die Farmer, die den Weizen nach konventionellen, sprich chemischen Methoden anbauten. Ich war so überrascht und aufgeregt, daß ich nach Bridgeport fuhr, um mit Marcolla selbst zu reden. Ich sagte ihm, daß ich neben Weizen und Sonnenblumen alles anbauen würde, was er wünschte. Er meinte, ich sollte doch sofort mal darüber nachdenken, hochwertigen, proteinhaltigen Hartweizen anzubauen, aber auch Buchweizen und Hirse, Getreidearten, an die ich niemals gedacht hätte.»

Marcolla überraschte Fred noch mehr mit der Mitteilung, daß die meisten seiner Kunden, die Wert auf organische Produkte legten, nicht Amerikaner seien, sondern Europäer. Die wären ganz verrückt nach biodynamischen Sachen. «Wissen Sie eigentlich, was biodynamische Produkte sind?» fragte Marcolla.

Fred erinnerte sich sofort zehn Jahre zurück, als David Vetter ihm eines Tages das Buch mit Steiners landwirtschaftlichen Vorträgen mitgebracht hatte. Als er Marcolla das sagte, zog dieser nur wortlos *sein* Steiner-Exemplar aus der Tasche ...

Fred fragte ihn, was er tun könne, um nicht nur ein normaler organischer, sondern ein biodynamischer Farmer zu werden. Der Präsident der Mercantile Food wog das Buch in seiner Hand und antwortete ihm: «Lesen Sie das hier noch einmal ganz aufmerksam. Dann besorgen Sie sich zurückliegende Ausgaben vom Journal der Biodynamic Association, das in Kimberton, Pennsylvania, herauskommt. Und dann rufen Sie Ihren Nachbarn Bob Steffen an, der Ihnen bei speziellen Fragen helfen kann.»

Bob Steffen war auf einer ehemals Deutschen gehörenden Farm im Nordosten von Nebraska geboren und aufgewachsen. Er hatte eineinhalb Jahre lang bei Pfeiffer studiert, was allerdings mit einigen Schwierigkeiten verbunden war, da Pfeiffer nicht besonders gut Englisch sprach und außerdem offenbar nicht über genügend landwirtschaftliche Praxis verfügte.

«Ich hatte nicht unbedingt mein Herz an BD verloren», erzählte uns Steffen. «Pfeiffer hatte mir mehr theoretisches als praktisches Wissen vermittelt. Ich hatte auch einige Probleme, mit ihm warm zu werden. Das begann sich erst zu ändern, als wir uns mit seiner Hilfe daranmachten, große Mengen von Kompost herzustellen, und zwar in Boys Town, einem Waisenhaus von Father Edward Flanagan in der Nähe von Omaha. Da wir 700 Kühe hatten, konnten wir jedes Jahr Tausende von Tonnen an kompostiertem Mist ‹ernten›. Aber bevor die Sache richtig angelaufen war, starben Pfeiffer und Father Flanagan, und ich fühlte mich ziemlich allein. Dann hörte ich von Podolinsky in Australien und sagte mir, daß die BD-Leute vielleicht all die Jahre hindurch auf der falschen Spur gewesen waren. So hatte zum Beispiel niemand von uns die Kuhhörner oder das Potenzieren zu erwähnen gewagt. Ich glaube, das war Pfeiffers Schuld, denn er vermied es strikt, über etwas zu sprechen, das man als zu geheimnisvoll hätte betrachten können. Zugunsten seines eigenen ‹Starters› erwähnte er auch die Steinerschen Präparate nicht. Und ich kann seine Zurückhaltung verstehen. Bis heute kenne ich nur sehr wenige von unseren BD-Leuten, die sich einfach hinstellen können, um den äußerst skeptischen Farmern zu erklären, wie man Kuhscheiße in Kuhhörner stopft oder Eichenrinde in Schafsschädel. Auch ich selbst kann das nicht. Vielleicht liegt es daran, daß die biodynamischen Methoden in Amerika nicht so bekannt geworden sind wie in Australien.»

Trotz aller Befürchtungen fuhr Steffen zwei Tage, nachdem er mit Fred telefoniert hatte, nach Windsor, um ihm zu zeigen, wie er seinen Kompost verbessern könne, nämlich durch Zugabe der biodynamischen Präparate 502 bis 507. Steffen erklärte Fred auch, daß dieser seine Felder und deren Pflanzen mit BD 500 und 501 behandeln müßte. Er gab ihm außerdem den Rat, Dennis Montgomery, einen jungen Farmer in der Nähe von Carrington, zu besuchen. Der besitze nämlich eine Rührmaschine, die ihm Marcolla zur Verfügung gestellt habe.

«So begann ich also», erzählte uns Kirschenmann weiter. «Ich rief Josephine Porter in Stroudsburg, Pennsylvania, an. Sie stellte alle Steinerschen Präparate her und belieferte mich ab sofort damit. Außerdem lernte sie einen Marineoffizier a. D. an, der einmal ihren Platz einnehmen sollte.»

Steffen erzählte uns später, daß er zunächst große Zweifel gehegt habe, daß die von Fred angewandte Kompostiermethode wirklich funktionieren würde. Aber als er nach einem Jahr sah, daß sein eigener Kompost genauso gut aussah und roch wie der von Steffen und auch eine ideale Temperatur aufwies, meinte er, dieser Erfolg sei auf die großen Mengen kohlenstoffhaltigen Strohs im Kompost zurückzuführen.

Steffen baute dann für Kirschenmann eine Rührmaschine für 4000 Dollar. Sie war auf einem Lastwagen montiert, zusammen mit zwei Holzfässern zu je 300 Litern. Ein Schwimmermechanismus sorgt dafür, daß sich die Drehrichtung umkehrt, sobald der Wirbel in den Fässern eine optimale Tiefe erreicht hat. Fred konnte den alten Chemikalienspritzapparat verwenden, den Steffens Vater auf ein altes Auto montiert hatte. Man installierte darauf einen neuen Tank und zwei Düsen, eine für das BD 500, die andere für das BD 501. So konnte Fred die Präparate auf die Felder bringen.

Nachdem sich Fred für biodynamischen Landbau mit Fruchtwechsel entschieden hatte, begann er 1983 mit Buchweizen. Dennis Montgomery kam von Carrington herüber und zeigte ihm, wie man die Präparate 500 und 501 richtig verwirbelt und sie auf die Felder bringt. Als Fred die beiden Wirbel sah, die sich in den großen Fässern bildeten, fragte er sich, wie sich jemand nur so etwas Verrücktes ausdenken konnte. Es wollte ihm einfach nicht in den Kopf, daß reines Wasser dem Land und allem, was darauf wuchs, so viel Nutzen bringen sollte, da doch sämtliche Rückstände aus dem Wasser entfernt wurden.

«Es gab eine Menge Gerüchte», sagte Fred und grinste in sich hinein. «Als wir mit der Rührmaschine auf dem LKW und den beiden großen Fässern von Streeter nach Windsor fuhren, waren die Leute sicher, daß wir einen neuen Destillierapparat hatten, um unseren eigenen Schnaps zu brennen. Und bis auf den heutigen Tag denken viele Nachbarn, daß meine BD-Sprays das reinste Hexengebräu sind. Ich ließ sie denken, was sie wollten; denn bevor ich anfing, hatte mir Marcolla gesagt, daß ich für einen Scheffel biodynamischen Weizen 4 Dollar bekommen könnte, statt der damals üblichen 2 Dollar 60. Sollten doch die Leute vom Rühren und Sprayen denken, was sie wollten. Jetzt sehe ich, was diese Methode Gutes für das Land getan hat, und habe größten Respekt vor den Menschen, die das entwickelt haben, auch wenn eine rationale Erklärung schwerfällt.»

Freds Vater Theodore war der erste, der sah, daß die BD-Behandlung wirkte. Er ging an einem Sommernachmittag auf die Felder und bemerkte, daß die Blätter seiner Buchweizenpflanzen in feuchten Senken drei Tage nach dem Spritzen des Präparats 501 wieder grün geworden waren. Zuvor waren sie fast ganz gelb gewesen.

«Nach einem Jahr war es wiederum mein Vater, der fest daran glaubte, daß BD 500 der Bodenstruktur guttat, es machte sie ‹mürbe›, lockerer. Natürlich konnte der Wechsel nach sechs Jahren organischem Landbau nicht so aufregend ausfallen wie bei dem verdichteten Boden der Durchschnittsfarmer hier in unserer Gegend. Deren Boden ist bretthart, so tief der Pflug eindringt. Viele Farmer versuchen nun natürlich, dieser Bodenverhärtung mit irgendwelchen Mitteln zu begegnen, doch wirkt sich das nur ungünstig auf die Kapillarität des Bodens aus.»

In den nächsten drei Jahren erweiterte Fred Kirschenmann sein BD-Programm um Weizen, Hafer, Hirse und Sonnenblumen. Dazu kam als weitere Feldfrucht noch der Roggen. Denn Marcolla hatte ihm gesagt, daß es dafür in Europa einen guten Markt gäbe.

«Als wir mit Roggen anfingen», sagte Fred, «waren wir hocherfreut zu sehen, daß er einen günstigen, wenn auch nicht erklärbaren Einfluß auf die Unkräuter im Sonnenblumenfeld hatte, das wir ein Jahr danach anpflanzten. Das ist ein ganz natürlicher Vorgang: Offensichtlich geben die Wurzeln mancher Pflanzen Stoffe ab, die andere Pflanzen im Wachstum hindern.»

Nachdem er überlegt hatte, ob er nur 12 oder 20 Liter von dem Steinerschen Sprühmittel pro Morgen auf die Felder geben sollte, begann Fred damit, 40 Morgen mit den knapp 500 Litern zu versorgen, die er in seinen beiden Fässern hergestellt hatte. Während der letzten zwanzig Minuten des Potenzierens hatte er eineinhalb Teile des Faß-Komposts von Hugh Courtney für jedes Teil des Präparats 500 dazugegeben. Das Blattspray 501 wird am frühen Morgen angewendet, das Wurzelspray 500 am späten Nachmittag und am Abend. An einem halben Bauerntag kann Fred so 200 Morgen behandeln.

Heute kauft Fred das BD 500 in großen Plastiksäcken von jeweils etwa 70 Kilogramm und lagert es in Tongefäßen, die er in eine mit Torfmull ausgefütterte Kiste stellt. Mit seinen wunderbaren Präparaten hat er einen derart großen Erfolg, daß er im März 1987 von Stephen Gage besucht wurde, dem Präsidenten des Midwest Technology Development Institute. Gage bat Fred, seinen Einfluß beim Landwirtschaftsausschuß des amerikanischen Kongresses geltend zu machen und auf einem Treffen des landwirtschaftlichen Bewilligungsausschusses zu sprechen, der sich seit 1985 mit einem großangelegten landwirtschaftlichen Produktionsplan beschäftigte. Dieser Plan war aufgestellt worden, um Forschungen über alternative Landwirtschaft zu betreiben und Gelder zur Verfügung zu stellen, damit diese alternativen Methoden in der Praxis Fuß fassen könnten.

Nachdem Kirschenmann kurz von der Umstellung seiner Farm erzählt hatte, wandte er sich mit folgenden Worten an den Ausschuß: «Es ist inzwischen fast jederman klar, daß die Landwirtschaft nicht nur in den Vereinigten Staaten, sondern auch in vielen andern Ländern ein großes Problem darstellt. Hier hilft auch keine Flickarbeit mehr. Es muß im Großen gedacht und gearbeitet werden, denn die Wirtschaft, die Agronomie und die Umwelt liegen im argen.»

Kirschenmann forderte von den Politikern, den Farmern brauchbare Informationen zu geben, wie sie von dem augenblicklich übermächtigen chemischen System wegkommen könnten. Es herrschte doch die Ansicht vor, das heutige Agrobusiness sei die einzige lebensfähige Form der Landwirtschaft. Dies sei jedoch völlig falsch, wie Hunderte von kleinen und auch großen Farmern auf der ganzen Welt bewiesen hätten. Obwohl sie keinerlei nationale oder internationale Hilfe bekommen hätten, könnten sie beweisen, daß ein System, in das man nicht viel hineinzustecken bräuchte, sich nicht nur trägt, sondern sogar guten Gewinn abwirft.

Praktische Folgen hat seine Rede bis dato allerdings noch nicht gehabt.

«Im Moment kämpfen wir darum, daß sie überhaupt erst einmal einsehen, daß das normale organische Farmwesen nicht nur möglich, sondern auch gewinnträchtig ist. Ich werde beim nächsten Treffen unserer Association die Einführungsrede halten. Es werden auch zwanzig europäische Vertreter von Marcollas FVO-Gruppe dabeisein, ferner unsere eigenen Mitglieder und einige neue Farmer, die verzweifelt versuchen, auf nichtchemische Methoden umzusteigen. Das Hauptthema werden die Probleme dieser Umstellung sein. Wir wollen Workshops abhalten, bei denen unsere erfolgreichen organischen Farmer den neuen Mitgliedern erklären werden, mit welchen Schwierigkeiten sie bei der Umstellung rechnen müssen und wie sie ihnen begegnen können.»

«Es ist für sie der reinste Drahtseilakt», fuhr Fred fort, «vor allem wenn man ihre schlechte finanzielle Lage betrachtet. Wenn sie nur einen falschen Schritt machen, stürzen sie ab, und da ist kein Sicherheitsnetz, das ihren Sturz auffängt.»

Wieder im Farmhaus, sprachen wir während des Essens weiter über das Thema, und Janet erwähnte die schier unüberwindliche Kluft, die zwischen Land- und Stadtbevölkerung besteht.

«Ich will ein einziges Beispiel dafür erzählen. Da gab es einen Kongreßabgeordneten aus Massachusetts, der einer Delegation angehörte, die sich hier in Nord-Dakota mit den Problemen der Farmer befassen sollte. Er war eingeladen worden, an einer Fernsehdiskussion mit Mitgliedern dieser Delegation und ortsansässigen Farmern teilzunehmen. Der Kongreßabgeordnete wandte sich im Laufe der Sendung an einen der Farmer und fragte ihn allen Ernstes: ‹Müssen Sie Ihre Kühe jeden Tag melken?› Wahrscheinlich hat sich ganz Nord-Dakota halb totgelacht über diese Frage.

Aber der Mann antwortete ihm ganz ruhig, wie einem Kind: ‹Ja, Sir, jeden Tag, sogar zweimal.› Man kann diesem Kongreßabgeordneten eigentlich nicht wirklich böse sein. Denn die gleiche naive Frage kriege ich zu hören, wenn ich bei meiner Familie und meinen Freunden im Osten bin. Es ist schon traurig, daß sie alle denken, eine Landwirtschaft läuft wie eine Fabrik. Für sie kommt die Milch wie das Wasser aus einem Hahn, und das Mehl kaufen sie in fertigen Päckchen.»

Dieselbe Ignoranz zeigte sich, als ein New Yorker Fernsehstudio an einem kalten Februarmorgen bei Fred anrief und ihm mitteilte, daß man in der vielgesehenen Morgenschau ein Feature über organische Landwirtschaft bringen wolle. Dabei hätten sie gern den Betrieb von Kirschenmann als Modell gezeigt. Das Aufnahmeteam würde in zwei Tagen kommen, sagte der Anrufer, um über die Farm einen Film zu drehen. Janet hatte dann gefragt, ob man sich beim Fernsehen eigentlich im klaren darüber sei, daß bei ihnen zur Zeit alles unter einer dicken Schneeschicht liege? Am anderen Ende der Telefonleitung herrschte zunächst Schweigen, dann meinte man, es sei wohl besser, den Film erst im Sommer zu drehen. Dann fügte der Anrufer noch hinzu: «Wir wollten Ihnen nur sagen, daß wir Sie für wahre Pioniere halten.»

# 8 Himmel auf Erden

Daß all dieser Chemikalien-Horror unnötig und unnatürlich ist, daß die Menschen auch in ihrer zweiten Lebenshälfte ohne Krankheiten leben können, wenn sie organisch gewachsene Nahrungsmittel essen, das bewies zum ersten Mal der Arzt Robert McCarrison. Er leitete die Nutrition Research Agency in Indien und war Direktor des Pasteur-Instituts in Coonoor, wurde zum Ritter und zum Leibarzt von König Georg V. ernannt. Berühmt jedoch machten ihn seine Ratten, mit denen er als junger Mann in der Gilgit Agency in Nordpakistan arbeitete. Diese Forschungen führten ihn zur Entdeckung der legendären Gesundheit und Langlebigkeit der Bewohner von Hunza, eines zähen Volkes, das in einem abgelegenen und unzugänglichen Tal inmitten der höchsten Berge des Himalaja lebt.

Im Zuge seiner vergleichenden Studien über die Eßgewohnheiten der Menschen aus verschiedenen Regionen Indiens fand der junge McCarrison überraschenderweise heraus, daß Ratten, die Reste vom Essen der Pathans und Sikhs vertilgten, ihr Körpergewicht sehr viel schneller vergrößerten und sehr viel gesünder waren als die Ratten, die sich von den Essensabfällen der Nachbarvölker, etwa der Kanareser oder der Bengali, ernährten.

Fütterte McCarrison seine Ratten mit den gleichen Nahrungsmitteln, die auch die Hunza zu sich nahmen – vorwiegend Getreide, Gemüse, Obst, nichtpasteurisierte Ziegenmilch und Butter –, so entwickelten sie sich zu seiner großen Verblüffung zu den gesündesten Tieren, die er jemals in seinem Laboratorium gehalten hatte. Sie wuchsen schnell, schienen niemals krank zu sein, vermehrten sich kräftig und hatten gesunde Nachkommen. Eine Autopsie ergab keinen Hinweis auf irgendwelche kranken Organe. Während ihres ganzes Lebens waren die Ratten sanftmütig, zutraulich und verspielt.

Andere Ratten kriegten genau die gleichen Krankheiten wie die Menschen, deren Nahrungsmittel sie zu fressen bekamen, und sie schienen sich auch einige unangenehme Verhaltensweisen der Menschen anzueignen. Die Krankheiten, die bei einer Autopsie gefunden wurden, füllten eine ganze Seite. Alle Körperteile der Ratten – Haut, Haare, Blut, Eierstöcke und Gebärmutter – und alle Organsysteme – Atmung, Harnwege, Verdauung, Nerven sowie Herz und Gefäße – waren betroffen. Viele zähnefletschende und bösartige Tiere mußten von den anderen isoliert gehalten werden, sonst hätten sie ihresgleichen zerrissen.

Diese Ergebnisse waren so außergewöhnlich, daß viele Forscher den schwierigen und gefährlichen Weg in das abgelegene und schwer zugängliche Tal auf sich nahmen, um herauszufinden, was an der Ernährungsweise der Hunza denn so einzigartig sei.

In einem engen, von der Sonne beschienenen Tal, das von den schneebedeckten Himalaja-Gipfeln überragt wird, fanden sie ein wahrhaftiges Shangri-La, das von den offenbar gesündesten und glücklichsten Sterblichen bevölkert war, darunter vielen Hundertjährigen. Es waren Untertanen des kleinen, halbautonomen Königreichs der Hunza, einem Mandatsgebiet von Pakistan.

Bis vor kurzem führte der einzige Weg, um diese Lebens- und Gesundheitsoase zu erreichen, über den Außenposten von Gilgit. Das bedeutete eine einmonatige Fußwanderung von der nächsten pakistanischen Bahnstation in Rawalpindi. Man mußte einen 4500 Meter hohen, immer schneebedeckten Paß überqueren, der nur drei Monate im Jahr geöffnet war – auch Marco Polo nahm diese Route, als er von Cathay zurückkehrte.

Jahrhundertelang konnte man das Land der Hunza nur über eine gefährlich schwingende Brücke betreten, die von Ziegenhaarseilen gehalten wurde. Doch dann erblickte der Reisende in einer Höhe von knapp 3000 Metern ein blühendes, sich über sieben Meilen erstreckendes Tal von grüngoldenen Obstgärten, das im Frühjahr von einem pastellfarbenen Teppich aus Aprikosenblüten bedeckt ist. Dieser Anblick bildete einen scharfen Gegensatz zu den drohenden, schneebedeckten Bergen des Karakorum-Gebirges, die das Tal umgaben.

Auf dem sorgfältig bebauten Land im Tal stehen vereinzelt kleine Bauernhäuser aus Stein. Die endlosen Terrassenfelder ziehen sich gleichförmig die Böschungen hinauf bis zu den Gletscherbächen, die mit ihrem Staub die Felder befruchten. Dieser Gletscherstaub ist wertvoller als Gold und strotzt nur so von Mineralien aus gemahlenem Gestein.

Einhundertfünfzig Meter oberhalb des trübe dahinfließenden Hunzaflusses, der durch das ganze Tal zieht, sieht man die Stadt Baltit, beherrscht von einer alten Festung. Sobald sich der Reisende nähert, stehen die Hunzafrauen auf und legen zur Begrüßung zwei Finger auf die Stirn, die Kinder lächeln freundlich, und junge Männer – fast alle mit einem Schnurrbart geschmückt – grüßen in Burushaski, einer Sprache, deren Ursprünge man nicht kennt.

Die Hunzakuts, wie sich die Menschen dort selbst nennen, unterscheiden sich von allen anderen Rassen, die in dieser abgelegenen Ecke der Welt leben. Mit ihrer bronzefarbenen Haut und dem kaukasischen Äußeren sehen sie aus wie Südeuropäer und behaupten gern, daß sie von drei Fußsoldaten aus dem mazedonischen Heer Alexanders des Großen abstammen, die mit ihren drei persischen Frauen in diesem abgelegenen Tal im 3. Jahrhundert v. Chr. Zuflucht gefunden hätten. Hier entwickelte sich dann eine kriegerische Rasse, die recht gut von ihren Überfällen auf die Karawanen nach China lebte. Im Jahre 1891 wurde das Gebiet von den Briten erobert und von einem einheimischen Ismailitenherrscher befriedet.

Bis ins Detail haben Reisende die außergewöhnliche Gesundheit der Hunzakuts beschrieben. Es gibt in dem Tal praktisch keine Pflanzen- oder Tierkrankheit und überhaupt keine Krankheit bei den Menschen: absolut keinen Krebs, keine inneren Krankheiten. Die Leute leben singend und tanzend, werden meist hundert Jahre alt und sind bis ins hohe Alter auch sexuell aktiv. Krüppel sieht man keine. Wunden heilen bemerkenswert schnell und infizieren sich nur selten, weil sie mit der einheimischen mineralreichen Erde behandelt werden, die auf irgendeine Weise Blutvergiftung verhindert. Die Hunzafrauen sind so gesund, daß sie keinerlei Hilfe beim

Gebären brauchen. Sie stillen ihre Kinder zwei bis drei Jahre lang und richten ihre Geburtenfrequenz nach diesem Rhythmus aus. Weder Neurosen noch Krankheiten kommen bei den Kindern vor; sie haben noch nicht einmal die bei uns üblichen Kinderkrankheiten wie Mumps, Masern oder Windpocken. Akne ist unbekannt. Der Teint der Mädchen ist rein und klar, vermutlich durch die Anwendung eines Öls, das sie aus dem Aprikosensamen gewinnen. Auch ist niemals beobachtet worden, daß die Mütter mit ihren Kindern schimpfen. Als vollwertige Mitglieder der Gesellschaft erhalten die Kleinen Vertrauen und Verantwortung und wachsen emotional und körperlich gesund auf.

Reisende, die Nordindien besucht haben, bestätigen, daß die Hunzakuts in geistiger und körperlicher Hinsicht so gesund sind wie kein anderes Volk und über Anmut, Charme und Intelligenz verfügen. Sie sind offen und ehrlich und haben ein anziehendes Äußeres – kräftig gebaut die Männer und wohlgeformt die Frauen.

Es gibt auch keine Kretins unter ihnen – ganz im Gegensatz zu den Nachbartälern, wo viele Menschen an Schwachsinn oder an einem Kropf leiden, da das Wasser zu wenig Jod enthält. Obwohl die Hunzakuts von Menschen mit allen möglichen degenerativen und ansteckenden Krankheiten umgeben sind, ziehen sie selbst sich diese Krankheiten nicht zu.

Sie führen ein spartanisches Leben. Sie sind hervorragende Kletterer und verfügen über ungewöhnliche Ausdauer. Geschickt wie Ziegen springen sie über Felsen und eisige Bäche und hacken im Winter sogar Löcher ins Eis, um ein Bad zu nehmen. Sie sind hervorragende Schwimmer, aber auch hervorragende Reiter und jederzeit bereit zu einer Partie Polo, das in jedem Dorf auf einem eigenen kleinen Polofeld gespielt wird. Bälle und Stöcke stellen sie aus Bambussprossen her.

Bei der Arbeit, in Ruhepausen und beim Spiel werden die Hunzakuts immer von einem melodiösen Ton begleitet, der sie dazu einlädt, zu summen und zu tanzen. Der Klang einer Flöte oder Trommel hängt ständig in der Luft und zieht hinauf bis zu den Gletschern.

Übereinstimmend wird von den Hunzafrauen behauptet, sie hätten eine «rosige Haut, ein hübsches Gesicht und liebevoll blickende Augen», sie werden als gleichberechtigte Partner behandelt, zu Hause wie auf dem Feld. Die schlanken, dunkelhaarigen Frauen bewegen sich anmutig und geschmeidig, klettern leichtfüßig die dreihundert bis fünfhundert Meter empor zu den terrassierten Gärten, die sie zusammen mit ihren Männern pflegen.

Jedes Stückchen Erdreich wird von den Hunza mit besonderer Sorgfalt von Hand präpariert. Sie müssen es oft von weither holen und gewinnen es von den Bergen ringsum. Dann verteilen sie die Erdkrume in engen Reihen auf die terrassierten Felder. Kleine Steine, die ganz ohne Mörtel und Lehm zusammenhalten, werden als Mauern verwendet. Die Feldstreifen werden mit fruchtbarem, organischem Kompost gedüngt. Die Bewässerung erfolgt mit Gletscherschmelzwasser voller Trübstoffe, das über außergewöhnlich raffinierte Zuleitungen auf die Felder geführt wird. Für deren Bau verwenden die Hunzakuts nichts anderes als einen Holzspaten und eine Spitzhacke mit einer Onyxspitze – ohne die Hilfe eines Theodoliten führen die Kanäle durch Tunnel, über Äquadukte und hängen sogar an mehreren hundert Meter hohen Felsabbrüchen. Dabei fließt das Wasser durch Holztröge, die an der Felswand verankert sind.

Und genau hier liegt das Geheimnis der Gesundheit der Hunza: im feinpulverisierten Gesteinsmehl, das die großen Gletscher unaufhörlich vom nackten Fels heruntermahlen. Dabei entsteht Schluff, der alle für die Pflanzen erforderlichen Mineralien enthält. Dieser Schluff wird mit organischem Kompost gemischt und versorgt Pflanzen, Tiere und Menschen mit allen Elementen, die sie zum Leben benötigen. Jeder erreichbare Gletscherbach wird nutzbar gemacht und sein Wasser durch Kanäle auf die Felder gelenkt. Im Winter werden die Kanäle gesäubert, und der Schluff wird auf die Felder verteilt – als neue Bodenschicht für die nächste Saison.

Mit Ausnahme der Polarregion sind im Karakorum-Gebirge die meisten Gletscher auf der Welt zu finden. An den Bergflanken liegen Millionen von Tonnen an Eis und Schnee, mehrere hundert Meter dick. Wenn diese Gletscher zurückweichen oder vorrücken, verflüssigt sich ihre Sohle unter dem ungeheuren Druck und die Eismasse kratzt den Berg entlang hinunter. Kein Mineral, kein Felsen und kein Metall ist stark genug, um dem Gewicht von diesen Millionen von Tonnen Eis zu widerstehen.

Eine feingemahlene Schicht, die einige oder alle benötigten Elemente enthält, gelangt mit den Nullahs oder Gletscherbächen ins Tal. Das milchiggraue Wasser sprudelt aus Ritzen und Spalten, aus Cañons und jeder Öffnung in den Bergen, wobei sich zahlreiche Nullahs bilden. In diesen Gletscherbächen befinden sich in feinster Form die meisten, wenn nicht alle Mineralien des Gesteins. Sie stellen den Dünger für die Felder der Hunza dar.

Mit dem Düngen geben die Hunzakuts dem Boden alles wieder zurück: alle pflanzlichen Teile, die weder den Menschen noch den Tieren als Nahrungsmittel dienen können, auch die abgefallenen Blätter, die das Vieh nicht frißt. Dies alles wird gemischt mit ihren eigenen Exkrementen sowie dem Dung und Urin aus ihren Kuhställen und anderen Ställen. Die Kinder begleiten die Kühe auf die Felder und sammeln in Körben den wertvollen Dung sofort auf. Beim Dreschen werden Kühe, Esel, Mulis und Yaks gemeinsam ins Joch gespannt. Auch bei dieser Arbeit müssen die Hunzakuts sicher sein, daß nicht ein einziges Gramm vom wertvollen Mist dieser Tiere verlorengeht. So geht meistens eines der hübschen jungen Mädchen mit, in der Hand eine Art Pfanne, mit der es den Dung der Tiere auffängt, bevor er zu Boden fällt.

An den Berghängen suchen Kinder nach jedem übriggebliebenen Grashalm für den Kompost und nach Ziegen- oder Schafdung. Ähnlich wie ihre chinesischen Nachbarn bewahren die Hunzakuts ihre eigenen Ausscheidungen in speziellen unterirdischen Gefäßen auf, die sie vor allen giftigen Einflüssen bewahren. Dort ruhen sie gut sechs Monate lang. Alles, was einmal Leben war, wird dem Leben wieder zurückgegeben.

Seit Tausenden von Jahren benutzen die Hunzakuts das gleiche Saatgut, und das Ergebnis spiegelt sich in ihren gesunden Pflanzen wider. Obwohl sie keine zentrale Stelle haben, wo sie sich mit Saatgut versorgen können, haben alle Arten überlebt. Jeder Bauer hebt stets soviel auf, wie er für die nächstjährige Feldbestellung braucht, oder tauscht mit seinem Nachbarn. Kein Hunzakut besitzt mehr als fünf Morgen, und viele Familien haben ihr Grundstück derart parzelliert, daß die einzelnen Felder teilweise nicht größer sind als ein Perserteppich. Davon aber wird jeder Zentimeter mit viel Liebe und Verständnis gehegt und gepflegt.

Überall gedeiht alles bestens und wird sorgfältig von Hand bearbeitet, wobei sie als Werkzeuge nur eine Hacke aus Steinbockhorn haben und einen hölzernen Pflug, den sie von Bullen oder Yaks ziehen lassen. Das Pflügen ist nötig, damit Luft an die Pflanzenwurzeln kommt, die sonst ersticken würden. Aber die Hunzakuts pflügen nicht tief und würden dies auch nicht tun, wenn sie über moderne Pflugformen verfügten. Denn sie wissen genau, daß tiefes Pflügen die Oberfläche verdichtet und daß dabei Bakterien und andere wertvolle Organismen zu tief nach unten gelangen, wo sich ihre Anzahl verringern würde.

Die Hunza-Erde ist reich an organischem Material, porös, schwammartig und enthält viele Regenwürmer. Sie graben Tausende von Gängen, durch die das Wasser leicht hindurchsickern kann. Jeder Bauer bringt selbst das Wasser auf die Felder und reguliert die Bewässerung durch Steine. Käme es zu Überflutungen, würden, so befürchten die Hunzakuts, die Nährstoffe weggespült werden. Es entstünde dann ein Ungleichgewicht der Elemente. Das Ergebnis wären Krankheit und viele Insekten. Die Terrassen ermöglichen eine perfekte Drainage, so daß auch in die tieferen Bodenschichten Luft gelangt. Dadurch wird das Wachstum der Mikroorganismen begünstigt, was wiederum den Bakterien und den Wurzeln guttut.

Hunza-Besucher behaupten, daß das Gemüse dort wunderbar schmeckt, obwohl keinerlei Gewürze verwendet werden. Man vermißt sie auch nicht, wenn das Gemüse in mineralreichem Boden wächst. Die Hunzakuts essen fast zu jeder Mahlzeit auch «Grünzeug», zum Beispiel Spinat, heben das mineralreiche Wasser, in dem das Gemüse gekocht wurde, auf und verwenden es noch einmal.

Aber es sind nicht nur die spartanischen Eßgewohnheiten, welche für die außergewöhnliche körperliche und geistige Gesundheit und die Liebenswürdigkeit der Hunzakuts verantwortlich sind. Das wahre Geheimnis scheint im mineralreichen Gletscherwasser zu liegen, das nämlich nicht nur ihre Felder fruchtbar macht, sondern auch in ihre Dörfer zum alltäglichen Gebrauch geleitet wird. Diese kühle, perlgraue «Gletschermilch» wird von jedem Mann, jeder Frau und jedem Kind reichlich getrunken, ohne vorher gekocht oder gefiltert zu werden.

Sir Albert Howard hatte immer gehofft, daß ihm eines Tages ein unternehmungslustiger, freundlicher Mensch einige Proben dieses Hunza-Wassers bringen würde. Es wollte es analysieren, um herauszubekommen, was genau es enthält. «Es könnte die Erklärung für die Gesundheit dieses bemerkenswerten Volkes sein», meinte Sir Albert.

Dem amerikanischen Reisenden und Abenteurer John A. Tobe gelang als erstem eine wissenschaftliche Analyse dieser «Gletschermilch». Er sagte, daß die Hunza-Mineralien in kolloidaler Form in den Boden eindringen. Dabei sind sie nicht völlig gelöst, sondern bilden winzige Aggregate oder Teilchen. Diese Teilchen sind etwa ein Hunderttausendstel bis zu einem Zehnmillionstel eines Zentimeters groß und können nur durch Ultramikroskope entdeckt werden. Sie sind elektrisch geladen, und zwar vorwiegend negativ. Ihr kolloidaler Zustand ermöglicht es den Membranen des menschlichen Körpers, die lebenswichtigen Mineralstoffe direkt aufzunehmen, ohne daß sie zuerst von Pflanzen oder Tieren organisch verarbeitet werden müßten. Jede Zelle des menschlichen Körpers besteht aus Kolloiden, die alle spezielle Aufgaben erfüllen. Kolloidale Teilchen sind so klein und haben dabei eine so große Oberfläche, daß ein Teelöffel davon eine größere Oberfläche aufweist als ein Fußballfeld. Gustave Lebon zufolge strahlen sie Oberflächenenergien ab, die große Auswirkungen auf physikalische Vorgänge und chemische Reaktionen haben.

Tobe ist überzeugt davon, daß die «Gletschermilch» der Hunzakuts, mit der sie ihre Felder bewässern und die sie in so reichem Maße trinken, sie mit allen Elementen versorgt, die der Körper braucht. Sie sei der Grund dafür, daß diese Menschen so kräftig und dynamisch sind, keine Neurosen haben und von großer körperlicher wie sexueller Ausdauer sind, obwohl sie sich ausgesprochen spartanisch ernähren. Der «Gletschermilch» sei es zu verdanken, daß sie immer zufrieden aussehen, ihr Gang so voller Vitalität ist, daß sie wie vierzig wirken, wenn sie schon siebzig sind, auch Männer mit Neunzig noch Kinder zeugen können und daß sie über unwegsames Gelände nicht nur sechzig Meilen bis nach Gilgit gehen können, sondern nach Erledigung ihrer Geschäfte den gleichen Weg auch unverzüglich zurückmarschieren.

Die Tatsache, daß allein durch richtiges Essen und das Trinken von lebendigem Wasser Krankheiten in einer ganzen Gruppe von

Menschen keine Chance mehr haben, müßte Bewegung ins medizinische Denken bringen und den Wunsch hervorrufen, diese Erkenntnisse sofort in die Praxis umzusetzen. «Dies geschieht jedoch nicht», erklärt J. I. Rodale, der sich intensiv mit den Hunzakuts beschäftigt hat. «Die Ärzte stecken so sehr im Sumpf von Krankheit und Medizin, daß sie keine Zeit mehr haben, sich der eigentlichen Frage nach der Gesundheit zu widmen.»

Mitte der siebziger Jahre besuchte Senator Charles Percy, ein Mitglied des Senatsausschusses für Altersfragen, das Hunzatal und konnte sich davon überzeugen, daß diese Menschen dort wirklich weder Herzattacken noch Krebs oder Neurosen kennen. Zu Hause wagte er den lobenswerten Versuch, seine Kollegen im Kongreß auf dieses Hunzakut-Phänomen aufmerksam zu machen. Es war, als hätte er einen Kieselstein in den Hunzafluß geworfen.

Jetzt hat die pakistanische Armee eine Straße durch das Hunzaland gebaut, die bis an die chinesisch-sowjetische Grenze führt. Wo früher die Mulikarawanen trotteten, wird heute alles von Panzern plattgewalzt. Sie bringen gezuckerte Getränke, NPK-Dünger und die unvermeidlichen Pestizide mit, erhöhen dadurch das Krankheitsrisiko und das Risiko eines frühen Todes. Shangri-La ist nicht länger Shangri-La.

Doch noch kann das Geheimnis der Hunza-Gesundheit zur Rettung unseres kranken und verwüsteten Planeten nutzbar gemacht werden. Eine Amerikanerin, die mittlerweile verstorbene Betty Lee Morales, brachte Hunza-Wasser mit nach Amerika, und Patrick Flanagan, der Autor von *Pyramid Power*, untersuchte es sorgfältig nach allen Regeln der Labortechniken. Die Ergebnisse waren nicht nur erstaunlich, sondern auch ermutigend. Sie erklärten nicht nur die lebenspendenden Eigenschaften des Wassers, sondern bestätigten auch die Steinersche Vision von der Bedeutung des Wirbels und des Chaos während des Verwirbelns der biodynamischen Präparate, die den sterbenden Boden wieder zum Leben erwecken sollen.

# 9 Lebendiger Wirbel / Wirbel des Lebens

So fremdartig und geheimnisvoll sind die Eigenschaften des Wassers, sogar des ganz normalen Wassers aus der Leitung, daß jede neue Entdeckung darüber zu einem Markstein in der Geschichte der Wissenschaft wird. In den zwanziger Jahren beobachtete der rumänische Wissenschaftler Henry Coanda, ein Genie auf seinem Gebiet, daß eine Flüssigkeit, die über eine Oberfläche fließt, die Tendenz hat, sich wie ein Lebewesen daran festzukrallen. Diese Entdeckung betrachteten die Physiker als so wichtig, daß sie ihr den Namen «Coanda-Effekt» gaben.

Durch Erzählungen über die Langlebigkeit der Hunzakuts neugierig geworden, machte sich Coanda in den frühen dreißiger Jahren unseres Jahrhunderts auf die beschwerliche Reise ins Hunzaland. Als Wasserexperte war er natürlich erfreut, als er das Geheimnis der Langlebigkeit und der Gesundheit der Hunzakuts erfuhr: ihr Wasser, das sie so reichlich tranken.

Coanda war überzeugt, daß alle gesundheitsfördernden Eigenschaften des Hunza-Wassers auf dessen Molekularstruktur beruhten. So machte er sich daran, entsprechende Wasserproben sowie zur Kontrolle Proben ganz normalen Wassers zu analysieren. Er konnte dafür die Apparate der Huyck Research Laboratories in Connecticut benutzen, deren Berater er seinerzeit war. Seine neue Methode bestand darin, Wasser in seiner kristallinen Form als Schneeflocken zu untersuchen. Jede dieser Schneeflocken, wie sie zu Billionen auf die Erde herabfallen, zeigt eine einzigartige Form aufgrund unbekannter Kräfte in ihrer Mikro-Umgebung. Keine zwei Schneeflocken sind vollkommen gleich.

Coanda entwickelte einen «Flüssigkeitsverstärker», um aus Wasser Schnee herstellen zu können. Dabei entdeckte er in der Mitte einer jeden Schneeflocke ein Kreislaufsystem aus winzigen Röhren, in denen noch nicht gefrorenes Wasser wie Saft in Pflanzen oder wie Blut in Tieren zirkuliert – Wasser, das von Rutengängern als «lebendig» bezeichnet wird, um es von stehendem, «totem» Wasser zu unterscheiden.

Coanda untersuchte sorgfältig die Lebensspanne von Schneeflocken: Sie «sterben», sobald alles Wasser in ihnen zu Eis geworden ist. Coanda war damit in der Lage, eine außergewöhnliche, direkte Beziehung aufzuzeigen zwischen der Lebensdauer von Schneeflockenwasser und der Lebensdauer von Menschen, die regelmäßig solches Wasser trinken. Die «lebendige» Flüssigkeit schien den Menschen ein längeres Leben zu verleihen.

Auf seinen ausgedehnten Reisen fand Coanda heraus, daß Wasser, welches langlebige Schneeflocken hervorbringt, nicht nur von den Hunza getrunken wird, sondern auch von langlebigen Menschen in der Sowjetrepublik Georgien, in Ekuador, in Peru oder im gebirgigen tibetisch-mongolischen Grenzgebiet. Aber noch wußte er nicht, warum oder auf welche Weise das Gletscherwasser menschliches Leben verlängert. Bevor er in sein Heimatland zurückkehrte, wo er Präsident der Rumänischen Akademie der Wissenschaften wurde, vertraute Coanda seine Wasserforschung einem jungen Mitarbeiter an den Huyck Laboratories an: Patrick Flanagan. Obwohl erst siebzehn Jahre alt, war er im Magazin *Life* bereits als einer von Amerikas zehn vielversprechendsten Wissenschaftlern vorgestellt worden. «Ich glaube, Sie sind der einzige», sagte Coanda zu ihm, «der es schaffen könnte, das Hunza-Wasser allen Menschen zugänglich zu machen.»

Flanagan ist heute etwa vierzig Jahre alt. Er ist klein, hat einen kurzgestutzten Lippenbart und einen glattrasierten Kopf, der an Kojak oder Yul Brynner erinnert. Wir trafen ihn in einem kleinen Motel in der Nähe des winzigen Flughafens von Sedona, auf einer Hochebene in den Bergen von Zentral-Arizona – um uns herum rote Felsenklippen und Gipfel, die die Stadt im Cañon tief unter uns beherrschen. «Ich las alles über Wasser, was ich finden konnte», erzählte Flanagan uns, «und entdeckte dabei nur, daß es eine der geheimnisvollsten Substanzen überhaupt ist.»

Zusammen mit seiner Frau Gael, einer Expertin in Sachen Kristalle und Doktor der Medizin wie ihr Mann, erforscht er in der Abgeschiedenheit seines Laboratoriums in Sedona die kolloidalen Eigenschaften des Wassers.

Wir waren gekommen, um mehr zu erfahren über das Geheimnis des Hunza-Wassers und dessen Beziehung zu dem verwirbelten BD 500, denn auf diesem Gebiet ist Pat Flanagan Experte.

Seit Jahren sammelt er Wasserproben aus jeder Gegend der Vereinigten Staaten. Wasser besteht nur aus Sauerstoff und Wasserstoff und ist trotzdem absolut nichts Banales. Wie Flanagan sagt, besteht das menschliche Gehirn zu 90 Prozent aus Wasser, das vermutlich die wichtigste Substanz auf unserem Planeten ist, vielleicht sogar im ganzen Universum. Mit 36 verschiedenen Isotopen, von denen jedes andere Eigenschaften aufweist, ist es das universale Lösungsmittel der Chemie und imstande, mit der Zeit jedes Element aufzulösen, darunter auch Gold. Zu seinen eigenartigen Attributen gehört außerdem, wie Flanagan uns erklärte, daß es leichter statt schwerer wird, wenn es gefriert, und daß es eine sogenannte Oberflächenspannung hat, eine Kraft, die es dem Wasser ermöglicht, eine Kugel zu bilden. Das ist die geometrische Form, die im Vergleich zu ihrem Volumen die geringste Oberfläche aufweist und den geringsten Energieaufwand benötigt, um sich selbst zu erhalten.

Weiter erklärte Flanagan, daß gewöhnliches Wasser zusammengesetzt ist aus einer kleinen Anzahl von Flüssigkristallen und einer sehr großen Anzahl von chaotischen, zufällig angeordneten Molekülen. «Theoretisch sind im flüssigen Wasser, auch wenn es kocht, mikroskopisch kleine ‹Eisberge› von kristallinem Wasser enthalten. Diese flüssigen Kristalle erhalten die Struktur aufrecht, während der Rest des Wassers zufällig angeordnet ist und heftig vibriert. Wenn Wasser abkühlt, entstehen automatisch mehr von diesen Kristallen, bis fast die ganze Masse zu kristallinem Eis wird.»

Damit wollte Flanagan sagen, daß ein lebender Organismus, eine Pflanze oder ein Tier, das aufgenommene Wasser in einem hohen Prozentsatz zu achteckigen flüssigen Kristallen und in einem sehr viel geringeren Prozentsatz zu nichtorganisierten Molekülen zerlegt. Das wird durch energiereiche Kolloide erreicht. Kolloide sind winzige Teilchen in einer Suspension oder Lösung – zu klein, um sie durch ein normales Mikroskop sehen zu können. «Kolloidale Teilchen sind winzige ‹Saatkörner› von Energie, die frei umherirrende Wassermoleküle anziehen und damit Kristallisationskerne von flüssigen Kristallen bilden. Dazu brauchen die Kolloide, die normalerweise nur eine instabile Ladung aufweisen, eine hohe elektrische Ladung. In Lebewesen erhalten sie sich diese Ladung, indem sie sie mit einer Schicht aus Gelatine, Albumin oder Kollagen schützen.»

Flanagan erklärte uns dies mit einer Analogie: «Ähnliche Kolloide stellt die Waschmittelindustrie künstlich her. Diese Kolloide haben zwei Pole, einen hydrophilen (wasserlöslichen) und einen lipophilen (fettlöslichen). Der fettlösliche befindet sich im Innern des Kolloids, der wasserlösliche an der Außenschicht, in Kontakt mit der Flüssigkeit. Aufgrund dieser Struktur kann Wasser auch durch schmutzige Kleidung eindringen.»

Eine andere Kraft veranlaßt die Wassermoleküle, lange, komplexe Strukturen zu bilden, die als Wasserstoffketten bekannt sind. Sie ermöglichen es, daß Wasser Stoffe wie Glas, Kleider, Pulver oder unsere Hände naß macht, eine Kraft, die die innere Struktur des Wassers verstärken oder abschwächen kann.

Diese beiden Eigenschaften des Wassers zeigten Flanagan den Weg, das Hunza-Wasser nachzumachen und dadurch einen Teil des Rätsels zu lösen, das stattfindet, wenn das Steinersche Präparat 500 «potenziert» wird, indem es so gerührt wird, daß es abwechselnd Wirbel und Chaos bildet.

Flanagan fand 1974 heraus, daß Kristalle aller Art, wie Quarz und wertvolle Edelsteine, einen deutlichen Einfluß auf die Oberflächenspannung des Wassers ausüben. Das wußten bereits die Ärzte im alten Tibet, die solches «Kristallwasser» ihren Patienten als Arznei anboten. Goß man dieses «Kristallwasser» auf Weizen, Mungobohnen, Soja, Alfalfa oder Rettichsamen, so wuchs dieser bedeutend rascher; die Sprossen wurden auch größer und schmeckten besser als unbehandelte.

Flanagan stellte sich nun die Frage: Woher nahmen die Kristalle die Energie, mit der sie die Oberflächenspannung des Wassers beeinflussen? Er kam zu der Ansicht, daß es wohl «Resonanzen von kosmischen Energieimpulsen sein müßten, die von

Supernovae ausgehen oder von anderen Einflüssen tief im Weltraum».

Um diese Kräfte zu untersuchen, von denen er annahm, daß sie im wesentlichen auf Schwerewellen zurückzuführen sind, konstruierte er ein Gerät, mit dem er die kosmischen Schwerkraftwellen auffangen konnte. Diese Wellen fing er ein, setzte sie in einem Recorder um, verstärkte sie und hörte sie über Lautsprecher ab oder sah sie sich auf einem Oszillographen an.

Die Tests ergaben, daß normales Leitungswasser eine Oberflächenspannung von 75 dyn pro Zentimeter hat, während das trübe Hunza-Wasser, das schmutzig erscheint, wenn man es gegen das Licht hält, deutlich weniger als 68 dyn aufweist und negativ geladen ist.

Durch Spektralanalysen fand man auch heraus, daß das Hunza-Wasser fast alle bekannten Elemente enthält, wobei es einen besonders hohen Prozentsatz von Silber aufweist. Für Flanagan bestand das Interessanteste an den Mineralien darin, daß sie nicht in ionischer, sondern in kolloider Form auftreten – das heißt, nicht im Wasser gelöst wie Salz, sondern suspendiert, also in Form winzig kleiner, negativ geladener und dadurch sich selbst abstoßender fester Teilchen.

Reines Gletscherschmelzwasser aus den Bergen des Hunzalandes durfte gar keine Mineralien enthalten, so überlegte sich Flanagan. Aber durch den ungeheuer großen Druck von Millionen von Tonnen an Eis – genug, um in einem Jahrhundert zehn Zentimeter Erdoberfläche zu zermahlen – werden die Mineralien abgeschabt und mit großer Geschwindigkeit von den Nullahs, den wirbelnden Bergbächen, ins Tal hinuntertransportiert. Das Sonderbare daran ist, daß jedesmal, wenn das Wasser seine Geschwindigkeit verdoppelt, es 64mal mehr Material in einer Suspension davonträgt. So nimmt das Wasser in den schnellen Nullahs Sedimente auf und wird dickflüssiger.

«Dieses kolloidale Material schien so wichtig zu sein», sagte Flanagan, «daß ich auf die Idee kam, diese stabilen Mineralteilchen könnten dem Hunza-Wasser seine spezielle Struktur verleihen.»

Jahrelang versuchte Flanagan erfolglos, die kolloidalen Mineralien in seinem Laboratorium herzustellen. «Ich versuchte es auf verschiedenste Art und Weise. Aber niemals gelang es mir, eine genügend große elektrische Ladung zu erzeugen, um die Oberflächenspannung des Wassers auf 68 herunterzudrücken, wie sie für das Hunza-Wasser charakteristisch ist.»

Als nächstes entdeckte Flanagan, daß die Mineralteilchen im Hunza-Wasser von einer organischen Fett- oder Ölsäure umgeben waren, die offenbar aus alten Schichten stammten, durch die das Wasser geflossen war. Diese wiederum waren seiner Meinung nach entstanden durch die Versteinerung von Wäldern oder durch ein anderes urzeitliches Ereignis. Er mußte nun eine Möglichkeit finden, die nichtlöslichen Mineralien in einen kolloidalen Zustand zu überführen, indem er sie künstlich einer elektrischen Ladung aussetzte.

Plötzlich kam ihm der Gedanke, daß die Ladung im Hunza-Wasser durch Wirbel hervorgebracht werden könnte, wie sie zu Hunderten in den schnellfließenden Gletscherbächen existieren. Die Idee hatte er Theodore Schwenks Buch *Das sensible Chaos* entnommen, ähnlich wie seinerzeit Podolinsky. Er las dort auch, daß jedes fließende Wasser, obwohl es gleichförmig aussieht, in Wirklichkeit aus mehreren inneren Oberflächen oder Schichten besteht, die sich gegeneinander bewegen. Jedes Hindernis veranlaßt diese inneren Oberflächen, mit einer anderen Geschwindigkeit zu fließen und andere Spiralen oder Wirbel zu bilden, wodurch sie sich vom Rest der Flüssigkeit trennen und elektrischen Strom erzeugen. Im fließenden Wasser von Rinnsalen und Bächen, Flüssen und Strömen bilden sich Millionen von Wirbeln, wenn das Wasser mit großer Geschwindigkeit über Steine fließt oder auf Hindernisse stößt. Flanagan wurde klar, daß es der Wirbel war, der die im Wasser enthaltenen Teilchen mit einer elektrischen Ladung versorgt und sie «kolloidal» macht. Wenn es ihm gelang, die Ladung dieses mikroskopischen Materials zu verdoppeln, hätte er eine genaue und ebenso wirkungsvolle Nachbildung des Hunza-Wassers geschaffen.

Sorgfältige Untersuchungen zeigten Flanagan, daß jeder Wirbel seinen eigenen, ganz bestimmten Rhythmus hat. Die Wirbel verringern ihren Durchmesser und dehnen sich im gleichen Augenblick der Länge nach aus; im nächsten Augenblick vergrößern sie den Durchmesser, werden dabei aber flacher. Währenddessen behalten sie immer die gleiche Schwingung bei – wie ein Pendel oder eine Uhrfeder.

Um einen solchen Wirbel in seinen verschiedenen Phasen besser beobachten zu können, fügte Flanagan dem Wasser ein wenig Glyzerin bei und goß alles in ein transparentes zylindrisches Gefäß mit einem Loch im Boden, durch welches das Wasser wirbelartig aufsteigen konnte. Er experimentierte auch mit der Form des Gefäßes und fand heraus, daß der perfekte Behälter ein eiförmiges Ellipsoid ist, dessen Länge sich zur Breite verhält wie $1 : \sqrt{2}$.

Fügte er ein paar Tropfen Nahrungsmittelfarbe hinzu, so schien der ganze Wirbel lebendig zu werden. Er konnte nicht nur den Rhythmus deutlicher erkennen, sondern auch sehen, wie sich die inneren «gestaltgebenden ätherischen Kräfte» viel schneller drehten als die äußeren, die ein Korkenziehermuster bildeten. Sie erinnerten an die Spiralen im Innern von Muscheln oder an die Hörner verschiedener afrikanischer Antilopen. Diese Muster folgten der Fibonacci-Reihe: 1, 2, 3, 5, 8, 11 ...

Im wirbelnden Fließen des Wassers, sagte Flanagan, liege das Geheimnis seiner großen Sensitivität für die kosmische Kraft und seiner Macht als Träger formativer Lebensprozesse.

«Wenn Sie das Buch von Schwenk lesen», erklärte Flanagan, «werden Sie feststellen, daß die Organe aller Lebewesen Teile von gefrorenen Wirbeln sind. Schwenk gibt uns viele Beispiele von wirbelförmigen formativen Prozessen in der Natur und kommt zu dem Schluß, daß die Bildung eines Wirbels im Einklang steht mit dem Aufbau der Matrix des Universums. Das stimmt mit alten vedischen Texten überein, die vor Jahrtausenden in Indien aufgeschrieben wurden und die behaupten, das Universum habe die Form eines Ellipsoids.»

Nachdem Wilhelm Reich, den Sigmund Freud einmal als seinen vielversprechendsten Schüler betrachtete, mit der Psychoanalyse gebrochen hatte, machte er seine große Entdeckung der Lebensenergie, die er «Orgon» nannte. Sie war verwandt mit dem «chemischen Äther» von Steiner. Reich fand heraus, daß dieses Orgon aus Kreiselwellen besteht, und hat beschrieben, wie sich im Schlund der kosmischen Wirbel nebelartige Materie entwickelt.

In Laborversuchen demonstrierte Flanagan die kosmischen Eigenschaften des Wirbels. Weiterhin konnte er eine fast gespenstische Entdeckung machen, daß nämlich zirkulierendes Wasser in seinen Bewegungsgesetzen eine verkleinerte Kopie des Sonnensystems darstellt und daß es im Großen in den Sternennebeln widergespiegelt wird, wie schon Reich gezeigt hatte.

Schwenk wies noch auf andere Eigenschaften des Wirbels hin, die ebenfalls mit dem Kosmos in Verbindung stehen. Eine solche Verbindung kann man zum Beispiel entdecken, wenn man einen Zeiger, ähnlich einer Kompaßnadel, an einem Holzstück befestigt. Dreht sich dieses, so weist der Zeiger immer in die Richtung, in die er in dem Moment zeigte, als das Holzstück das Wasser berührte. Wie eine Kompaßnadel ist er stets nur auf einen Punkt im unendlichen Raum ausgerichtet. Laut Schwenk ist dies ein eindeutiger Beleg dafür, daß ein Wirbel so ausgerichtet ist, als würde er von geheimnisvollen kosmischen Fäden an seinem Platz gehalten.

Mit ihren Experimenten zeigte Lily Kolisko, daß bei Planetenübergängen Veränderungen in der Kristallisation von Mineralsalzen stattfinden. Diese Experimente faszinierten Flanagan, und er stellte fest, daß die gleichen kosmischen Energien im Wasser eingefangen werden konnten, wenn man es in eine turbulente, chaotische Bewegung oder zu einem wirbelförmigen Fließen bringt, und daß diese Energien im Wasser bleiben, auch wenn das Fließen beendet wird, und zwar so lange, bis man das Wasser erneut heftig rührt.

Erhöht sich die Geschwindigkeit eines Wirbels, wird der Durchmesser am Schlund kleiner. In einem perfekten Wirbel ist der Durchmesser fast Null, die Geschwindigkeit fast unendlich. Weil eine unendliche Geschwindigkeit im physikalischen Universum unmöglich ist, muß es noch ein weiteres Geheimnis geben. Was das Wasser betrifft, so lösen sich dessen Moleküle in Dampf auf und geben dabei elektrische Ladung ab. Das könnte eine erste Erklärung dafür sein, daß sich das Steinersche Präparat 500 auf so rätselhafte Weise mit elektrischer Energie auflädt.

Flanagan erklärte uns weiter, die einem solchen Streß ausgesetzten Wasserstoffketten der Wassermoleküle dehnten sich wie Gummibänder und nähmen dann Planetenkräfte auf, die erhalten blieben und dem Molekül Energien zuführten, sobald dieses wieder in seine ursprüngliche Form zurückspringt. Demnach würden die Steinerschen und Koliskoschen Planetenkräfte die BD-Präparate mit Energie aufladen.

Um herauszufinden, wie stark die elektrische Ladung in einem Wirbel mit einem Durchmesser von 10 Zentimetern ist, senkte Flanagan eine dünne Drahtelektrode in das Zentrum des Wirbelschlunds, wobei er aufpaßte, daß der Draht nicht das Wasser berührte. Mit Hilfe einer anderen Elektrode, die das Wasser jedoch berührte, gelang es ihm, eine Spannung von mehr als 10 000 Volt festzustellen, wenn sich der Wirbel mit ungefähr 1000 Umdrehungen pro Minute bewegte. Es war wie eine kosmische Aufladung.

Bei seiner Arbeit mit den Wirbeln fand Flanagan auch heraus, daß das beste Gefäß zur Wirbelerzeugung ein Ellipsoid ist. 1983 setzte er außerdem einen sogenannten Wirbeltangentialverstärker ein und schuf damit einen «perfekten Wirbel».

Dabei bildeten sich neue Kolloide, die alle Bestandteile enthielten, die sich in der Muttermilch, in frischem Obst und in Beeren befinden, mit denen man den Wirbel «gefüttert» hatte. Sie waren dort Kräften ausgesetzt, die auf keine andere Weise geschaffen werden können.

Diese Kräfte verringern die Oberflächenspannung von mit dieser kolloidalen Mischung behandeltem Wasser, und zwar bis hinunter zu 26 dyn pro Zentimeter, das entspricht dem Wert für Ethylalkohol.

«Aber eine zu geringe Spannung ist auch nicht gut», erklärte er uns, «denn dann besteht kein Gleichgewicht mehr. Nach einer bestimmten Zeit verliert eine solche Spannung an Energie und normalisiert sich wieder. Wir haben allerdings herausgefunden, daß eine von uns hergestellte Oberflächenspannung von 38 sich über Jahre, vielleicht sogar ein Jahrhundert lang, erhalten kann.»

Flanagan begründete seine Behauptung mit der Entdeckung der Kolloidchemie, daß große Kolloide die Tendenz hätten, umeinander zu wirbeln und ihre elektrische Spannung zu verlieren, während kleinere Kolloide ihre Spannung beibehalten. Man spricht von einem *Zeta*-Potential, das von besonders langer Dauer ist.

Thomas Riddick, ein Pionier auf dem Gebiet der Kolloidchemie, der seine eigene *Zeta Meter*-Company in New York gegründet hat, behauptet, daß dieses *Zeta*-Potential ein fundamentales Gesetz der Natur ist. Es spielt eine große Rolle im Leben der Pflanzen und Tiere, indem es eine Diskontinuität unter den Milliarden von zirkulierenden Zellen, die den Organismus nähren, aufrechterhält. Der ganze menschliche Körper besteht aus Kolloiden, und ihr Fließen beruht auf elektrischer Anziehung.

Blutzellen haben eine Schutzschicht aus Albumin, das die Spannung erhält, die Zellen stabilisiert und eine Koagulation verhindert. Flanagan behauptet, daß falsche Nahrungsmittel die elektrische Spannung in unseren Blutzellen zerstören können. Sie gerinnen dann, werden schlapp und sterben schließlich. Aber sobald man stark aufgeladene Kolloide von frischen Lebensmitteln – oder im Hunza-Wasser – aufnimmt, erhöht man die überall vorhandene negative elektrische Ladung in den Blutzellen.

Flanagan gab nur eine Unze seiner neu geschaffenen kolloidalen Mischung mit einer Oberflächenspannung von 38 in einen großen Eimer mit destilliertem Wasser und erhielt dadurch ein Produkt mit einer Oberflächenspannung von 55 bis 65 dyn. Er behauptet, es hätte die gleichen positiven biologischen Auswirkungen auf lebende Organismen wie das Hunza-Wasser.

Um seine Behauptung zu beweisen, durfte seine dreizehn Jahre alte Hündin «Wishes», eine zentnerschwere Kreuzung aus einem Bernhardiner und einer Dogge, nichts anderes als «Hunza-Wasser» trinken – Wasser, dem er sein von ihm so genanntes «Kristallenergiekonzentrat» hinzufügte. Innerhalb von drei Wochen war der schon etwas altersschwache Hund, der im Wald über querliegende Baumstämme immer gehoben werden mußte, in der Lage, selbst darüberzuspringen.

Auch einer von Flanagans Freunden, der in Ohio lebte, gab seinem edlen Vollbluthengst das behandelte Wasser. Der Hengst war so alt, daß nur noch jeder dritte Versuch zur Befruchtung führte. Nachdem der Hengst das Wasser getrunken hatte, glänzte nicht nur sein Fell wieder, sondern alle Stuten wurden trächtig. Die Stuten selbst bekamen das gleiche Wasser und hatten daraufhin so leichte Geburten, daß die Stallknechte oft am Morgen neugeborene Fohlen vorfanden, obwohl sie am Abend vorher keinerlei Anzeichen von Geburtswehen bei den Stuten beobachtet hatten.

Sogenannte «Bluter» unter den Rennpferden, deren Lungen so schwach sind, daß sie während des Rennens aus den Nüstern bluten, zeigten keine Symptome mehr, nachdem sie mit Flanagans Wasser behandelt worden waren.

Für uns Menschen ist jedoch eines besonders wichtig: Wer stundenlang an einem Computerterminal arbeiten muß, läuft dem Spezialisten John Ott zufolge Gefahr, daß seine roten Blutkörperchen gerinnen und verklumpen. Anhand von Filmen, die er durch ein Mikroskop in seinem Labor aufgenommen hatte, konnte Flanagan zeigen, wie sich diese Blutklumpen wenige Minuten nach der Zugabe seines Wassers auflösen.

Bis jetzt beruhten diese verblüffenden biologischen Ergebnisse nur auf Erfahrung; Doppelblindversuche wurden noch keine durchgeführt. Doch zeigen Laborversuche in Minnesota, daß Flanagans Wasser unbestreitbar erstaunliche strukturelle Eigenschaften besitzt.

Diese Tests wurden weder an Tieren noch an Menschen durchgeführt, sondern an einfachem Zement bzw. Beton mit Sand- oder Kieszusatz. Nachdem man dem Zement bei der Herstellung nur ein wenig von Flanagans Wasser hinzugefügt hatte, erhöhte sich dessen Bruchfestigkeit um etwas mehr als die Hälfte.

Bei einem anderen Test fand man heraus, daß die normalerweise «eingefangene» Luft, welche die Widerstandskraft des Zements herabsetzt, nur noch zu 30 Prozent vorhanden war im Vergleich zu den 70 Prozent bei der Herstellung mit normalem Wasser. Bemerkenswerterweise enthielt der behandelte Zement außerdem weniger Wasser. Er ist bei einer größeren Plastizität oder Fließbarkeit auch um 30 Prozent leichter als der nichtbehandelte Zement, und da er auch weniger Säure enthält, läßt er den in ihn eingebetteten Stahl weniger schnell korrodieren. Und last not least verbrennen sich die Arbeiter an ihm nicht so schnell ihre Hände und Arme.

Nach Aussage von Flanagan ist die elektrische Ladung in seinen Kolloiden so gut geschützt, daß sie sogar bestehen bleibt, wenn die Kolloide eingefroren oder gekocht werden, im Dampfkochtopf oder mit Mikrowellen traktiert, mit Gamma-Strahlen bestrahlt oder mit den mächtigen kationischen Elektrolyten behandelt werden. Nachdem er die Kolloide all diesen Einflüssen ausgesetzt hatte, maß er ihre elektrische Ladung in einem u-förmigen Glasbehälter. Ein solcher Behälter ist eine Art Elektrophorese-Zelle, in der die Kolloide mit positiver bzw. negativer Ladung zu einem der beiden Pole wandern.

121

Mit diesem einfachen System konnte Flanagan eine direkte Beziehung herstellen zwischen dem *Zeta*-Potential, der Oberflächenspannung und dem strukturierenden Effekt auf das Wasser.

Als Flanagan den australischen Film über Podolinsky und die Verwirbelung des Präparats 500 sah, erkannte er sofort die Verbindung zu seiner eigenen Forschung: «Steiners Vorstellung, daß jedesmal, wenn die Richtung des Rührens geändert wird, dem Wasser Energie zugeführt wird, stimmt genau. Auch ich habe solche Tests durchgeführt – dabei allerdings für das Umkehren der Wirbel ein Instrument benutzt, das ständig für diesen Richtungswechsel sorgt – und die elektromagnetische Ladung gemessen.»

Flanagan erklärte auch den Mechanismus einer solchen Wirbelentstehung. «Was in der australischen BD-Wirbelmaschine zu Anfang gebildet wird, ist kein richtiger Wirbel, sondern eine parabolische Kurve, ein Rotationsparaboloid. Diese Eiform erinnert an die Steinersche Vorstellung, Eier und andere eiförmige Dinge wie Walnüsse oder Paranüsse enthielten die Reichsche Lebensenergie.»

Sobald die Maschine anhält und andersherum läuft, bricht die Parabel unverzüglich zusammen, und erst kurz vor dem Chaos entsteht ein perfekter Wirbel.

«Das weite und tiefe Zentrum des Paraboloids bricht zusammen», sagte Flanagan. «Es implodiert sozusagen ins Zentrum hinein, sobald die Umkehrung beginnt. Für einen Augenblick entsteht ein winziger Wirbelschlund, der aber sofort in Gischt und Chaos verschwindet. Es sieht aus wie ein Chaos, aber eigentlich besteht es aus Millionen, wenn nicht gar Milliarden von kleinen Wirbeln. Auch hier haben wir es mit einer gewissen Energie zu tun, der Rotationsenergie, die diese Flüssigkeit in eine Richtung dreht. Was aber tut diese Energie, wenn die Richtung abrupt geändert wird? Sie muß von den Wasserstoffketten des Wassers und den Teilchen des Präparats 500 absorbiert werden. Dadurch werden diese kolloidal und können in der Folge von den Mikroorganismen und den hungrigen einzelligen Wurzelhärchen der Pflanzen aufgenommen werden.»

Daß Steiner damit ein Phänomen entdeckt hatte, das auf dem Land seit jeher bekannt war, bezeugte Viktor Schauberger, ein Förster, der sein Leben lang das Verhalten von Wasser in unberührten

Waldgebieten seiner Heimat Österreich und auch Bayerns beobachtete und beschrieb. Dabei bringt Schauberger flüssige Wirbel mit so eigenartigen Energie-Entladungen wie Halos, Kugelblitzen und Schwebekräften in Verbindung, die in der Lage sind, eiförmige Steine vom Boden eines Flusses an dessen Oberfläche emporzuheben, wo sie auf der Spitze von Wirbeln schwimmen. Und Schauberger war es auch, der das Zusammenbrechen eines Wirbels als Implosion bezeichnete und meinte, nur durch diese Schwebeenergie sei es Fischen möglich, über hohe Wasserfälle zu springen.

Schauberger war der erste, der im Labor «Edelwasser» künstlich herstellte, und zwar mit eiförmigen «Wirbelreaktionskammern» oder «Implosionskammern», da die darin entwickelte Energie sich zentripetal (zum Zentrum hin) anstatt zentrifugal (vom Zentrum weg) verhält. «Edelwasser» nennen die Rutengänger jenes fließende Wasser, das sie in unterirdischen Wasseradern erspüren, weil es eine bestimmte Strahlung abgibt. Wasser, das durch normale Wasserleitungen fließt, weist diese Energie nicht auf. Schauberger war der festen Überzeugung, daß die implosive, zentripetale Energie die Basis allen Lebens ist, während ihr Gegenteil die Ursache für Zerfall und Zerstörung darstellt – das beste Beispiel dafür ist eine atomare Explosion. Aufgrund seiner kosmologischen Sicht bestand er darauf, daß unsere ganze Technologie harmonisch «*mit* dem Fluß der Natur arbeiten sollte», anstatt Gegenkräfte gegen die natürlichen Bewegungen zu erzwingen.

Schauberger, der wie Steiner auf dem Land aufwuchs, weiß auch von einem alten Bauern zu berichten, dessen Ernte bedeutend besser war als die aller anderen Bauern in der Gegend. Als er eines Tages dessen Hof aufsuchte, stand der Alte vor einem Holzfaß, in das etwa drei oder vier Eimer Wasser gingen, und sang etwas mit raunender Stimme. Gleichzeitig rührte er den Inhalt des Fasses mit einem großen hölzernen Löffel um. Es war eigentlich kein richtiges Lied, was er da sang, sondern nur eine Tonleiter, die vom Falsett bis zum Baß reichte. Der alte Mann stand also über das Faß gebeugt da und sang laut vor sich hin. Jedes Mal wenn es die Tonleiter hinaufging, bewegte er den Löffel entgegen der Uhrzeigerrichtung. Wurde seine Stimme tiefer, änderte er die Rührrichtung. Schauberger stellte dann fest, daß der Bauer durch Versuch und Irrtum gelernt hatte, bei welchem Ton seiner Stimme mit der Form des Fasses eine Resonanz entsteht, welche die Molekülvibration des Inhalts stimuliert. Dieses sogenannte «Tonsingen» praktizierte er zu ganz bestimmten Zeiten, vor allem sofort nach dem Pflanzen bzw. nach dem Einbringen des Saatguts in die Erde, das heißt um die Osterzeit herum.

Als Flanagan den Bericht von Schauberger las, war er so betroffen von der offensichtlichen Ähnlichkeit zwischen dem Vorgehen dieses Bauern und der Praxis, die er in dem australischen Film gesehen hatte, daß er sich fragte, ob der ebenfalls auf dem Land in Österreich aufgewachsene Rudolf Steiner sein Wissen nicht von diesen Tonsingern hatte.

«Es ist auch sehr interessant», sagte Flanagan, «daß der Planet Erde in einer Art Wirbel durch den Raum zieht. Wie andere Planeten umkreist er die Sonne in einer Geschwindigkeit von etwa dreißig Kilometern pro Sekunde. Ständig und geradlinig bewegt er sich aber auch in einer Geschwindigkeit von zwanzig Kilometern pro Sekunde auf Herkules zu. Durch diese zwei Bewegungen entsteht eine spiralige Flugbahn, wie sie der italienische Wissenschaftler Giorgio Piccardi in seinem Modell veranschaulicht hat, das auf der Weltausstellung 1958 in Brüssel zu sehen war.»

Eine einfache Rechnung zeigt, daß die Geschwindigkeit der spiraligen Flugbahn des Planeten Erde im März ein Maximum erreicht und im September ein Minimum, fast zur gleichen Zeit, zu der man auch die Kuhhörner wieder aus dem Boden holt. Flanagan fragte sich nun, ob dies auch etwas mit der Energieladung in den Kuhhörnern zu tun haben könnte.

Flanagan brachte das Verwirbeln des Präparats 500 außerdem in Zusammenhang mit der Arbeit des russisch-belgischen Wissenschaftlers und Chaos-Erforschers Ilya Prigogine, der anhand einer chemischen Reaktion zeigen konnte, daß chaotische Kräfte in einem offenen System eine hochstrukturierte Ordnung schaffen. Die Umgebung, in der Chaos zu Ordnung wird, nennt man «dissipative Struktur», die laut Flanagan durch eine kristalline Struktur charakterisiert wird.

«Überträgt man die Energie des Chaos», sagt Flanagan, «in die flüssigen Wasserkristalle, so wird sie von ihnen absorbiert und kann – laut Prigogine – die kristallinen Strukturen entweder zerstören oder in eine höhere Ordnung überführen.»

Bewußt oder unbewußt machte Steiner mit seinem Wirbel, seinem Chaos und dem Umrühren Gebrauch von den wirbelförmigen und ellipsoidalen Lebensquellen.

# 10 In den Klauen von Chelatbildnern

Hätte die Oktoberrevolution nicht aus dem zaristischen Rußland die Union der Sozialistischen Sowjetrepubliken gemacht, wäre Alex Podolinsky niemals nach Australien gekommen und Dr. Albert Schatz, ein russischstämmiger Amerikaner in der zweiten Generation, hätte niemals eine der wichtigsten Entdeckungen über die Bodenbildung gemacht, deren Grundstein die russische Wissenschaft gelegt hatte.

Schatz wurde kurz nach dem Ersten Weltkrieg in Connecticut geboren und verbrachte seine Jugend auf einer 140-Morgen-Farm, die sein russischer Großvater in Yantic erworben hatte. Als Jude war es ihm im zaristischen Rußland niemals erlaubt gewesen, auch nur einen einzigen Quadratmeter des wertvollen russischen Bodens zu besitzen.

Wir besuchten ihn in seinem Haus in Philadelphia, und Schatz erzählte uns: «Das Land in Connecticut war wirklich überhaupt nichts wert, aber für meinen Großvater war es ein Riesenschritt nach vorn, die Erfüllung seines Traums, endlich eigenes Land zu besitzen und in der Natur zu arbeiten.» Auch der Enkel fühlte sich von klein auf wohl auf Feld und Flur und beschloß daher, sein Leben ganz der Landwirtschaft oder, genauer gesagt, den Geheimnissen des Bodens zu widmen. Er erwarb an der New Jersey's Rutgers University das Diplom in Bodenchemie und den Doktor in Bodenmikrobiologie.

«Die Boden-Abteilung dieser Universität war einzigartig», sagte Schatz. «Sie stand unter der Leitung von Jacob Lipman, einem in Rußland geborenen Professor, der in die Vereinigten Staaten emigriert war. Die Pedologie – vom griechischen Wort *pedon*, Erde – war ursprünglich im zaristischen Rußland von dem Geologen Wassilij Wassiljewitsch Dokutschajew begründet worden.»

Dokutschajew (1846–1903) betrachtete den Boden als einen «lebendigen Körper», als ein unabhängiges Wesen in der Natur – wie eine Birke oder eine Eiche oder einen Fisch oder einen Vogel.

«Vor den Forschungen Dokutschajews», sagte Schatz, «und leider auch noch danach, wurde und wird der Boden vor allem als die oberste Schicht der Erde betrachtet, die man landwirtschaftlich bearbeiten kann und die den Pflanzen als Medium für ihre Wurzeln dient.»

Jacob Samuel Joffe, Autor des 1936 erschienenen Buches *Pedology*, schrieb dazu: «Die russische Forschung brachte Ordnung in die bis dahin chaotische Bodenkunde mit ihrem Durcheinander aus geologischen, agronomischen und chemischen Gesichtspunkten. Zum ersten Mal wurde ganz einfach gezeigt, daß der Boden nicht durch rein physikalische und chemische Vorgänge entstanden ist, sondern in intimster Beziehung zu den in ihm enthaltenen Lebewesen steht» – den unzähligen Insekten, Würmern, Bakterien und Pilzen, die den Boden am Leben erhalten und umgekehrt.

Curtis F. Marbut, Leiter der Landwirtschaftsabteilung des US Soil Survey, schrieb in seiner Einführung zu Joffes Buch: Zu einer Zeit, da man in Westeuropa noch glaubte, im Boden dominierten jene Stoffe, aus denen er entstanden ist, hatten die russischen Forscher schon lange festgestellt, daß der Boden nicht das Produkt eines Materials, sondern eines Prozesses ist. Er ist daher auch nicht statischer Natur, sondern ein sich entwickelnder Körper. Der Boden ist eher mit dem Leben als mit dem Tod verbunden. Nach Marbuts Ansicht steht Dokutschajew für die Bodenkunde der gleiche Rang zu wie Sir Charles Lyell für die Geologie und Carl von Linné für Botanik und Zoologie.

Man hat in Osteuropa die Forschung über die organische Substanz im Boden nie aufgegeben, «aber sogar im Herzen Rußlands», sagte Schatz, «konnte die Humusforschung kein Umdenken von der künstlichen Landwirtschaft nach Art des Justus von Liebig bewirken, denn diese ist tief im Denken der sowjetischen und übrigen osteuropäischen Landwirtschaftsministerien verankert».

Schatz wurde mit zweiundzwanzig Jahren in die US-Armee eingezogen und arbeitete an Militärhospitälern in Florida. Dort sammelte er in Böden und Sümpfen sowie im Ozean Mikroorganismen, um sie auf ihre antibiotischen Eigenschaften zu testen. Am Rutgers College war er der einzige Forscher, der es wagte, mit dem Tuberkelbazillus in Berührung zu kommen. Er versuchte, im Laboratorium ein nichtgiftiges Antibiotikum, das von ihm so genannte «Streptomyzin», zu isolieren. Die Bezeichnung bezieht sich auf die Sporen des Pilzes, aus denen das Mittel gewonnen wird: Sie bilden Ketten und das griechische Wort *streptós* heißt «verdreht» und *mykes* heißt «Pilz».

Dieses Antibiotikum weist ein ungewöhnlich breites Wirkungsspektrum auf und hilft vor allem gegen die Tuberkulose. Es wurde erstaunlicherweise aus zwei voneinander unabhängigen Bakterienstämmen gewonnen. Der eine kam aus dem Boden eines kultivierten Feldes, der andere aus dem Rachen eines Hühnchens. Dabei zeigte sich deutlich die Fähigkeit dieser Bakteriengruppe, sowohl in der Erde zu leben wie auch in den Tieren, die auf dieser Erde herumlaufen. Für die Entdeckung dieses lebensrettenden Medikaments bekam der damals dreiundzwanzigjährige Student, der in der Woche vierzig Dollar verdiente, den Nobelpreis – das heißt, nicht Schatz bekam den Preis, sondern sein Professor, der am Patent teilhatte.

Schatz ließ sich trotz dieser Ungerechtigkeit jedoch nicht unterkriegen und wandte sich neuen Forschungen zu. Jetzt wollte er herausbekommen, was genau bei der Bodenbildung chemisch geschieht, wenn das Gestein nämlich in immer kleinere Teilchen zerfällt. Vor allem interessierte Schatz die Frage, wie es niedrigen Pflanzenformen, etwa den Flechten, möglich ist, mineralische Nährstoffe der nackten Felsoberfläche zu entziehen, auf der sie leben.

Schatz erschien es wichtig, herauszufinden, wie die Flechten offensichtlich Gestein auflösen. Das konnte sich als wertvoll für die Landwirtschaft erweisen, vor allem in bezug auf die Gesamtmenge der Mineralien im Boden und auf deren Verfügbarkeit.

E. J. Fry hatte 1924 in den *Annals of Botany* eine rein mechanische Erklärung für die Wirkung der Flechten gegeben. Noch in den fünfziger Jahren bezweifelten amerikanische Bodenkundler, daß die Flechten bei der Bodenbildung eine Rolle spielen. Zwei Forscher behaupteten gar, die Flechten würden wohl zu wichtig genommen. Sie wußten jedoch im Gegensatz zu Schatz nichts von den bedeutenden Forschungen sowjetischer Wissenschaftler über die bodenbildende Wirkung von Flechten. Die Russen behaupteten zwar, die Böden seien in der Hauptsache ein Produkt des Klimas – der Sonne, des Windes und des Eises –, Mikroorganismen und Pflanzen trügen jedoch wie Hitze und Frost zur Verwitterung der Gesteine wesentlich bei. Sie dringen nicht nur in Risse und Spalten ein, wobei die sich vermehrenden Zellen einen ungeheuren Druck ausüben, sondern zersetzen das Gestein auch durch einen geheimnisvollen chemischen Vorgang, die Chelatbildung oder Chelation.

Die Bezeichnung leitet sich ab vom griechischen Wort *chele*, das «Klaue» oder «Krebsschere» bedeutet. Damit ist die Bildung einer ringförmigen chemischen Struktur gemeint, die auf sechs Kohlenstoffatomen basiert und die es den Flechten möglich macht, gelöste Metallionen einzufangen. Daraus entstehen komplexere Verbindungen, die von den Flechten absorbiert werden können. Befinden sich die Metalle einmal im Pflanzenkörper, so werden sie aus dem Chelat wieder entlassen, um ganz bestimmte Funktionen zu übernehmen. Die chemische Erklärung für diese kluge Einrichtung ist, daß sich bei der Chelatbildung zwei Atome in ein oder mehr Elektronen teilen. Dadurch werden die Metalle aus ihrem Verbund herausgerissen und in Wasser aufgelöst.

Chelatsubstanzen sind bis zu 36 Prozent im Trockengewicht von Flechten vorhanden und geben diesen die Möglichkeit, Eisen und andere metallhaltige Mineralien aufzulösen und aufzusaugen, wodurch sie sich direkt am nackten Felsen festhalten können.

Im Jahre 1954 veröffentlichte Schatz eine Reihe von Aufsätzen über «die Bedeutung der Chelation bei der biologischen Verwitterung und der Bodenbildung». Im Laufe seiner Arbeit kam er zu der Überzeugung, daß die Chelatbildung auch sehr wichtig sein mußte für die Schaffung der Bodenfruchtbarkeit. Schaffen die Pflanzen nicht den Boden geradesogut, wie der Boden die Pflanzen schafft? Und war die Bodenbildung nicht ein fortdauerndern Prozeß, der auch die Fruchtbarkeit erhält?

«Ich fand heraus, wie die Flechten Chelate bilden, um die Mineralien aus dem Felsen herauszuziehen», sagte Schatz. «Da dachte ich, daß irgend etwas im Boden auf die gleiche Weise arbeiten müßte, immer weiter fort. Ich konnte mir nicht vorstellen, daß der Boden nur bis zu einem bestimmten Grad verwittert, und die restlichen Mineralien dann unangetastet bleiben. Es müßte vielmehr ein dauernder chemischer Verwitterungsprozeß sein, der den Pflanzen ständig Mineralien zuführt und damit die eigentliche Basis für eine natürliche Bodenfruchtbarkeit darstellt. An diesem Punkt kam ich zu dem Schluß, daß es ein chelatbildendes Agens im Humus geben muß.»

Auf den Schlüssel – oder besser gesagt die Schere –, mit der man das Geheimnis der Chelatbildung knacken könnte, kam Schatz, als er auf einen vor über 160 Jahren in der Bostoner Zeitung *The New England Farmer* erschienenen Artikel stieß. Es war die erstaunliche Geschichte von einem Reisenden, der in den Ruinen des Sonnentempels hoch in der peruanischen Andenstadt Cuzco Steine gefunden hatte, die so glatt behauen und so fugenlos aufeinandergeschichtet waren, daß man keine Nadel dazwischenschieben konnte. Die Kunst dieser Steinmetzarbeit ist mit dem Untergang der Inka verlorengegangen. Sie verwendeten angeblich den Saft eines bestimmten Krauts, um die Steine weicher zu machen, bevor sie sie an Ort und Stelle legten.

Schatz sah sofort eine mögliche Verbindung zwischen dieser Steinmetzkunst und der Chelatbildung. Er vertiefte sich immer mehr in die Literatur über die Kultur der antiken Inka und erfuhr, daß dieses Volk ein so großes landwirtschaftliches Wissen besaß wie vielleicht kein Volk der Welt sonst. Ähnlich äußerte sich auch der spätere US-Senator Hiram Bingham in seinem Buch *Lost City of the Incas*. Er hatte die Inkastadt Machu Picchu entdeckt, einen jener Plätze, wo nach Meinung von Coanda das Wasser den Menschen dort ein ebenso langes und gesundes Leben verleiht wie den Hunzakuts.

Cuzco, die alte Hauptstadt des Inkareichs, betrachtete Bingham als einen der interessantesten Plätze überhaupt. Als die Spanier Peru eroberten, war Cuzco die größte Stadt in Amerika. Auf einem Hügel jenseits der Stadt steht eine alte Festung, deren nördliche Mauer vielleicht das außergewöhnlichste Gebäude ist, das zu jener Zeit in der westlichen Hemisphäre gebaut worden war. Bingham schrieb darüber:

«Was die Technik betrifft, hat dieses Bauwerk keine Parallele in der alten amerikanischen Welt. Die kleineren Blöcke in der Mauer wiegen 10 bis 20 Tonnen. Die großen Blöcke werden auf 200 Tonnen geschätzt, einige wenige sogar bis auf 300 Tonnen! Und doch sind sie aufs genaueste zusammengefügt. Die gigantischen vieleckigen Blöcke liegen so eng aufeinander, daß es unmöglich ist, ein Messer zwischen sie zu schieben. Die ganze Sache ruft höchste Bewunderung hervor.»

Nachdem Schatz das Buch von Bingham gelesen hatte, fragte er sich, ob die Inka wohl das Prinzip der Chelatbildung genutzt hatten, um die Steinoberfläche aufzuweichen und ihr eine bestimmte Form zu geben? Einen weiteren Hinweis darauf fand er in einer alten Inka-Erzählung über einen winzigen Vogel, den Pito, der hoch oben in den Anden lebt und Pflanzensaft benutzt, um Nischen im harten Felsgestein aufzulösen und sich darin seine Nester zu bauen.

Ein englischer Forschungsreisender aus dem 19. Jahrhundert, P. M. Fawcett, der eines Tages spurlos im Dschungel des Amazonasgebiets verschwand, hinterließ einen Bericht darüber, wie die Vögel diese Löcher machen: Sie suchen sich einen ihnen geeignet erscheinenden Platz im Felsen aus, den sie mit ganz bestimmten Blättern in ihren Schnäbeln anfliegen. Diese Blätter reiben sie in einer Drehbewegung am Felsen. Sie fliegen immer wieder weg, holen neue Blätter und wiederholen den Vorgang. Das machen sie drei oder vier Mal, dann lassen die Vögel die Blätter fallen und beginnen, mit ihrem Schnabel am Felsen zu picken, wobei sich schnell eine kreisrunde Delle bildet. Der ganze Prozeß dauert nur wenige Tage, und am Ende sind die Löcher groß genug, um als Nester zu dienen.

«Ich bin hinaufgeklettert, um mir die Nester anzusehen», erzählte Fawcetts einheimischer Gewährsmann, «und glauben Sie mir, kein Mann könnte so perfekte Löcher bohren. Die Vögel picken sie nicht mit ihren Schnäbeln in den Fels. Wer immer sie bei der Arbeit beobachtet, kann deutlich erkennen, daß diese Vögel etwas über die Blätter wissen. Mit deren Saft weichen sie den Felsen auf, der dann ähnlich wie nasser Lehm behandelt werden kann.»

Zunächst betrachtete Fawcett die Schilderung des Mannes nur

als eine phantasievolle Erzählung, aber als ihm andere Leute aus der Gegend Ähnliches berichteten, fragte er sich doch, ob nicht doch etwas Wahres an der Sache sein könnte.

Schließlich erzählte ihm ein Engländer, an dessen Glaubwürdigkeit Fawcett keinerlei Zweifel hegte, eine Geschichte, die ihn überzeugte:

> Ein Cousin von mir befand sich in der Gegend von Chuncho, nahe dem Fluß Pyrene, in Peru. Als sein Pferd lahmte, stieg er ab und schlug sich ein Stück durch den Dschungel, den er vorher noch nie betreten hatte. Er trug Reithosen, hohe Stiefel und Sporen. Es waren nicht die normalen englischen Sporen, sondern große mexikanische, ungefähr zehn Zentimeter lang, und am Ende hatten sie große Scheiben, etwa halb so groß wie eine Münze. Die Sporen waren praktisch neu. Als er nach einem heißen und schwierigen Weg durch das Dickicht die Nachbarfarm erreichte, staunte er nicht schlecht, als er sah, daß seine schönen neuen Sporen völlig unbrauchbar geworden waren, und zwar irgendwie verrostet und «geschrumpft». Er konnte nicht verstehen, was da geschehen war, bis ihn der Farmer fragte, ob er durch gewisse Pflanzen gegangen sei, etwa dreißig Zentimeter hoch, mit dunkelroten Blättern. «Diese Pflanzen», sagte der Mann, «haben Ihre Sporen kaputtgemacht. Sie enthalten eine Substanz, die die Inka bei ihrer Arbeit an den Felsen nutzten. Die Pflanzen haben nämlich einen Saft, der das Gestein aufweicht und in eine weiche Paste verwandelt.

Nun endlich war Schatz klar, daß Flechten eine chelatbildende Substanz produzieren, mit deren Hilfe sie die benötigten Elemente aus dem Gestein herauslösen. Er erwähnte diese Geschichte auch in einem Lehrbuch für Studenten, in dem viele einfache Experimente zur Bodenbildung beschrieben wurden. Daraufhin erhielt Schatz einen Zeitungsausschnitt aus Chile, wo er zuvor als Professor an der Universität von Santiago gelehrt hatte: Die chilenische Zeitung *Mercurio* berichtete darüber, daß ein Priester aus Peru, Jorge Lira, bei einer seiner zahlreichen archäologischen Expeditionen auch auf eine Pflanze gestoßen war, welche die Inka zur Steinerweichung benutzt haben könnten. Aber es vergingen zwei weitere Jahre, bis Schatz den Pater Lira ausfindig machen konnte. Dieser schrieb ihm aus Cuzco, daß der Pflanzenname in der Ketschua-Sprache *harakkeh'ama* laute.

Die bemerkenswerte Fähigkeit von Pflanzen, Eisen aufzulösen, überrascht nach den Forschungen von Schatz in den Jahren 1964 bis 1968 nicht mehr. Er hatte dabei bewiesen, daß chemische Pflanzenbestandteile sogar den härtesten Stahl überraschend schnell angreifen können, wie man das am Stumpfwerden der Schneidewerkzeuge in der Holzindustrie sehen kann. Diese chemischen Komponenten, die auch im Humus und in kompostierten organischen Materialien vorhanden sind, verwandeln Eisen, Mangan, Kupfer, Zink und andere Stoffe in wasserlösliche Komplexe, wobei Spurenelemente den Pflanzen zugänglich werden.

Folglich ist eine der wichtigsten – vielleicht die wichtigste – Eigenschaften von gut kompostiertem Material die Fähigkeit, mit Bodenmineralien zu reagieren, wie Flechten mit Gestein reagieren. Die Komponenten der inzwischen selten gewordenen Andenpflanze zeigen deutlich, wie organisches Bodenmaterial Bodenmineralien auflöst.

In einem einfachen Experiment kann man zeigen, daß Chelatsäuren auch von vielen Bakterien ausgeschieden werden, die gleichermaßen Mineralien im Boden auflösen. Mit dieser Säure können sie Mineralien in eine kolloidale Lösung verwandeln. Erst dadurch werden sie für die Bodenfruchtbarkeit von Bedeutung, denn Pflanzen können Mineralien nur verwerten, wenn sie eine Chelatbildung durchgemacht haben.

Da Schatz wußte, daß Bakterien in sterbenden Böden nur sehr selten vorkommen, wenn überhaupt, so fragte er sich, welche chemischen Stoffe wohl eine Rolle beim Lösen von Metallen spielen könnten – vergleichbar derjenigen in der einfacheren Flechten-Fels-Gemeinschaft. Dabei war die Menge bedeutsam. Nach mehreren Jahren detaillierter Analyse des chemischen Aufbaus von *Humus* kam Schatz zu der Überzeugung, daß in ihm die Antwort auf alle Fragen liegt.

Die Chelatbildung findet nämlich nicht nur im Boden und in den Bakterien statt, sondern auch in den Zellen der Pflanzen, Tiere und Menschen. Wie eng die Beziehung zwischen Pflanzen und Menschen ist, zeigt die außergewöhnliche Tatsache, daß beide von einem chelatbildenden chemischen Stoff abhängen. Er bildet den Grundstein für ihre Physiologie. Beim Menschen ist es das dunkelrote Häm, das den Sauerstoff im Blut transportiert, während die Pflanzen über einen dem Häm ähnlichen Stoff verfügen, das Chlorophyll. Die beiden Stoffe sind sich in ihrer chemischen Formel so ähnlich, daß man nur ein Eisenatom gegen ein Magnesiumatom austauschen müßte. «Es gehört zu den Wundern der Natur», sagte Schatz, «daß es derart einfach ist, die Lebenskomponenten so zu modifizieren, daß sie einmal für Tiere und einmal für Pflanzen taugen.»

Auf die Frage, warum die Wurzelhaare der Pflanzen den Humus bevorzugen, antwortete Schatz: «Vor allem weil die Spurenelemente, die von den Pflanzen aufgebrochen werden, im Humus einfacher zu erreichen sind, denn es hat bereits ein Chelatbildner daran gearbeitet, um sie aufzulösen. Außerdem hat die viel größere mikrobiologische Aktivität im Humus zur Folge, daß auch dieser selbst schneller aufgelöst wird und die Wurzeln so mehr organische Abbauprodukte aufnehmen können.»

Bezugnehmend auf die kolloidale Natur von Humus und Kompost betont Schatz, daß der Humus nicht insgesamt aus kolloidalen Substanzen besteht, sondern nur jener Teil, der chelatbildend wirkt. Daß Kolloide in einem flüssigen Schwebezustand verharren, beruht auf ihrem Oberflächen-Volumen-Verhältnis. Um seine Ansicht zu illustrieren, legte Schatz ein großes Büschel Stahlwolle in eine verzinnte Kaffeekanne und warf ein brennendes Streichholz hinein. Die Wolle explodierte sofort in einer hellen Flamme. «Wollten Sie versuchen, einen Eisennagel mit einem Streichholz anzuzünden», sagte er, «so würde nichts weiter passieren. Aber sobald das Eisen als sehr feine Stahlwolle vorliegt, ist wie bei den Kolloiden das Verhältnis zwischen Oberfläche und Volumen sehr viel größer. Wenn Sie die Wolle vor und nach dem Brennen wiegen, werden Sie sehen, daß sie danach mehr wiegt, da das Endprodukt nicht mehr nur Eisen ist, sondern Eisen plus Sauerstoff, also Eisenoxid. Das gleiche passiert, wenn ein Eisennagel im Wasser rostet. Der Unterschied ist nur, daß bei der brennenden Stahlwolle die Oxidation viel schneller vor sich geht.

Setzen wir dies in Beziehung zu den chelatbildenden und kolloidalen Eigenschaften des Humus: Es bedeutet, daß die Kombination beider Eigenschaften zu einer schnelleren chemischen Reaktion führt. Oder anders ausgedrückt: Kein Schwein und kein Mensch könnte einen Nagel essen, aber es wäre leicht möglich, cheliertes Eisen zu verdauen.»

Schatz untersuchte im Zuge seiner Forschungen eine Reihe von scheinbar unzusammenhängenden Dingen, etwa Chlorophyll, Blut, Flechten, Humus, die Steinmetzarbeit der Inka, den Vogel Pito und die Pflanze *harakkeh'ama*. Doch sie stehen in einem Zusammenhang, der uns hilft, die chemischen Geheimnisse der Boden- und Humusbildung zu lüften. Aber die treibende Kraft, die hinter diesem geheimnisvollen Prozeß der Chelatbildung steckt, bleibt weiter ungeklärt. Was veranlaßte die Atome gewisser Elemente, Klauen auszubilden, um andere Elemente einzufangen? Die Wissenschaft kam da selbst mit ihren hochentwickelten Instrumenten nicht weiter. Um das Phänomen zu deuten, bedurfte es einer neuen Sicht der Dinge, wie zum Beispiel Rudolf Steiner sie entwickelte: Er beschrieb ungewöhnliche «gestaltbildende ätherische Kräfte» im Boden, Kräfte, die Elemente motivieren könnten, einander zu suchen und sich aneinander zu binden, und zwar mit Hilfe der Chelat-Klauen.

# 11 Klangtherapie

Pflanzen, so sagt Steiner, kann man nur richtig verstehen, wenn man sie im Zusammenhang sieht mit allem, was sie umgibt und was um sie herum lebt. Wenn sich im Frühjahr und im Herbst die Schwalben versammeln, vibriert die Luft von ihren Flügelschlägen. Diese Schwingungen und auch der Gesang der Vögel beeinflussen das Blühen und Fruchten der Pflanzen. Nehmt die geflügelten Kreaturen weg, so warnt Steiner, und die Vegetation wird verkümmern. Genau das trat bei uns in Florida ein.

Überblickt man das Land südlich und östlich der Stadt La Belle, genau zwischen dem Okeechobee-See und der Insel Sanibel gelegen, so sieht man nichts als einen wogenden Garten von Zitrusfrüchten, durchschnitten von dunstigen Fahrrinnen, die sich meilenweit bis zum Golf von Mexiko hin erstrecken – früher ein Paradies für Muschelsammler, heute ein vollständig verschmutztes Gebiet.

Mitte der achtziger Jahre wäre jeder Vogel, der diese Grünfläche überflogen hätte, höchst erstaunt gewesen, nicht einen gefiederten Freund zwischen diesen Millionen von Orangenbäumen, die in der Nähe von Gerber Grove wachsen, zu finden. Statt dessen lag über der ganzen Gegend ein dichter Nebel von Chemikalien, welche die Insektenschwärme töten sollten – mit Ausnahme von Abschnitt 1. Dort tummelte sich eine vielzählige gefiederte Fauna zwischen den Bäumen und hockte singend auf den Zweigen.

Die Vögel suchten diese Oase nicht auf, weil sie vom Konzert ihrer Artgenossen, sondern von einer Klangfolge angezogen wurden, die an Vogelgesang erinnerte. Für menschliche Ohren, die nicht in der Lage sind, die verschiedenen Harmonien zu unterscheiden, hörte sie sich eher wie ein Chor zirpender, übergroßer Grillen an.

Diese Klangsinfonie kam aus großen, schwarzen Lautsprechern, die in 6 Metern Höhe auf Pfählen befestigt waren und jeweils ein Gebiet von etwa 40 Morgen bestrichen. Der Zweck dieser Lautsprecher war allerdings weniger, die Vögel anzulocken, als vielmehr Größe und Gesamtertrag der Früchte zu erhöhen.

Wir fuhren in der Abenddämmerung zu der 320-Morgen-Plantage von Roy McClurg – früher Großindustrieller, jetzt Mitbesitzer von Gerber Grove. Dort waren gerade zwei junge Männer dabei, mit Traktor und Anhänger, auf dem sich Blattdüngemittel befanden, zwischen zwei Baumreihen hindurchzufahren und sie der Länge nach in einen Aerosolnebel zu tauchen. Gleichzeitig schrillte von einem der Pfähle in höchster Lautstärke ein Lautsprecher, der mit Leichtigkeit das Motorengeräusch des Traktors übertönte.

McClurg zeigte auf einen der vielen Bäume und sagte mit erhobener Stimme: «So sieht eine typische Frucht aus, wie ich sie mit dieser brandneuen Methode, der sogenannten ‹Klangblüte› – *Sonic Bloom* – erhalte. Dabei werden die Blätter jeder Pflanze, und zwar vom winzigsten Sprößling bis zum reifen Baum, besprüht und gleichzeitig dieser spezielle Ton über Lautsprecher ausgestrahlt. Diese Methode ist sehr einfach, aber wissenschaftlich nicht erklärbar. Ich habe damit jedoch immerhin zum ersten Mal auch von den innersten Zweigen meiner Orangenbäume Früchte ernten können. Doch das ist noch nicht alles. Ich möchte Ihnen noch etwas viel Eindrucksvolleres zeigen, ja etwas fast Phantastisches.»

In einer Ecke von McClurgs Plantage standen drei Bäume, deren Zweige zur Hälfte verdorrt oder schon tot waren. Sie wurden mit einer ähnlichen Lösung behandelt, wie wir sie auf dem Anhänger gesehen hatten. Sie wurde allerdings aus Plastiksäcken mit Röhren und Nadeln direkt in die Borke ganz unten am Baum eingespritzt. «Diese drei Bäume, die Sie hier sehen», erklärte uns McClurg, «sind von einer geheimnisvollen Krankheit, dem ‹Young Tree Decline›, der ‹Jungbaumschwindsucht› oder YTD, befallen. Von dieser Krankheit ist mindestens jeder zehnte Zitrusbaum in den Wäldern hier im Staat Florida betroffen, der schon mehr als fünfzig Millionen Dollar für die Entwicklung einer Therapie ausgegeben hat – bisher jedoch vergeblich.»

Nachdem sie die Bäume zehn Tage lang behandelt hatten, bildeten diese ganz neue Triebe aus – ein sicherer Beweis dafür, daß sich die bereits verdorrten Wurzeln wieder erholten.

«YTD befällt Bäume im Alter zwischen acht und zehn Jahren, kurz bevor sie anfangen zu tragen. Es ist sozusagen eine Kinderkrankheit. Ein gesunder Orangenbaum kann wie ein Mensch achtzig bis neunzig Jahre alt werden. Es ist kaum zu glauben, aber wie Sie selbst sehen können, versuchen selbst diese kleinen Bäume schon, zu blühen und sich fortzupflanzen.»

Als wir wieder in dem schönen, alten Schindelhaus – dem ältesten in der Gegend – von McClurg waren, nahm dieser ein Dutzend Orangen aus der Kühlanlage. Sie waren so groß wie kleine Grapefruits. «Die haben wir gestern in meinem Garten gepflückt», erklärte er. «Normalerweise sind so große Orangen innen holzig und haben nur wenig Saft.»

McClurg schnitt vier von den Orangen mit einem scharfen Messer auf, und wir konnten sehen, wie sie vor Saft troffen und nur eine hauchdünne Schale hatten. Mit einem elektrischen Entsafter holte er aus drei Früchten fast einen halben Liter Saft heraus.

«Orangen wie diese», sagte McClurg, «erhöhen meine Ernte um mindestens 30 Prozent. Dazu kommt, daß festgestellt wurde, daß meine Orangen 121 Prozent mehr natürliches Vitamin C enthalten als normale Orangen. Sie können jetzt verstehen, daß diese neue Entdeckung der ‹Klangblüte› nicht nur die Quantität, sondern auch die Qualität der Früchte erhöht. Ich habe mit vielen Menschen Blindtests gemacht, bei denen wir den Saft meiner Orangen mit dem anderer verglichen, und allen Testpersonen schmeckte der Saft meiner Orangen am besten.»

Während McClurg glücklich war über seine Orangenernte, wandte zur gleichen Zeit in McVeytown, Pennsylvania, der Milchbauer Harold Aungst, der eine zweihundert Köpfe zählende Holsteiner-Herde zu versorgen hatte, diese neue Methode auf seinem 100 Morgen großen Luzernenfeld an. Aus dieser Feldfrucht, die tiefe Pfahlwurzeln hat, wird Heu gemacht. Sie war – unter der Bezeichnung «Alfalfa» – im 18. Jahrhundert von den Mauren nach Spanien gebracht worden und sorgt seitdem für Gesundheit auf den Feldern der ganzen Welt. Auch die Tiere haben keinerlei Schwierigkeit, das qualitätvolle Trockenfutter, das mit «Klangblüte» besprüht wird, von Futter minderer Güte zu unterscheiden.

Dieses Jahr erntete Aungst fünf Schnitte, wobei die Luzernen schulterhoch standen und schwierig zu schneiden waren. Mit seiner Ausbeute übertraf er dreiundneunzig Konkurrenten eines Ernte-Wettbewerbs, denn er konnte pro Morgen unerhörte 7,6 Tonnen einfahren anstatt der durchschnittlichen 3,3 Tonnen pro Morgen.

Das Entscheidende für den Milchbauern Aungst war jedoch nicht die Quantität der Ernte, sondern ihre Qualität: Nach Verfütterung des aus dem Alfalfa gewonnenen Heus an seine Herde konnte er im letzten Winter die Milchproduktion um 10 Prozent steigern. Dabei fraßen die Tiere sogar ein Viertel weniger als früher. «Ich konnte es kaum glauben», sagte er. «Meine Kühe verdauen die gesamte Luzerne – samt Stengeln und allem Drum und Dran. Sonst hatten sie die Stengel immer liegengelassen. Die Nase einer Kuh ist der beste Gradmesser für die Qualität einer Ernte. Kühe sind sehr wählerisch mit dem Fressen. Ich warf neben diese Rekord-Luzerne Heu von anderen Feldern, und mein Vieh machte sich sofort nur über die Luzerne her, die diesem wunderbaren Ton ausgesetzt gewesen war. Erst wenn dieses Futter alle war, gingen die Tiere zu dem anderen Zeug über.»

Im Keller seines Hauses zeigte uns Aungst zwei getrocknete Luzerne-Pflanzen, eine von seiner Farm und eine von der seines Nachbarn. Die Klangblüten-Luzerne war doppelt so lang wie die andere, sehr viel grüner und hatte auch dickere Wurzeln.

«Ich will Ihnen etwas zeigen», sagte Aungst und hielt die Nachbarpflanze an der Wurzel. Dann schlug er damit auf einen Tisch ein, bis viele trockene Blätter auf der Tischplatte lagen. Aungst fegte sie weg und wiederholte das Ganze mit der Klangblüten-Pflanze. Dabei fiel kaum ein Blatt ab.

«Schauen Sie sich das an!» Er war ganz begeistert. «Das sollte Ihnen doch einiges über die unterschiedliche Qualität dieser beiden Pflanzen sagen. Selbst bei einem Transport oder einer Verschiffung verliert das Klangblüten-Heu längst nicht so viel Masse wie die anderen Pflanzen.»

Die Kühe hatten automatisch erkannt, was eine Proteinanalyse der Pennsylvania State University deutlich zeigte: Das Klang-Heu von Aungst erreichte einen Proteinrekord von 29 Prozent und extrem hohe 80 Prozent an vollverdaulichen Nährstoffen (Gesamtnährstoff). Der gleiche Test erbrachte ähnliche Prozentsätze für die Sojabohnen von Aungst.

In dem Tiwa-Indianerpueblo von San Juan, New Mexico, etwa zwanzig Minuten Autofahrt nordwestlich von Santa Fe, wird der stark alkalische Wüstenboden (Adobe), mit Stroh gemischt, zu Ziegeln geformt und dient dann als Baumaterial für einfache Häuser. Er kann so hart und undurchdringlich werden wie ein Bürgersteig in New York. Dennoch kann es dort blühen wie im Garten Eden, wenn die in McVeytown und in Florida angewandte Methode der Klangblüte eingesetzt wird.

Über fünfzig verschiedene Sorten Kräuter und Gräser, dazu Gemüse wie Tomaten und Karotten, die bisher niemals hier wuchsen, gediehen dadurch auch in dieser ariden Gegend, am Zusammenfluß des Chama und des Rio Grande.

Der bärtige Gabriel Howearth ist der Chef-Gärtner des Stammes. «Sehen Sie», sagte Gabriel, und teilte die purpurgrünen Blätter einer Roten Bete, um mit seinen Händen die obere Hälfte einer riesengroßen kastanienbraunen Wurzel zu umfassen, «ich kann mit meinen Händen kaum die ganze Wurzel umspannen. Alle diese Beten wiegen normalerweise etwa 4 Pfund, meine jedoch mindestens 9, wenn nicht sogar 10 Pfund.»

Howearth zog die riesige Wurzel heraus und schnitt sie mit seiner mexikanischen Machete auf. «Durch und durch festes Fleisch, kein bißchen schwammig», sagte Howearth. «Gut zum Überwintern. Eine von diesen Rüben kann eine Pueblofamilie eine ganze Woche lang ernähren.»

Er baute auch *Quinoa* an, das Lieblingsgetreide der Azteken, und *Amarant*, eine der wichtigsten Kulturpflanzen der Inka. Beide enthalten mehr essentielle, lebenswichtige Aminosäuren als jedes andere Getreide aus gemäßigten Klimazonen. Mit Hilfe der Klangblütenmethode hatte er bei beiden Getreidesorten eine weit größere Ernte erzielt, als es dem Centro de Agricultura Tropical y Ensenanza von Costa Rica jemals gelungen war, das vor etwa fünfzehn Jahren angefangen hatte, den Anbau dieser Pflanzen auch in geringerer Meereshöhe zu fördern. «Mit dieser Spezialbehandlung sind beide Sorten in der Lage, sich an eine geringere Höhe zu gewöhnen, als sie sie von ihren Heimatländern her eigentlich gewöhnt sind. Sie finden, wie die Beten und die übrigen Gräser und Gemüse, auf diese Weise ihr Gleichgewicht wieder. Durch die Klangmethode scheinen unsere armen Böden irgendwie ‹alchimisiert› und weicher zu werden, da sie von den Pflanzen Nährstoffe erhalten. Sie können das selber feststellen, indem Sie an der Erde riechen oder sie sogar schmecken, ihre krümelige Beschaffenheit fühlen und sich die vielen Regenwürmer anschauen.»

Einer der indianischen Pueblo-Verwalter trat mit dem Stiefel leicht an die Erde und sagte kopfschüttelnd: «Ich kann mir gar nicht vorstellen, was passieren würde, wenn alle armen Leute auf der Welt, die derart schlechte Böden bearbeiten müssen, von dieser wunderbaren Methode Gebrauch machten. Sie könnten damit einen großen Teil dessen anbauen, was sie zur Erhaltung ihrer Familien brauchen, und das auf einem winzigen Stückchen Land.»

Ziemlich genau auf halbem Weg zwischen New Mexico und Pennsylvania gerieten die Kunden auf dem Marktplatz von St. Paul ins Schwärmen über den Geschmack von Tomaten, Gurken, Mais, Zucchini, Kürbissen und anderen Gemüsen. Sie wurden mit der Klangmethode gezogen und werden hier jeden Freitagnachmittag und Samstagvormittag feilgeboten. Ein älterer Kunde drückt aus, was alle spüren: «Diese Produkte schmecken wie damals, als ich noch ein Junge war!»

Das Gemüse stammt aus dem Garten von William Krantz, früher ein erfolgreicher Börsenmakler, der von Streß und Konkurrenzkampf die Nase voll hatte und sich ein Stück Land kaufte in River Falls, Wisconsin, auf dem linken Ufer des St. Croix River, der Wisconsin von Minnesota trennt. In seinem kleinen Gemüsegarten, der nicht mehr als zwei Morgen umfaßt, zog Krantz Kirschtomaten. Die Pflanzen waren nur knapp über einen Meter groß, doch jede trug sechs- bis achthundert Früchte. An jedem Blattknoten seiner Gurken standen drei bis sechs Früchte statt der normalen ein bis zwei. Sein Mais entwickelte drei Stengel, wobei jeder zwei bis drei Kolben trug. In einer Ecke beanspruchte eine einsame Kürbispflanze neun Quadratmeter Boden. An ihr wuchsen in der Herbstsonne dreizehn riesengroße safrangelbe Kürbisse heran.

Alle diese Produkte wurden mit der gleichen Klangmethode behandelt, die auch McClurg, Aungst und Howearth anwenden, wobei sie jede künstliche Düngung ablehnen. Mit eben diesen Klängen wurden versuchshalber auch Kartoffeln, Brokkoli, Blumenkohl, Karotten, Weizen, Gerste und Sojabohnen berieselt, ferner so exotische Pflanzen wie Papayas, Mangos, Avocados und Macadamia-Nüsse. In allen fünfzig US-Staaten erzielte man die gleichen eindrucksvollen Ergebnisse wie in La Belle, McVeytown, San Juan Pueblo und Three Rivers.

Irgendwie angefangen hatte alles an einem bitterkalten Wintertag im Jahr 1960 in der entmilitarisierten Zone zwischen Nord- und Südkorea. Dan Carlson, ein junger Rekrut aus Minnesota, hatte zufällig beobachtet, wie eine junge koreanische Mutter absichtlich die Beine ihres vier Jahre alten Kindes unter dem Hinterrad eines zwei Tonnen schweren Lastwagens brach. Weinend und verwirrt erklärte sie ihm in unzusammenhängendem Englisch, daß die beiden anderen Kinder zu Hause hungern würden. Sie könne nur dann genügend Essen für die ganze Familie herbeischaffen, wenn sie aus dem ältesten Jungen einen Krüppel machte.

Damals beschloß Carlson, sein Leben einer einzigen Aufgabe zu widmen: Er wollte eine neue und billige Methode finden, die es erlaubte, auch auf dem kleinsten und ärmsten Stückchen Land genügend Nahrungsmittel anzubauen. Als er wieder in Minnesota war, trat er dem Experimental College der Universität bei und studierte Gartenbau und Landwirtschaft.

Er stellte bald fest, daß Pflanzen, die gut «gefüttert» werden – und zwar nicht so sehr über die Wurzeln als vielmehr durch die winzig kleinen Spaltöffnungen ihrer Blätter –, selbst in übersäuerten, alkalisch-salzigen, trockenen, wüstenartigen oder sonstwie aus dem Gleichgewicht geratenen Böden gut und schnell wachsen.

Aber er stellte auch fest, daß irgendeine Motivation nötig war, um diese Spaltöffnungen in Bewegung zu versetzen. Als er darüber nachdachte, was das sein könnte, stieß Carlson auf eine Schallplatte von George Milstein mit dem Titel «Growing Plants Successfully in the Home». Der ehemalige Kieferchirurg hatte bereits

Preise gewonnen für seine großartigen und farbenprächtigen Bromelien. Milstein brachte eine Schallplattenfirma dazu, einen populären Ton mit der reinen Klangfrequenz zu mischen, welche die Forscher der University of Ottawa ausstrahlten, um Weizenerträge zu erhöhen. Milstein hatte darüber in dem Buch *Das geheime Leben der Pflanzen* bereits gelesen.

Carlson arbeitete da weiter, wo Milstein aufgehört hatte, und versuchte, jene Frequenzen herauszufinden, die die Spalten dazu bringen würden, sich zu öffnen. Obwohl er nicht von Anfang an einen Zusammenhang sah mit dem Gezwitscher der Vögel in McClurgs Orangenhain, kam er doch auf genau die Kombination von Frequenzen und Harmonien, die bei einem Vogelkonzert von der Abenddämmerung bis zum Sonnenaufgang zu hören sind.

Carlson war nun auf der Suche nach einem Band mit eingängiger Musik, der er nichtmusikalische Klänge beimischen konnte. Er wollte damit eine kleine Ausrüstung für die Klangblütenmethode schaffen, geeignet für den Gebrauch in kleinen Gärten, Gewächshäusern oder auch in der Wohnung. Dafür erbat Carlson den technischen Rat eines Musiklehrers in Minneapolis, Michael Holtz. Und nach einigen musikalischen Experimenten und Umwegen fand sich auch die richtige Musik für das Band: das Violinkonzert in E-Dur von Bach. «Ich wählte gerade dieses Konzert», erklärte Holtz, «weil es viele Wiederholungen oder besser gesagt Variationen aufweist. Bach war ein solches musikalisches Genie, daß er seine harmonischen Rhythmen bei fast jedem Takt ändern konnte, wobei die Akkorde von E über B bis nach Gis gingen usw., während Vivaldi seine Akkorde über vier Takte hielt. Deshalb wird Bach auch als der größte Komponist aller Zeiten betrachtet. Ich wählte Bachs Violinkonzert statt eines seiner bekannteren Orgelwerke, weil der Klang der Violine viel reicher ist als der einer Orgel.»

Holtz tauchte nun in eine für ihn völlig neue Welt der Vogelmelodien ein. In den dreißiger Jahren hatte Aretas Saunders, Autor des Buches *Guide to Bird Songs*, eine Methode entwickelt, um mit einem völlig neuen Audio-Spektrogramm die Gesänge der Vögel visuell aufzuzeichnen. Man kann sie nämlich weder mit Worten beschreiben noch musikalisch mit hinreichender Präzision darstellen.

Im ornithologischen Labor der Cornell University wurden die Ergebnisse in Sonogramme umgewandelt, die eher elektronische Frequenzen und Amplituden zeigten als Noten.

Bald darauf fing Holtz an, die verschiedenen vorherrschenden Töne der Vogelgesänge mit den entsprechenden Noten der Tonleiter und ihren Harmonien zu vergleichen. Dan Carlson war instinktiv auf Frequenzen gestoßen, die den Klängen eines Vogelchores entsprachen. «Es war schon sehr aufregend», sagte Holtz, «diese Verbindung zu erkennen. Ich fing an zu glauben, daß Gott die Vögel nicht nur dazu geschaffen hatte, frei herumzufliegen und zu trillern. Ihr Singen war irgendwie ganz eng verbunden mit den Geheimnissen des Keimens, Sprossens und Wachsens.»

Als Holtz mal wieder seine Heimatfarm in Iowa besuchte, erfuhr er, daß es dort früher buchstäblich Tausende von Singvögeln gegeben habe. Seine Tante Alice vermißte vor allem das lyrische und ausgedehnte flötenähnliche Trillern verschiedener Drosseln, den hohen, dünnen, pfeifenden Ton der Kletterwaldsänger und den summenden Fünf-Noten-Gesang seines Vetters, des Blauflügel-Waldsängers, den man gut an der hellgelben Farbe des Kopfes, der Kehle, Brust und Unterseite erkennen kann. Die meisten, wenn nicht alle dieser Sänger sind seit langem aus der Landschaft verschwunden.

Doch eines Morgens – Holtz trauerte gerade mal wieder den verschwundenen Vögeln nach – flog ein Goldwaldsänger, der für den Laien wie ein Kanarienvogel aussieht, herbei und setzte sich, als könnte er die Gedanken des Mannes lesen, auf die Spitze eines Baumes vor dessen Schlafzimmerfenster und begann zu singen. Holtz stellte sofort sein Tonbandgerät auf Empfang, und es gelang ihm, eine Arie aufzunehmen, die ungefähr neun bis zehn Minuten dauerte. Als er in seinem Führer nachlas, sah er, daß dieser kleine Vogel eine Frequenz von 8000 Hertz erreichen kann. Um mehr über das Thema zu erfahren, zog Holtz einschlägige Bücher zu Rate und fand unter anderem heraus, daß die winzigen Villi, sehr kleine, zottige, haarähnliche Büschel in der Schnecke im menschlichen Innenohr, bei gewissen Frequenzen zu vibrieren beginnen.

«Dan Carlson und ich, wir wollten herauskriegen, was genau in den Pflanzen in Schwingung versetzt wird», erklärte Holtz.

Holtz sah sich auch grafische Darstellungen von Zellen an und entdeckte, daß es im Zytoplasma besondere Zellorganellen gibt, die sogenannten Mitochondrien. Er deutete auf eine Zeichnung und fragte: «Woran erinnert Sie diese Form?»

Auf den ersten Blick erkannte ich darin den Resonanzkörper einer Geige oder Bratsche.

«Ganz richtig!» rief Holtz aus. «Und ich fand es mehr als interessant, daß die Resonanzfrequenz von Mitochondrien 25 Hertz beträgt; nach oben interpoliert, ergibt sich sogar eine Harmonie von 5000 Hertz. Das ist die gleiche Frequenz, bei der der Winterweizen von Dr. Pearl Weinberger zweieinhalbmal so groß wurde wie normal, wobei viermal mehr Schößlinge wuchsen als im Durchschnitt. So beschreibt ds jedenfalls Dorothy Retallack in ihrem Buch *The Sound of Music and Plants*. Es könnte sein, daß die von ihr verwendeten Frequenzen nicht nur die Mitochondrien in den Weizensamen, sondern auch das sie umgebende Wasser in Schwingung versetzten, wobei die Oberflächenspannung erhöht und das Eindringen in die Zellwände erleichtert wurde.»

Holtz brachte dies in Verbindung mit Retallacks Entdeckung, daß ihre Versuchspflanzen eine höhere Transpirationsrate aufwiesen, also schneller wuchsen, wenn sie Bach, Jazz aus den zwanziger Jahren oder indische Musik von Ravi Shankars Sitar «hörten». Dafür starben sie innerhalb von zwei Wochen, wenn sie hartem Rock ausgesetzt wurden.

«So wilde Musik», vermutete Holtz, «ist einfach zu viel für ihr gesamtes System. Die intensive, monotone Energie solcher Rock-Töne hat die Zellen einfach auseinandergeblasen! Nicht umsonst wurden junge Freiwillige der US-Navy, die seit ihrer Kindheit diese Art von Musik gehört hatten, für untauglich erklärt, da sie teilweise taub waren, und zwar schon im Alter von noch nicht einmal zwanzig Jahren.»

Auf unsere Frage, ob man nicht einfach ein Crescendo, in dem sich alle Instrumente eines Sinfonie-Orchesters mit ihren Hunderten von Frequenzen und Harmonien vereinigen, spielen und den Pflanzen die Auswahl überlassen könne, antwortete Holtz: «Vergessen Sie nicht, daß eine hohe Dosis nicht unbedingt von größerem Nutzen ist als eine kleine oder sogar sehr kleine Dosis.»

Es schien bezeichnend, daß der Musikwissenschaftler Holtz so etwas sagen konnte, ohne jemals von homöopathischen «Potenzen» gehört zu haben.

Wir trafen Carlson in Kansas City auf einer der jährlichen von Charlie Walters organisierten Konferenzen über ökologischen Landbau. Er erklärte uns ganz begeistert: «Ich habe mit der Klangtherapie versucht, innerhalb der Grenzen zu bleiben, die uns die Natur selbst vorgegeben hat. Ich bin der Meinung, daß es bestimmte kosmische Kräfte gibt, die, wenn auch auf ‹unwissenschaftliche› Weise, für unsere Erfolge verantwortlich sind. Werden diese richtig eingesetzt, lassen sie Pflanzen besser wachsen, geben Kühe mehr Milch, und vielleicht können Menschen auch besser miteinander umgehen. Es gibt viele Beweise dafür, daß verschiedene Tonfrequenzen, aber auch Farbtöne heilen können. Harter Rock entspricht nicht den natureigenen Harmonien. Ich bin fest davon überzeugt, daß Vögel, die man lange Zeit dieser Musik aussetzt, krank werden und genauso sterben, wie Mrs. Retallacks Pflanzen.

Ich bekomme jedes Jahr etwa hundert Anrufe von Leuten, die mit meinen Bändern experimentieren. Die meisten von ihnen erzählen mir, daß sich die Pflanzen sofort von der Sonne ab- und dem Lautsprecher zuwenden, sobald dieser angestellt wird! Immer! Das sagt mir, daß der Klang für die Pflanzen genauso wichtig ist wie das, was wir als Photosynthese bezeichnen.»

In einem der strengen Winter von Minnesota wußte Carlson zunächst nicht recht, welche Experimente er in seinem Haus durchführen sollte, hatte dann jedoch eine großartige Idee: Er gab genau achtundachtzig Cent aus und kaufte sich die tropische Pflanze *Gynura aurantiaca*. Diese Kletterpflanze heißt auch Samtblume und stammt von der indonesischen Insel Java. Ihre fleischigen, tränenförmigen Blätter sind übersät mit violetten Adern und Haaren, und ihre gelborangefarbenen, tellerförmigen Blüten haben einen scheußlichen Geruch. Aber für Carlson wurde die Pflanze zum Lieblingskind. Einmal im Monat bestrich er mit einem Baumwollschwämmchen, getränkt mit bestimmten Düngemitteln in fast schon homöopathisch schwachen Dosen, die Sproßspitzen seines Pflanzenlieblings, während er zur gleichen Zeit seine Bänder abspielte. Durch das Betupfen wurde die Sproßspitze der Pflanze braun, aber bald darauf keimte gleich darunter sehr schnell ein neuer Sproß. Innerhalb weniger Tage hatte sich auch die erste Sproßspitze völlig erholt und wuchs ebenfalls sehr schnell. Beide Triebe entwickelten dicke, gesunde Stengel und außergewöhnlich große Blätter.

Innerhalb kürzester Zeit mußte Carlson mehrere Haken in die Küchenwand schlagen, an denen sich die Kletterpflanze emporrankte. Hier machte er eine neue Entdeckung. Sobald er die wachsenden Triebe mit der Schere abschnitt, begann die javanische Pflanze sofort ein neues Blatt unterhalb der Schnittstelle am nächsten Blattknoten zu bilden. So sonderbar Carlson dies erschien, noch erstaunter war er über die Fähigkeit seiner Lieblingspflanze, nicht nur die tränenförmigen Blätter, die für diese Art charakteristisch sind, zu bilden, sondern auch Blätter mit einem Sägezahnrand, wie sie typisch sind für die indische Verwandte *Gynura sarmentosa*. Aber es wuchsen auch noch völlig fremde gespaltene Blätter, die man bisher noch nie an einer Samtblume gesehen hatte. Carlsons Behandlung mit der Speziallösung und der Musik schien auf irgendeine Weise die genetischen Qualitäten der Kletterpflanze anzusprechen.

Als er das Ergebnis seines Experiments seinem Professor vorlegte, stellte Carlson am Ende seines Referats die Frage: «Enthält die Zelle einer Pflanzenart vielleicht die Merkmale aller Arten ihrer Gattung? Wenn nicht, warum hat dann meine Pflanze, ursprünglich eine *Gynura aurantiaca*, zu 90 Prozent Blätter entwickelt, die typisch sind für die *Gynura sarmentosa* – und zur gleichen Zeit auch noch völlig neue, gespaltene Blattformen? Kann die gemeinsame Anwendung von Dünger und Audio-Energie ein derart schnelles Wachstum bewirken, daß der ganze Evolutionsprozeß darin komprimiert ist? Habe ich es meiner Pflanze ermöglicht, sich schneller an ihre Umgebung zu gewöhnen? Ist das der Grund für die verschiedenen Blattformen an ein und derselben Pflanze? Wenn auch nur eine dieser Fragen mit ‹ja› beantwortet werden kann, läßt sich dann dieses Wissen auch auf andere Pflanzen übertragen? Können dann vielleicht auch Feldfrüchte so behandelt werden, daß sie schneller wachsen und sich ihrer Umwelt besser anpassen?»

Im darauffolgenden Herbst bemerkte Carlson eine weitere Merkwürdigkeit: Seine Pflanze hatte nicht nur – wie üblich – einmal geblüht, sondern zweimal. Noch phantastischer war ihre unglaubliche Länge. In den ersten drei Monaten hatte die Kletterpflanze, die normalerweise nicht größer als 45 bis 60 Zentimeter wird, einen 45 Meter langen Sproß gebildet. Bis zum Ende des Jahres wuchs sie in der gleichen Geschwindigkeit weiter, gelangte über ein Loch von der Küche ins Wohnzimmer, wo sie an der Decke in einer Schlangenlinie immer wieder hin und zurück wuchs. Alle 45 Zentimeter konnte sie sich an einem Draht festhalten. Insgesamt hatte sie eine Länge von einer Zehntelmeile erreicht.

Im nächsten Jahr schnitt Carlson 10 Zentimeter lange Schößlinge von der Kletterpflanze ab, die er in kleine Plastiktöpfe setzte. Er versah vierhundert dieser Töpfe mit seiner Adresse und Telefonnummer sowie der Bitte, neue Pflanzen zu verlangen, falls die Schößlinge eingingen. Dann schaffte er alle auf einen Flohmarkt, wo er sie in kürzester Zeit für vier Dollar das Stück verkaufte.

«Ich bekam viele Anrufe», erinnerte er sich, «aber niemand beklagte sich darüber, daß die Pflanzen krank seien oder eingingen. Statt dessen wollten die Anrufer wissen, warum die Schößlinge meiner Mutterpflanze eine Länge von 60, 90, 120, 150 und mehr Zentimetern erreichten. Ich hatte sofort den Gedanken, daß diese unerhörte Entwicklung vielleicht eine ganz neue Spezies, eine besonders zähe Superpflanze möglich macht.»

Um seinen Kommilitonen zu zeigen, daß seine Methode auch kommerziell zu nutzen ist – sie hatten sich über seine «brotlose Pflanzenkunst» lustig gemacht –, versorgte Carlson Schrebergartenbesitzer mit einer tragbaren Klangausrüstung und einer Nährlösung. Er hatte nämlich viele Anrufe von solchen Gärtnern bekommen, nachdem im *Minneapolis Star* ein großes Foto von der Carlson-Familie erschienen war: Alle versammelt unter der *Gynura*, deren Triebe sich über dem Kronleuchter hinweg rankten und dann durch verschiedene Öffnungen in der Wand bis ins Kinderzimmer reichten.

Dann schrieb der *Dispatch* von St. Paul über Carlsons Usambaraveilchen, deren mehr als fünfhundert Blüten in allen Farben prangten, und über seine purpurfarbenen, blauen, weißen, roten und pinkfarbenen Trichterwinden, die das Haus vom Keller bis zum Dach einhüllten.

«Ich stimme der Vorstellung des großen Pflanzenzüchters Luther Burbank voll zu», sagte uns Carlson, «daß die Pflanzen auf der höchsten Ebene in der Lage sind, das zu tun, was in den Köpfen der Menschen vorgeht, und zwar einfach, um das Überleben der Art zu sichern. Ich habe die vielen Geschichten über Bäume, die jahrelang nicht blühten oder keine Früchte trugen, dies aber sofort taten, sobald sie mit der Axt oder mit einer Säge bedroht wurden, immer sehr interessant gefunden.»

An einem Frühlingstag sammelten Carlson und seine zwölfjährige Tochter Justine die Samen von der Trichterwinde für die nächste Aussaat. Dabei sprachen sie darüber, wie man der Ranke wohl am besten beibringen könnte, auf die Farbwünsche ihrer Besitzer einzugehen. Dan wollte gern Purpur, Justine Pink.

«Wir glaubten», sagte Carlson, «daß die Pflanzen unseren Farbwünschen entgegenkommen würden und sich uns mehr anschließen könnten, wenn wir unsererseits ihnen geistig und emotional näherkämen.»

Im Spätsommer hatte die Kletterpflanze ihr übliches Farbenspektrum an Blüten über das gesamte Haus ergossen – doch rund um das Schlafzimmerfenster von Justine sah man nur pinkfarbene Blüten und um das von Dan nur purpurfarbene.

«Das zeigte mir», sagte er, «daß wir auf irgendeine undefinierbare Art und Weise mit Pflanzen kommunizieren können. Sie sind dann sogar imstande, die Farben ihrer Blüten und die Form ihrer Blätter zu ändern. Das muß irgend etwas mit Vertrauen zu tun haben. Die Pflanze muß Ihre Absicht fühlen und spüren, daß Sie irgendwie ihr Weiterleben sichern wollen, sobald sie auf Ihre Wünsche eingeht.»

Noch verblüffender war Carlsons Glaube, er könne mit seiner Methode feststellen, was Pflanzen mögen und was nicht. Er bot den Pflanzen ein vielfältiges Menü von Nährstoffen an, die bis dato unerreichbar für sie gewesen waren. Er wollte anhand ihrer Reaktionen herausfinden, welche Nährstoffe sie bevorzugten.

Er hoffte, dadurch Mangelerscheinungen und Pflanzenkrankheiten eliminieren zu können, die den Früchten oder Gemüsen einen schlechten Geschmack verleihen. Auch meinte er, wenn man die Pflanzen bestimmten Duftstoffen wie Pfefferminze, Zimt oder Muskatnuß in Form von Sprühnebeln aussetzte, dann würden die daraus entstehenden Äpfel tatsächlich auch nach Minze, Zimt oder anderen Aromen schmecken.

«Allmählich merkte ich», sagte Carlson, «daß ich mit meiner Methode das Samenpotential vergrößern konnte, und zwar mit der richtigen Anzahl von Klangsprays. Ich hatte inzwischen festgestellt, daß es fünf solcher Klangsprays sein mußten, jeweils in Zwei-Wochen-Abständen.»

Vor lauter Begeisterung haute er mit seiner großen Faust auf den Tisch und fügte hinzu: «Ich glaube, ich bin auf ein neues Prinzip gestoßen, das man unbegrenztes Wachstum nennen könnte! Das widerspräche der Vorstellung, daß Pflanzen genetisch darauf ‹programmiert› sind, nur eine bestimmte Größe oder Ausbeute zu erreichen.»

Dieser Glaube an eine Nicht-Begrenzung führte Carlson zu einem anderen Prinzip: der geometrischen Progression. «Wir haben immer wieder festgestellt, daß Pflanzen, die nur während einer Saison behandelt wurden, alle ihre Veränderungen an ihre Samen und damit an die folgende Generation weitergaben, die ebenfalls um 50 Prozent größer wurde und entsprechend mehr Frucht trug, auch wenn diese neue Carlsongeneration selbst nicht ‹beschallt› wurde. Ich nenne das ‹genetische Elastizität›, die latente Fähigkeit der Pflanzen, Merkmale zu entwickeln, die in ihren Genen verborgen sind.»

Carlson schlug vor, diese Fähigkeit der Pflanzen, auf menschliche Wünsche einzugehen, genauer zu untersuchen. Gleichzeitig klagte er jedoch darüber, daß Botaniker, Pflanzenzüchter und Genetiker dieses Problem überhaupt nicht begriffen hätten. «Die Wissenschaftler haben nichts Eiligeres zu tun, als Pflanzen zu verändern, ihre Gene auf scheußlichste Weise zu spalten und zu verspleißen. Das hat dazu geführt, daß sie auf der Suche nach magerem Schweinefleisch ein schielendes Mastschwein entwickelt haben, das sich auf seinen dünnen Beinchen kaum aufrecht halten kann.»

Er war richtig wütend. «Wir müssen Pflanzen und Tiere freundlich behandeln und dürfen die von Gott geschenkten Gaben, die wir in den Lebewesen noch gar nicht entdeckt haben, nicht mißachten, sondern pflegen. Und wir müssen lernen, mit Gottes Geschöpfen zusammenzuleben.»

Vielleicht kann Carlsons Wunsch, große Nahrungsmittelmengen auf kleinen Bodenflächen zu ziehen, erfüllt werden, wenn er seine Erkenntnisse mit dem System verbindet, das der Freizeitfarmer Ron Johnston in Mississippi entwickelt hat.

In einer Mischung aus nichts anderem als Sägemehl und Sand baute Johnston in etwa 12 Zentimeter hohen rechteckigen Kästen eine erstaunliche Menge an köstlichen gesunden Produkten an. Die Kästen zimmerte er aus Abfallholz von der Sägemühle, von wo er sich auch zwei Wagenladungen Sägemehl und eine Ladung Sand besorgte. In wenigen Stunden waren die 2,5 mal 5 Meter großen Kisten fertig, und er konnte in einer von ihnen 800 Kantalupen (eine Melonenart) bzw. 5000 Pfund Tomaten ernten. Das ist bedeutend mehr, als man auf der gleichen Grundfläche auf Erde anbauen könnte.

«Für mich kam das alles auf einmal», sagte Johnston, «damals vor etwa drei Jahren. Davor konnte ich auf der toten Erde hier in Mississippi überhaupt nichts anbauen. Dann fiel mir ein Tonband von Dan Carlson in die Hände, und ich stieß auf einen Farmer, der mit Bakterien arbeitet. Dann las ich noch von der französischen Intensivmethode. Das endlich brachte mich auf die Idee, solche Kisten zu bauen. Damit hat man überhaupt keine Arbeit mehr mit Pflügen, Bodenbearbeitung und Unkrautjäten. Die tägliche Bewässerung kann automatisiert werden und ist dann extrem ökonomisch. Meine Wasserrechnung ist nur um wenige Dollar gestiegen, seit ich damit anfing. Und während der Dürreperiode 1988 waren meine Pflanzen der reinste Dschungel an gesundem Grün, während meine Nachbarn überhaupt keine Ernte einfuhren.»

Mit wenig Geld machte Johnston aus seiner ersten Kiste mit Hilfe von etwas Plastik ein Gewächshaus und konnte so schon zwei Monate vor seinen Nachbarn Tomaten ernten. Jede Tomatenpflanze – er pflanzte sie im Abstand von knapp 20 Zentimetern – brachte ihm 25 bis 30 Blüten und ungefähr 16 Pfund Früchte, wobei einzelne Tomaten fast 1 1/2 Pfund wogen. Das in den Blättern enthaltene Chlorophyll hatte sich fast verdoppelt, und sie enthielten so viel Zucker, daß daran saugende Insekten an einer Überdosis Alkohol starben. Johnston benutzt keinerlei Insektizide.

Sägemehl und Sand ergeben zusammen eine weiche, lockere Substanz, so daß genügend Luft und Wasser bis zu den Wurzeln gelangt. Aber die wahren Helden seines Systems sind siebenundvierzig Bakterienstämme, die Johnston von einem Züchter aus Kalifornien erhält. «Ich nenne sie Piranhas», sagte Johnston, halb im Scherz, halb im Ernst. «Sie verschlingen alles, was an Nährmitteln in der Luft ist, und verwandeln jeden Dünger, was auch immer ich in die Kisten werfe, in gesunde Pflanzennahrung. Dabei bauen sie potentiell giftige Salze in ausgewogene Nährstoffe für jeden speziellen Pflanzentyp um und versorgen die Pflanzen ständig mit Nahrung. Man gibt etwa 1 Teelöffel Bakterien auf ca. 4 Liter Wasser und besprengt damit die Basis der Sprosse. Dort vermehren sie sich mit einer Geschwindigkeit von 200 000 pro Minute, sterben zwar alle 30 Minuten ab, überleben jedoch als Bakterienstamm, solange genügend Nahrung für sie da ist. Die Bakterien», fuhr Johnston fort, «fressen jeden billigen Dünger, den ich ihnen vorsetze, und tauschen die Elemente um sich herum aus. Sie können Kalium in Schwefel verwandeln und alles, was im Überfluß vorhanden ist, in das, wovon zu wenig da ist. Und meine Bakterien geben den Pflanzen genau die Nahrung, die sie brauchen, und genau dann, wenn sie sie brauchen. Sie versorgen sie mit einer Vielzahl an Mineralien, die sich günstig auf den Geschmack der Früchte und auf die Lebensdauer der Pflanzen auswirken.»

Wie Kamele, erklärte uns Johnston, können Bakterien viel mehr Wasser aufnehmen, als sie gerade brauchen. Was zuviel ist, geben sie in Trockenzeiten an die Pflanzen ab. Werden sie gut ernährt, so vermehren sie sich auch tief im Boden unter den Kisten und verwandeln ihn in Humus.

Aber das ist nur die eine Hälfte von Johnstons Erfolgsstory, den Rest liefert die Klangtherapie von Dan Carlson. Jeden Morgen spielt Johnston seinen Pflanzen die Zaubermelodie vor, die es ihnen ermöglicht, die spurenelementreiche Feuchtigkeit aus der Luft zu gewinnen. Einmal in der Woche besprüht er ihre Blätter mit der flüssigen Nahrung von Carlson.

«Es arbeitet alles zusammen», erklärte Johnston. «Sand und Sägemehl, Bakterien und Dünger, Klangtherapie und die dazugehörige Nährlösung. Eines allein würde nicht solche Resultate ergeben.»

Sein Ziel ist es, Menschen überall auf der Welt beizubringen, wie man auf dem eigenen kleinen Hof oder auf der Terrasse einen Garten anlegt, der die ganze Familie ernähren kann und sogar noch etwas Gewinn abwirft.

Mit einem Lächeln fügte Ron Johnston hinzu: «Was ich wirklich möchte, ist, daß dieser Planet das wird, was er war, bevor die Menschen sich an Mutter Erde versündigten, indem sie ihren Boden schändeten.»

# 12  Saatgut zum Überleben

Michael Holtz glaubt, die Erklärung für Carlsons Erfolg mit der Klangtherapie sei in der Philosophie Indiens zu finden.

Laut indischer Metaphysik kann es Klänge auch ohne Schwingungen geben, auch ohne die üblichen Transportmittel wie Luft, Wasser oder sogenannte Festkörper. Der Klang ist immer nur Ursache und nicht Folge einer Schwingung. Aus diesem «tonlosen» Klang gehen Kohäsion, Elektrizität und Magnetismus hervor. Und nach altem Glauben schuf Gott oder ein göttliches Wesen das Universum durch eine Schwingung, nämlich durch «das Wort», den *logos*.

In der indischen Weltanschauung kommt der Ton vor dem Licht, und das ganze Universum wird als ein Ozean von Tönen betrachtet, dem das Licht in verschiedenen Abstufungen von Dichte und Leuchtkraft folgt. Dieses Wissen der alten Inder hat sich eigenartigerweise unter Indianerstämmen in Amerika erhalten.

Es war in einem Reservat in der trockenen Nordostecke von Arizona, als sich am Mittag eines heißen Julitages John Kimmey ruhelos von seiner Siesta in dem kühlen Steinhaus erhob. Als Lehrer und Gründer einer neuen Community School in Santa Fe war Kimmey Gast von David Monongye, einem traditionellen Führer und Ältesten der Hopi – ein Indianerstamm, der sich vor Jahrhunderten hier oben auf drei nebeneinanderliegenden Mesas (Tafelberge) angesiedelt hatte. In ihrer Sprache bedeutet «Hopi» soviel wie «friedlich» oder «gut».

Während die meisten Angehörigen des Stammes noch in ihrer

von Großvater Sonne verordneten Mittagsruhe vor sich hin dösten, trat Kimmey durch eine Vorhangtür in das gleißende Licht des Kisnovi, des Hauptplatzes des Dorfes Hotevilla, auf dem zu dieser Stunde nur verrückte Hunde oder Engländer zu finden sind. Kimmey schlenderte bis zum Rand der dritten Mesa und dann einen staubigen Pfad hinunter bis zu einem Steinhaufen am Fuße eines Steilabfalls. Als Kimmey kurz anhielt, hörte er plötzlich einen geheimnisvollen Gesang. Jenseits der Steinansammlung erstreckte sich ein weites Maisfeld. Der Gesang – sanft und kräftig zugleich – wurde immer deutlicher, obwohl Kimmey niemanden sehen konnte. Zu seinem großen Erstaunen bemerkte er, daß jeder einzelne der über tausend hüfthohen Maisstengel, die alle ein Dutzend oder mehr reifende Kolben trugen, so üppig wuchs, als wäre er im regenverwöhnten Iowa gepflanzt worden. Das ganze Feld bildete einen scharfen Kontrast zu den braunen, welken Pflanzen, die auf dem ausgedörrten Land rund um das Dorf standen.

Auf Zehenspitzen ging Kimmey durch die Maisstauden und entdeckte den grauweißen Schädel eines alten Indianers, der mit geschlossen Augen dasaß, für niemanden ansprechbar, ganz dem Kosmos zugewandt.

Kimmey entfernte sich vorsichtig und kehrte in sein Quartier zurück, wo ihn sein Hopi-Gastgeber anlächelte: «So haben Sie also den alten Titus doch noch entdeckt! Er hält noch die alte Hopi-Tradition aufrecht, von der die jetzige Generation leider kaum mehr etwas weiß. Es ist nämlich nicht das Wasser, sondern *Navoti*, was die Pflanzen am Leben erhält. Er kennt die richtigen Lieder für seine Maiskinder, für die er während der Pflanzzeit auch betet. Er weiß außerdem – und das ist viel wichtiger –, daß er sich niemals so wie die meisten Farmer um seine Ernte Sorgen machen darf, denn Ängstlichkeit wirkt genauso zerstörerisch wie eine große Trockenheit. Anstatt sich Sorgen zu machen, geht er in der größten Mittagshitze zu seinen Kindern, um ihnen mit den uralten Gesängen Mut zuzusingen.»

Kimmey protestierte: «Die anderen Maisfarmer können doch mit Sicherheit den Unterschied sehen. Warum singen sie dann nicht auch?»

Der alte Hopi seufzte: «Es ist zu spät. *Navoti* lebt in den Pflanzen der anderen Männer nicht mehr.»

Als Kimmey zu seinem Haus in Taos zurückkehrte, wo er vor fünfzehn Jahren mit den ältesten der Tewa-Indianer begonnen hatte, die Zeremonien der Einheimischen zu studieren, bemerkte er zum ersten Mal in all den Jahren, wie wenig Land um jedes der neunzehn Indianerdörfer, die er kannte, bebaut war. Die Erträge konnten kaum die Tiere ernähren, geschweige denn die Menschen. Als er im Geist noch einmal die gespenstischen Refrains von Titus hörte, spürte er, wie die Pflanzen des alten Mannes ihm zuriefen, die Kraft des *Navoti* sei noch irgendwo in alten Samen versteckt. Diese würden seit langem in halbvergessenen Verliesen liegen, in Tontöpfen, in alten Kaffeekannen, in großen Eimern, die noch irgendwo in einer dunklen Ecke eines Werkzeugschuppens stehen, in den Wänden von Adobe-Häusern stecken oder in den langen Flechten von getrocknetem Mais, die zu *Ristras* verwoben wurden.

Er spürte genau, was ihn rief. Es war das alte Erbe, das Saatgut, das vor Jahren, Jahrzehnten, vielleicht Jahrhunderten gesammelt worden war. Dieses alte Saatgut könnte eventuell noch jene Vitalität besitzen, jene alte Kraft, die der Saat früher innewohnte, als die Menschen noch zu ihren Pflanzen sangen.

Als er seinem zweiundachtzigjährigen indianischen Adoptivvater von seiner Entdeckung erzählte, schien es, als würde sich auf dem Gesicht des alten Mannes eine glücklichere Zeit widerspiegeln. Er erhob sich langsam von seinem Stuhl und ging in einen Nebenraum. Von dort kam er zurück mit drei kleinen Eimern, in denen sich etwas befand, das wie helle Saphire strahlte. Als Kimmey sich die dunkelblauen Maissamen genauer ansah, hörte er einen Gesang, der so ähnlich klang wie der von Titus.

Sein Indianervater erklärte ihm, er habe erst vor einer Woche diese Eimer gefunden – verborgen in einem alten Baumstamm im Haus seiner Schwiegertochter, mitten unter alten Werkzeugen, verschiedenen rohen Häuten, aussortierten Türkisen und anderen Erinnerungsstücken des Stammes.

Im nächsten Frühjahr pflanzte Kimmey den Samen und sang sein eigenes Lied dazu. Zum großen Erstaunen der Dorfältesten, die so etwas seit ihrer Kindheit nicht mehr erlebt hatten, wuchsen die Pflanzen bis zu einer Höhe von fast 2,70 Meter.

Durch den Kontakt zu kleinen Samenfirmen kam Kimmey der Wahrheit der Hopi-Landwirtschaft immer näher. Und er stieß auf ein sehr ernstes Problem, das durch die willkürliche und ungesunde Vorherrschaft von modernen Hybriden auf dem Samenmarkt entstanden war: Diese können Krankheiten nämlich nicht so gut widerstehen und sind nicht so nahrhaft wie die alten, nichthybriden Samen.

So weit ist das Präriefeuer der genetischen Erosion bereits fortgeschritten, daß der Biologe Thomas Lovejoy schätzt, daß die Welt im Jahr 2000 ein Sechstel aller lebenden Pflanzenarten verloren haben wird.

Da die genetische Gleichförmigkeit der wichtigsten Kulturpflanzen der Welt immer größer wird, sehen sich die Züchter gezwungen, immer tiefer in halbvergessene Täler und Wälder vorzudringen, um dort noch neues – oder besser gesagt altes – genetisches Material zu finden.

«Die Absicht der großen Firmen geht dahin, ein Full-Service-Programm zu erstellen», sagte Bob Skaggs vom kalifornischen Ministerium für Nahrungsmittel und Landwirtschaft. «Durch frisches Saatgut kann man nicht nur die Widerstandskraft gegenüber Krankheiten und Seuchen stärken und frühere und größere Ernten erzielen, sondern man kann dadurch auch Agrochemikalien auf die Felder bringen, indem man sie zum Beispiel kontrolliert dem Saatgut beigibt.»

Die Industrie hat Versuche unternommen, Samen mit einer polymeren Schutzschicht zu umgeben. Im Zuge dieses Prozesses, der schon in der Vergangenheit häufig angewandt wurde, bekommt jedes Saatkorn dieselbe Größe und dasselbe Gewicht, was die Aussaat sehr vereinfacht. Auch fingen die Firmen an, für das Saatgut chemische «Zusätze» zu entwickeln, etwa Fungizide, womit die Pflanzen vor Bodenorganismen, vor Seuchen und schlechtem Wetter «geschützt» würden.

Viele Multis stiegen groß ins Saatgutgeschäft ein, in der Hoffnung, beim nicht mehr sehr fernen «genetic engineering» sehr viel Geld zu verdienen. Wie Ray Rodriguez, ein Gentechniker der University of California in Davis, sagte, glauben sie, der jährliche Markt für biotechnologische landwirtschaftliche Produkte sei mindestens zehnmal so groß wie der für biotechnologisch-medizinische Produkte.

Mit dem Spleißen von Genen wird aus dem ganzen Pflanzenreich ein offener genetischer Pool, in dem sich die Gene völlig frei von einer Art oder Gattung zu einer anderen bewegen können. Höhere Pflanzen haben bis zu zehn Millionen Gene – das sind mehr als zehnmal soviel, wie der Mensch besitzt. Mit der heutigen Möglichkeit, in wenigen Stunden Millionen von Pflanzenzellen im Labor zu screenen und genetische Merkmale von einer Zelle auf die andere zu übertragen, können innerhalb von Tagen neue Sorten geschaffen werden. Der alte, mühsame Weg – er konnte von Kreuzung über Aufzucht und Zuchtwahl bis zu zehn Jahren beanspruchen – wird umgangen. Die Ergebnisse lassen sich dann innerhalb von wenigen Wochen auf den normalen Transportwegen weltweit verbreiten.

Die Japaner betrachten diese Biotechnologie als die größte technologische Revolution des Jahrhunderts, vergleichbar der Erforschung des Weltraums. Auch die Sowjets machen mit bei diesem Biotechnologie-Rennen. Wenn es ihnen gelänge, einen Weizen zu entwickeln, der auch nur ein paar Grad Frost vertragen würde, wären sie bedeutend unabhängiger von Importen.

Mit dieser neuen Biotechnologie ist alles möglich, sagt Jack Doyle, sogar eine Kuh, die so groß wird wie ein Elefant und etwa 20000 Liter Milch pro Jahr produziert. Schon gibt es Großmolkereien, die Rinderembryonen genetisch manipulieren, klonen und einfrieren. Mit diesem «Material» können sie eine Herde von hundert genetisch identischen Tieren herstellen.

Das Hauptproblem in der Landwirtschaft ist jedoch das Saatgut. Das mußte auch Kimmey feststellen, als er die ständig unter Geldsorgen leidenden Saatgutlagerstätten der National Plant Genetics Resources Board in Fort Collins, Colorado, besichtigte. Sie haben eine ausgesprochen «gesunde» Lage zwischen einem Kernkraftwerk und einer Plutoniumfabrik. Die Lagerhallen sind so überfüllt, daß das Saatgut einfach in großen braunen Kartons oder in Säcken draußen gestapelt wird. Sie sind nicht ausgezeichnet, und viel Saatgut hat längst seine Keimfähigkeit verloren, oder es haben sich Viren im Keimplasma festgesetzt – eine biologische Zeitbombe.

Bei der Suche nach Gegenmaßnahmen stieß Kimmey auf eine Reihe von Leuten, die altes Saatgut retten wollen, vor allem auf Kent Whealy, einen jungen Mann aus dem mittleren Westen.

Whealy hatte in Princeton, Missouri, die Seed Savers Exchange (SSE) gegründet und bat öffentlich darum, ihm Samen alter Sorten zu überlassen, damit sie nicht verlorengingen, und gab auch Anleitungen für deren Lagerung und Neuanpflanzung in Gärten.

Whealy stammt aus einer jener vierzig Millionen amerikanischer Familien, die zumindest einen Teil ihres Nahrungsmittelbedarfs selbst anbauen. Er hatte schon als Junge seinen eigenen kleinen Gemüsegarten. Von seinem Großvater erbte er Samen von drei Gartenpflanzen, die die Familie des alten Mannes vor vier Generationen aus Bayern mitgebracht hatte.

Whealy säte den Samen aus, um seine Erhaltung und Ausbreitung zu sichern, und fragte sich, wie viele Heimgärtner wohl solchen ererbten Samen irgendwo auf Speichern oder in Kellern aufbewahrten. So beschloß er 1974, eine Kampagne zu starten, um diese Schätze aufzuspüren. Als er und seine Anhänger auch abgelegene Gebiete besuchten, etwa die rauhe Gegend des mittleren Westens oder verlassene Nester am Rand der Appalachen, stießen sie auf einen Samenreichtum, wie man ihn in den Städten oder in den Katalogangeboten kaum mehr sieht.

«Das von uns aufgefundene Material ist allerdings nur die Spitze des Eisberges», sagt Whealy. «Das einzigartige Saatguterbe in unserem Land ist niemals systematisch erforscht worden, weil sich die von der Regierung unterstützten Untersuchungen meist auf die Pflanzen fremder Länder konzentrierten. Unsere nächste Aufgabe wird sein, viele hundert lokale Pflanzenforscher zu organisieren. Viele professionelle Pflanzenzüchter sind ganz begeistert von dem, was wir entdeckt haben, denn ein solches Material hatten sie noch nie zuvor gesehen, geschweige denn damit gearbeitet.»

Mit diesem seltenen Saatgut produzieren die Züchter keine Hybriden, sondern sich selbst reproduzierende Pflanzen, die auf eine Bestäubung angewiesen sind. Ein typisches Zuchtprogramm verfolgte Dr. Fred Bliss von der University of Wisconsin in Madison. Er wollte Bohnen züchten, die aufrecht wachsen, und zwar ungefähr 60 Zentimeter hoch, damit man sie maschinell ernten kann. Er hatte dazu Gene von älteren Sorten mit zähen, starken Stämmen eingekreuzt.

Eine der alten Bohnenarten, die vor dem Aussterben gerettet wurde, ist die Tepary-Bohne, die Dr. Gary Nabhan, Direktor des

Native Seed/Search Program der University of Arizona, entdeckt hat. Diese Bohnenart wächst selbst unter widrigen Bedingungen üppig grün – vielleicht auch deshalb, weil ihr über viele Generationen hinweg immer etwas vorgesungen wurde –, und sie war einst in Nord-Mexiko und im Südwesten der Vereinigten Staaten weit verbreitet. Heute ist sie nur noch in wenigen Haushalten der Pima- und Papago-Indianer in Arizona zu finden. «Ich habe Tepary-Bohnen gesehen, die bei Temperaturen von mehr als 40 Grad Celsius und einer Bodentemperatur von über 70 Grad Celsius wuchsen, wo andere Bohnen eingehen», sagte Nabhan. «Sie überlebt auch bei weniger als 5 Zentimeter Regen unter extrem trockenen Bedingungen. Die Pflanze ist einfach widerspenstig – sie lehnt es ab zu sterben».

Für Whealy ergab sich noch ein anderer Aspekt bei seiner Suche nach verlorengegangenem Saatgut, das Eltern und Großeltern noch gekannt hatten. So sammelte er jeden Saatgutkatalog, dessen er habhaft werden konnte, egal wie klein oder unbekannt er war. Im Jahre 1982 brachte er den 448 Seiten starken *Garden Seed Inventory* heraus. Darin listete er 239 verschiedene Kataloge auf, in denen über 6000 nichthybride Sorten in den Vereinigten Staaten und Kanada angeboten werden. Der größte Wert dieses Kompendiums liegt darin, daß es klar die Sorten nennt, die am meisten gefährdet sind, so daß sie neu gepflanzt und verbreitet werden können, bevor sie vollkommen verlorengehen.

«Je mehr ich mit der Arbeit am *Garden Seed Inventory* vorankam», sagte Whealy, «desto faszinierender wurde sie, vor allem weil man kaum glauben kann, wie groß die bis dato wenig bekannte Vielfalt und die außergewöhnliche Qualität der angebotenen Gartenvarietäten sind. Aber ich erschrak auch mehr und mehr, da immer deutlicher wurde, daß fast die Hälfte aller nichthybriden Gartensamen nur von einzelnen Firmen, und das auch nur zufällig, angeboten wurde. Und selbst davon ist in der Zwischenzeit eine Menge verlorengegangen oder wird bald ausverkauft sein. Mit unseren Anstrengungen wollen wir dieses Unheil abwenden.»

Seit 1950 kam es vor allem durch wirtschaftlichen Druck zu vielen dieser Verluste von Pflanzensorten. Die Industrie richtete sich nicht nach den Bedürfnissen der Heimgärtner, sondern nach den Interessen der kommerziellen Farmer, und die forderten leichte

Ernteverfahren, gute Lagerfähigkeit und ein langes Leben in den Verkaufsregalen. Durch diesen Kotau der Pflanzenzüchter vor den Ansprüchen der industriell geprägten Landwirtschaft sind viele Pflanzensorten unwiederbringlich verlorengegangen, darunter – Whealy zufolge – die «besten Gartenvarietäten, die wir jemals gekannt haben».

Auch mit seinem *Garden Seed Inventory* kann Whealy nur einiges retten. «Aber wir müssen wenigstens das tun», erklärte er, «und zwar schnell. Wir müssen diese Übersicht jedes zweite Jahr auf den neuesten Stand bringen. So gibt es zum Beispiel gerade jetzt den Chinakohl, aber wie lange noch? Es gibt sehr viel Pflanzenmaterial, das aus dem Osten kommend unser Land überschwemmt. Aber das meiste davon wird nur von einigen wenigen kleinen Spezialfirmen verbreitet, und in vielen Fällen sind diese Sorten nur ein Jahr lang im Angebot.»

80 Prozent der seltenen, nicht in Geschäften erhältlichen Samen, die ihm die Mitglieder der SSE zugeschickt hatten, konnten nicht ständig vom Growers Network «adoptiert» werden. Deswegen pachtete Whealy 1985 fünf Morgen und säte dort 2000 Sorten aus. Dazu gehörten 300 Sorten Bohnen, Tomaten und Kürbis, jeweils 100 Sorten Kartoffeln, Mais, Wassermelonen, Paprika sowie kleinere Mengen an Erbsen, Salat und anderen Feldfrüchten.

«Alle Mais- und Kürbispflanzen haben wir von Hand bestäubt», sagte er, «und wir haben alle Paprikapflanzen vorsorglich abgeschirmt, nachdem wir in einigen Studien aus New Mexico gelesen hatten, daß sich unter bestimmten Bedingungen Paprikapopulationen bis zu 80 Prozent kreuzen. Auf diese Weise mischen sich die Gene, und die einzelnen Sorten sind nicht mehr rein!»

Am meisten beeindruckt sind Besucher immer wieder von Whealys Garten. Wenn er ihnen das Land draußen zeigt, auf dem 2000 verschiedene Varietäten wachsen, so ist die Aufregung stets groß. Immer wieder sieht er Gärtner, die an seinen Pflanzenreihen entlanggehen und den Mund vor Staunen nicht mehr zukriegen. «Sie schauen und schauen, als ob sie gar nicht genug bekommen könnten», sagte er. «Obwohl wir ständig über den Verlust an genetischer Vielfalt sprachen, war die Sache für die meisten Leute einfach zu abstrakt. Sie konnten noch nicht einmal die darin verborgene Bedrohung erkennen und hörten einfach nicht zu. Aber sobald ich ihnen unseren Garten zeige, in dem 100 verschiedene, einzigartige Varietäten zu sehen sind, und ihnen erzähle, daß die meisten wohl verlorengegangen wären, hätten wir sie nicht gerettet, dann leuchten ihre Augen, und sie verstehen es plötzlich.»

Zweieinhalb Jahre lang war Whealy auf der Suche nach einem geeigneten Grundstück und fand schließlich ein 57 Morgen großes Arabergestüt in der Nähe von Decora, Iowa. Hier ist seine Seed Savers Exchange dabei, ein exemplarisches Zentrum zur Rettung von Saatgut aufzubauen. «In unserem neuen, schönen Zuhause wollen wir den Garten noch weiter vergrößern. Wenn möglich, werden wir auch einige spezielle Gewächshäuser und große Wurzelkeller bauen. Wir planen außerdem, große Apfelbaumgärten anzulegen, und zwar mit 2000 älteren Sorten, darunter solche, aus denen man Apfelwein machen kann. Wir wollen auch einen Austausch von Reisern organisieren, um auf diese Weise das alte Erbgut wieder über das ganze Land zu verbreiten.»

«Wir stellen uns hier einen Ort vor», führte Whealy weiter aus, «an dem die Leute zur Erntezeit das Obst kosten können und so erfahren, daß wir lauter alte Apfelsorten für sie haben. Denn die meisten kennen doch nur den Delicious, der noch unreif vom Baum gepflückt wird. Jetzt können wir ihnen gute, am Baum gereifte Sorten anbieten.»

In den letzten zehn Jahren haben viele Pioniere daran mitgewirkt, Whealys Traum von einer umfassenden Organisation zu erfüllen. In den siebziger Jahren gründete ein früherer Molekularbiologe von der Rockefeller University, Alan Kapuler, der vom städtischen Leben und vom akademischen Konkurrenzkampf die Nase voll hatte, zusammen mit Gleichgesinnten in Corvallis, Oregon, die Earth Star Botanicals, die sich später Peace Seeds nannte – einen «planetarischen Gen-Pool-Service».

In seinem *Catalog and Research Journal*, das er 1987 zusammen mit dem Botaniker und Alchimisten Olafur Brentmar herausgab, erstellte er lange Saatgutlisten, die er nach einem Computermodell zur Klassifizierung von Pflanzen zusammengetragen hatte, wie es Professor Rolf Dahlgren vorschlägt. Darin sind alle bekannten Pflanzen systematisch mit ihren nahen und fernen Verwandten aufgeführt, wodurch die evolutionären Bedingungen klarwerden und man deutlich erkennt, welche Pflanzen besonders selten oder einzigartig sind. So kann man auf einen Blick sehen, auf welche Weise Salate, die einen hohen Gehalt an Kieselsäure aufweisen, mit Heilkräutern verwandt sind.

In seinem Buch *Guerilla Gardening* schreibt der Englischprofessor John Adams, wie angehende Saatgutsammler es anstellen müssen, seltene Pflanzen und Samen zu bekommen. Mit Hilfe von vielen Zeichnungen gibt er genaue Anweisungen für das Säen, Umpflanzen, Propfen und andere Vermehrungsmethoden.

«Man braucht ein bißchen Zeit und auch ein wenig Abenteuerlust, um Erfolg zu haben», sagt Adams, «aber jeder wird belohnt, der seltenes Saatgut aussät, und wenn es nur der besonders gute, vorher nicht gekannte Geschmack der Früchte und des Gemüses ist. So gibt es zum Beispiel von Bohnen ein Dutzend verschiedene Varietäten, die schon lange bestanden, bevor Kolumbus die neue Welt entdeckte! Wenn Sie sie einmal probieren, können Sie feststellen, woran sich die präkolumbianischen Eingeborenen erfreuten. Der Geschmack haut sie einfach um.»

Anfängern empfiehlt Adams, klein zu beginnen. «Wenn Sie alte Sorten aussäen, müssen Sie den Garten so markieren, daß Sie genau wissen, wo was ausgesät ist. Die kräftigsten Pflanzen sollten Sie in voller Blüte ebenfalls markieren, um zukünftiges Saatgut daraus zu ziehen. Wenn Sie dieses erste Gebot für Saatgut beachten, werden Sie schon bald Ihre ganz persönliche Zuchtreihe vorweisen können.»

## 13 Unkraut – Wächter des Bodens

Die ideale Nahrungsquelle für die ganze Welt wäre ein Gras mit schweren Ähren, das wie das wilde Gras in der Prärie beständig wächst und den Stickstoff direkt der Luft entnimmt. Solche Gräser wuchsen früher einmal im ganzen Mittelwesten, vom Allegheny-Gebirge bis zu den Rocky Mountains. Einige dieser Gräser waren kurz, andere reichten den Pferden bis zu den Bäuchen.

Heute sind diese wilden Prärien verschwunden bis auf einige kleine Inseln, die von den wenigen weitblickenden Farmern wie Fred Kirschenmann in Nord-Dakota bewahrt werden. Die allesbeherrschende Monokultur hat der glücklichen Pflanzengesellschaft der Prärie den Garaus gemacht, die jahrhundertelang in verschiedenen Farbtönen vom Frühling bis zum Herbst in voller Blüte stand. Dabei hatte das Grasland keine weitere Hilfe als Sonnenschein und Regen, und es zog auf natürliche Weise den Stickstoff in den hungrigen Boden hinein.

Statt dessen werden jetzt Jahr für Jahr Tausende von Morgen Land gepflügt, um eine einzige Sorte Weizen oder Mais zu ernten. Dieses vom Menschen entwickelte Getreide besitzt zwar größere Ähren, hat aber das Merkmal der Mehrjährigkeit verloren. Dadurch hat der Farmer mehr Arbeit, muß viel Benzin verbrauchen und Tonnen von Düngemitteln, weil er den Samen jedes Jahr aufs neue aussäen muß.

Was aber wäre, wenn eßbare Proteine auch ohne benzinbetriebene Traktorpflüge, ohne Kunstdünger und Chemikalien aus Erdöl heranwüchsen? Was wäre, wenn Futtergetreide zusammen mit Unkraut gedeihen würde und nicht jedes Jahr aufs neue gepflanzt werden müßte, dabei aber trotzdem so üppig wüchse wie Mais-, Gerste-, Weizen- oder Haferhybriden?

Dieser Traum brachte einen Sohn des amerikanischen Kernlandes mitten in dieser Prärie dazu, seinen angenehmen Posten als Professor für Umweltwissenschaft an der California University aufzugeben und zusammen mit seiner Frau Diana zum Smoky Hill River in Kansas zurückzukehren. Dort begann Wes Jackson mit langfristigen Untersuchungen, um die bis dato unverändert gebliebenen und den Boden am meisten schwächenden landwirtschaftlichen Praktiken zu verändern: nämlich das Säen und das Pflügen.

Seine 100-Morgen-Prärie in Kansas war nur handtuchgroß im Vergleich zu den ausgedehnten, stark gedüngten Weizenfeldern, die sich in jeder Richtung meilenweit erstreckten und den Boden zu einem regelrecht erodierten Flußsystem machten. Jackson war betroffen davon, wie sein jungfräuliches Anwesen vor Leben strotzte und mit seiner traurigen, künstlich befruchteten Umgebung kontrastierte. Warum konnte man nicht so weit kommen, daß die natürlich wachsenden Pflanzen mit den künstlich angebauten eine Symbiose eingingen oder diese sogar im Ertrag überträfen, um eine wirklich nährstoffreiche Getreideernte hervorzubringen? War es möglich, Pflanzen für eine solche nichthybride Polykultur zu finden, die Samen in ausreichender Menge zur Befriedigung der menschlichen Bedürfnisse hervorbrächten? Könnten Pflanzen in diesem Ökosystem, nachdem sie Millionen von Bisons und andere wilde Tiere ernährt hatten, nicht für ihre eigene Fruchtbarkeit sorgen, indem sie den Stickstoff allein durch Sonnenenergie binden? Könnten die in einem normalen Getreidefeld als Schädlinge bezeichneten Unkräuter nicht zu Verbündeten des Getreides werden?

Dem lateinischen Wort *herba* für «Unkraut» begegnen wir vor allem in den romanischen Sprachen, aber auch noch im englischen Wort *herb*. *Herba* bezeichnete eine Pflanze, die keinen beständigen verholzten Sproß entwickelt, sondern wie viele Gräser am Ende der Wachstumsperiode abstirbt. Außerdem werden damit Pflanzen bezeichnet, die sehr aromatisch riechen und von medizinischer Bedeutung sind. Der französische Ausdruck *mauvaises herbes* bedeutet «schlechte Kräuter», «Unkräuter». Der Spanier sagt *yerba* und bezeichnet eine Pfefferminzart als *yerba buena*, was «gutes Kraut» heißt. Stark ölhaltige mexikanische Pflanzen werden sogar *yerbas santas* (heilige Kräuter) genannt, und in Südamerika gibt es auch *yerbas sacradas* (geheiligte Kräuter). Im Russischen wiederum ist das Unkraut einfach «Abfallgras», *sornaja trawa*. So kann man schon ihrer Bezeichnung entnehmen, daß Unkräuter Freunde oder Feinde für den Menschen sein können, je nachdem unter welchen Umständen und aus welchem Blickwinkel man sie betrachtet. Was in dem einen Zusammenhang als nutzlos und ärgerlich erscheint, kann in einem anderen Zusammenhang als willkommen, angenehm und wohltuend angesehen werden.

Als die Konquistadoren das Land der Indianer betraten, sahen sie, daß diese zahlreiche Pflanzen kultivierten und pflegten. Sie verwendeten sie als Nahrungs- und Heilmittel, und zwar nicht nur für sich selbst, sondern auch zur Ernährung und Wiederbelebung des Bodens. Sie pflanzten die «Unkräuter» zwischen ihre angebauten Feldfrüchte, um die Ernte-Erträge zu erhöhen. Die in diesen Dingen erfahrenen Priester sahen die Bohnen, den Mais und die Kürbisse, wie sie Seite an Seite mit scheinbar völlig nutzlosen Unkräutern wuchsen, und gaben den nichtproduktiven «Sündern» die Bezeichnung *malezas* – ein Wort, das ihre moralische Verderbtheit kennzeichnet. Ausgehend von ihrer iberischen Landwirtschaft predigten sie, daß die «schlechten» Kräuter mit der Wurzel ausgerissen und wie Ketzer verbrannt werden müßten – damit die Felder genauso nackt aussähen wie die Apsiden ihrer finsteren Kirchen.

Jackson las viel einschlägige Literatur, um mehr über winterharte beständige Grassorten mit einer guten Samenproduktion zu erfahren. Aber auch nach einigen vielversprechenden Versuchen steckt alles noch im Entwicklungsstadium. «Wonach wir suchen und was uns noch viele Jahre anstrengender Arbeit kosten wird», sagte Jackson, «sind nicht mehrjährige Pflanzen als solche, sondern mehrjährige Pflanzen, die zwischen anderen Pflanzen leben und aus den natürlichen Abhängigkeiten innerhalb des ganzen Systems Nutzen ziehen können.»

Das Traurigste in der Landwirtschaft des 20. Jahrhunderts ist laut Jackson, daß zu viel getan und zu wenig beobachtet wird; der moderne Farmer habe die Fähigkeit zu «schauen», die der Naturforscher des 19. Jahrhunderts noch besaß, völlig verlernt.

«Die Landwirtschaft litt oft unter einer quasi militärischen Einstellung, die fast alle Forschungsarbeiten bestimmt. Dabei wird der Begriff Freiheit falsch verstanden. Unsere traditionelle Vorstellung, nach Westen zu gehen, um Freiheit zu finden, wobei wir ausgelaugtes Land verlassen, um neues zu kultivieren, ist ein Teil des gleichen Syndroms. Hätten wir wie die Russen unser Land als nährende Mutter angesehen, so hätten wir erkennen müssen, daß landwirtschaftliche Freiheit nicht bedeutet zu gehen, sondern zu bleiben. Der Krieg der Sterne und die chemische Ausrottung von Unkräutern haben gemeinsam, daß damit eine Lunte ans Pulverfaß gelegt wurde. Unkräuter schützen den Boden viel mehr, als daß sie ihm schaden.»

Halb lachend und halb im Ernst meinte Wes Jackson über das von ihm gegründete Land Institute: «Wir werden die Welt von Sünde und Tod erretten.» Daß seine Idee, das normale einjährige Getreide durch mehrjährige Pflanzen zu ersetzen, genau dem entgegensteht, was seit Jahrzehnten von den staatlichen Landwirtschaftsschulen gelehrt wird, ist für ihn ein sicheres Zeichen dafür, daß er auf dem rechten Weg ist.

Jackson gibt sich jedoch nicht der Illusion hin, daß sein Programm schnelle Ergebnisse zeitigen wird. «Wir müssen versuchen», sagte er, «aus dem Nichts ein Sinfonie-Orchester zusammenzustellen. Dann müssen wir ein Lincoln Center oder Covent Garden der Landwirtschaft von unseren Qualitäten überzeugen, damit wir dort eine Premiere starten dürfen. Das dauert – wahrscheinlich Jahrzehnte. Wir haben noch eine Menge Arbeit vor uns.»

Garth Youngberg, Direktor des Maryland Institute for Alternative Agriculture, glaubt, daß mehr als 350 000 Farmer, die jährlich zwischen 50 000 und 100 000 Dollar verdienen und damit einen Platz zwischen Hobbyfarmern und Großverdienern einnehmen, neuen Versuchen wie denen von Jackson positiv gegenüberstehen. Sie haben es schließlich verzweifelt nötig, ihre Kosten zu senken.

Richard Harwood, stellvertetender Direktor von Winrock International, einem Entwicklungsinstitut mit Interessen in Übersee, ist sogar noch optimistischer. Er hofft, gewöhnliches einjähriges Getreide durch neuartiges mehrjähriges Getreide «innerhalb eines Jahrzehnts oder sogar weniger» ersetzen zu können, falls es Jackson gelingt, unabhängige Experten und Regierungswissenschaftler von seinen Theorien zu überzeugen.

Charles A. Francis, Professor der Agronomie an der University of Nebraska, wartet mit weiteren neuen Ideen auf, die er im Robert Rodals's Research Center in Pennsylvania kennengelernt hat und von deren Durchsetzungskraft er überzeugt ist. Hat er recht, so würden die Familien der *malezas*, die seit der Landung der Spanier in Amerika fast ausgerottet worden sind, wiedergeboren werden, um ihre Aufgabe in einer gesunden, sanften Landwirtschaft zu übernehmen, die dann eine wirkliche Agrar*kultur* wäre.

Als Mönche und Pilger in der Neuen Welt gelandet waren, begannen sie, das Unkraut zu vernichten, wo immer es sich zeigte, und setzten damit einen Prozeß in Gang, der Amerikas kostbarsten Besitz, den Boden, zerstörte. Dabei war es der reichste Boden, den sie jemals gesehen hatten.

Ebenfalls überzeugt von der großen Aufgabe der Unkräuter ist Professor Joseph Cocannouer, ein weitegereister Bodenwissenschaftler aus Oklahoma. Er hat viel von den Indianern gelernt und vor allem in seinem Buch *Weeds, Guardians of the Soil* ausführlich über Verwendung und Aufgaben von Unkräutern geschrieben. Er betont, daß die tiefreichenden Wurzeln der Unkräuter Elemente an die Bodenoberfläche bringen, die außerhalb der Reichweite der meisten kultivierten Feldfrüchte liegen.

Durch das meilenlange Kapillarsystem ihrer Wurzeln pumpen sie auch Feuchtigkeit hinauf und brechen die harte Oberfläche der mißhandelten Böden auf, die nur wenige Zentimeter, durchaus aber auch einen Meter tief reichen kann. «Allein das Unkraut ist dazu fähig, weil es einen tausendjährigen Überlebenskampf hinter sich hat», sagte Cocannouer. «Auch unter feindlichen, meist vom Menschen geschaffenen Bedingungen sucht es Nahrung und Wasser und bahnt sich einen Weg durch betonharte Massen, indem es aus seinen Wurzeln auflösende Substanzen abgibt.»

Cocannouer meint weiter, daß die meisten angebauten und vom Menschen verwöhnten Kulturpflanzen die Fähigkeit verloren haben, mit ihren Wurzeln tief in die Erde einzudringen, wie dies ihre wilden Vorfahren taten. Sind aber erst einmal Wurzeltunnel von den Unkräutern geschaffen, so können auch Kulturpflanzen nachfolgen. Viele Kulturpflanzen mit normalerweise flachen Wurzeln tauchen dann tief in den Boden ein, wenn sie die richtigen Bedingungen dafür vorfinden.

Nach Meinung von Cocannouer und Jackson gilt das Naturgesetz, daß Wurzelsysteme nichtverwandter Pflanzen zusammen besser wachsen als die Wurzeln einer einzigen Pflanze allein. Als erstes ziehen Pfahlwurzeln in die Tiefe. Sie verankern die Pflanze, so daß sich diese der energiespendenden Sonne entgegenrecken kann, von der sie unbeschränkte Energie für die Photosynthese in ihren Blättern bekommt. Pfahlwurzeln müssen kräftig sein, aber auch flexibel, um dem starken Druck standzuhalten. Dann folgt die große Masse der sogenannten «Futtersucher», jener Wurzeln, die den Boden durchpflügen.

Aber wenn diese «Pfadfinderwurzeln» ihre Nährstoffquelle erreicht haben, können sie die Nährstoffe doch nicht selbst aufnehmen. Das ist die Aufgabe der winzigen, fast unsichtbaren einzelligen Wurzelhärchen, die in großer Zahl von den kleinsten Pfadfinderwurzeln abgehen. Diese nur unter dem Mikroskop sichtbaren absorbierenden Würzelchen sind außerordentlich kurzlebig; sie entwickeln sich im Nu, leben und sterben in rascher Folge, während sie Nährstoffe und Wasser durch ihre Zellwände und eine innere Membran aufnehmen. Das Wasser strömt von den Wurzeln bis in den Sproß – laut Cocannouer «der größte Wasserfluß in der Natur». Er reicht bis in die höchste Spitze der größten Bäume hinauf und versorgt die Blattfabrik mit Nährstoffen, die dort in Zucker umgewandelt werden, ohne den menschliches Leben nicht möglich wäre. Das restliche Wasser wird durch die mundähnlichen Spaltöffnungen in den Blättern zusammen mit verschiedenen Gasen an die Atmosphäre abgegeben, wodurch der endlose Stoffkreislauf geschlossen wird.

Immer wieder betonen die organisch anbauenden Farmer die Gefahr einer Bodenübersättigung mit löslichen NPK-Chemikalien, da die Pflanzen, die das Wasser zur Transpiration aufnehmen, die überschüssigen ionisierten Chemikalien nicht aussondern können. So geraten die Pflanzen in ein Ungleichgewicht und können denen, die sich von ihnen ernähren, auch nicht die benötigten ausgewogenen Nährstoffe verschaffen. Dabei wachsen die Pflanzen jedoch schnell und üppig.

Diese Würzelchen können aber nur effizient arbeiten und die wichtigen Substanzen aus dem Boden ziehen, wenn dieser selbst in Ordnung ist. Sie sind dazu nicht in der Lage, wenn die Erde nicht die richtige Struktur aufweist, das heißt, wenn sie zu kompakt oder zu locker ist und keinerlei Stütze bietet. Auch in einem zu feuchten, zu trockenen oder zu kalten Boden können sich die Wurzelhaare nicht entwickeln.

Hier erweist sich, wie wichtig die Unkräuter sind. Lebendige Unkräuter brechen mit ihren eigenen Wurzeln den Boden auf. Sterben sie, so geben sie sich selbst an den Boden ab. Harter Lehm wird dann durchlässig, loser Sand fest. Alle Unkräuter ergeben den besten Dünger der Welt, entweder als Kompost oder als untergepflügter Gründünger. Sie sättigen den Boden mit kosmischen und tellurischen Kräften.

Anna Penderson Kummer fügt in ihrem Buch *The Role of Weeds in Maintaining the Plains Grasslands* noch eine fast metaphysische Dimension hinzu. Ihrer Meinung nach wären die letzten Wildgrasweiden in den Vereinigten Staaten – auf denen Hirsche und Büffel umherstreifen – ohne die Tätigkeit der vielen wichtigen Weideunkräuter heute kahl und wüstenähnlich. Sie behauptet, die Kräuter sorgten dafür, daß das Gras wieder zurückkehrt, wo es bereits durch Überweidung, großflächige Bodenerosion oder eine lange Trockenzeit ausgedünnt wurde.

Wenn feindliche Faktoren zum Absterben des Grases führen, so ist es ihm nicht möglich, mit seinen eigenen Wurzeln dem Boden die richtige Faserstruktur zurückzugeben. Es muß auf die Wurzeln der Unkräuter warten wie der Diener auf seinen Herrn. Die lokkern den festen Boden und füllen ihn mit den Fasern ihrer eigenen Wurzeln, damit er wieder porös wird. Dieser ganze Prozeß kann sich über mehrere Vegetationsperioden erstrecken. Demnach vertreiben die Unkräuter nicht das Gras, sie bereiten vielmehr den Boden für die Rückkehr des Grases. Dieses hat die Kraft, die Unkräuter wieder zu verdrängen, wenn die Bedingungen dafür vorhanden sind. Hat der Boden erst einmal die richtige Struktur, so dominiert das Gras über die Unkräuter. Das geschieht nicht durch Zufall, sondern beruht auf einer höheren Absicht.

Auf Wildwiesen sind immer Unkräuter vorhanden. Sie wandern ständig weiter und verbessern unmerklich schwache Bodenstellen, so daß das Gras zurückkehren und wieder gut wachsen kann. Einige Unkräuter produzieren sogar spezielle Samen, die lange Zeit ruhen können, obwohl die Keimbedingungen sehr gut zu sein scheinen. Doch sie fangen erst an zu keimen, wenn sie gebraucht werden. Auf diese Weise stellt die Natur auf wunderbare Weise sicher, daß Unkräuter nur dann wachsen und ihre Aufgabe in Angriff nehmen, wenn dies nötig ist. Erst wenn das Land vollständig erodiert oder von Chemikalien vergiftet ist, wachsen auch keine Unkräuter mehr. Und das geschah durch die Hand des Menschen – bis der halbe Westen eine Wüste geworden war.

Professor Cocannouer ist überzeugt davon, daß die gleichen Gesetze auch in den Gebieten mit hohem Graswuchs gelten und daß die Sandstürme in Jacksons Mittelwesten weitgehend hätten verhindert werden können durch den richtigen Einsatz von Unkräutern wie Wolfsmilch, Disteln, Amarant und anderen. Ohne sie könnte das Gras nicht überleben.

Cocannouer empfiehlt, neben Kartoffelpflanzen Gänsefuß in genügend großem Abstand zu pflanzen, so daß sich die Wurzeln gut entwickeln können, ohne die Kartoffelknollen anzugreifen. Steht dieses kräftige Unkraut ungefähr alle 60 Zentimeter innerhalb einer Kartoffelreihe, kann es Ertrag und Lagerqualität der Knollen erhöhen. Das gleiche trifft für Paprika und Auberginen zu. In einem Maisfeld können Unkräuter zu «Müttern» werden, die den Weg für die Maiswurzeln freimachen, wodurch diese kräftigere Sprosse und Fruchtstände entwickeln. «Mutterunkräuter» lockern auch den Boden auf für Wurzelgemüse wie Rüben, Karotten, Beten, Pastinaken und Kohlrüben, die einen tiefgrundigen, krümeligen Wurzelbereich benötigen, in dem die Nährstoffe für sie leicht erreichbar sind.

Wachsen Kulturpflanzen mit der richtigen Menge an Unkräutern zusammen, so werden sie nach Meinung von Cocannouer Trockenperioden viel besser überstehen als Pflanzen, die auf «sauberem» Land gedeihen. Die Feuchtigkeit wandert an der Außenseite der Wurzeln der Unkräuter empor und hält die Verdunstung an der Oberfläche des Bodens in Grenzen. Die gleichen Unkräuter sorgen auch für Schatten, wenn die Sonne besonders stark sticht, und für Schutz, so daß bei einem wolkenbruchartigen Regen der Boden nicht zementhart wird. Viele Unkrautarten schützen außerdem die Kulturpflanzen vor Insekten, so daß sie selbst in Blumenbeeten gute Gesellschafter für ihre schöneren Brüder abgeben. Pflanzt man Unkräuter rund um eine Rosenpflanze, so gehen deren Wurzeln tief in den Boden hinein und mischen sich vorteilhaft mit denen der Gastgeberin.

Daß viele der bodenbildenden Unkräuter gut schmecken, wußten die amerikanischen Indianer schon längst, und viele Bewohner von Nord- und Südamerika entdecken das jetzt neu. Die meisten – zum Beispiel Gänsedistel, der glattblättrige Gänsefuß und sogar die Brennessel – stecken, solange sie jung und zart genug sind, voller Spurenelemente, die in den angebauten Kulturfrüchten nicht mehr vorhanden sind. Löwenzahn und wilder Lattich ergeben einen guten Salat, der bedeutend nahrhafter ist als der wasserreiche Eisbergsalat, den man auf allen Salattheken der Welt findet. Beide Pflanzen können auch gekocht werden und vertragen sich mit vielen Gewürzen und Beigaben, zum Beispiel Schinken. Sauerampfer ergibt einen delikaten Salat und kann auch als Pastetenfüllung verwendet werden. Es ist zwar kaum zu glauben, aber selbst als es noch keine Landwirtschaft gab, war die Auswahl, die der Mensch an Nahrungsmitteln hatte, höchst beeindruckend, da auch sogenannte Unkräuter dazugehörten. In der südafrikanischen Kalahari-Wüste, einer der unwirtlichsten Gegenden der Welt, standen oder stehen den !Kung-Buschmännern für ihre Mahlzeiten nicht weniger als 85 wilde Gemüsesorten zur Verfügung.

Die von den Einwanderern verachteten Pflanzen könnten uns eine Menge erzählen über den Zustand unserer Böden, meint Ehrenfried Pfeiffer in seinem Buch *Weeds and What They Tell Us*. Wären wir aufmerksame Beobachter, könnten wir erkennen, daß sie Zeugen unserer schlechten Bodenbehandlung sind und daß ihr übergroßes Wachstum nur dort Platz greift, wo der Mensch vergißt, über sie zu wachen. Die Natur korrigiert die Fehler des Menschen, und so tun dies auch die Unkräuter, die eine Menge zu erzählen wissen über die subtilen Kräfte, mit denen die Natur den Böden hilft, im Gleichgewicht und gesund zu bleiben.

Lange Zeit ahnte man nichts von den Kräften der Pflanzen, etwa von denen der Pilze, die in der Lage sind, Schimmel zu bilden. Jahrhundertelang wurde der Schimmel *Penicillium*, der auf Brot, Käse und anderen Lebensmitteln, aber auch auf Getränken wächst, bestenfalls als Warnung betrachtet im Hinblick auf die Genießbarkeit der Eßwaren. Doch kurz vor dem Zweiten Weltkrieg entdeckte man, daß die Schimmelpilze wirkungsvolle Antibiotika gegen Bakterien produzieren und eigentlich wahre Lebensretter sind.

Wie Schimmelpilze zeigen auch Unkräuter einen Verfall an und sind außerdem Überlebenskünstler, die selbst dort weiterbestehen, wo kultivierte Pflanzen, die seit Jahrhunderten vom Menschen beschützt und gezüchtet werden, den Widrigkeiten der Natur nicht mehr gewachsen sind. Ihren besonderen Fähigkeiten entsprechend kann man sie in drei Hauptgruppen einteilen: Die ersten sind Gradmesser für einen erhöhten Säuregehalt der Böden. Dazu gehören Arten mit sauren Säften wie Sauerampfer und andere Ampferarten, die mit ihren groben, langen Pfahlwurzeln ebenso wie der Buchweizen zu den Knöterichgewächsen gehören, ferner Seggen und der Schachtelhalm, die zu den Sporenpflanzen gehören. Sie sind die besten Wächter, denn sie zeigen jede Bodenveränderung an. Der Boden versauert, weil er nicht genügend Luft bekommt, da auf der Oberfläche das Wasser steht, weil nicht genügend drainiert wird oder weil zu viel saurer Dünger aufgetragen wird und vor allem, weil Humus fehlt.

Sogar Böden, die auf natürlichem Kalk wachsen, wie im berühmten «Bluegrass»-Land von Kentucky, lassen viele säureliebende Unkräuter sprießen, da die oberste Bodenschicht infolge eines unausgewogenen Anbaus keinen Kalk mehr aufweist. Dies geschieht, wenn ständig nur Getreide ohne Fruchtwechsel angebaut wird.

Zur zweiten Hauptgruppe, die eine Krustenbildung und zu harten Boden anzeigt, gehören der wilde Senf, eine amerikanische Nachtschattenart, Trichterwinde, Quecke, Kresse und Kamille. Diese wohlriechenden Pflanzen wachsen, wenn der Boden durch das Pflügen zu feucht geworden oder zu viel Kaliumkarbonat in ihm enthalten ist.

Die dritte Gruppe tritt dort auf, wo der Mensch in die Natur eingegriffen und sie zerstört hat. Sie gedeiht gut auf Dünger, Kompost und überdüngten Böden. Zu diesen Pflanzen gehören Wegerich, Vogelmiere, Butterblume, Löwenzahn, Brennessel, Malve, ferner Knöterich, Ampfer, Lattich und der gemeine Andorn.

Unkräuter sind Vielfraße und Feinschmecker zugleich, wie Pfeiffer weiß. Sie machen sich lieber über einen gepflegten und gedüngten Acker her als über einen natürlich gehaltenen, so wie ein Gourmet ein exquisit zubereitetes Gericht einem «ordinären» Grießbrei vorzieht.

Um die Eigenschaften eines Bodens genau bestimmen zu können, muß man sehen, welche Unkraut*gruppe* vorherrscht. Treten plötzlich ganz neue Gruppen von Wildpflanzen in einem Gebiet auf, wo sie vorher nicht vorkamen, so ist dies ein sicheres Zeichen dafür, daß der Boden schlechter geworden ist. Besonders deutlich wird das zum Beispiel beim Adlerfarn.

Pfeiffer erklärt in seinem Buch, was jedes der 400 verschiedenen Unkräuter dem Gärtner und Farmer sagen kann. Aber bevor er ins Detail geht, betont er noch einmal: «Sie müssen lernen, der Natur zuzuhören, die ihre Unkräuter unter den verschiedensten, auch extremsten Boden- und Klimabedingungen wachsen läßt; dann haben Sie den ersten Schritt in einem höchst wichtigen Kampf gegen sie getan: Sie dort zu lassen, wohin sie gehören, und sie da zu entfernen, wo sie nicht hingehören.»

Schon vor Jahrhunderten, wenn nicht Jahrtausenden haben die *brujos* im südamerikanischen Dschungel genau wie die Weisen Indiens mit ihren ayurvedischen Kenntnissen gewußt, daß gegen jede menschliche Unpäßlichkeit ein natürlich gewachsenes Kraut existiert, das oft unsinnigerweise als *Un*kraut bezeichnet wird. Sobald wir die natürliche Umgebung dieses Unkrauts zerstören, wird es – vielleicht für immer – von unserem Planeten verschwinden und damit alles, was es Gutes hätte tun können.

Pfeiffer fordert uns auf, immer wieder daran zu denken, daß Unkräuter überall zu uns sprechen und daß sie, wenn sie besonders üppig auftreten, damit nicht einen eigenen Fehler anzeigen, sondern ein «Fehlverhalten» des Menschen. «Es gibt viele, viele dynamische Pflanzen, die wir Unkräuter nennen», schreibt Pfeiffer. «Gehen Sie hinaus auf die Felder, und entdecken Sie selbst, wie segensreich ihre Eigenschaften sein können!»

# 14 Eiszapfen im Treibhaus

Den Boden unseres Planeten zu hegen und zu pflegen ist auch aus einem noch dringenderen Grund unsere erste Pflicht: Wir müssen die Erde vor einer drohenden Vergletscherung retten. Unsere ganze gesunde Humusschicht, alle darin befindlichen Kleinstlebewesen und alle Pflanzen, die darauf wachsen und gedeihen, angefangen von den Flechten bis hin zu den großen Regenwäldern, haben ihre Nahrung aus Milliarden Tonnen von Gesteinsmehl gewonnen, das während der letzten großen Eiszeit vor etwa 12 000 Jahren von den schmelzenden Gletschern zermahlen und ausgewaschen und durch Wirbelstürme auf der ganzen Welt verteilt wurde. Dieser lebenspendende Staub ist nun aufgebraucht und die wertvolle Humusschicht rücksichtslos erodiert. Falls nichts geschieht, um dieses Gesteinsmehl wieder in die Erde zurückzubringen, und zwar schnell, so wird eine nächste große Eiszeit das für uns tun – jedenfalls nach Meinung besorgter Experten.

Zwei genau entgegengesetzte Theorien über eine drohende Klimaveränderung haben die Fachleute in zwei rivalisierende Lager gespalten. Die einen behaupten, die Erde würde allmählich wärmer, was für die Menschheit aber keinerlei Gefahr bedeutet. Die anderen warnen vor einer Abkühlung des Planeten und der damit verbundenen Drohung einer neuen Eiszeit – mit allen bekannten und unbekannten Konsequenzen einer solchen Entwicklung. Beide Lager führen die Situation auf den sogenannten «Treibhauseffekt» zurück.

Der Begriff wurde zum ersten Mal 1861 von dem bekannten irischen Naturforscher John Tyndall geprägt, als er die Vermutung äußerte, daß eine erhöhte Konzentration von Kohlendioxid ($CO_2$) in unserer Atmosphäre eines Tages die Temperatur der Erdoberfläche erhöhen und uns dadurch einige Probleme machen könnte. Bei der Verbrennung von Kohle, Öl und Erdgas entstehen hauptsächlich Wasserdampf und Kohlendioxid. Da beide transparent sind, dringen die Sonnenstrahlen bis zur Erde durch, reflektieren aber die Wärmestrahlen.

Die Verfechter der Erwärmungstheorie werden von den offiziellen Regierungsstellen und einem Großteil der Medien unterstützt. Sie sind der Meinung, daß ein weiterer Anstieg des Kohlendioxids in der Atmosphäre, der vor allem durch das Verbrennen der fossilen Brennstoffe hervorgerufen wird, die Luft so sehr erhitzt, daß sie am Äquator wie in einer Falle hängenbleibt und nicht in den Raum zurückgeleitet wird, so daß man damit rechnen muß, daß die Polkappen schmelzen.

Nach Ansicht dieser Experten wird die Stadt New York eines Tages nicht etwa von einer kilometerdicken Eisschicht bedeckt sein, wie vor 12 000 Jahren, sondern vielmehr das gleiche Klima aufweisen wie zur Zeit das Seebad Fort Lauderdale in Florida – während dessen Straßen im Laufe des nächsten Jahrhunderts von einem ständig ansteigenden Meer überspült sein werden. Trotzdem ergreift die Petrochemie keine strikten Gegenmaßnahmen; statt dessen spricht man nur vorsichtig über eine Reduzierung der Verwendung fossiler Brennstoffe.

Die Verfechter der Abkühlungstheorie hingegen, meistens wohlbestallte Professoren der Klimatologie und Paläoklimatologie, behaupten, die Position der Regierung beruhe auf unzulänglich programmierten Computermodellen, die kritische Daten außer acht ließen, etwa die Bewölkung, und sei politisch motiviert, um den weiteren Einsatz fossiler Brennstoffe zu garantieren.

Nach Ansicht der Klimatologen, die die Abkühlungstheorie vertreten, wirkt sich der Treibhauseffekt, hervorgerufen durch die Erwärmung am Äquator, genau entgegengesetzt und viel gefährlicher auf den Feuchtigkeitshaushalt in den Tropen aus: Die nach oben gezogene Feuchtigkeit bildet schwere Wolken, die von den vorherrschenden Winden zu den Polen getrieben werden, wo sie zu Schnee kondensieren. So kommt es zu verstärkter Eisbildung und, noch gefährlicher, zu einer Abkühlung der Polarmeere.

Der damalige Direktor des British Meteorological Office, Sir George Simpson, beschrieb in den dreißiger Jahren das von ihm so genannte allgemeine Zirkulationsmuster der Winde. Dabei wird die angewärmte Luft in den tropischen und subtropischen Zonen in große Höhen geleitet. Infolge des Druckunterschieds wandert sie zu den Polen und wird dort durch die große Schneefläche zur Erdoberfläche zurückgesogen. Auf diese Weise kommt es zu einem Kreislaufmuster. Ein erhöhter Gehalt an Kohlendioxid beschleunigt den Zyklus, bringt den warmen Zonen mehr Wärme, erhöht die Menge des Wasserdampfs in der Luft über dem Ozean und trägt diesen mit höherer Geschwindigkeit in Richtung Norden. Das führt zu mehr Schneefall und damit wiederum zu größeren Kaltluftmassen. Diese kalte Luft sinkt schneller ab und wird mit größerer Geschwindigkeit nach Süden verfrachtet. Zur gleichen Zeit fallen riesige Massen schwerer kalter Luft von den Eis- und Schneebänken in die Ozeane, wo Meeresströmungen für deren Verteilung auf dem ganzen Globus sorgen. Diese Erscheinung führte Simpson zu der seltsam klingenden Bemerkung, «daß die letzte Eiszeit nicht von einer Abnahme der Sonneneinstrahlung verursacht wurde, sondern von einer Zunahme».

Das schwere, farb- und geruchlose, nicht brennbare Gas $CO_2$ wurde entdeckt, als Hunde in Höhlen starben, die Menschen gefahrlos betreten konnten, da das Gas infolge seines Eigengewichts nicht über Kniehöhe stieg. Kohlendioxid gehört zu den wichtigsten Bestandteilen der Biosphäre unseres Planeten. Es wird zwischen Pflanzen und Tieren ebenso ausgetauscht wie zwischen Luft und Meer, und zwar mehrere Milliarden von Tonnen pro Jahr. Gas wird von allem Lebendigen auf dieser Erde abgegeben und trägt zugleich zur Erhaltung allen Lebens bei – solange es bestimmte Grenzwerte nicht überschreitet.

Durch verschiedene Untersuchungsmethoden, zu denen auch die Analyse der im Gletschereis eingeschlossenen Luftblasen gehört, haben Wissenschaftler herausgefunden, daß im Jahre 1850, das heißt in einer kaum industrialisierten Welt, das $CO_2$ zwischen 250 und 290 ppm (part per million = 1 Teil auf 1 Million Teile) in der Atmosphäre betrug. Um das eindeutig erhöhte Gasvorkommen in unserer Atmosphäre heute festzustellen, wurde eine Meßvorrichtung auf dem Gipfel des Vulkans Mauna Loa in Hawaii installiert, die einen Anstieg von 315 ppm im Jahre 1958 auf äußerst gefährliche 343 ppm im Augenblick registrierte.

Obwohl sich die Vertreter der Kältetheorie darüber im klaren sind, daß Tyndall recht hatte mit seiner Annahme, daß Kohlendioxid einen Treibhauseffekt am Äquator hervorruft, sind sie sich gleichzeitig aber auch der Tatsache bewußt, daß sich der Planet im Ganzen nicht erwärmt. Die Durchschnittstemperatur auf der nördlichen Halbkugel hat sich im Gegenteil seit 1938 um 1,5 Grad Celsius verringert. Sie wissen auch, daß die Arktis sich ausdehnt, daß die Vegetationsperiode immer kürzer wird, daß Millionen von Bewohnern unseres Planeten von einer Dürre bedroht sind und daß diese Dürre durch eine Abkühlung hervorgerufen wird und nicht durch eine Erwärmung. Fred. B. Wood jr. vom Office of Technology Assessment im US-Kongreß berichtet, daß zwischen 1960 und 1980 bei 400 bis 450 beobachteten Gletschern ein Vorrücken um 7 bis 55 Prozent zu konstatieren war.

Tatsächlich sind Geologen der Ansicht, daß die Oberfläche des Planeten seit seinem Bestehen – ebenso wie das Klima – abgekühlt ist, und zwar aufgrund der allmählichen Abnahme des ursprünglichen Bestands an radioaktivem Material im Erdkern. Sie haben errechnet, daß vor 12 Millionen Jahren die Abkühlung jenen Punkt erreicht hatte, bei dem das «Zeitalter des Eises» begann, das heißt, es gab nacheinander mehrere Eiszeiten von stets wachsender Intensität. Außerdem, so sagen die Klimatologen, sei die allgemeine Temperatur in den letzten 6 000 Jahren gefallen, und zwar vor allem während der letzten 44 Jahre.

Die moderne Klimatologie hatte Mitte der fünfziger Jahre eine erste Blütezeit, als einige Forscher sich dafür interessierten, wie sich das Weltklima entwickeln würde. Die Forschungen wurden vor allem durch die Entdeckungen des italienischstämmigen Professors Cesare Emiliani vorangetrieben, dem damaligen Leiter der geologischen Fakultät der Miami University. Er veröffentlichte seine Ergebnisse 1955, und sie gelten heute als grundlegender Beitrag zur modernen Klimaforschung.

Emiliani untersuchte die winzigen Foraminiferen, beschalte Einzeller. Er fand sie in Sedimentgesteinen aus dem Golf von Mexiko und konnte mit ihrer Hilfe die Klimageschichte unseres Planeten um viele Jahrmillionen zurückverfolgen. Emiliani konstatierte eine Folge von Eiszeiten, die vor kurzem stattfanden – bis jetzt gut fünfundzwanzig –, von denen jede ungefähr 100 000 Jahre dauerte, unterbrochen von relativ kurzen Warmzeiten, die nur 10 000 bis 12 000 Jahre währten. Eine solche Warmzeit erleben wir seit dem geheimnisvollen Untergang von Platos «Atlantis» vor etwa 11 000 Jahren. So wie die Sache jetzt steht, kann nach Meinung der Vertreter der Kältetheorie nur eine intelligente Technologie eine neuerliche katastrophale Vereisung verhindern, die den größten Teil der menschlichen Rasse auslöschen würde.

Die erste wissenschaftliche Darstellung von Eiszeiten und ihren Ursprüngen gab Mitte des letzten Jahrhunderts der schottische Philosoph und Wissenschaftler James Croll. Er postulierte, daß deren zyklische Wiederkehr von regelmäßigen Veränderungen in der elliptischen Umlaufbahn der Erde ausgelöst würde, aber auch vom Kippen ihrer Achsen und der sogenannten «Chandlerschen Periode». Diese Ansicht geriet schnell in Mißkredit und wurde erst in den dreißiger Jahren von den überzeugenden mathematischen Berechnungen des jugoslawischen Astronomen und Geophysikers Milutin Milanković wieder zum Leben erweckt, der Crolls Daten bestätigte.

Milanković nahm eine ständig variierende Beziehung zwischen Erde und Sonne an, wobei sich die Form der Umlaufbahn der Erde alle 90 000 bis 100 000 Jahre ändert: Von einer fast perfekt kreisförmigen bis hin zu einer leicht elliptischen, dann wieder kreisförmigen Kurve, wobei die Sonneneinstrahlung während dieses Zyklus bis um 30 Prozent variiert. Milanković entdeckte außerdem normale zyklische Bewegungen der Erdachse: Im Zuge eines solchen Zyklus von 21 000 Jahren wandert Sonnenenergie von der südlichen zur nördlichen Hemisphäre und zurück.

Trotzdem blieben Zweifel, und Emiliani mußte erst Bohrkerne zur Untersuchung der Sauerstoffisotope aus der Tiefsee gewinnen, um den Croll-Milanković-Mechanismus zu bestätigen. Die Klimatologen sollten aufgerüttelt werden und erkennen, was der Erde noch bevorsteht. Laut Emiliani ist der Planet auf dem besten Weg direkt ins Grab aus dickem Eis.

In seiner faszinierenden Schilderung der Klimageschichte der letzten 50 Millionen Jahre fügte Dr. John Imbrie von der Brown University noch aufregende Details hinzu. So zeigt er, daß das

Ende einer Zwischeneiszeit sehr dramatisch und einschneidend sein kann, wie die im Packeis von Sibirien und Nordamerika gefundenen Mastodons beweisen: Sie gefroren so schnell, daß die Wildpflanzen, die sie gerade zwischen ihren Zähnen hatten, noch ganz frisch aussehen.

Einen weiteren Beweis lieferten 1960 Professor George J. Kukla und seine Mitarbeiter vom Lamont-Doherty Geological Observatory. Sie entdeckten, daß Löß-Ablagerungen in der Tschechoslowakei auf zehn verschiedene Eiszeiten hindeuten, was die Daten vom Ozeanboden, die Emiliani errechnete, bestätigt und zeigt, daß die Zwischeneiszeiten generell nur kurze Atempausen waren zwischen lang anhaltenden Eiszeiten und daß die augenblickliche Zwischeneiszeit bald ein Ende haben wird.

Doch die «Kälte-Theoretiker» konnten sich mit ihren Warnungen vor einer drohenden Katastrophe nicht durchsetzen. Von der Regierung und der Petrochemie ausreichend mit Forschungsmitteln versorgt, gelang es den «Wärme-Theoretikern» mehr und mehr, die «orthodoxe» amerikanische Wissenschaft von ihrer Sicht zu überzeugen.

Doch für andere, die die Zusammenhänge verstanden, befanden sich die relevanten klimatologischen Aufzeichnungen in den Bohrkernen. Thomas E. Overcamp vom geophysikalischen Institut der University of Alaska votiert für die Kältetheorie, und sein Kollege am gleichen Institut, Gunther E. Weller, meint, der Treibhauseffekt werde durch eine Abkühlung kompensiert: «Wir stehen kurz vor einem Wechsel, und zwar zu einem kühleren Klima hin.» Wallace S. Broeker vom Lamont-Doherty Geological Observatory der Columbia University warnt, daß ein Klimawechsel so plötzlich geschehen könnte, daß die Menschen keine Zeit mehr hätten, sich entsprechend umzustellen.

Im Jahre 1975 trafen sich 84 Klimatologen aus zehn Ländern zur First Miami Conference über Isotopen-Klimatologie und Paläoklimatologie. Die Konferenz wurde geleitet vom Pionier-Klimatologen Cesare Emiliani und dem Nobelpreisträger Willard F. Libby. Dieser schrieb in einem Kommuniqué über die Konferenz: Während der letzten Jahrmillionen waren Eiszeiten an der Tagesordnung, gemäßigte Klimaperioden machten nur fünf Prozent der gesamten Zeitdauer aus ... Da die globale Ernährungslage in erster Linie vom Klima abhängt, müssen wir darüber noch viel mehr in Erfahrung bringen, damit die Nahrungsmittelversorgung auch morgen gesichert ist.»

Dann formulierte Libby den Schlüsselsatz der ganzen Konferenz: «Wir besitzen Methoden und Techniken, um eine Geschichte des Klimas zu rekonstruieren. Das ist aber nur mit vereinten Anstrengungen möglich.»

Wir Menschen müssen einen Weg finden, um die Auswirkungen der Kältezeit, die von der anormalen Umlaufbahn der Erde ausgelöst wird, abzumildern und um die Katastrophe abzuwenden, indem man auf künstlichem Weg ein Zehntel von einem Prozent der Sonneneinstrahlung zusätzlich gewinnt.

Zu den vielen Lösungsvorschlägen gehörten auch einige teure und zweifelhafte, zum Beispiel große Teile der Erdoberfläche mit Kohlenstaub oder die Ozeane mit Streifen von schwarzem Polypropylen zu bedecken. Die Klimatologen favorisieren den Vorschlag des Space Global of California, einige sonnensynchrone Reflektoren in eine erdnahe Umlaufbahn zu bringen, sogenannte Solettas, die mehr Sonnenlicht auf den Planeten reflektieren, so daß der natürliche Verlust ausgeglichen würde. Ähnliche Reflektoren, Lunettas genannt, könnten den Mondschein um das Hundertfache der Vollmondphase verstärken, so daß Nachtarbeit in der Landwirtschaft und größere Ernten möglich wären und die Straßenbeleuchtung verbessert würde. Doch welche Auswirkungen solche Maßnahmen auf den ganzen biologischen Rhythmus hätten, ist noch eine offene Frage.

Mit Tausenden von Raketen müßte man ungefähr 1,5 Millionen Quadratkilometer Reflektoren in eine Umlaufbahn bringen, was Hunderte von Milliarden Dollar kosten würde. Aber die Befürworter des Projekts versichern, daß diese Kosten sich leicht während der ersten 60 bis 100 Jahre der Lebensdauer des Systems amortisieren würden. Damit könnte man die vergleichsweise unangenehmeren Auswirkungen einer drohenden Vergletscherung vermeiden.

Daß diese Gefahr wirklich existiert und daß die Welt sich einer Katastrophe von unvorstellbaren globalen Ausmaßen gegenübersieht, wurde durch zwei Berichte klar, die die CIA veranlaßt und 1976 veröffentlicht hatte und die deutlich machten, daß die Vereinigten Staaten einem Chaos entgegensehen. Der erste Bericht war vom Forschungs- und Entwicklungsbüro für interne Planungszwecke erstellt worden. Er gab sachlich die Meinung der Klimaforscher wieder, daß die Welt sich abkühle und von einer nächsten Eiszeit bedroht sei. Der zweite Bericht über «mögliche Implikationen der Entwicklung der Weltbevölkerung, der Nahrungsmittelproduktion und des Klimas», erarbeitet vom Directorate of Intelligence, dem Büro für politische Forschung, machte darüber hinaus klar, daß die ökonomischen und politischen Auswirkungen einer solchen größeren Klimaveränderung – zum Beispiel die voraussehbaren Hungersnöte – in vielen Gebieten dieser Welt schier unvorstellbar schreckliche Dimensionen annehmen könnten.

Im Jahre 1977 wurden die USA von einer großen Dürre heimgesucht – dem sichtbaren Zeichen einer Abkühlung. Die Regierung reagierte darauf, indem sie 60 Millionen Morgen mehr landwirtschaftlich bebauen ließ und den Verkauf von chemischen Düngemitteln, Pestiziden und Herbiziden ankurbelte. Das Ergebnis war eine insgesamt sehr große Weizen- und Maisernte. Aber der Ertrag pro Morgen war der geringste in der Geschichte der Landwirtschaft, und der Nährstoffgehalt der Produkte war der niedrigste. Wie von der CIA und den Abkühlungstheoretikern vorausgesagt, litt das Land 1978 immer noch unter Nahrungsmittelknappheit.

Seit 1976 gehören die trockenen Landstriche der USA, Minnesota, Nord-Dakota und die weiter südlich gelegenen Staaten, wieder zur «großen amerikanischen Wüste», wie dieses Gebiet auf den Landkarten des 19. Jahrhunderts romantisierend bezeichnet wurde. Weil die Felder berieselt werden mußten, wurden unterirdische Wasservorkommen trockengepumpt, was zu weiterer Wüstenbildung führte, die nach Meinung der Klimatologen bereits seit etwa 6000 Jahren entsprechend einer allgemeinen Abkühlung des Planeten immer weiter voranschreitet.

Vor etwa 4500 Jahren begann sich die grüne und üppig blühende Sahara in eine pflanzenlose Wüste zu verwandeln. Etwa 2000 Jahre später tat die Wüste Nordamerikas es ihr nach. Auch die Bildung anderer großer Wüsten, etwa der Wüste Gobi in der Mongolei, war eine Folge der allgemeinen Abkühlung des Planeten.

Im Jahre 1979 wurde eine neue Erklärung für die seltsame Tatsache gegeben, daß $CO_2$ in der Atmosphäre nicht nur eine Erwärmung am Äquator verursacht, sondern zugleich die Pole entsprechend stärker abkühlen läßt. Dr. George Kukla und Dr. B. Choudhury veröffentlichten in *Nature* einen Beitrag, in dem sie aufzeigten, daß Kohlendioxid in der Atmosphäre nicht nur die Infrarotstrahlen einfängt, die von der Oberfläche der Erde aufsteigen. Das Gas filtert außerdem jene bestimmten Infrarotstrahlen der Sonne aus, die Eis und Schnee schmelzen lassen. Das bedeutet: Je mehr $CO_2$ sich an den Polen befindet, desto mehr Eis und Schnee gibt es. Und da Schnee und Eis den Rest des Sonnenenergiespektrums zurück in den Raum reflektieren, wird die Erde insgesamt immer kälter.

Schon 1978 schrieb *Science* über das alarmierende Anwachsen der Schneedecke in den Jahren 1968 bis 1972. Durch das Kohlendioxid ist die Temperatur in der nördlichen Hemisphäre seit 1938 um 2 Grad Celsius gefallen. Auf der südlichen Halbkugel, wo es weniger Schnee gibt, war die Abkühlung nicht ganz so kraß.

Eine weitere Wechselbeziehung wurde entdeckt zwischen der Abkühlung des Planeten und der Zahl der Erdbeben. Je kälter es wird, desto mehr Erdbeben treten auf. Das sich an den Polen anhäufende Eis drückt auf den Planeten und läßt ihn an seinen Nahtstellen wie einen Ballon anschwellen. Dadurch geraten die tektonischen Gräben in Bewegung, und es gibt ein Erdbeben. Auch die vielleicht sogar noch gefährlichere vulkanische Tätigkeit wird angeregt, da das geschmolzene Magma zusammengepreßt wird und es zu Eruptionen kommt. Je kälter es wird und je mehr Schnee auf die Pole drückt, desto stärker wird das Magma zusammengepreßt, und es kommt zu Vulkanausbrüchen.

Die erhöhte Vulkantätigkeit gibt den Klimatologen zu denken. Sollte es in den nächsten fünf Jahren zwei oder drei weitere Ausbrüche in der Art des Tambora- oder des El-Chichón-Ausbruchs geben, so würde der Staub aus solchen Eruptionen die Sonne in feinen Schwaden für zwei bis sechs Jahre verdunkeln. Das würde ausreichen, um den Planeten stante pede in eine neue Eiszeit zu stürzen.

Um auch die offizielle Ansicht der Sowjets über die Abkühlungstheorie zu hören, wandten wir uns an Viktor Kowda, Leiter des wissenschaftlichen Rats für Probleme der Bodenwissenschaft und Urbarmachung der Böden an der sowjetischen Akademie der Wissenschaften. Hier seine Antwort:

> Als Bodenwissenschaftler befasse ich mich mit ökologischen Problemen genauso wie mit den Problemen, die die augenblicklichen Klimaveränderungen betreffen. Ich kenne die umlaufenden Prognosen einer globalen Erwärmung durch die ansteigende $CO_2$-Konzentration in der Atmosphäre. Doch die Beobachtungen vieler Wissenschaftler in der UdSSR haben mich davon überzeugt, daß es seit 15 bis 20 Jahren im Gegenteil eher zu einer Abkühlung gekommen ist. Daß die Permafrostgebiete sich immer weiter nach Süden hin ausdehnen und damit die Vegetationsperioden immer kürzer, die Winter immer strenger werden und daß die Nordmeere immer stärker zufrieren, betrachte ich als einleuchtende Argumente für diese Theorie. Das können periodische Schwankungen sein, wie es sie in der Vergangenheit schon gab, oder der Beginn einer neuen Eiszeit. Aber es gibt keinerlei Anzeichen für eine fortschreitende Erwärmung. Meine These, die Abkühlung gehe Hand in Hand mit einer Ausdehnung trockener Landstriche, wie wir dies praktisch überall beobachten können, wurde schon verschiedentlich auf Russisch und Englisch veröffentlicht.
> [Als Teillösung schlägt Kowda vor:]
> Ich bin sicher, daß eine wirklich moderne wissenschaftliche Landwirtschaft ökologisch-biologisch-organisch ausgerichtet sein muß, mit regelmäßiger Anwendung von natürlichem Kompost, einem korrekten Fruchtwechsel (inklusive Hülsenfrüchte) und je nach Feldfrüchten einer Remineralisierung.

Parallel zum Report von Dr. Kowda kam ein Bericht aus Colorado, der ebenfalls die Prognosen der Abkühlungstheoretiker stützte. Adam Trombley, Erfinder eines homopolaren Motors und Leiter des Projekts «Erde» – das die verborgenen Tatsachen über Veränderungen in Klima und Umwelt aufdeckt und veröffentlicht –, behauptete, das Problem werde durch ein von der US-Regierung geheimgehaltenes Phänomen noch kompliziert. Es stehe in direkter Beziehung zu einem der wichtigsten Beweise für die Abkühlungstheorie: dem Staub in der Atmosphäre.

Die ganze Geschichte begann seltsamerweise mit dem Bau des Assuan-Staudamms in Oberägypten in den frühen sechziger Jahren. Dieser monströse Staudamm blockiert Millionen von Tonnen landwirtschaftlich nützlichen Gesteinsmehls. Dieses floß seit Urzeiten den Nil hinunter und ernährte das Delta, das wiederum das Mittelmeer «fütterte», so daß Tonnen pflanzlichen Planktons in dem warmen Wasser wachsen konnten. Dieses Plankton nahm das $CO_2$ aus der Luft auf.

Sobald das Nil-Delta nicht mehr diesen lebenspendenden Schlick erhielt, begann das Plankton im Mittelmeer abzusterben, wie der französische Ozeanograph Jacques Cousteau entdeckte. Heute ist der östliche Teil des Mittelmeers bereits vollkommen tot, und der westliche Teil liegt im Sterben. Erst kürzlich führte uns Cousteau außerdem drastisch vor Augen, daß der ganze Atlantik so verschmutzt ist, daß auch er innerhalb der nächsten zehn Jahre sterben wird, falls man nicht so schnell wie möglich Gegenmaßnahmen ergreift.

Was das Klima betrifft, so sind die Konsequenzen aus diesem Mittelmeerdebakel fast unvorstellbar ernst. Das Phytoplankton im Meer nahm nämlich die ständig steigenden Kohlendioxidmengen auf und verdaute all das, was die Industrieanlagen Europas seit Beginn des 19. Jahrhunderts ausstießen. So funktionierte das Meer wie ein riesengroßer Schwamm oder wie eine Senkgrube, in der das nach Süden driftende Gas eingefangen wurde, bevor es die Küste Nordafrikas erreichte. Aber heute zieht das schwere, hitzebeladene, vom Meer nicht «entsorgte» Gas quer über die Sahara, die es jedoch nicht absorbieren kann, da sie über keine Biomasse verfügt.

Seit 1969 entstehen über der Sahara ungewöhnlich kräftige Stürme, die den Sand in die obere Atmosphäre blasen, wo er zerrieben wird: Turbulenzen zermahlen die Sandkörner, die normalerweise zu groß sind, um in der Atmosphäre zu schweben. Der feine Staub hält sich dann in der Luft. Wie Satellitenfotos deutlich zeigen, hängt seit 1970 eine enorme Staubwolke permanent über der Wüste.

Doch sie ist nur ein Teil des Problems. Erschwerend hinzu kommt der Rauch, der sich infolge des Abbrennens ganzer Waldstriche – um Acker und Grasland zu gewinnen – wieder und wieder bildet und nach oben steigt.

Mitte der siebziger Jahre konnten Sky-Lab-Astronauten den Rauch von solchen Feuern über der ganzen Sahel-Zone beobachten. Ein NASA-Foto aus dem Jahr 1985, das in so großer Höhe über der Sahara aufgenommen wurde, daß man darauf 10 000 Quadratmeilen der Erdoberfläche überblicken kann, zeigt das gleiche Bild. Es sieht aus, als wäre es an einem Smogtag über Los Angeles vom Flugzeug aus aufgenommen worden.

«Dies hier sind zehntausend Quadratmeilen Staub», sagte Trombley, der von Richard Underwood, dem Cheffotografen der NASA, erfahren hatte, daß sich die Sahara mit einer Geschwindigkeit von fünf bis dreißig Kilometern pro Jahr Richtung Süden vorwärts bewegt.

Um das schwerwiegende Problem weiterzustudieren, sah sich Trombley auch NASA-Dias an, die nicht veröffentlicht wurden. Eines davon, das von einer Gemini-Weltraumkapsel 1965 über Zentralafrika aufgenommen worden war, zeigte das wundervoll blaue Wasser des Tschadsees, so groß wie der nordamerikanische Eriesee und damals noch 150 Meter tief. Ein zweites, im Jahr 1982 aufgenommenes Foto zeigte, daß der See fast sein gesamtes Wasser verloren hat!

Ein anderes, ebenso dramatisches Foto zeigte Hunderte von Quadratmeilen brennender Wälder in der Nähe der Grenze von Zaire zu Angola. Hunderte von Lichtpunkten flackern durch die Rauchfahnen und beweisen, wie verzweifelt der Mensch versucht, auf Kosten der Bäume Ackerland zu schaffen. «Diese Wälder», sagte Trombley, «nahmen das $CO_2$ auf und verarbeiteten es. Jetzt, wo sie verbrannt werden, bilden sie selbst eine zusätzliche $CO_2$-Quelle.»

Ein weiteres Weltraumfoto enthüllte, daß die Hügel an der achtzig Meilen langen Juba Bay auf der einst wunderschönen tropischen Insel Madagaskar immer mehr ihrer Wälder beraubt werden, deren exotische Hölzer man nach Japan exportiert. Ein zweites Foto zeigt, wie die den übervölkerten brasilianischen Städten entflohenen Menschen Amazonien und andere Regionen Brasiliens roden und die Regenwälder verwüsten, um Farmland zu gewinnen. Die schlimmen Trockenperioden, die Afrika und andere Gebiete während der letzten Jahre heimsuchten, sind weitgehend eine Folge der permanenten Staubschicht, die jetzt nicht nur die

Sahel-Zone beeinflußt, sondern fast den ganzen afrikanischen Kontinent, nämlich Ost-, Zentral- und Südafrika.

Im Jahr 1984 begann die elektrostatisch aufgeladene, sich immer wieder neu bildende Staubwolke westwärts zum Atlantik zu driften, wie ein NASA-Foto ganz eindeutig zeigt. Als sie den Golf von Mexiko erreichte, hielt sie nicht an, sondern bewegte sich unaufhörlich weiter. Daraus entstand «Gloria», ein Hurrikan mit dem größten jemals registrierten Durchmesser. Es folgten 1988 der noch verheerendere «Gilbert» und andere Wirbelstürme, die zum Teil durch die Staubwolke entstanden. Es war die schlimmste Hurrikan-Saison in der Geschichte des Golfs.

Und noch immer hielt die Staubwolke auf ihrer Reise nach Westen nicht an und machte sich auf den Weg zu den Hawaii-Inseln. Hier wurde eine weit größere Staubmenge gemessen als erwartet, die eine viermal größere Wärmekapazität besaß. Wenn der Staub die Wärme einfängt und die Luft daran hindert, nach Norden zu wandern, so kann die nach Süden vordringende Kaltluft ungehindert weiterziehen. Dies geschieht auch früher als normal, so daß es in verschiedenen Teilen der Vereinigten Staaten viel kälter wird und es in dem normalerweise regenreichen nordwestlichen Pazifik zu weniger Niederschlägen kommt.

Zum Abschied zeigte uns Trombley ein Foto, aufgenommen vom Space Shuttle 1985. «Hier sehen Sie die blaue Karibik», sagte er, sichtlich besorgt. «Dieser gelbe Nebel ist der Staubschleier. 10 000 Quadratmeilen. Cousteaus Messungen bestätigten, daß die Sonneneinstrahlung auf die Meeresoberfläche verringert ist. Wenn Sie zu den 30 Milliarden Tonnen $CO_2$, die unsere Industrie in die Atmosphäre abgibt, noch die Tatsache hinzurechnen, daß 28 Millionen Morgen Regenwald allein im letzten Jahr gerodet wurden, wobei noch nicht einmal die abgebrannten Flächen berücksichtigt sind, so können Sie sich eine Vorstellung von der Größe des Problems machen. Es kann nur durch eine überlegte und praktische, rasche Hilfe gelöst werden. Wir haben noch Glück, daß sich der Staub nur in der Troposphäre befindet, ungefähr acht bis zehn Meilen über der Erdoberfläche. Läge die Staubwolke niedriger, also in der Stratosphäre, wären unsere Schwierigkeiten noch viel größer. Aber Mutter Erde ist so schon krank genug. Und wenn die Mutter krank ist, was geschieht dann mit den Kindern?»

# 15 Lebensstaub

Im Jahre 1982 verkündeten zwei entschiedene Anhänger einer raschen Bodenmineralisierung, John Hamaker und Don Weaver, in ihrem Buch mit dem bezeichnenden Titel *The Survival of Civilization*, daß wir an der Schwelle zu einer bedrohlichen Eiszeit stehen. Sie boten gleichzeitig auch eine Lösung des Problems an, die mit großer Eile vorangetrieben werden müßte. Der siebzig Jahre alte Ingenieur, Farmer und Klimatheoretiker Hamaker und sein junger Mitarbeiter Weaver waren der Meinung, daß die katastrophale Klimaveränderung noch in den achtziger Jahren beginnen würde. Sie sagten voraus, daß die Bäume auf der ganzen Welt sterben, die Anbauzeiten kürzer, die Winter härter und die Sommer rauher würden und daß in den neunziger Jahren überall auf der Erde Hungersnöte ausbrechen würden – allen bisher eingeleiteten Gegenmaßnahmen zum Trotz.

Das von Hamaker vorgeschlagene Heilmittel ist einfach und relativ billig, erfordert aber ein umfassendes Programm. Man muß weltweit den Böden wieder Mineralstoffe zuführen und sie wiederaufforsten. Da die Gletscherkiesel alle benötigten Elemente enthalten und außerdem in unerschöpflicher Menge und zu einem günstigen Preis zur Verfügung stehen, schlägt er vor, diese Kiesel zu zermahlen, den Staub bzw. das Gesteinsmehl auf den Böden zu verstreuen und dann Bäume zu pflanzen. Für eine solche Operation hat er spezielle Mühlen entwickelt und hofft, die Luftstreitkräfte der Welt dafür zu gewinnen, das Mehl zu verteilen. So hätten diese Institutionen zum ersten Mal seit ihrem Bestehen eine produktive Aufgabe zu erfüllen.

Schon im späten 19. Jahrhundert stimmte der deutsche Chemiker Julius Hensel nicht mit Justus von Liebig und den Verfechtern der chemischen Landwirtschaft überein. Er war vielmehr der Meinung, daß die Erde nur die ursprünglichen Pflanzennährstoffe braucht, um gesunde und üppige Ernten hervorzubringen: gemahlenes Gesteinsmehl. Sollte seine Methode in die Praxis umgesetzt werden, würden die Bauern von ihren jährlichen teuren Ausgaben für Kunstdünger befreit sein, und außerdem könnten sich die erschöpften Felder allmählich in ihren früheren fruchtbaren Zustand zurückentwickeln.

Hensel zitierte gern ein Hindu-Sprichwort: «Gott schläft in den Steinen, atmet in den Pflanzen, träumt in den Tieren und erwacht im Menschen!» Sein Appell an die Welt war einfach: «Verwandelt Steine in Brot!»

Mit der Entdeckung der unerschöpflichen, bisher nicht erkannten Nährstoffe, die im Gestein, in Luft und Wasser gespeichert sind, hoffte er, die Hungrigen ernähren zu können, Epidemien von Mensch und Tier fernzuhalten, die Landwirtschaft ertragreicher zu machen und den Arbeitslosen eine Rückkehr zu einem gesunden Leben auf dem Land zu ermöglichen.

Zweihundert Bauern in der Rheinpfalz unterstützten Hensels Bemühungen, da sie in den ersten Versuchsjahren mit Gesteinsmehl auf ihren Feldern Erfolg hatten. Sie bezeugten sogar gerichtlich, daß Düngen mit Gesteinsmehl viel bessere Resultate zeitigt als Düngen mit Chemikalien.

Aber je mehr Erfolg Hensel hatte, desto heftiger wurde die Opposition gegen ihn. Die Chemiefirmen starteten eine teure, wütende Kampagne gegen Hensel, verhinderten die Drucklegung seiner Bücher und verboten ihm seine «ketzerische» Bemerkung, daß chemische NPK-Mittel Gift seien für den Boden.

Deutschland hatte nicht auf seinen Propheten gehört und mußte das bald teuer bezahlen, da immer mehr Bäume starben. Im Jahr 1987 waren 50 Prozent der westdeutschen Wälder tot, im Schwarzwald waren es sogar 90 Prozent. Diese Katastrophe führten Hamaker und Weaver nicht so sehr auf den sauren Regen zurück, sondern auf die Tatsache, daß der Waldboden durch den ständigen Entzug von Mineralstoffen, also seinen lebensnotwendigen Nährstoffen, immer schlechter geworden war. Während der letzten

10000 Jahre unserer Zwischeneiszeit haben wir die Mineralstoffe aus dem Boden über die Pflanzen, die wir essen, aufgenommen und nachher in Flüsse und Bäche geleitet. Wie schon Steiner festgestellt hatte, haben wir dabei vergessen, die verbrauchten Vorräte wieder zu ersetzen, und sogar noch für eine Verstärkung der Katastrophe durch die chemischen Dünger gesorgt. Dadurch kam es zu einer immer stärkeren Erosion. Im Jahre 1984 verlor die Welt geschätzte 22,7 Milliarden Tonnen Humusboden durch Erosion und weitere 25,4 Milliarden im Jahr 1985. Allein in den Vereinigten Staaten gingen jedes Jahr 4 Millionen Morgen an Ernteland (das ist etwa die Größe des Staates Connecticut) durch Bodenerosion verloren. Wenn Bäume Hunger leiden, fallen sie schnell Krankheiten zum Opfer, reagieren empfindlicher auf die Luftverschmutzung, und es kommt vermehrt zu Waldbränden. Sobald sie anfangen zu sterben – was man anhand der engeren Jahresringe während der letzten Jahrzehnte eindeutig feststellen kann –, sind sie nicht mehr in der Lage, überschüssiges Kohlendioxid aus der Atmosphäre zu absorbieren. Ganze Wälder sind krank; vereinzelte Blitzschläge verursachen verheerende Waldbrände, und immer mehr $CO_2$ gelangt in die Luft.

Laut Hamaker sind die Bäume auf den Berggipfeln am meisten gefährdet, da sie mehr Wind abbekommen als die in den Tälern. Außerdem ist die Bodendecke dort oben dünner, wie man überall in den kahlen Alpen feststellen kann. Der saure Regen gibt dem Boden noch den Rest, indem er die verbliebenen Mineralstoffe ausschwemmt. In einem sauren Boden werden immer mehr Kleinstlebewesen eliminiert. Der saure Regen erhöht die Geschwindigkeit, mit der die hungernden Bäume sterben. Der Versuch, auf einem solchen entmineralisierten Land Setzlinge zu pflanzen, muß scheitern, da der Boden überhaupt keine Kraft mehr besitzt.

Kenneth E. F. Watt von der Zoologischen Fakultät der University of California in Davis fügt hinzu, daß das Massenbaumsterben in Europa und Nordamerika, das meistens mit dem sauren Regen erklärt wird, auch mit den niedrigeren Sommertemperaturen während der letzten 40 Jahre zu tun haben könnte und mit den überdurchschnittlich sinkenden Temperaturen während bestimmter Jahre. Die unnatürliche Kälte macht die Bäume anfällig für den sauren Regen.

Laut einer Schätzung der UN-FAO ist seit 1950 die Hälfte der tropischen Wälder verschwunden: 37 Prozent in Lateinamerika, 66 Prozent in Mittelamerika, 38 Prozent in Südostasien, 52 Prozent in Afrika. Die Wiederaufforstung hinkt weit hinterher.

Hamaker befürchtet, daß die großflächigen Abholzungen in den tropischen Regenwäldern eine nächste Eiszeit auslösen könnten, da die Kohlendioxidmenge in der Atmosphäre sich 350 ppm nähert. Nicholas Shackleton und andere Wissenschaftler in Großbritannien schrieben 1983 in *Nature*, die letzte Eiszeit habe begonnen, als die Kohlendioxid-Konzentration in der Atmosphäre den Wert von beinahe 290 ppm erreicht hatte.

Nach Meinung von Shackleton verlief die letzte Zwischeneiszeit so wie unsere heutige: Es kam während der letzten 5000 Jahre zu einem ständig steigenden Kohlendioxidgehalt, auf dessen Höhepunkt dann die Eiszeit begann. Danach war das kalte Wasser der Meere in der Lage, das $CO_2$ schnell zu absorbieren. Shackleton läßt auch durchblicken, daß der $CO_2$-Anstieg von der Zerstörung der Vegetation verursacht wurde, weil gegen Ende der Zwischeneiszeit Dürre und Kälte zunahmen.

Wie die Klimatologen der Abkühlungstheorie sagen auch Hamaker und Weaver weltweite Dürreperioden voraus, denen große Waldbrände folgen werden, sowie Erdbeben, Vulkanausbrüche, Stürme und Tornados. Letztere würden durch die dickere Schneedecke in den arktischen Regionen verursacht, welche wiederum mit der größeren Wärme in den tropischen Zonen zusammenhänge. Zur nächsten Eiszeit werden in den mittleren Breitengraden auch starke Nordwinde gehören, die eine Geschwindigkeit von 100 bis 200 Meilen pro Stunde erreichen können. Im Frühjahr 1988 registrierte man auf den Bergspitzen von North Carolina Stürme mit einer Geschwindigkeit von 170 Meilen pro Stunde.

Andere Voraussagen von Hamaker und Weaver traten bereits ein. So gab es 1983 zu 25 Prozent mehr starke Erdbeben auf der ganzen Welt. Japan hatte im Mai 1984 das größte Erdbeben seit einem Vierteljahrhundert. Der Winter 1983/84 brach alle Rekorde, was Kälte, Stürme und Erdbeben in der nördlichen Hemisphäre, vor allem in Kanada, Island und Rußland, betrifft. Ähnliche Beobachtungen waren sechs Monate später auch in der südlichen Hemisphäre zu machen. Der Wintersturm im November 1983 in der Sowjetunion war einer der frühesten des ganzen Jahrhunderts in Europa. Der Dezember 1983 war der kälteste in der amerikanischen Geschichte. Oklahoma, Nebraska und Texas hatten Rekordwinter. Völlig unzeitige Schneestürme brachen über Colorado und Wyoming herein. In Utah wurde im Januar 1984 der Temperaturrekord von -65 Grad Celsius gemessen. Florenz lag unter einer Schneedecke, und im Rhône-Delta der sonnigen französischen Riviera starben Tausende von Flamingos, weil sie in dem vom Eis bedeckten Brackwasser nicht ihr übliches Futter finden konnten. Zum ersten Mal in der Geschichte schneite es am Persischen Golf in der Nähe von Abu Dhabi.

Zur gleichen Zeit herrschte südlich des Äquators eine verheerende Dürreperiode – in Brasilien, Australien und Afrika starben Millionen Menschen, und in der äthiopischen Sahel-Zone gab es mehr als eine Million Opfer. Weitere Millionen litten unter einer neuerlichen Dürreperiode im Jahr 1988. Aufgrund dieser Trokkenzeiten kam es zu ausgedehnten Bränden in den tropischen Wäldern – ein kritischer Faktor, der laut Hamaker die Vereisung noch beschleunigt. Durch diese Brände wurde noch mehr Rauch und $CO_2$ in die Atmosphäre geblasen, wie halbgeheime NASA-Fotos, aufgenommen von US-Satelliten, bezeugen. Während relativ kleine Brände in Alabama, Tennessee und South Carolina «nur» etwa 500 000 Morgen zerstörten, brach im Februar 1984 in Indonesien ein Feuer aus, das fünf Monate lang wütete und ein Gebiet, so groß wie Massachusetts und Connecticut zusammengenommen, verwüstete. Diese vielleicht größte Umweltkatastrophe der letzten Jahrhunderte löschte jedes Pflanzen- und Tierleben aus, darunter Hunderttausende von riesengroßen Mahagonibäumen, zahllose Vögel, Bären, Hirsche, Schweine, Zibetkatzen, Nagetiere und Nutztiere. Viele Arten wurden dabei völlig ausgelöscht, trotzdem schrieb noch nicht einmal die *New York Times* über diese Katastrophe.

Ökologie-«Experten», die diese Region – das frühere Borneo, heute Ost-Kalimantan – als eine der feuchtesten Gegenden der Welt und als ökologisch stabil betrachtet hatten, mußten ihre Ansichten entsprechend revidieren.

Trotz dieser zahlreichen Beweise für die Abkühlungstheorie bildet die Erwärmungstheorie weiterhin die Grundlage einer «nichtoffiziellen» Regierungspolitik, obwohl einige ihrer Anhänger allmählich ins Schleudern geraten.

Mutig klagte Hamaker die Regierung an, aus politischen und wirtschaftlichen Gründen zu lügen oder ausweichende Antworten zu geben. Er bezeichnete die Wärmetheorie als nichts anderes als eine Verschwörung der Industriekonzerne und deren Finanziers, die massiv in die kohlendioxidproduzierenden fossilen Treibstoffe investieren – Öl, Kohle und Erdgas. «Eine solche stillschweigende Verschwörung», schrieb Hamaker, «ist nur dann zu verstehen, wenn man sich klar darüber ist, daß offizielle Verlautbarungen über unsere Situation die Welt in ein finanzielles Debakel stürzen würde... Die Bankiers malen seit mehr als sechs Jahren diesen Teufel an die Wand. Inzwischen sinken unsere Überlebenschancen mit jeder Minute.»

Hamaker prophezeit, daß 1995 alles vorbei sein wird, wenn wir uns nicht beeilen. Nach seinen Berechnungen sind wir bereits in einem kritischen Stadium und haben nur noch wenige Jahre zur Verfügung, um das Eis aufzuhalten. «Wir müssen die fossilen Brennstoffe sofort reduzieren! Und wir müssen schnellwüchsige Bäume pflanzen, die so viel $CO_2$ absorbieren können wie nur irgend möglich. Und wir müssen Solarwärme entwickeln sowie andere Energie-Alternativen. Es gibt bereits viele davon, aber sie werden von den Gesetzgebern nicht zugelassen – von den Ihren genausowenig wie von unseren.»

Der Grundgedanke von John ist, den Boden unseres Planeten so schnell wie möglich wieder mit Mineralstoffen zu versorgen, damit nicht nur die Bäume und die Landwirtschaft gerettet werden, sondern auch lebendige Nahrung für den Menschen wachsen kann. Nur durch eine neue Mineralstoffzufuhr, meint John, können die Kleinstlebewesen in der Erde die für ihre Vermehrung notwendigen Nährstoffe erhalten. Dann erst können sie mit ihren abgestorbenen Körpern dazu beitragen, den stabilen kolloidalen Humus für Pflanzen, Tiere und Menschen zu schaffen, wie sie dies früher getan haben, als die Erde noch nicht entmineralisiert war. John verdankt seine Entdeckung einer zufälligen Beobachtung: Regenwasser rann über einen Kieselstein auf einem Betonparkplatz, und die milchige Flüssigkeit verschwand in einem Bodenloch, aus dem ein übergroßer Löwenzahn wuchs.

«Ich nahm etwas davon mit und hatte bald eine ganze Masse Grünzeug», sagte John, «und das von nur einer einzigen Pflanze bzw. einem Teil davon. Und es hat wunderbar geschmeckt. Am nächsten Tag sah ich mich dort noch einmal um und entdeckte, daß die Wurzelhaare weiße Enden hatten. Und am oberen Ende der Wurzeln bemerkte ich etwas, das aussah wie Humus und an den Wurzeln hing. Das gab mir zu denken.»

«Es kommt nicht darauf an, was Sie essen», fuhr John fort, «vegetarisch oder Fleisch. Die Eskimos leben sehr gesund nur von Fisch und Fischtran. Wichtig ist lediglich, daß die Nahrungsmittel das Protoplasma der Kleinstlebewesen weitertragen, die in einem natürlichen Gleichgewicht der Elemente herangewachsen sind. Der Verdauungstrakt des Menschen ist eine nach innen gewendete Wurzel. Der Sinn des Essens liegt darin, eine Population von Bodenorganismen im Verdauungstrakt zu schaffen. Protoplasma von den Kleinstlebewesen kann dann direkt ins Blut gelangen.»

Je länger man über die These von John Hamaker nachdachte, desto mehr Sinn ergab sie, auch wenn die biologische Fakultät der Harvard University das anders sieht. John sagte uns außerdem, daß alle Pflanzen, Tiere und Menschen vom Protoplasma leben und daß die Mikroorganismen die einzigen Lebewesen sind, die organisches Protoplasma aus nichtorganischen Elementen herstellen können.

«Der Lebenszyklus ist in Wirklichkeit die Geschichte der Reisen, die das Protoplasma von den Kleinstlebewesen zum Leben oberhalb des Erdbodens und dann wieder zurück in den Boden macht. Durch den Löwenzahn wurde ich veranlaßt, eine ganze Menge neuer Experimente durchzuführen.»

«Überall stehen seine Untertassen herum, wie Petrischalen in einem Labor», warf Anita, seine Frau, freundlich lächelnd ein.

«Ich kam zu der unvermeidlichen Feststellung, die natürlich in keinem College gelehrt wird, daß die Pflanzen das Protoplasma direkt aus den Kleinstlebewesen saugen und nur deren Häute zurücklassen. Frische Organismen, die nicht von den Pflanzenwurzeln verdaut werden, dehydrieren und vereinen sich mit den fruchtbaren Reserven, wobei sie durch Auslaugen oder Erosion kaum einen Verlust erleiden. Was übrigbleibt, sind die Bestandteile des wirklich guten und gesunden Humusbodens.»

Diese Beobachtungen stimmen genau mit der Beschreibung von Podolinsky über die Entstehung des Humusbodens überein. Doch vor allem die Feststellung, daß die Wurzeln das Innere der Bakterien fressen, also praktisch Fleischfresser sind, war interessant. Bei Podolinsky verdauen die Wurzeln den gesamten Inhalt eines mit Humus gefüllten Gefäßes, den lebendigen wie den unbelebten.

«Auf den von den Chemiefirmen finanziell unterstützten Hochschulen», sagte Hamaker, «wird immer noch behauptet, daß die Wurzeln nichts aufnehmen können, das größer ist als ein Ion in einer Lösung, wobei sie ihre Chemikalien meinen. Sie bestreiten jede Art Verdauung von ganzen Humusmolekülen und begreifen dadurch niemals den Vorteil, der in der organischen Anreicherung des Bodens liegt.

Das Konzept der Chemikalienanhänger, daß Mineralien von den Wurzeln nur in Ionen-Form aufgenommen werden können und auf eine bis jetzt unbewiesene Weise durch Photosynthese in Proteine eingebaut werden, ist falsch. Das Protoplasma der Organismen wird einfach vom Mikroorganismus in die Pflanzenzelle übertragen, um die von den Nukleinsäuren geforderte Aufgabe zu übernehmen. Jede höhere Lebensform braucht das Protoplasma, das die Stufenleiter des Lebens hinaufsteigt, um notwendige Bestandteile zu schaffen. Das Protoplasma im Wasser ist leicht milchig und gelblich. Beides ist wahrscheinlich auf Lipide (Fette) in der kolloidalen Emulsion zurückzuführen. Dadurch ist es klebrig.»

Vom Sideboard holte John ein kleines Marmeladenglas, das zur Hälfte mit etwas gefüllt war, das wie schöne, braune Erde aussah. «Tunken Sie doch einmal Ihren Finger in das Glas und fühlen Sie, wie klebrig die Masse ist. Das ist das Protoplasma. Es ist Staub von Gletscherkieseln aus British Columbia, augenblicklich aktiviert durch etwa einen halben Liter guter heimischer Erde, die alle normalen Mikroorganismen enthält. Kommt das hier in den Boden, fängt es sofort an zu arbeiten! Ich habe zehn Tonnen davon auf einen Garten von einem fünftel Morgen verteilt. Wäre es noch feiner gewesen, hätte ich nur zwei Tonnen gebraucht. Je feiner es ist, desto größer kann das zu bearbeitende Gebiet sein und desto mehr steht den Kleinstlebewesen zur Verfügung.

Sie ernähren sich von den Mineralien aller Gesteinsmischungen in den obersten Schichten der Erdkruste. Dazu kommen Kohlenstoff, Wasser und die Gase und Meeressalze aus der Luft. All dies verarbeiten sie zu Protoplasma. Die Würzelchen finden die Kleinstlebewesen, und die unsichtbaren Wurzelhärchen saugen das Protoplasma auf. Aber das geht nur mit ganz frischen Kleinstlebewesen. Viele davon stehen durch die Ausscheidungen der Regenwürmer oder anderer größerer Organismen zur Verfügung, die sich wiederum von den dehydrierten Schalen kleinerer Organismen ernähren.»

Zu guter Letzt ergibt sich eine bestimmte Ordnung unter all diesen Geschehnissen im Boden: Hensels feines Gesteinsmehl, Flanagans kolloidale Lösung, die Chelation von Schatz – das alles bildet die Grundnahrung der Mikroorganismen, die wiederum Nahrung für andere Kleinstlebewesen sind. Sie, und nur sie allein, wenn man Hamaker glauben darf, sind fähig, nichtorganisches Gesteinsmehl in das geheimnisvolle lebendige Protoplasma umzuwandeln. Die Pflanzenwurzeln saugen diese Grundstoffe auf und geben sie an die nächste Stufe der Lebensleiter weiter. Diese Theorie wartet nun auf wissenschaftliche Bestätigung. Auf jeden Fall ist aber klar, daß die Pflanzen frischere und mit mehr Nährstoffen versehene Substanzen zu sich nehmen müssen, als die synthetischen Chemikalien bieten.

Da es bis jetzt noch keine mikroskopischen Analysen von dem im Untergrund stattfindenden Prozeß gibt, kann die eine Erklärung genauso plausibel sein wie eine andere. Telefonisch baten wir Dr. Hans Jenny, emeritierter Professor der Bodenwissenschaften in Berkeley, eine Autorität auf seinem Gebiet, um Rat. Obwohl der orthodoxe Terminus «Kontaktaustausch» auf den Austausch von Ionen zwischen Boden und Wurzeln beschränkt ist, könnte ihm zufolge der Begriff «Diffusion» auch die Aufnahme ganzer Moleküle umfassen, vorausgesetzt, diese sind klein genug. Dabei ist der Begriff «klein» in diesem Zusammenhang reine Ansichtssache.

Dr. Patricia Jackson vom USDA (United States Department of Agriculture) in Beltsville, Maryland, beharrt darauf, daß die Größe der aufgenommenen Moleküle durch die Größe der Poren in den Zellmembranen auf zehn Ångström begrenzt ist, wobei eine solche Aufnahme in Zellkulturen im Labor nachgewiesen werden kann, niemals jedoch in lebenden Pflanzen. Und trotzdem haben seit den vierziger Jahren sorgfältig arbeitende Forscher festgestellt, daß Pflanzenwurzeln viel größere Moleküle aufnehmen können. Kürzlich hat man herausgefunden, daß durch die chelatbildenden Komponenten im Humus die Pflanzen auch Enzyme, Hormone und kolloidale Teilchen durch abgesondertes Gel einfangen und absorbieren können.

Dr. Bargyla Rateaver, eine zierliche, aber engagierte Verfechterin der organischen Methode, vertritt mit Nachdruck ihre Auffassung, daß Wurzelhärchen große Moleküle und sogar ganze Kleinstlebewesen aufnehmen können. Die Forscherin kämpfte ganz allein und erfolgreich für die Einführung von regelmäßigen Kursen über organische Landwirtschaft an der University of California – gegen den hartnäckigen Widerstand der Universitätsdekane, die von den Chemiefirmen unterstützt werden. Erst vor kurzem erhielt Dr. Rateaver eine Auszeichnung von der International Alliance for Sustainable Agriculture, und zwar nicht, wie der Sprecher sagte, für ihre großartige Arbeit bei der Unterstützung der organischen Landwirtschaft, sondern «für die von ihr verursachte Aufregung, indem sie die Dinge ins rechte Licht rückte». In verschiedenen Veröffentlichungen hat sie gezeigt, daß eine winzige einzellige Haarwurzel einer stickstoffbindenden Grünpflanze wie Klee, Alfalfa oder Wicke in der Lage ist, ihre Spitzen so umzustülpen, daß die Bakterien der Gattung Rhizobium eindringen können. Im Innern der Wurzeln sammeln sich diese Bakterien und vermehren sich millionenfach, wobei sie kleine Knötchen (Wurzelknöllchen) bilden, die den Stickstoff aus der Luft zu ihrem eigenen Vorteil binden, aber auch zum Vorteil der gastgebenden Grünpflanze und des Bodens, dem zum Schluß alles zufällt.

Eine Erklärung für diesen aufsehenerregenden Prozeß der Zellaufnahme wurde im Dezember 1987 von Mark S. Bretscher in der Zeitschrift *Scientific American* gegeben. In einem Artikel über die Fortbewegung von Tierzellen beschreibt er das, was allgemein als Endocytose bekannt ist. Dabei holen die Zellen Teile ihrer Membran allseitig nach innen. Diese kleinen Vertiefungen nehmen das betreffende Material in sich auf, schnüren sich ab, bilden Bläschen, wandern in die Zellen und geben dort ihre Nährstoffe wieder ab, die tausendmal größer sind als die Ionen in einer chemikalischen Düngerlösung – ein Unterschied also wie der zwischen einer Maus und einem Elefanten.

Eine typische Bakterie ist ungefähr zehnmal so groß wie ein kolloidales Teilchen. Dieses Teilchen wiederum kann zwei- bis dreihundertmal so groß sein wie ein kleines Proteinmolekül, das selbst wieder aus Aminosäuren besteht, deren Moleküle weitaus größer sind als Ionen. Ein Verhältnis also nicht wie Erbsen zu Wassermelonen, sondern wie Erbsen zu Dinosauriern.

Trotzdem bestehen die Chemiefirmen darauf, wie Dr. Rateaver etwas spitz bemerkt, daß die Pflanzen nur Ionen in einer Lösung aufnehmen können, während sie gleichzeitig annehmen, daß die großen Moleküle ihrer Pestizide irgendwie doch von der Pflanze absorbiert werden, so daß ein Käfer sterben muß, sobald er irgendwo an dieser Pflanze genagt hat. Über ihre Bekömmlichkeit für den Menschen schweigt man sich natürlich aus.

«In der Natur kommen die Pflanzenwurzeln zu ihrer Nahrung, indem sie sie durch die Membran ihrer dünnen Zellen aufnehmen», erläutert John. «Nach einer Weile werden die älteren Wurzelteile von einer proteinhaltigen Humussubstanz bedeckt, die allmählich eine natürliche braune Farbe bekommt. Diese Zellen werden dann versiegelt, so daß die Aufnahme nur noch durch die Spitzen geschehen kann, die im Boden neuen Mikroorganismen entgegenwachsen. J. J. Dittmar von der Iowa State University fand heraus, daß die Gesamtlänge aller Wurzeln und Wurzelhärchen einer einzigen Roggenpflanze 7000 Meilen beträgt und ihre Gesamtoberfläche mehr als 2000 Quadratmeter. Allein die Wurzeln wachsen täglich mehr als 3 Meilen auf der Suche nach Kleinstlebewesen. Und nur die feinsten Teilchen des gemischten Gesteinsmehls können die außergewöhnliche Oberfläche bedecken, die für das Wachstum so bedeutender Mengen von Mikroorganismen nötig ist. Diese winzigen Teilchen sind wiederum nur ein Teil der Humusschicht; aber wenn sie nicht ersetzt werden, wird der Boden krank und stirbt schließlich.

Es kommt viel auf das richtige Mahlen an. Der aufmerksame Farmer wird dem Gesteinsmehl sehr feine sandartige Teilchen hinzufügen, so daß die Regenwürmer ‹Mahlsteine› für ihren Kaumagen bekommen. Sie zermahlen dann die Gesteinspartikel zusammen mit dem ganzen übrigen organischen Material. Professor

Emanual Epstein von der University of California in Davis, hat errechnet, daß die Pflanzen fünfmal soviel wie die Milliarde Tonnen Mineralien aufnehmen, die jedes Jahr vom Menschen bergmännisch gewonnen wird. Und der Regenwurm zermahlt sogar noch mehr. So ist er ein großartiger Arbeiter und noch billig dazu. Während der Wurm die Wurzeln reinigt, mahlt er das Gesteinsmehl und die alten Wurzeln und macht daraus frische Organismen, die er wieder von sich gibt und von denen sich die Wurzelenden des Löwenzahns ernähren. Wenn wir keinen freien Kohlenstoff in der Humusschicht mehr haben, der dem Boden die schwarze Farbe gibt, werden die Regenwürmer verschwinden.

Es ist nur einleuchtend, daß er ohne den für seine Energie nötigen Kohlenstoff nicht die Mahlarbeit leisten kann. Aber ohne diese Mahlarbeit gibt es kein feines Gesteinsmehl, welches das Defizit der Böden ersetzen kann. Wenn im Boden keine Protoplasma-Reserven mehr vorhanden sind, sterben auch die Nährpflanzen ab. Ich habe mit Asphalt, der vor allem aus Kohlenstoff besteht, und mit Gesteinsmehl zahllose Experimente gemacht.

Wir können in sehr kurzer Zeit eine enorme Menge von Protoplasma im Boden erzeugen, jedenfalls so viel, daß allein zu wenig Sonnenenergie ihrem Wachstum Grenzen setzt, denn die Photosynthese in den Blättern ist noch immer genauso wichtig wie das Protoplasma unten in den Wurzeln. Wo es normalerweise zu Rekordernten kam durch die Verwendung von großen Mengen kompostierten Dungs, der Kleinstlebewesen produziert, kann nun auf jedem Stück Land mit solchen Rekordernten gerechnet werden, einfach nur durch die Verwendung von Gesteinsmehl mit etwas Kohlenstoff.»

John schätzt, daß der nationale Durchschnittsertrag in fünfzehn Jahren ungefähr dreimal so groß sein könnte wie jetzt. Auch der Proteingehalt von Getreide, Indikator für ein gesundes Nahrungsmittel, ließe sich auf das Zwei- bis Dreifache steigern.

All seinen Warnungen vor dem uns drohenden Schicksal zum Trotz war der kreative Farmer in ihm immer noch zuversichtlich: «Wenn wir die Fruchtbarkeit unserer Böden wieder bis zu einer Tiefe von 40 Zentimetern neu aufgebaut haben», sagte er, «wird der Mississippi das ganze Jahr über gleichmäßig und ohne Schlamm fließen. Es wird zu keiner Überflutung mehr im unteren

Mississippi-Tal kommen. Die Grundwasserschicht wird auch wieder Wasser führen.»

Für die Verwirklichung von Hamakers Vision fehlt es nur an Mahlvorrichtungen. Diese patentierten Geräte müßten in viel größerem Umfang hergestellt und vertrieben werden. Die von Gletschern gerundeten Kiesel stehen in unbeschränkter Menge zur Verfügung. Auch sollte es zu einer Kooperation mit den Luftstreitkräften der Welt kommen, die bei der Verteilung des Gesteinsmehls und damit bei der Rettung der Menschheit helfen könnten. Sollten genügend Bäume gepflanzt und mit Gesteinsmehl aus den Gletschern ernährt werden und sollte es zu einem Ende der Rodungen der großen Regenwälder kommen, so haben wir nach Meinung von Hamaker noch eine Chance, daß unsere besten Freunde, die Bäume, das überschüssige $CO_2$ aus der Atmosphäre absorbieren. Damit kann eine neue Eiszeit so weit hinausgeschoben werden, bis die Wissenschaftler und die endlich erwachten Gesetzgeber Mittel und Wege gefunden haben, eine solche Katastrophe auch auf längere Sicht abzuwenden.

«Ich wüßte nicht eine einzige käuflich zu erwerbende Mühle, die zur Verwendung auf einer Farm geeignet wäre», sagte John. «Die Motoren sind viel zu groß für die Leitungen, außerdem sind sie zu teuer. Auch wären die Strom- und Wartungskosten viel zu hoch. Ich würde sagen, daß ein Zehn-PS-Motor oder sogar ein noch kleinerer allen Anforderungen genügen könnte. Wenn man nur die Notwendigkeit einsehen würde, gäbe es auch keine Probleme. Die Industrie könnte das Kapital zur Mühlenproduktion bereitstellen. Doch dies alles müßte umgehend von der Regierung subventioniert werden. Denn wenn wir jetzt nicht schnell genug handeln, wird es zu weltweiten Hungersnöten und einer Krise in der medizinischen Versorgung kommen. Aber auch zu Aufständen gegen ein System, das zum eigenen Vorteil nur Lügen verbreitet und eine Regierung hat, die man nicht von der Mafia unterscheiden kann.»

Er seufzte und meinte betroffen: «Der amerikanische Kongreß könnte eigentlich handeln. Aber sie werden das wohl erst tun, wenn sie sich selbst bedroht fühlen. Doch dann ist es viel zu spät. Um sie aus ihrer Lethargie aufzurütteln, muß jeder von uns selbst und sofort handeln. Noch haben wir die Sache in der Hand, noch kann wirklich etwas getan werden.»

# 16 Leben und Sterben in den Wäldern

Zu Beginn der achtziger Jahre schlug *Der Spiegel* zum ersten Mal Alarm, weil in ganz Europa die Bäume zu sterben begannen, ihre Blätter abwarfen oder ihre Nadeln traurig herabhängen ließen. Nur einige wenige ökologisch Denkende wie der spätere Präsident des Bundes für Umwelt und Naturschutz, Hubert Weinzierl, hatten bereits seit Jahren versucht, das öffentliche Bewußtsein für eine Tatsache zu schärfen, die der Münchner Forstprofessor Dr. Peter Schütt 1984 ohne Übertreibung als die «größte ökologische Katastrophe in der Geschichte der Menschheit» bezeichnete. Auch einige Besitzer großer Waldflächen, deren wirtschaftliches Überleben von ihren Bäumen abhing, waren jetzt alarmiert und riefen nach Taten. Unter den ersten, die in dieser Richtung aktiv wurden, war Hermann Graf von Hatzfeldt-Wildenburg, Waldbesitzer an den Ufern der Sieg in Nordrhein-Westfalen.

Der Ökonom Hatzfeldt hatte in Princeton, USA, in Ibadan, Nigeria, und in Basel studiert und lebte Ende der sechziger Jahre als Angestellter der Ford-Stiftung in Thailand. Da aber sein Wald seine Haupteinkommensquelle war, kehrte er in den siebziger Jahren nach Deutschland zurück, um sich um seinen Besitz zu kümmern.

Zu seinem Erstaunen schien sich in Deutschland niemand für die Wälder verantwortlich zu fühlen – nicht die Regierung, nicht die Universitäten und auch keines der Forschungsinstitute. Niemand schien ausreichend Grund zu haben, die vielen Auswirkungen der neuen, mysteriösen Krankheit zu analysieren, die geradewegs zu einer Waldkatastrophe führte. Als Besitzer von Schloß

Schönstein und den das Schloß umgebenden Wäldern ergriff Hatzfeldt 1980 die Initiative und organisierte in Kaiserslautern ein Expertentreffen, um über das Waldsterben zu diskutieren.

Hatzfeldt und seine Kollegen versuchten eine klare Verbindung aufzuzeigen zwischen den immer deutlicher werdenden Waldschäden und den Ursachen, die offensichtlich dazu geführt haben: Verschmutzung der Atmosphäre durch Kohlendioxid und sauren Regen, beide Folgen der ständig wachsenden industriellen Verwendung fossiler Brennstoffe zur Energiegewinnung. Dadurch werden die europäischen Wälder genauso verwüstet wie die Troposphäre über der Sahara.

Allein in der Bundesrepublik Deutschland waren 1982 über 2000 Quadratkilometer Wald deutlich krank. In Europa geborene Amerikaner kehrten von ihren Besuchen in der alten Heimat ganz schockiert zurück. Als der an der Lehigh University lehrende Physiologe und Psychologiehistoriker Dr. Josef Brožek die Orte seiner Kindheit in Böhmen an der polnischen Grenze besuchte, sah er, daß jeder einzelne Baum in dem kilometerlangen, fast cañonähnlichen Tal tot war, als wären sie alle durch einen Waldbrand zerstört worden. Doch in seinem Geburtsland fand Brožek keine Bereitschaft von offizieller Seite, über das drohende Unheil zu reden.

Die Vorstellung, daß die einstmals bewaldeten Hügel und Berge demnächst baumlos sein und auch von allen Tieren und sogar Singvögeln verlassen sein würden, war so schrecklich, daß die tschechoslowakische Regierung dem Volk alle Informationen darüber vorenthielt. Genauso lief es in Polen und in anderen osteuropäischen Staaten.

Dr. Wolf Ochslies vom Bundesinstitut für ostwissenschaftliche und internationale Studien veröffentlichte Statistiken zum hoffnungslosen Zustand der tschechischen Wälder. So sind zur Zeit 60 Prozent aller Amphibien, 35 Prozent aller Säugetiere und 30 Prozent aller Reptilien, Vögel und Fische vom Aussterben bedroht. Es gibt im ganzen Land fast keine Rebhühner mehr, 80 Prozent der einst im Übermaß vorhandenen Hasen sind verschwunden und fast die Hälfte aller Fasane.

Hatzfeldt berief eine zweite Konferenz im Frühling 1983 ein. In seiner Eröffnungsrede bezweifelte er, daß sich die Wälder allein mit Methoden der Forstwirtschaft retten ließen, da die Förster ja nur die Symptome behandeln könnten, aber nicht die eigentlichen Ursachen. «Wir befinden uns zwischen Scylla und Charybdis», sagte Hatzfeldt, «und wir haben nur wenig Hoffnung, aber wir können den Kampf nicht aufgeben, selbst wenn wir nur wenig Möglichkeiten haben, eine Lösung zu finden.»

Und es gab in der Tat nur wenige Handlungsmöglichkeiten in dem Durcheinander der sich widersprechenden Erklärungen über diese Katastrophe, wozu auch die Behauptung gehörte, daß sie gar nicht existiere.

Wir trafen Hermann Graf von Hatzfeldt im Foyer des Hotels «Hessischer Hof» in Frankfurt, und während des Essens in einem italienischen Restaurant um die Ecke erzählte Hatzfeldt uns von der Kampagne, die er seit über sechs Jahren führte, um die Deutschen für das Waldsterben zu sensibilisieren. Er war gerade von einer Reise nach Polen zurückgekommen, wo er mit den dortigen Förstern über die Entwicklung in deren Land gesprochen hatte.

«Ich war in Polen», berichtete Hatzfeldt, «um mir einmal persönlich ein Bild zu machen von diesem Land, das so dringend der Industrie bedarf und deshalb völlig die Auswirkungen der vielen Fabriken auf die Umwelt ignoriert. Selbst unsere ziemlich aussichtslose Situation ist noch nichts im Vergleich zu dem, was sich in Teilen von Polen und dem Nachbarstaat Tschechoslowakei abspielt. Polens optimistische Nationalhymne – ‹Noch ist Polen nicht verloren› – ist schlichtweg falsch. Nicht im Hinblick auf Gesellschaft und Politik, sondern was die Auswirkungen einer angeblich segensreichen Industrie auf die Wälder betrifft. Die Bäume in Polen brauchen keine zehn Jahre mehr, um zu sterben, die sind in wenigen Jahren tot!»

Wir waren auf dem Weg zu Hatzfeldts Besitzungen im Siegerland, als unser Zug in Wissen im Tal der Sieg, auf der rechten Rheinseite, einfuhr. In dem ganzen Tal gibt es seit Jahrhunderten Industrie mit entsprechenden Abgasen. Die Verschmutzung war nicht zu übersehen. Doch das Hatzfeldsche Schloß Schönstein steht hoch über der Sieg und ist von herrlichen Wäldern mit jahrhundertealten Eichen umgeben. Hier trafen wir Hatzfeldts Assistenten, Dieter Deumling, der fast zehn Jahre lang in Oregon gelebt hat. Dann habe ihn, wie er uns erzählte, sein Freund Hatzfeldt zurückgerufen, um die Wälder in Deutschland zu retten.

In einem Landrover fuhr er uns in ein großes Waldgebiet einige Kilometer von Schloß Schönstein entfernt. Wir schlängelten uns durch einen tiefen Wald mit sterbenden Buchen; die auf der linken Seite waren erst «Jünglinge» von 30 bis 40 Jahren, die auf der rechten Seite reife Bäume im Alter von 150 bis 180 Jahren. «In dieser relativ niedrigen Meereshöhe», sagte Deumling kopfschüttelnd, «sind Laubbäume wie diese Buchen hier genauso vom Waldsterben betroffen wie die Nadelbäume. Es ist in ganz Deutschland dasselbe. In den nördlichen und mittleren Teilen der Bundesrepublik ist ein Drittel unserer Buchen, Ahornbäume, Eichen und Eschen krank. Es ist nicht gar so schlimm wie mit unseren 60 bis 80 Jahre alten Fichten, die alle krank sind, aber es ist erschreckend genug. Und das widerspricht der Meinung der Optimisten, die lauthals verkünden, daß man die Sache bereinigen könnte, indem man die sterbenden Koniferen einfach durch Harthölzer ersetzt.»

Deumling sprang plötzlich aus dem Wagen, ging an den Waldrand und schnitt dort einen Zweig von einer kranken Fichte ab und dann einen weiteren Zweig von einem Baum, der offenbar noch nicht angegriffen war.

«Sehen Sie sich das an», sagte er und wies mit seiner behandschuhten Hand auf die Bäume. «Auf diesem gesunden Ast erfolgt das Wachstum symmetrisch, und die Nadeln wachsen alle auch am Haupttrieb. Sie können die Wachstumsjahre an den Abschnitten der Triebe abzählen. Aber auf diesem kranken Ast ist der Haupttrieb ganz ohne Nadeln. Außerdem können Sie kleine Triebe, die sogenannten ‹Angsttriebe›, erkennen, die überall dort auftauchen, wo sie eigentlich nicht wachsen sollten. Der Ausdruck ‹Angsttriebe› sagt deutlich, daß ein Baum ungewöhnlich handelt, um sein eigenes Leben zu retten. Die Tannen lassen solche Triebe sogar aus ihren Stämmen herauswachsen, was ihnen aber auch nichts hilft; denn die meisten der Tannen in Österreich und Deutschland sind bereits tot. Die Weißtanne ist völlig ausgestorben.»

Er warf den gesunden Zweig weg und zeigte uns den kranken: «Bei einem so alten Baum müßten die Nadeln viel länger sein. Schauen Sie doch nur, wie mickrig sie aussehen! Sie müßten mindestens doppelt so lang sein. Und wenn man genauer hinsieht, entdeckt man noch viele andere Symptome. Und an jedem einzelnen

Zweig dieses Baumes kann man diese Symptome erkennen, selbst an scheinbar gesunden Ästen. Es ist genauso erschreckend, als wäre Ihr ganzer Körper von lauter Pickeln und Ausschlag bedeckt.»

Als wir zu Schloß Schönstein zurückfuhren, sagte Deumling mit einem gezwungenen Lächeln: «Das ganze Problem ist so dornig wie die Nadel einer Fichte. Es ist nicht nur Teil einer scheinbar unendlichen wissenschaftlichen Debatte, sondern auch politisch brisant. Eine wirkliche Lösung, etwa die Anwendung von Kalk oder Gesteinsmehl oder dergleichen, wird Anbieter in Massen auf den Plan rufen. Die Chemiefirmen werden das Feld nicht räumen, und wenn sie etwas verkaufen wollen, dann empfehlen sie den Waldbesitzern mit Sicherheit, eine Mischung verschiedener Produkte zu verwenden, das heißt: je mehr, desto besser. Ich bin überrascht, daß Sie es in Ihrem Land noch nicht geschafft haben, wo die Bäume auch sterben, zwar nicht in demselben Ausmaß wie hier, aber fast. In den Smokies sterben die Balsam-Fichten, und in Neu-England und Kanada gibt es bald keinen Ihrer wunderschönen Zuckerahorn-Bäume mehr.»

Er seufzte und brachte in einem Hof des Schlosses das Auto zum Stehen. «Die Situation ist ähnlich wie bei den amerikanischen Farmern. Sie werden auch ständig von den Firmenvertretern mit der Drohung geängstigt, daß sie pleite gehen würden, wenn sie die ganzen chemischen Produkte weglassen und statt dessen ihr Land auf andere Weise bearbeiten. Als ob sie nicht in jedem Fall Pleite machen werden. Es scheint keine Lösung zu geben.»

Aber es gab eine Lösung, und zwar gar nicht so weit weg, in der Nähe des kleinen österreichischen Dorfs Grimsing am linken Donau-Ufer, unterhalb der Stadt Melk, die von dem früheren Benediktiner-Kloster – heute ein Jungeninternat – beherrscht wird. Es war eine Lösung, die Hamaker und Hensel recht gibt. Dort wußte der Furnierhersteller Rudolf Schindele im Sommer 1980 genauso wie hundert andere europäische Förster, daß sich etwas Schreckliches im nahe gelegenen Wald, der sich in seinem Besitz befindet, abspielte.

Verwirrt und besorgt wie Deumling und mit wenig Hoffnung, eine Entdeckung zu machen und eine Lösung zu finden, beschloß

Schindele, einen drei Kilometer langen Holzfällerweg durch einen Wald zu schlagen, den er gekauft hatte und der sehr stark vom Waldsterben angegriffen war. Als er an der Seite eines niedrigen bewaldeten Hügels mit Grabarbeiten begann, stieß er auf ein krümeliges, vielfarbiges metamorphes Gestein, das die Geologen als Paragneis bezeichnen. Schindele schätzte die Lagerstätte auf insgesamt drei Millionen Tonnen.

Vor mehr als 200 Millionen Jahren war die ganze Gegend von einem Meer bedeckt gewesen. Dessen Ablagerungen gelangten später ins Erdinnere und wurden dort umgewandelt, metamorphosiert. Während des Straßenbaus zermahlten die schweren Baumaschinen einen Teil dieses Paragneises zu Pulver, das die Sommerwinde in die an der Straße liegenden Wälder bliesen. Schon vier Wochen später wurden die Nadeln der Fichten in dieser Gegend dunkelgrün, nachdem sie vorher immer stärker vergilbt waren – ein sicheres Zeichen des nahenden Baumtodes. Das Gebiet, auf dem sich die Bäume wieder erholten, machte über 13 Morgen aus. Während der nächsten vier Jahre wuchsen die durch Zufall «behandelten» Bäume immer besser.

Wir wollten selbst sehen, was Schindele zustande gebracht hatte, und nahmen Mitte November 1985 den Zug nach Melk. Dort trafen wir Dr. Maria Felsenreich, eine engagierte österreichische Umweltschützerin, die selbst einen großen, organisch angelegten Kräutergarten etwa 30 Kilometer von Wien entfernt besitzt und einen richtigen Feldzug zur Rettung der Wälder in den deutschsprachigen Ländern führt. Sie stellte uns unserem Gastgeber vor, der uns während des Mittagessens in einem Gasthof am Hauptplatz der Stadt seine Erfolgsstory erzählte: Wie er Bäume mit Hilfe von Gesteinsmehl wieder zum Leben erweckte. Er sei überzeugt, fügte er hinzu, daß dieses Gesteinsmehl auch Tieren und Menschen die Gesundheit zurückbringen könnte. Auf sein graumeliertes Haar weisend, sagte er uns, daß zwei Teelöffel Gesteinsmehl pro Tag genügt hätten, seinen schneeweißen Haaren wieder Farbe zu geben. Er bekräftigte diese Behauptung mit Zeitungsausschnitten, die ihn «vorher» und «nachher» zeigten.

Um die Wirkung seines Gesteinsmehls auf die Bäume selbst zu sehen, setzten wir uns in Schindeles Mercedes und fuhren hoch hinauf in sein Waldgebiet. Wir arbeiteten uns durch die Bäume, die wie auf einer übergroßen Weihnachtskarte mit glitzerndem Weiß bedeckt waren. Schindele zeigte uns einige hübsche Buchen mit dem typischen grauen Stamm und den kupferfarbenen Blättern, die noch an den Zweigen hingen. «Laubbäume wie diese Buchen sind inzwischen auch vom Waldsterben befallen. Und es ist schon sehr verblüffend, daß in meinem Wald viele ihre Blätter jetzt, nachdem sie von dem Gesteinsmehl abbekommen haben, länger behalten als früher.» An einer Kurve hielten wir an und schauten den Abhang hinunter, wo gesunde Jungfichten standen. 2,50 bis 3 Meter groß, also zwei- bis dreimal so groß wie Fichten, die nicht von dem Gesteinsmehl profitiert hatten. Weiter unten am Abhang standen kleinere, kränklich aussehende Bäume, die keinen Staub erhalten hatten.

Wir fragten ihn: «Wie lange können die europäischen Wälder noch überleben, wenn sie keinerlei Hilfe bekommen, also weder Gesteinsmehl noch irgend etwas anderes?»

Seine Antwort kam wie aus der Pistole geschossen: «Ungefähr fünf Jahre, höchstens zehn.»

Wir fuhren den Hügel wieder hinunter, und Schindele ging noch mehr ins Detail: «Normalerweise behalten Nadelhölzer ihre Nadeln sieben Jahre lang und werfen sie dann ab, damit neue nachwachsen können. Die Bäume hier, die von dem Gesteinsmehl profitiert haben, halten ihre Nadeln fast fünf Jahre; dagegen werfen die vom Waldsterben angegriffenen Bäume die Nadeln schon nach zwei bis vier Jahren ab.»

Um noch mehr über die Wirksamkeit des Gesteinsmehls in anderen Teilen Österreichs zu erfahren, besuchten wir Georg Abermann, einen Tiroler Ingenieuragronomen. Unabhängig von Schindele hatte er einige Experimente mit Gesteinsmehl durchgeführt, das er aus Material in der Nähe von Kitzbühel gewonnen hatte. Abermann war sofort bereit, uns einen eindeutigen Beweis für die Wirkung des Gesteinsmehls zu zeigen.

Wir stapften mühsam durch den tiefen Schnee im Naturschutzgebiet Matzen, das zwischen Innsbruck und Kitzbühel liegt. Dabei erklärte uns Abermann, er habe einen der Gründe entdeckt, warum gemahlenes Gesteinsmehl aus Steinbrüchen in der Vergangenheit enttäuscht hatte. Das Mehl sei nicht fein genug gemahlen worden, um von den Pflanzen leicht aufgenommen zu werden – oder, wie Hamaker sagt, von den Kleinstlebewesen. «Daraufhin», meinte Abermann, «konnte die Chemieindustrie natürlich behaupten, das Gesteinsmaterial sei für die Landwirtschaft nutzlos.»

Abermann hatte jedoch das Glück, 1980 den Besitzer eines Steinbruchs und einer Kiesgrube in der Nähe von Kitzbühel kennenzulernen, der aus einem als Diabas bekannten magmatischen Gestein Kies gewinnt.

Das zerkleinerte Gestein ist äußerst widerstandsfähig und wurde vor allem für Eisenbahnschotter verwendet. Während des Mahlens fiel als Nebenprodukt eine große Menge scheinbar nutzlosen Staubs oder Pulvers an, das die Bauern gern abholten und dann in großen Mengen auf ihrem Land verteilten.

Der Steinbruchbesitzer schenkte Abermann 25 Tonnen dieses Gesteinsmehls, von dem ein einziges Kilo für ungefähr 2600 Quadratmeter reicht. «In der Landwirtschaft», sagte Abermann, «muß man den Staub mit getrocknetem Kuhmist mischen, so daß dessen Geruch gebunden und der Boden mit organischem wie mineralischem Dünger versorgt wird. In den Wäldern hilft das Gesteinsmehl allein.»

Wir gingen einige hundert Meter in den verschneiten Wald hinein, als Abermann plötzlich die Luft anhielt und dann lächelnd sagte: «Ich hatte gedacht, daß wir erst nach zwei Jahren Ergebnisse vorzuweisen haben würden. Doch nachdem wir begonnen hatten, nicht nur um die Bäume herum per Hand das Gesteinsmehl anzubringen, sondern jeden Quadratmeter Boden zu behandeln, konnte ich zu meinem großen Erstaunen schon fünf Monate später sehen, wie die kleinen Bäume explosionsartig wuchsen und ganz gesund waren!»

Abermann zeigte auf eine Reihe von Fichten, die etwa 30 Meter hoch ragten und deren Äste eindeutig halb abgestorben waren. Dazu sagte er: «Es ist ein bißchen schwierig, die Veränderungen im Bild festzuhalten, da die Stämme von Fichten fast bis zur Hälfte keine Äste tragen und die grüne Krone sich weit oben befindet, nur von einem Hubschrauber aus erreichbar. Aber wenn Sie sich diese Ansammlung von jungen Fichten hier betrachten, können Sie sehr gut selbst die günstigen Veränderungen erkennen.»

Abermann stand direkt neben einer solchen etwa mannshohen Fichte und meinte voller Bewunderung: «Bevor ich mit diesem kleinen Baum zu experimentieren begann, hatte er überhaupt keine Nadeln mehr. Alles, was sich von dem Baum über der Erde befand, schien völlig tot zu sein. Dann behandelte ich ihn mit Gesteinsmehl, und er starb nicht. Er bekam sogar neue Nadeln, und zwar, wie Sie sehen, massenhaft! Was wir hier an einigen wenigen Bäumen demonstrieren können, kann an Millionen von ihnen, sogar an Milliarden, wiederholt werden. Während alle jungen Bäume, die im Zuge der Wiederaufforstung gepflanzt wurden, bevor wir mit unseren Experimenten begonnen hatten, starben. Sie sollten dazu auch wissen, daß die Giftstoffe in dieser Gegend hier vor allem Kupfer und Kadmium sind, hochgiftige Elemente, und daß die Bäume sich erholten, obwohl kein geringerer Kadmiumausstoß zu verzeichnen war.»

Abermann bat uns, ihm zu einer weiteren Fichtengruppe zu folgen, die in der Nähe einer alles überragenden Lärche stand. Er deutete dann auf den Stamm und erklärte: «Wenn Sie sich die senkrechten Abstände der Zweige am Stamm anschauen, können Sie leicht erkennen, wann die Fichte zu wachsen aufhörte und wann sie nach unserer Behandlung mit Gesteinsmehl wieder zu wachsen begann, und zwar etwa 90 bis 120 Zentimeter pro Jahr, und das seit drei Jahren. Es ist schon phantastisch; denn Millionen von Schillingen wurden von unseren Bundes- und Landesbehörden ausgegeben, um die vom Waldsterben befallenen Gebiete wiederaufzuforsten. Doch die meisten der frisch gepflanzten Bäume starben ab. Nun sagt sogar der hier zuständige Förster, daß es seit Verwendung meines Gesteinsmehls nicht mehr nötig ist, junge Bäume zu pflanzen. Dank seiner Wirkung wachsen jetzt viele Bäume direkt aus Samen.»

Nach dem Unterschied in der Wirkung zwischen Schindeles Paragneis und dem Diabas aus dem Steinbruch bei Kitzbühel gefragt, antwortete Abermann: «Da ist kein großer Unterschied! Sollte die Idee, Gesteinsmehl in großen Mengen zu verwenden, überhaupt offiziell akzeptiert werden, ist es ziemlich egal, ob es von Paragneis, Diabas, Basalt, Porphyr oder irgendeinem anderen Gestein stammt, denn all diese Produkte arbeiten auf die gleiche Weise. Das einzige Problem ist, offizielle Kreise von seinen positiven Auswirkungen zu überzeugen – und das wird noch einige Anstrengung kosten.»

Gegen Ende 1987 hatte Schindele die weltweit größte Mühle für Gesteinsmehl gebaut und exportierte sein Produkt in alle Länder. Man kann es in den Wäldern einsetzen, aber auch in der Landwirtschaft und als Zusatz für die menschliche Ernährung. Indem er auf sein allmählich wieder dunkler werdendes Haar zeigte, empfahl Schindele eine tägliche Gabe von zwei Teelöffeln des fein gemahlenen Gesteinsmehls. Dieses Mehl enthält sehr viel Kieselerde, Aluminium, Kalium, Eisen, Magnesium und andere für die Gesundheit wichtige Spurenelemente; denn Vitamine bleiben wirkungslos, solange sie nicht zusammen mit Spurenelementen aufgenommen werden.

Nun wurde die Nachricht über dieses großartige Gesteinsmehl weltweit via Radio, Fernsehen und in der Presse verbreitet. Am Ende tauchten so viele Kunden vor Schindeles Anlagen auf, daß dort kilometerlange Autoschlangen standen. Das Gesteinsmehl wurde auch als gesundheitsfördernder Diätzusatz verkauft, und angeblich sank daraufhin, laut Aussage von Apothekern, in einigen Teilen Deutschlands der Medikamentenverkauf um 40 Prozent. Die Reaktion der Pharmaindustrie kam, wie erwartet, schnell und war tödlich.

Nach nicht nachprüfbaren Schätzungen von Schindele wurden Millionen ausgegeben, um in einem Medienfeldzug bekanntzumachen, daß Schindeles Produkte schädliche Mengen an Chrom und Kobalt enthielten. Danach war der Absatz rückläufig, und er durfte in der Bundesrepublik Deutschland das Gesteinsmehl nicht weiter als «für die orale Einnahme geeignet» vertreiben. Die Bewohner von Grimsing wurden derart aufgewiegelt, daß sie eine Eingabe bei den Behörden machten, die Schindele verbieten sollten, mit seinen staubigen und lauten Traktoren durch ihre saubere und ruhige Stadt zu fahren. Aber Schindele nahm die Mühe und die Kosten auf sich, eine neue Umgehungsstraße zu bauen. Er hatte immerhin so viel Glück, daß sein Gesteinsmehl als «mineralischer Diätzusatz» in anderen Ländern des europäischen gemeinsamen Marktes registriert wurde, so daß er es nun in allen EG-Ländern verkaufen kann.

Als die Universität von Wien herausfand, daß Schindeles Produkt gegen Radioaktivität wirkt, was auch von dem sowjetischen Institut für Atomphysik in der Ukraine bestätigt wurde, schickten die Sowjets einen LKW und übernahmen 2000 Kilogramm von seinem Gesteinsmehl. Analysen unter dem Mikropolariskop zeigten eine Veränderung im Kristallgitter, was auf die vom Körper aufgenommenen ionisierten radioaktiven Teilchen einen günstigen Einfluß ausübt.

Das brachte den Biologen Dr. Gernot Gräfe im österreichischen Burgenland auf die Idee, Schindeles Gesteinsmehl einem organischen Produkt hinzuzufügen, das er in den letzten zehn Jahren aus vielen Tonnen Traubentrester entwickelt hatte. Damit konnte er große sterile Gebiete wieder fruchtbar machen. Er entwickelte daraufhin ein homöopathisch dosiertes Spray – eine Art ätherischen Humus, wie er es nannte –, das auf der Oberfläche von verschmutzten Teichen und Seen verteilt wurde. Dadurch gewann das Wasser seine ursprüngliche Qualität zurück. Noch aufregender war sein Vorschlag, die wogenden Morgennebel mit Gesteinsmehl zu beimpfen. Dadurch würde dieses kilometerweit transportiert und danach abgelagert. Im Kontakt mit den Blättern und Nadeln der Bäume und über den Boden, das heißt durch die Wurzeln, würde es das ausgedehnte Waldsterben aufhalten können.

Die noch unsichtbaren positiven Effekte dieses Sprays konnten bis jetzt nur durch Pendelmessungen festgestellt werden, die für weniger sensible Menschen unverständlich sind. Obwohl das Rutengehen und Pendeln von der orthodoxen Wissenschaft weiterhin als Humbug und Scharlatanerie abgetan wird, ist beides zu einem erfolgreich angewandten diagnostischen Hilfsmittel geworden. Aubrey Westlake, ein englischer Arzt, der das Pendel sehr viel benutzte, stellte ein Jahr vor seinem Tod, im Alter von zweiundneunzig Jahren, fest: «Ich glaube, daß die Wiederentdeckung des Pendelns nicht zufällig geschah, sondern daß es sich uns in weiser Voraussicht neu zeigte, damit wir mit dem heutigen schwierigen und gefährlichen Stadium der menschlichen Entwicklung fertig werden können. Denn es verschafft uns indirekt Zugang zu einer übersinnlichen Welt und kann unsere Erkenntnisse und unser Wissen erweitern. Die Fähigkeit des Pendelns sollte man als einen speziellen, ganz besonderen Sinn betrachten; er steht irgendwo zwischen unseren ‹normalen› Sinnen, mit deren Hilfe wir die materielle Welt verstehen, und unseren noch zu entwickelnden okkulten Sinnen, die zu gegebener Zeit die übersinnliche Welt direkt wahrnehmen werden.»

All das ist nicht mehr und nicht weniger, als was Rudolf Steiner schon vor fast einem Jahrhundert entdeckt hatte.

# 17 Duftende, wohlschmeckende Erde

Was geschähe wohl, wenn Schindeles für Feldfrüchte, Bäume und sogar Menschen so segensreiches Gesteinsmehl auch in Amerika massenweise erhältlich wäre? Rollin Anderson, ein geologisch gebildeter Schürfer, hat gerade eine entsprechende Entdeckung gemacht, und zwar in dem engen Tal südlich von Salt Lake City, umgeben von rosa Hügeln, kobaltblauen Seen und azurblauem Himmel.

Wir fanden den schon Neunzigjährigen, aber wie ein junger Bursche wirkenden Rollin in seinem hundert Jahre alten Ziegelhaus auf einem von hundertjährigen Pappeln umstandenen Hügel. Wie Schindele schluckt er zu jeder Mahlzeit einen Löffel von seiner einheimischen Utah-Erde – das ist nicht irgendeine Erde, sondern ein spezieller Montmorillonit, ein Tonmineral.

«Es gibt Wissenschaftler», sagte Rollin, «die glauben, daß in meinem Gestein die Energien der Sonne, der Erde und des Wassers enthalten sind und daß diese nur dem Wachstum der Pflanzen zugute kommen. Robert Ripley meint ja, daß Sonne, Erde und Wasser durch das hinduistische Mantra AUM repräsentiert werden; also nannte ich meine Erde zunächst Anderson-Utah-Mischung. Doch jetzt nenne ich sie *Azomit*, das heißt «Mineralien von A–Z sowie Spurenelemente» (*A to Z Of Minerals, Including Trace Elements*). Und das ist das ganze Erfolgsrezept.»

An einem sonnigen Augusttag aßen wir gerade Rühreier und Azomit, während Rollin uns erzählte, wie er seine wertvolle Substanz entdeckt hatte und wie er dazu gekommen war, sie auch zu essen. Vor etwa 50 Jahren, als er ungefähr 40 Jahre alt war und als

213

Ingenieur arbeitete, gefiel ihm plötzlich das Stadtleben in San Francisco nicht mehr. Er war überzeugt davon, daß irgend etwas mit der Ernährung in Amerika nicht stimmte und damit auch mit dem Boden, aus dem diese Nahrungsmittel kommen. Kranker Boden, sagte Anderson, bedeutet auch kranke Menschen. Und irgendwo müßte es da ein Heilmittel geben.

Er hatte gehört, daß Gips alkalische Böden neutralisieren kann und daß dieser zusammen mit Düngemitteln eine bessere Ernte ergibt. So packte Rollin sein Hab und Gut zusammen und zog in sein heimisches Utah, um dort einen Gipsbruch abzubauen, der seinem Vater gehörte. Aber noch bevor er die nötige Ausrüstung dafür beisammen hatte, brach der Zweite Weltkrieg aus, und seine Bemühungen wurden erst einmal gestoppt.

Er durchstreifte das Flußgebiet von Sanpete County und gelangte zu einer Kette von genau einundzwanzig rosa leuchtenden terrassierten Hügeln, die sich 60 bis 150 Meter über der trockenen Wüste erhoben. Alle schienen sie ein rosafarbenes Erz zu enthalten. Verblüfft nahm er einige Proben davon nach Salt Lake City mit zu seinem Freund Dr. Charles Head, wissenschaftlicher Berater und Chefmikroskopiker am US-Amt für Bergbau. Head schaute sich die Probe unter dem Mikroskop an und ließ einen langen Pfeifton hören. «Wieviel von dem Zeug gibt es da draußen?» fragte er ganz aufgeregt.

«Mehrere Milliarden Tonnen», erwiderte Anderson. «Jedenfalls, was ich so erkennen kann.»

Heads Aufregung bezog sich nicht auf das Nitrat in den Proben, das – fälschlicherweise – als guter Dünger betrachtet wird. Das Besondere an den Proben war, daß sie aus einem kolloidalen Ton bestanden, der viele Mineralien enthält, die denen des Caliche-Gesteins von Chile und Peru ähneln, wo lange Zeit die Nitratvorkommen der Welt abgebaut wurden. In den Jahren 1919 bis 1925 war Head von der US-Regierung nach Südamerika abkommandiert gewesen, um die chilenischen und peruanischen Nitrate zu untersuchen, und er war zu der Überzeugung gekommen, daß es nicht die Nitrate sind, die den Pflanzen helfen, sondern die winzigen Mengen an Spurenelementen, die als Katalysatoren wirken. Diesen Begriff hatte der große schwedische Chemiker Berzelius geprägt. Er bezeichnet damit Substanzen, die eine chemische Reaktion beschleunigen, selbst jedoch nicht daran teilnehmen und somit auch nicht verändert werden.

In den zwanziger Jahren gab es nur wenige Wissenschaftler, vor allem auf dem Gebiet der Landwirtschaft, die etwas über Spurenelemente wußten; und wegen der Fortschrittsfeindlichkeit der offiziellen Stellen mußte Head vorsichtig sein, wollte er nicht seinen Job verlieren. Der vorherrschenden Meinung entsprechend waren Spurenelemente «Verunreinigungen», die die Nahrungsmittel verderben. Man setzte immer mehr auf die «raffinierten» Nahrungsmittel, aus denen die «Verschmutzer» entfernt wurden, um so eine Verbesserung der Nahrungsmittelqualität zu erreichen.

Nun hatte Head endlich Gelegenheit, seine eigene Theorie zu überprüfen. Anderson sollte ihm doch bitte etwas von dem Montmorillonit mahlen, dann würde er es seinen Pflanzen geben und abwarten, was geschähe. Anderson hatte wie jedermann damals in Kriegszeiten einen kleinen Schrebergarten und ließ nur zu gern etwas von dem pulverisierten Montmorillonit seinem Gemüse zugute kommen. Er legte auch Kontrollbeete an, um den Entwicklungsunterschied zu überprüfen.

Rollin erzählte uns stolz von seinen frühen Erfolgen. «Die ersten Tomaten waren sehr schön und sahen sehr gesund aus, während auf dem Kontrollbeet die Pflanzen von langen grünen Würmern angegriffen wurden. Wir entfernten die Würmer, wo immer wir sie entdeckten, aber sie fraßen jede Menge Blätter. Wo Azomit lag, fand sich kein Wurm. Die Pflanzen dort waren kräftiger, behielten die Früchte besser und dufteten gut. Hatte man das mit Azomit behandelte Gemüse erst einmal probiert, wollte man kein anderes mehr. Die Rüben in den Kontrollbeeten waren saftlos und holzig, während die Azomit-Rüben nur so vor Saft troffen und ganz zart schmeckten, ungeachtet ihrer Größe. Im Herbst hatten manche einen Durchmesser von fast 20 Zentimetern und schmeckten trotzdem so gut wie kleine, junge Rüben. Das gleiche konnten wir bei Tomaten, Kohl und Paprika feststellen. Und alles hielt sich auch viel besser, wenn wir es einmachten oder einfroren. Für uns stand fest, daß die Theorie von Dr. Head im Hinblick auf Mineralien, Spurenelemente und Katalysatoren damit endgültig bewiesen war. Wir hatten eine Substanz, mit der wir Ergebnisse erzielten, die man mit bloßem Auge sehen konnte.»

«Nicht einer von den hier ansässigen Geologen und Mineralogen», fuhr Rollin fort, «schien zu wissen, was wir in diesen Hügeln gefunden hatten. Einige meinten, es sei eine Rhyolithbrekzie, ein glasführendes Vulkangestein, das einem Granit ähnlich sieht. Andere hielten es für Diatomit, ein Gestein aus den kalkhaltigen Überresten winziger Meeresalgen. Wieder andere meinten, es sei Diatomeenschlamm. Aber für Head war es guter alter Montmorillonit, ein Aluminiumsilikat-Ton mit verschiedenen Mineralien, die nicht nur in den Vereinigten Staaten, sondern auf der ganzen Welt selten sind, aber von den Medizinmännern der Indianerstämme hochgeschätzt wurden. Auf Heads Anweisung hin bekam ich einige Rhyolithproben von den meisten bekannten Lagerstätten in Utah sowie aus anderen Staaten.

Nicht eine Probe glich unserem Fund, doch untereinander ähnelten sie sich. Unser Gestein war tatsächlich ein erstklassiger Montmorillonit-Ton. Nun meinten Geologen, es handle sich um alte Meeresablagerungen, die durch vulkanische Tätigkeit an die Oberfläche gelangt seien, eine Art von Sedimentation auf dem Meeresboden. Der Ton enthält alle wichtigen mineralischen Spurenelemente in einem ausgewogenen Verhältnis, wie die Natur sie hinterlassen hat. In dieser Form sind die Mineralien auf natürliche Weise cheliert – wie in Pflanzen und Tieren, auf eine organische, leicht assimilierbare Art.»

Rollin schüttete einen Teelöffel des rosabraunen Azomits in seine Handfläche und zeigte uns, daß das Pulver genauso fein ist wie ein Körperpuder. «Nun standen wir vor dem Problem», erklärte er, «das Zeug aus dem Boden zu kriegen und es mitten im Krieg zu mahlen, da doch alle Maschinen anderswo gebraucht wurden. Erst als der diensthabende Colonel eines Zeugkorps in Tooele, Utah, bereit war, mehrere Tonnen für ein Experiment zu bestellen, konnten wir uns eine kleine Hammermühle und einen alten Traktor kaufen. Mit dieser Behelfsausstattung begannen wir, das Gestein von den rosa Hügeln abzubauen und zu mahlen.»

Er sah uns äußerst zufrieden an. «Wir wissen jetzt, daß Azomit dazu beiträgt, den natürlichen Mineralausgleich im Boden zu stärken. Es hilft, den ‹versteckten Hunger› im Boden zu stillen, der infolge der langen Nutzung nicht mehr genügend Mineralien enthält. Boden ohne Humus lebt nur noch halb, und ohne Bakterien ist der Humus tot. Warum die Bakterien im Boden nicht richtig arbeiten können, liegt am Mangel an natürlichen Spurenelementen und Katalysatoren.

Ich bemerkte die Kraft, die im Azomit steckt, als ich mit Regenwürmern experimentierte. Bis ich es nicht selbst ausprobiert hatte, wußte ich nicht, daß Regenwürmer in einem mit Erde gefüllten Metallbehälter überleben können, und zwar vom Frühjahr bis zum späten Herbst und sogar den ganzen Winter über, solange man nur ein wenig Azomit und natürlich auch Feuchtigkeit hinzufügte. Die Würmer waren lebendig und gesund und hatten dank all dieser Elemente auch ein festes Körpergewebe. Sie wuchsen nicht nur, sondern pflanzten sich sogar fort. Jeder Angler weiß, daß Würmer in einem Eimer nach wenigen Stunden zusammenknäueln, schleimig, dünn und irgendwie durchsichtig werden und dann sterben, wenn man den Behälter nicht ständig mit frischer Erde oder Mulche und Feuchtigkeit auffüllt. Nun, ich hatte mindestens 200 Regenwürmer in einem 3-Liter-Gefäß, in dem sich nur die Erde befand, in der die Regenwürmer lebten, als ich sie sammelte. Sie überlebten darin vom frühen Juni bis Mitte November, und zwar weil ich einen gehäuften Eßlöffel Azomit, mit etwas Erde vermischt, hinzugab. Die Würmer waren genauso frisch und aktiv wie zu Beginn. Probieren Sie's doch auch einmal.»

«Wir bemerkten auch», fuhr er nach einer kurzen Pause fort, «daß wir mehr Erfolg hatten, wenn wir Azomit direkt mit den Samen oder den Wurzeln in Kontakt brachten. Wir probierten das am Rasen aus, aber die Leute beklagten sich, daß sie das Gras zu oft schneiden müßten. Bei Weiden und mehrjährigen Feldfrüchten hatten wir die besten Ergebnisse, wenn wir ungefähr 1500 Pfund pro Morgen streuten. Die Ergebnisse waren übigens nach dem zweiten oder dritten Jahr noch besser.»

Er zeigte mit der Hand über das Tal, wo viele Obstbäume in einem Hain wuchsen. «Auch Bäume, vor allem Obstbäume, scheinen auf Azomit genauso zu reagieren wie jede andere Pflanze. Wenn in einem Obstgarten die Bäume nicht richtig wachsen wollen, ihre Blätter sich einrollen, die Früchte nicht schmecken oder die Schädlinge überhandnehmen, so kann man dies alles innerhalb eines Jahres mit Hilfe von Azomit verbessern. Am Ende des dritten Jahres existierte keines dieser Probleme mehr.»

Rollin erklärte uns weiter, daß man mit der Azomit-Behandlung an den Bäumen im Herbst, direkt nach der Ernte, beginnen sollte. Man behandelt den Boden unter dem Baum bis etwa 50 Zentimeter zum Stamm hin, insgesamt etwa 200 bis 300 Pfund.

«Aber am meisten zahlte es sich aus», sagte er mit einem breiten Grinsen, «als wir das Zeug mit Silage den Kühen verfütterten. Die Tiere waren ganz begeistert von Futter, das auf Azomit-Weiden gewachsen war. Alle Tiere – Kühe, Pferde, Schafe, Ziegen, Kaninchen und Truthähne – bevorzugten mit Azomit behandeltes Heu. Wir haben Tiere gesehen, die durch knietiefes, üppig wachsendes Gras gingen, das jedoch noch nicht mit Azomit behandelt war, um dorthin zu gelangen, wo sie azomit-behandeltes Gras fanden. Dieses fraßen sie dann bis auf den letzten Halm ab. Hat man keinen gleichwertigen Ersatz für diese Spurenelemente, erweist sich die Tierzucht als schwierig, die Kälber sind klein und die Ferkel schwach. Rinder sind nicht in der Lage, das Futter vollständig zu verwerten. Milchkühe produzieren weniger Milch, Schafe haben ein dünneres Fell.»

«Erzähl ihnen doch noch etwas von unseren Hühnern», warf Else, seine Frau, ein. «Das war wirklich sehr erstaunlich.» Das ließ Rollin sich nicht zweimal sagen.

«Mit unserem Geflügel fing das alles eigentlich nur zufällig an. Es war sehr schwierig, das ganze Azomit zu feinem Pulver zu mahlen. Es blieb immer eine ganze Menge erbsengroßer Körner übrig. So hatte ich die Idee, diese Azomit-Körner an das Geflügel zu verfüttern, damit es sie als Steinchen in den Magen aufnehmen konnte. Ein Nachbar hatte etwas Azomit in einem Stall mit für den Kochtopf bestimmten Hühnern stehengelassen. Am nächsten Morgen war alles gefressen, und die bereits ‹abgeschriebenen› Hühner begannen aufs neue, Eier zu legen! Die Küken bekamen feingemahlenes Azomit vom ersten Tag an, und sie hatten offenbar dadurch mehr Appetit. Sie entwickelten sich sehr gut, bekamen eher Federn und hatten später einen größeren Prozentsatz von befruchteten Eiern. Legehennen fingen eine Woche früher als üblich mit dem Legen an, wobei die vorher sehr zerbrechlichen Eierschalen viel härter geworden waren. Wußten Sie übrigens, daß in den Vereinigten Staaten die Geflügelindustrie einen jährlichen Verlust von 60 bis 70 Millionen Dollar hat – wegen zerbrochener Eierschalen?»

Rollin machte eine Pause, um die Bedeutung seiner Worte zu unterstreichen, und fuhr dann fort: «Mit Putern hatten wir sogar noch größeren Erfolg. Azomit ließ sie früher reif werden, sie hatten ein größeres Gewicht, stärkere Beine und einfach eine bessere Fleischqualität. Dann meinten wir, das müßte doch eigentlich auch für die Rinder gut sein. Einmal hatte sich eine Kuh im Stall losgerissen, hatte einen Eimer mit Azomit gefunden und diesen völlig leergefressen, als wäre es das saftigste Futter. Wir verbreiteten diese Geschichte weiter und forderten die Rancher auf, es unter das Futter zu mischen. Ein Rancher schrieb uns, daß durch das Azomit-Futter der durchschnittliche Pro-Kopf-Gewinn pro Tag auf mehr als vier Pfund gestiegen war. Vor der Azomit-Fütterung betrugen die Kosten pro Kopf innerhalb von drei Monaten 140 Dollar. Mit Azomit waren sie auf 95 Dollar gesunken, und die Qualität des Fleisches war deutlich gestiegen. Ein anderer Farmer schrieb uns, daß seine sieben Holsteiner-Kühe, die er viermal künstlich hatte besamen lassen, erst dann trächtig wurden, als er 5 Prozent Azomit unter das tägliche Futter gemischt hatte. Was die Ziegen betraf, so bekamen bereits aussortierte Muttertiere, die eigentlich nicht mehr werfen konnten, weiteren Nachwuchs, und zwar von einem angeblich unfruchtbaren Bock. Die Schafe produzierten nicht nur viele Lämmer, sondern auch 50 bis 60 Prozent mehr Wolle.»

Rollin zeigte uns ein kleines Büchlein: *The Story of Trace Minerals* von Dr. Melchior Dikkers. Als Professor für Biochemie und organische Chemie an der Loyola University war Dr. Dikkers schon 1931 von den Eigenschaften des Montmorillonits beeindruckt gewesen. Er gehörte für ihn zu den erstaunlichsten und ungewöhnlichsten Materialien, mit denen er jemals in Berührung gekommen war. Jahrelange intensive Studien überzeugten ihn davon, daß die Spurenelemente von zentraler Bedeutung für alle lebenden Organismen sind. Vor allem seien sie wichtig für gewisse komplexe chemische Verbindungen, die den Stoffwechsel günstig beeinflussen.

Der Stoffwechsel hält uns am Leben. Er ist die Summe aller chemischen Reaktionen, die in jeder einzelnen Zelle unseres Körpers während 24 Stunden am Tag stattfinden. In jedem menschlichen Körper sind ständig über 30 Billionen Zellen am Werk, 20 Millionen allein im menschlichen Gehirn. Jede Zelle baut komplexe Verbindungen mit Hilfe von Enzymen auf. Es handelt sich dabei um große Proteine, die selbst auch von den Zellen synthetisiert werden. Es wurde Dr. Dikkers klar, daß die Spurenelemente für die Synthese dieser Enzyme wichtig sind und daß sie als Katalysatoren wirken, um chemische Umsetzungen allein durch ihre Gegenwart zu begünstigen. Sie selbst nehmen an der Reaktion nicht teil.

Unter bestimmten Voraussetzungen kommt es auch zu Kombinationen von Spurenelementen, die gänzlich neue Eigenschaften aufweisen, die sich von denen der einzelnen Elemente sehr unterscheiden. So wurde ein Zusammenspiel der Spurenelemente beobachtet, etwa von Eisen und Kupfer, die beide an der Blutbildung beteiligt sind. Bei Pflanzen wirken Eisen und Magnesium bei der Bildung des Chlorophylls mit.

Ohne Chlorophyll würde es kein Leben auf der Erde geben. Die allerersten grünen Pflanzen betrachtet man heute als ein Bindeglied zwischen der Sonnenenergie und dem Leben auf dem Planeten. Nur Grünpflanzen und gewissen Kleinstlebewesen ist es möglich, Sonnenenergie zu absorbieren, zu speichern, zu transformieren und auf den Menschen zu übertragen, und zwar in Form von Weizen, Mais, Gemüse und Obst. Ungekochte und unbehandelte Nahrungsmittel liefern Enzyme direkt ins Blut. Jede Zelle baut über zweitausend unterschiedliche Enzyme auf, wobei jedes ein Protein darstellt. Dies geschieht durch Aminosäuren, die der Körper mit der Nahrung aufnimmt, die am besten roh genossen werden sollte.

Enzyme werden bei einer Wärmeeinwirkung von rund 50 Grad Celsius zerstört, wie dies auch beim Pasteurisieren geschieht. Chemische Stoffe wie Fluor, Chlor, Blei, Barbiturate, Benzedrine, Amphetamine, Nikotin, Kohlendioxid, Nitrate, Schwefeldioxid, DDT und die meisten anderen Pestizide, Herbizide und chemische Dünger behindern die Enzymaktivität genauso wie Wasser- und Luftverschmutzungen.

Die Enzyme sind in ihrer Wirkung sehr von der Nahrung abhängig. Allein die Gegenwart von chemischen Zusätzen in den Nahrungsmitteln kann zur Folge haben, daß einige Spurenelemente verschwinden. Das gleiche geschieht bei chemischen Düngern im Boden. Sie verhindern, daß die Spurenelemente zu den

Pflanzen gelangen. Die Reaktionen der Enzyme werden beeinflußt von einem Mangel an lebenswichtigen Nährstoffen.

Dr. Rudolf Abderhalden, Direktor des Laboratoriums für endokrinologische und Enzym-Diagnose in Basel und Professor für Biochemie an der Universität in Halle (DDR), ist der Ansicht, daß die meisten Krankheiten ihren Ursprung in den Enzymen haben. Er behauptet, Stoffwechsel sei gleichbedeutend mit Enzymaktivität. Eine Krankheit ist demnach eine Störung im harmonischen Muster dieser Enzymaktivität, die von den Spurenelementen abhängt. Bricht dieses Enzymsystem zusammen, werden die Zellen krank oder sterben. Viele Ernährungsfachleute und Ärzte sind inzwischen der Meinung, daß es im Grunde nur eine Krankheit gibt: schlechte Ernährung. Aus ihr resultieren alle anderen Krankheiten.

«Wir wissen jetzt», sagte Rollin, «daß die Synthese aller bekannten natürlichen mineralischen Elemente das Geheimnis einer harmonischen synenergetischen Zusammenarbeit ist. Sie bildet die Basis für ein gesundes Leben. Azomit ist eine komplexe Mischung aus natürlichen kolloidalen Silikatmineralien und Spurenelementen. Über zweiunddreißig Spurenelemente – dazu gehören Eisen, Kobalt, Magnesium, Zink, Kupfer usw. – erscheinen in winzigen Mengen, die man nur in ppm messen kann. Und doch bilden sie den Grundstock jenes komplexen chemischen und elektrischen Mechanismus, der den menschlichen Körper ausmacht. Den größten Teil der natürlichen nichtorganischen Nährmittel können das Tier und die Grünpflanzen nur in kolloidalem Zustand aufnehmen.

Bei den Pflanzen stehen die Würzelchen und Wurzelhaare meistens in direktem Kontakt mit den kolloidal verteilten Nährstoffen. Man nimmt an, daß die Pflanzennährstoffe von den festen Teilchen des Bodens in die Pflanze gelangen, ohne daß sie die Einflußsphäre der Kolloide verlassen.»

Rollin legte Dikkers' Buch auf den Tisch und erklärte uns die Grundprinzipien seines wertvollen Azomits. «Da Spurenelemente sich gegenseitig beeinflussen, müssen sie ausgewogen aufgenommen werden. Ein Zuviel des einen kann sich in einem Zuwenig des anderen niederschlagen. Spurenelemente wirken als Aktivatoren und als Katalysatoren innerhalb der lebenden Zellen von Pflanzen, Tieren und Menschen. Sie bilden den Grundstock aller Lebensprozesse und haben einen Einfluß, der in keinem Verhältnis zu ihrer eigenen Größe steht. Auch wenn im Vergleich mit einem anderen ein bestimmtes Spurenelement nur klein und trotzdem wirksam ist, so kann dieses Element allein nichts ausrichten, sondern nur im Zusammenspiel mit anderen.»

Damit sind wir wieder zurückgekehrt zu den kolloidalen Gletscherablagerungen im Hunza-Wasser, in dem sich lauter elektrisch geladene Spurenelemente befinden und das eine wahre Lebensquelle darstellt. Wir fragten uns jetzt, ob Flanagan die Wirkung des Azomits verstärken könnte, wenn er es seiner Wirbelmethode unterziehen würde. Rollin griff den Gedanken sofort auf.

«Kolloidal ist ein Zustand, kein Mineral», sagte er mit Nachdruck. «Die feinen, staubartigen Mineralteilchen gehen in den kolloidalen Zustand über bis zu einer kritischen Größe. Sind Teilchen größer als ein Mikron (ein Mikron ist ein Millionstel Meter, und in einem Mikron sind 10 000 Ångström), so sind sie normalerweise in einem Zustand, von dem Pflanzen, Tiere und Menschen sofort und direkt Gebrauch machen können.»

Physiker können ein Stück Materie nur so lange unterteilen, wie es sich immer noch mit den stärksten Mikroskopen erkennen läßt. Danach können Teilchen nur noch weitergeteilt werden, indem sie ihren chemischen Charakter verlieren und in Moleküle zerfallen. Das kleinste noch unter einem Mikroskop erkennbare Teilchen ist eintausendmal größer als das größte Molekül. In diesem diffusen Materiezustand gibt es jene eigenartigen Formen, die Thomas Graham 1862 zum ersten Mal als «kolloidal» bezeichnete.

«Mit kolloidal», sagte Rollin, «meinte Graham jene Eigenschaft, bei der sich bereitwillig Kristalle bilden. Kolloide haben die Lebensaufgabe, tierische Membranen zu durchdringen – im Gegensatz zu amorphen Massen, die nicht durch tierische Membranen diffundieren und somit auch nicht assimiliert werden können.»

Hierin scheint die Erklärung für die außergewöhnliche Vitalität der Kolloide zu liegen, aber auch für die überraschenden Erfolge der Homöopathie, deren Lehre entsprechend eine Substanz um so stärker wirkt, je kleiner die Dosis ist. Man sagt, daß bei Pflanzen Kupfer am besten wirkt, wenn es in einer Konzentration auftritt, die niedriger ist als ein Teil pro zehn Millionen (Trockenmasse); Molybdän ist am wirksamsten in einer Konzentration von einem Teil auf 200 Millionen Teile und Kobalt bei einem Teil pro eine Milliarde Teile.

Nach den Gesetzen der Physik ist die Oberfläche aller Teilchen zusammen um so größer, je kleiner jedes einzelne der aufgeteilten Elemente ist. Ein Würfel mit einer Kantenlänge von einem Zentimeter hat eine Oberfläche von sechs Quadratzentimetern. Teilen wir denselben Würfel in acht Würfelchen, so wird die Gesamtoberfläche doppelt so groß. Erreichen die Würfelchen oder Teilchen eine mikroskopische Größe, wird ihre zusammengezählte Oberfläche enorm groß. Und je größer die Oberfläche, desto größer ist das Potential der Teilchen, sich mit Energie aufzuladen!

Bei Kolloiden ist das Verhältnis von Oberfläche zu Materialvolumen besonders extrem. Da gleichsinnige elektrische Ladung die Teilchen voneinander abstößt, sind die kolloidalen Teilchen in einer Lösung deutlich voneinander geschieden und erhalten sich so ihre Vitalität. Aber wenn die Ladung abnimmt (durch Licht, Hitze, elektrische Felder usw.), neigen die Teilchen dazu, sich aneinanderzuheften und zu gerinnen. Mit der Gerinnung verliert sich das kolloidale Verhalten. Das System bricht dann zusammen, und zwar im organischen wie im nichtorganischen Bereich.

Alles Lebendige ist in kolloidaler Form anzutreffen. Viele von dessen Eigenschaften finden wir auch in anorganischen Kolloiden. Das brachte den deutschen Nobelpreisträger für Physik, Wolfgang Pauli, zu der Ansicht, Kolloide seien das wichtigste Bindeglied zwischen der anorganischen und der organischen Welt. Damit hat er die wahre Lebensquelle gefunden.

Zu den eifrigsten Befürwortern von Rollins Azomit gehört der Tierarzt Dr. C. S. Hansen, der die außergewöhnliche Kraft der Spurenelemente auf die von ihnen ausgestrahlten Mikrowellen zurückführt. Er behauptet, Insekten besäßen eine angeborene Intelligenz, mit der sie kräftig wachsende, samentragende Pflanzen erkennen können. Gleichzeitig wissen sie aber auch, daß sie diese Pflanzen meiden müssen. Er sagte, er habe niemals Schadinsekten an einer Pflanze beobachtet, wenn diese die natürlichen Spurenelemente, wie Azomit, mit den ihnen eigenen Mikrowellen enthielt. Insekten meiden diese behandelten Pflanzen. Wächst die

Pflanze aber nicht richtig, so überträgt die Natur den Insekten die Aufgabe, sie aufzufressen.

«Sobald etwas eine minderwertige Qualität zeigt», sagt Dr. Hansen, «wird es zum Nahrungsmittel für Insekten. Damit können nur gesunde Pflanzen Samen für ihre Fortpflanzung entwickeln. Mangelhaftes Leben wird zerstört, so will es das Gesetz der Natur. Nahrungsmittel, die aus einem mangelhaften Boden stammen, sollten niemals für den menschlichen oder tierischen Verzehr verwendet werden, und auch nicht als Saatgut.»

Um die Wirkung der von den Spurenelementen ausgestrahlten Mikrowellen zu demonstrieren, nahm Dr. Hansen einen Beutel mit Azomit und verstreute das Pulver auf dem Boden rund um einen Orangenbaum, der reife Früchte trug. «Der Baum», erklärte er, «war mit lauter Schwermetallen belastet, wie Zink, Blei, Quecksilber und Insektiziden. Vier Minuten nach der Behandlung mit Azomit gab es nicht eine Orange oder ein Blatt mehr an dem Baum, woran man noch die schrecklichen Auswirkungen der Schwermetalle, des DDT und der anderen Chemikalien hätte erkennen können.»

Er war selbst so erstaunt über diese Ergebnisse, daß er das Experiment einige Male wiederholte. Seine Erklärung ist einfach, aber verblüffend: «Die Mikrowellen aus den Spurenelementen im Azomit wirken als Katalysatoren, so daß die Schwermetalle in harmlose Bestandteile umgewandelt werden. Diese kann die Pflanze oder der Baum anschließend verwerten oder automatisch dem Boden zurückgeben.»

Hansen erklärte uns, die Auswirkungen unterschiedlicher Strahlungsformen auf die Kolloide und das Protoplasma würden gerade umfassend untersucht. Es sei auch bereits bekannt, daß verschiedene Wellenlängen und Frequenzen auf Kolloide und Organismen einwirken. Ultraviolette Strahlen verringern oder stoppen das Fließen des Protoplasmas, woraus eine größere Zähflüssigkeit resultiert oder gar eine Gerinnung eintritt.

Rollin lehnte sich zurück und seufzte, halb erfreut darüber, daß er sich verständlich machen konnte, und halb verzweifelt über die Welt.

«Wir haben gegen die Natur gekämpft, weil die Insekten unsere Felder überfielen und unsere Ernten kaputtmachten. So töteten wir die Käfer, weil wir dachten, richtig zu handeln. Statt dessen töteten wir uns selbst. Dabei zerstörten die Käfer nur unsere Ernten, weil wir die Felder nicht richtig ernährten. Wir gaben den Pflanzen nicht die natürlichen Spurenelemente, durch die sie an die förderlichen ‹Mikrowellen der Schöpfung› gekommen wären.»

Was er mit «Mikrowellen der Schöpfung» meinte, sollte uns erst später klarwerden, als wir einen ganz außerordentlichen Ornithologen und Entomologen kennenlernten. Zunächst jedoch trafen wir einen großartigen Biologen.

# 18 Mit Biomasse könnt's gehen

Es gibt genügend Gesteinsmehl, Milliarden von Tonnen. Es gibt genügend organisches Material, Milliarden von Tonnen an Müll und Klärschlamm. Die Bevölkerung der Vereinigten Staaten produziert pro Sekunde 1200 Pfund Exkremente. Und in derselben Stunde produzieren die Haustiere der Amerikaner eine weitere Viertelmillion Pfund. Außerdem gibt es ungefähr zwei Milliarden Morgen Land auf der Welt, das nicht genutzt wird; allein in den Vereinigten Staaten sind es 62,5 Millionen Morgen. Könnte man nicht endlich mit dem Einsatz giftiger Chemikalien aufhören, mit der Nutzung fossiler Brennstoffe? Könnte man nicht statt dessen aus all dem Staub, Schlamm und dem übrigen Land Biomasse herstellen, die in der Lage ist, das $CO_2$ zu reduzieren, und mit deren Hilfe man die immer noch wachsende Weltbevölkerung ernähren könnte?

Die Antwort darauf ist nicht der Phantasie eines unverbesserlichen Utopisten entsprungen, sondern den Daten der großen Beltsville Research Facility im US-Ministerium für Landwirtschaft. Diese Anlage erstreckt sich meilenweit in der Gegend von Maryland im Norden von Washington, D. C., und soll – finanziert mit Steuergeldern – durch ihre Experimente und Forschungen dazu beitragen, die landwirtschaftlichen Bedingungen für die Farmer zu verbessern.

Natürlich gab es solche Überlegungen immer wieder während der letzten fünfundzwanzig Jahre, vor allem in Beiträgen von Experten in Charles Walters' Monatsschrift *Acres U.S.A.* Aber diesmal kamen die Vorschläge ganz offiziell von der Regierung, genauer gesagt von James A. Duke, Doktor der Botanik und Taxonomie und Spezialist für halluzinogene Pflanzen. Von seinem Büro aus überblickt er eine Grünfläche vor der riesigen USDA-Bibliothek, die niemals auch nur ein einziges Buch von Steiner oder Kolisko angeschafft hat!

Allein mit dem zur Zeit brachliegenden Ackerland, sagt Dr. Duke, könnten wir von Energielieferungen unabhängig werden und bräuchten keine fossilen Brennstoffe mehr zu verwenden. Gleichzeitig könnten wir mit Hülsenfrüchten und Getreide einen Proteinüberschuß erzielen und damit einen Beitrag zur Verringerung der erschreckenden Schuldenlast der Nation leisten. Und das allein durch Bebauung unserer Grenzertragsböden, insgesamt 62,5 Millionen Morgen, und zwar unter Anwendung der Zwischenfrucht-Methode der amerikanischen Indianer, die Hülsenfrüchte wie Luzerne neben Getreide oder Mais pflanzen. Auf diese Weise könnten wir «Energiefarmen» auf den bis jetzt noch nicht genutzten Böden schaffen. Solche Farmen wären in der Lage, nicht nur die Nation zu ernähren, sondern aus den Feldfrüchten auch Treibstoffe zu gewinnen, so daß wir von den Ölimporten unabhängig würden. Bei dieser Rechnung sind noch nicht einmal die 125 Millionen Morgen Land berücksichtigt, die heute mit Mais bepflanzt sind oder auf denen Heu geerntet wird – Heu, das zu 90 Prozent für das Vieh verwendet wird.

Treibstoff für unsere Autos aus frischen Pflanzen herzustellen ist genauso einfach wie dessen Gewinnung aus fossilisierten Rückständen von Pflanzen und Kleinstlebewesen. Aber die Pflanzen haben einen großen Vorteil: Sie wachsen ständig nach, Jahr für Jahr und auf Dauer. Pflanzlicher Treibstoff verschmutzt die Umwelt kaum, ist billig zu gewinnen und kann Benzin und Diesel ersetzen. Das würde den Treibhauseffekt infolge des niedrigeren Industrieausstoßes von $CO_2$ bedeutend verringern. Gleichzeitig gäbe es mehr Vegetation, die den augenblicklichen Überschuß an Kohlendioxid absorbieren und damit dem Treibhauseffekt ein Ende setzen würde. Die organischen Abfälle einer solchen Goldgrube würden darüber hinaus mithelfen, die minderwertig gewordene Erde zu erneuern.

Wie Duke sagt, wächst Alfalfa in den kalten Monaten besonders gut. Pro Morgen kann man daraus so viel Energie gewinnen, wie sie 2 bis 7 Barrel Öl liefern. Aufgrund der Durchschnittserträge von Alfalfa-Feldern kommt Duke zu dem Schluß, daß wir fast eine Tonne eßbarer Proteine pro Morgen Alfalfa gewinnen könnten (und das wäre nur ein Siebentel von dem, was Harald Aungst mit seiner Klangtherapie erzielt).

«Der Trick bei der Sache», erklärte Duke, «ist, Hülsenfrüchte neben Getreide zu pflanzen. Natürlich stimmt es, daß man mehr Getreide erntet, wenn man es allein anbaut. Aber wenn man sie zusammen anbaut, erhält man mehr Biomasse, und das ist es ja, was wir wollen.»

Mais gehört zu den produktivsten Pflanzen mit der besten Photosynthese mitten im heißen Sommer. Die Stengel und Blätter der Pflanze gewinnen mit Hilfe des Sonnenlichts pro Morgen so viel Energie, wie in 20 Barrel Öl enthalten ist. Dazu kämen 6 Barrel von den Körnern, falls diese auch für die Treibstoffproduktion verwendet würden. Um einen solchen Ertrag zu erreichen, sind nur 2 Barrel Öl pro Morgen nötig, davon 1 Barrel für die Herstellung von Stickstoffdünger. Aber Alfalfa fixiert wie die meisten Hülsenfrüchte Stickstoff aus der Atmosphäre, ungefähr 200 Pfund pro Morgen, wobei das eine Barrel Öl leicht aufgewogen wird. Die 55 Millionen Tonnen Protein, die aus den 62,5 Millionen Morgen brachliegenden Landes kämen, würden zehnmal ausreichen, um die Amerikaner zu ernähren. Nach Extraktion der Proteine würden die verbleibenden organischen Reste das jährliche Äquivalent von 250 Millionen Barrel Öl darstellen. Man würde aus der Zellulose Zucker und daraus Alkohol gewinnen. Das allein würde die Importe aus den Ländern am Persischen Golf deutlich einschränken.

Duke griff den Traum von Pfeiffer wieder auf und schätzte, daß die 62,5 Millionen Morgen Mais und Alfalfa bei einer Düngung mit Klärschlamm den täglichen Ölimport um 1 000 000 Barrel reduzieren könnten. Dieser liegt augenblicklich bei fast 7 000 000 Barrel.

Doch da bleiben noch die 125 Millionen Morgen Land, die zur Zeit vor allem für die Heugewinnung bzw. für Futtermais genutzt oder mißbraucht werden. Wenn wir dieses Land ebenfalls in «Energiefarmen» mit einer Kombination von Hülsenfrüchten und Getreiden umwandelten, könnten wir nach Meinung von Duke für den Konsum im Inland und den Export 100 Millionen Tonnen von Hülsenfruchtproteinen sowie mehr Mais produzieren, als wir jemals geerntet haben. Aus den Rückständen ließen sich 3,5 Milliarden Barrel Öl gewinnen.

Damit wäre der gesamte Energiebedarf des Landes gedeckt. Doch es gibt auch noch andere Vorteile. Indem wir durch die organischen Energiefarmen unabhängig werden, könnten wir, so sagt jedenfalls Duke, auch neue Arbeitsplätze auf den Farmen und in der heruntergekommenen Bau- und Automobilindustrie schaffen. Denn es würden mehr Arbeitskräfte benötigt, um diese Energiefelder zu bepflanzen, zu pflegen und abzuernten und um die Pflanzen weiterzuverarbeiten.

Es müßten kleinere Fabrikanlagen in der Nähe der Energiefarmen gebaut werden, umd die Feldfrüchte umzuwandeln in Treibstoffe wie Ethanol (Bioalkohol), Methanol (Holzalkohol) und Methangas. Sie alle verschmutzen die Umwelt weniger als Benzin.

Bei dieser Vorstellung muß man unwillkürlich wieder an Pfeiffer denken. Schon in den sechziger Jahren hatte der Einzelgänger Donald Despain, Wirtschaftswissenschaftler und Industrieberater, eine völlig neue Industrie vorgeschlagen, bei der die Landwirtschaft nicht mehr nur Nahrungsmittel produziert, sondern auch Industrieprodukte herstellt. Dadurch würde die Landwirtschaft ein florierendes Unternehmen, wie dies noch nie zuvor in Amerika der Fall gewesen war.

Im Jahre 1972 erzählte er seiner Zuhörerschaft: «Da die Landwirtschaft nun in eine langfristige Krise geraten ist und die Farmer immer noch die gleichen Preise für ihre Produkte bekommen wie vor zwanzig Jahren – während sie selbst für alles dreimal soviel zahlen müssen –, könnte man erwägen, Feldfrüchte zur Alkoholherstellung anzubauen. Das könnte die Landwirtschaft aus der Depression holen und zum Blühen bringen.»

Auch ein Manager der Dow Chemical Company, William S. Hale, sagte dazu: «Alkohol kann aus jedem landwirtschaftlichen Erzeugnis, das Zuckerkristalle enthält, hergestellt werden und ist das einzige Produkt, das wir aus überschüssigen landwirtschaftlichen Produkten gewinnen können.»

So ist also bereits seit einem halben Jahrhundert bekannt und bewiesen, daß Verbrennungsmotoren auch mit Alkohol als alleinigem Treibstoff oder mit Benzin und einem Alkoholzusatz laufen können. Warum wurde dieses Wissen bis heute nicht genutzt? Schon in den dreißiger Jahren verfaßte Dr. Leo M. Christensen die Schrift *Power Alcohol and Farm Relief,* in der er ausführlich die wissenschaftliche Literatur über die Verwendung von Ethylalkohol als billigem Treibstoff für Verbrennungsmotoren zusammenfaßte. Inzwischen bestätigen Untersuchungen, daß der Alkohol vom Standpunkt der Nationalökonomie aus der beste Treibstoff ist. Er verfügt über sehr viele Vorteile und kann von jedem Land selbst hergestellt werden, was die Abhängigkeit von Ölimporten verringert.

Für die Farmer war von besonderem Interesse, daß sie ihren Treibstoff auf der eigenen Farm gewinnen konnten – in größeren Mengen eventuell auch in genossenschaftlichen Destillieranlagen, die jede Feldfrucht, die Zucker oder Stärke enthält, in Bioalkohol verwandeln.

Die Verwendung von Bioalkohol unterstützte auch Trumans Landwirtschaftsminister Charles F. Brannan. Und ein USDA-Experte erklärte einem Senator, es gebe keinen Grund, beschädigtes Getreide nicht für die Produktion von Industriealkohol herzunehmen. Doch kurz nachdem der Doyen eines militärisch-industriellen Establishments, Dwight D. Eisenhower, 1952 Präsident geworden war, bildete man eine Spezialkommission, die sich um die amerikanische Nachkriegs-Landwirtschaft kümmern sollte. Diese Kommission ignorierte die fünfundsiebzigjährige Erfahrung, die Rußland, Polen, Italien, Frankreich und England mit dem Bioalkohol gemacht hatten, und konstatierte, «sie habe keinen Hinweis für die Richtigkeit der Annahme gefunden, daß beim augenblicklichen Wissensstand und unter den augenblicklichen ökonomischen Bedingungen die Verwendung von Industriealkohol als Motorbrennstoff gerechtfertigt sein könnte». Während die Kommission behauptete, der Alkohol als Brennstoff sei nicht effizient genug, bestand Walters darauf, daß Alkohol genausoviel Energie enthalte wie Benzin, sauberer verbrenne, weniger Abgase ausstoße und den Motor nicht unnötig belaste.

Schon 1983 hatte Duke den Auftrag bekommen, die 200 vielversprechendsten Pflanzen für die Produktion erneuerbarer Energie miteinander zu vergleichen. Neben den bereits bekannten

Pflanzen wie Zuckerrohr oder Erdnuß kommen auch viele exotische Arten in Frage, etwa die «Petroleumpflanze», *Euphorbia*, eine Wolfsmilch, die «Dieselbäume» der Gattung *Copaifera*, die wie Gummibäume bluten und ungefähr 50 Barrel Diesel pro Morgen und Jahr ergeben, die Kerosinbäume, *Sindora*, ebenfalls große tropische Gewächse, deren Harz gesammelt wird, und Petroleumnüsse wie *Pittosporum*. Das Holz dieses baumförmigen Hülsenfrüchtlers verbrennt man zur Elektrizitätsgewinnung. Ferner wäre zu nennen die schnellwüchsige, ölhaltige *Leucaena*, ein ursprünglich philippinischer Baum, aus dessen Früchten man Kerosin gewinnen kann.

Wie Duke sagt, wäre es auf Hawaii wirtschaftlich vernünftig, Elektrizität aus der *Leucaena* zu gewinnen. Auf den Philippinen könnte der Bedarf jeder Familie an Petroleum von der Pflanze *Pittosporum resiniferum* befriedigt werden. Und den gesamten Treibstoff der USA könnten große Plantagen der «Petroleumpflanze» *Euphorbia* decken, ein Strauch, der einen bitteren Milchsaft aufweist.

Nach den Hülsenfrüchten und Gräsern gibt es als drittes noch die wichtige Familie der Ölpalmen. Sie produzieren große Mengen Öl und können auch auf Grenzertrags- und sogar Wüstenböden wachsen. Nach Auskunft des Office of Technological Assessment (1984) befinden sich zwei Milliarden Hektar tropischen Landes in verschiedenen Erosionsstadien, ein vergeudetes, potentielles Kapital. Würde man dieses heruntergekommene Land mit Klärschlamm verbessern und darauf Energiebäume wachsen lassen, so könnte man Energie gewinnen und zeitweilig den $CO_2$-Gehalt der Atmosphäre senken.

Tropische Länder mit wenigen oder gar keinen fossilen Brennstoffen gehen an ihren hohen Energiekosten zugrunde. Sie müssen Energiealternativen finden und nach natürlichen Quellen Ausschau halten, die für sie schnell erreichbar sind. Duke schlägt für die Dritte Welt eine Vielzahl von Palmölen vor, die diese Länder unabhängig von der Ölversorgung machen könnten. Meistens muß das degradierte Land bewässert und entsalzt werden. Aber in den Mangrovensümpfen Südostasiens gibt es auch die Nipapalme, die sogar dann noch wächst, wenn sie ein- bis zweimal pro Tag von Salzwasser überflutet wird. Die Nipa kann zwei- bis dreimal so viel Alkohol pro Hektar liefern wie das Zuckerrohr. Und die Philippinen allein verfügen über 400 000 Hektar, die für den Nipa-Anbau geeignet wären. In diesem Zusammenhang sagte uns Duke: «OPEC könnte ein Akronym für *O*il *P*alm *E*xporting *C*ountries werden. Die Ölpalmen könnten in früher unproduktiven Ländern eine Menge $CO_2$ binden, wo dies bisher kaum geschah.»

Die Babassupalme (*Orbignya barbosiana*) trägt pro Jahr mehr als eine Tonne Früchte. Während des Zweiten Weltkriegs gewann man flüssige Brennstoffe aus der Babassu; sie brannten gut und sauber in Dieselmotoren. Die Rückstände wurden in Koks und Holzkohle umgewandelt. In Brasilien sind fast hunderttausend Menschen in den 15 Millionen Hektar großen Sumpfgebieten beschäftigt, die als «die vermutlich größte Industrie der Welt für pflanzliche Öle» gelten. Diese Industrie hängt vollständig von wildwachsenden Pflanzen ab, entwickelte sich aus bäuerlichen Anfängen und ist zu einer weiteren Expansion fähig. Die Frucht besteht zu 10 Prozent aus Kernen und zu 50 Prozent aus Öl, wobei sich ein Gesamtertrag von 40 Kilogramm Öl pro Baum ergibt. Ironischerweise ist Brasilien gezwungen, Dieseltreibstoff zu importieren, obwohl es führend in der Entwicklung von Bioalkohol aus Feldfrüchten ist und eine Milliarde Gallonen Alkohol pro Jahr aus Zuckerrohr gewinnt. Dabei wäre dieses Land geradezu prädestiniert, Dieselöl aus Palmen zu produzieren, die doppelt soviel Energie liefern wie Zuckerrohr und auch einfacher anzubauen sind.

Duke ist davon überzeugt, daß die Ölpalme (*Elaeis guineensis*) ertragreicher ist als andere Palmen. Verestertes Palmöl ist ein wunderbarer Ersatz für Dieseltreibstoff und verschmutzt die Umwelt weniger.

Nach Meinung von Clement und Mora Urpi (1984) könnte die Pfirsichpalme (*Bactris gasipaes*) viermal soviele Früchte liefern wie die Dattelpalme, das heißt 11 bis 30 Tonnen pro Hektar, ja vielleicht sogar 55 Tonnen. Der Ölertrag wäre genauso groß wie bei der Ölpalme, und die Abfallprodukte wären sogar noch nahrhafter. Man spricht von einem Ertrag von 35 bis 105 Barrel Öl pro Hektar und pro Jahr, und zwar jedes Jahr aufs neue. Malaysia befindet sich an vorderster Front in der Palmölproduktion und verfügt über 24-Stunden-Pipelines, die das Palmöl aus dem Landesinnern an die Küsten befördern.

Um die ganze Welt mit Treibstoffölen zu versorgen, wären 2 Milliarden Hektar Palmöl nötig. Könnte man den Ertrag durch biotechnologische Maßnahmen verdoppeln, wie dies Steiner, Carlson und andere vorgeschlagen haben, bräuchte man nur halb soviel Land. Laut den OTA-Zahlen gibt es 4,8 Milliarden Hektar Land in den Tropen, 1,8 davon Wald. So blieben noch 3 Milliarden übrig, um Energieplantagen zu entwickeln. Um das darin steckende Potential zu erhöhen, schlägt Duke vor, geklonte Gewebekulturen zu screenen, um Sorten zu finden, die widerstandsfähiger sind gegen Aluminiumionen, Kälte, Dürre, Salz und Salzwasserberieselung.

Um wieder eine grüne Welt statt eines Treibhauses zu bekommen, müßten wir nach Meinung von Duke überall auf unserem Planeten die Photosynthese erhöhen. Damit würde mehr $CO_2$ absorbiert und in Kohlehydrate eingebaut. Nur auf diese Weise können wir den Treibhauseffekt aufhalten; das wäre eine einfache, billige und bedeutend praktischere Lösung als die weit hergeholten und teuren Vorschläge besorgter Klimatologen. Ein Hektar *Leucaena* zum Beispiel kann pro Jahr 25 Tonnen $CO_2$ binden, das bedeutet 2500 Tonnen pro Quadratkilometer, zumindest bis die Bäume ihre volle Reife erreicht haben.

Doch wie Duke uns mitteilte, sind viele Palmenarten zur Zeit gefährdet. Die empfindliche Pflanzenfamilie scheint genauso schnell zu verschwinden wie die Energiequellen, die sie ersetzen könnte. Es wären gemeinsame Anstrengungen nötig, um *alle* Palmen auf ihr ökonomisches Potential hin zu untersuchen, solange es sie noch gibt.

«Dann haben wir noch die Möglichkeit der Energieeinsparung. Gut die Hälfte der Energie, die diese Nation verbraucht – und das ist mehr Treibstoff, als zwei Drittel der Weltbevölkerung verbrauchen –, könnte durch Sparmaßnahmen erhalten bleiben. Dadurch allein würde der Beitrag der USA zum Treibhauseffekt um 50 Prozent gesenkt – das entspräche einem Drittel der Weltbelastung.»

Jeder Nordamerikaner verbraucht pro Jahr 2900 Gallonen Heizöl, fast 70 Barrel. Er nutzt davon 17 Prozent zur Nahrungsmittelherstellung. Die Amerikaner verbrauchen viel mehr Energie für die Produktion, die Weiterverarbeitung und den Verkauf von Nahrungsmitteln, als Energie in diesen enthalten ist. Und jedes Jahr verbraucht der Durchschnittsamerikaner mehr Holz in Form von Papier, als die Menschen in der Dritten Welt verbrauchen, um ihr Essen zu kochen.

Um in Amerika Land zu bestellen, sind 300 Gallonen Öl pro Morgen nötig. 90 Prozent aller in den USA angepflanzten Getreide- und Maissorten sind für Rinderherden bestimmt. Sie liefern das tierische Protein, auf das die Amerikaner so scharf sind. Eine aus viel Fleisch bestehende Mahlzeit kostet am meisten Energie. Ein amerikanischer Stier frißt 21 Pfund Pflanzenproteine und produziert dafür nur 1 Pfund Protein in seinen Steaks. Erstaunliche 25 000 Kalorien sind nötig, um jeweils 1000 Kalorien Rindfleisch zu produzieren. Wenn alle Amerikaner Vegetarier würden, so könnte das ganze Getreide zur Energieproduktion verwendet werden. Dadurch ließe sich die Energiekrise lösen, und die Menschen würden wieder gesünder. Nach Informationen von John Robbins könnten 1,3 Milliarden Menschen von dem Getreide und den Sojabohnen leben, die heute an die Rinderherden in den USA verfüttert werden. Und würde die US-Bevölkerung ihren Fleischverbrauch um nur 10 Prozent verringern, so könnten auch jene 60 Millionen Menschen ernährt werden, die zur Zeit Jahr für Jahr verhungern.

Energieeinsparungen würden keine Einschränkung auf lebenswichtigen Gebieten erfordern. Man würde nur der Verschwendung Einhalt gebieten. Oft bringt ein in Sparmaßnahmen gesteckter Dollar mehr Nettoenergie als in die Entwicklung neuer Energiequellen investiertes Geld. 30 bis 50 Prozent der Gesamtenergien ließen sich in den meisten bereits bestehenden Häusern einsparen. In neuen Gebäuden wären es 50 bis 80 Prozent.

Duke machte eine Menge ermutigende Vorschläge, wie die Zukunft des Landes verbessert werden könnte. Viele dieser Vorschläge sind den organischen Gärtnern bereits bekannt, etwa das Anlegen von Gärten auf Dächern, das ökologische Pflanzen von Bäumen in Zweier- und Dreierreihen anstelle der Monokulturen; die Entwicklung geeigneter Kletterpflanzen, die während des Sommers an den Häuser emporranken und damit als natürliche Klimaanlagen dienen, Energie sparen und den $CO_2$-Gehalt verringern. Außerdem könnten an jedem Fenster Kräuter und Blumen wachsen. Doch das Wichtigste wäre die Wiederaufforstung, da ist Duke der gleichen Meinung wie Hamaker. Duke schlägt vor, zu den bestehenden, langsam wachsenden Bäumen noch schnellwüchsige Arten hinzuzunehmen. Im Augenblick verschwinden in den Vereinigten Staaten alle fünf Sekunden so viele Bäume wie auf einem Morgen wachsen.

Eine Brennholzfarm, die jährlich 50 Tonnen pro Hektar produziert, könnte zweimal soviel $CO_2$ binden wie eine, die nur 25 Tonnen herstellt. In den Wäldern gesammeltes und statt der fossilen Brennstoffe verfeuertes Holz würde mehr Platz schaffen für Grünpflanzen.

Richard Saint Barbe Baker, ein englischer Förster, der die Bewegung zur Rettung der kalifornischen Mammutbäume anführte, postulierte dementsprechend in seiner bioethischen Philosophie, daß auf der ganzen Welt etwa 26 Milliarden Bäume gepflanzt werden müßten; denn die Existenz des Menschen hänge von den Bäumen genauso ab wie von den Kulturplanzen. Außerdem seien die Bäume für die Landwirtschaft wie für das Atmen gleichermaßen wichtig. Um unser Überleben zu sichern, müßte mindestens ein Drittel des gesamten Landes auf unserem Planeten mit Bäumen bestanden sein. Dieser Prozentsatz ist jedoch stark gefährdet, da wir allein in den Regenwäldern in jeder Sekunde einen ganzen Morgen verlieren.

Wenn 22 Prozent der landwirtschaftlichen Flächen ständig mit Bäumen bepflanzt wären, würde sich der Ernteertrag auf den angrenzenden Flächen verdoppeln, meint Saint Barbe, wie seine Freunde ihn nennen. Bäume schaffen ein Mikroklima, das den Feldfrüchten zugute kommt; sie verringern die Windgeschwindigkeit, heben den Grundwasserspiegel und ernähren viele Regenwürmer.

Saint Barbe und anderen ist es gelungen, Tausende von Menschen dazu zu bringen, Millionen von Bäumen zu pflanzen. Doch er ist der Ansicht, daß weitere Millionen gepflanzt werden müßten. Ein Anhänger der weltweiten Bewegung zur Rettung der Bäume, Charles Peaty, verbrachte sein Leben mit dem Pflanzen, Pflegen und Ernten der Wälder in Europa und beschloß dann, etwas für die Wiederaufforstung der vom Menschen verwüsteten Gebiete Westaustraliens zu tun, die noch vor knapp einem Jahrhundert von Hartholzwäldern und Büschen bedeckt waren, die das Land Jahr für Jahr in einen blühenden Teppich verwandelten.

Nachdem die Farmer das Land gerodet hatten, wurde innerhalb einer Generation die dünne Ackerkrume von Wirbelstürmen und Regengüssen abgetragen. Die mit Kunstdünger vollgepumpten Abwässer sammelten sich in Bächen und Flüssen und verwandelten diese in Salztümpel, während die an den Ufern stehenden Bäume zu Kleinholz wurden. Zur Schaffung neuer Baumbestände und Schutzgürtel erfand Peaty eine spezielle Methode, um Bäume auch in Wüstengebieten zu pflanzen, mit geringer oder keiner Bewässerung. Während der letzten sechs Jahre pflanzte er in den baumlosen Farmgebieten unter anderem Falschen Mahagoni, Mallotusbäume (ein baumförmiges Wolfsmilchgewächs), Zypressen, zwei Arten von Akazien, elf Arten von Eukalyptus und Kasuarinen. Der Lohn seiner Anstrengungen waren Schutzgürtel um mehr als tausend Farmen herum und eine Kiefernplantage hundertsiebzig Meilen südlich von Perth, die Millionen von Dollar wert ist.

Peaty sagte den australischen Farmern: «Wenn jeder von euch Bäume pflanzt, so wird der Wind abgehalten und der Boden, das Wasser und die ganze Umgebung werden wieder ins Gleichgewicht gebracht. Auch die lang vermißten Vögel werden wieder zurückkehren.»

Nur indem wir neues Leben in unsere ausgelaugten Böden bringen, können wir hoffen, das zurückzugewinnen, was die Zivilisation verspielt hat: den Lebensreichtum auf unserem Planeten, dessen Geheimnis in unseren Böden liegt.

Unser Problem ist allerdings die Zeit. Hat Hamaker recht, so haben wir bereits die Chance verpaßt, rechtzeitig jene Bäume zu pflanzen, die den Planeten vor der Katastrophe retten könnten. Aber es bleibt noch eine Hoffnung: Seit Milliarden von Jahren lebt sie auf unserem Planeten, die älteste, härteste Pflanze, eine Überlebenskünstlerin – die einzellige Blaualge *Aphanizomenon*. Sie ist eigentlich keine Alge und damit keine Pflanze, sondern ein Bakterium. Diese Blaualgen vermehren sich mit großer Geschwindigkeit und könnten nach Meinung des Wissenschaftlers, Autors und Lehrers Daryl J. Kollman den $CO_2$-Überschuß binden und die Welt ernähren. Man könnte sie überall auf der Welt, vor allem in so großen Lebensräumen wie der Sahara, in eigens dafür angelegten Teichen züchten. Ihre Biomasse würde große Mengen $CO_2$ absorbieren. Kollman meint, daß keine «richtige» Pflanze schnell genug wächst, um die Biomasse herzustellen, die uns retten könnte.

Alles, was zur Algenzucht nötig wäre, sind ein Teich, ein Boot, Wasser und Gesteinsmehl als Nahrung. All dies wäre einfacher, billiger und wirkungsvoller als die Vorschläge der Klimatologen. Es müßte noch nicht einmal fließendes Wasser sein. Allerdings sollte das Wasser verwirbelt werden, damit die Algen dem Sonnenlicht ausgesetzt sind. Dann entziehen sie das $CO_2$ direkt der Luft. Laut Kollman ergeben diese Algen das beste Nährmittel der Welt. Sie enthalten genügend Proteine, um Millionen von hungernden Menschen zu retten. Und sollte aus irgendeinem Grund eine Zucht mal nicht gelingen, so ergibt sie noch immer einen erstklassigen organischen Dünger.

Diese altertümlichen Organismen sehen aus wie Bakterien, haben aber Zellwände und eine größere Fähigkeit zur Photosynthese, ja, sie sind die effizientesten chlorophyllproduzierenden Lebewesen. Als Einzeller ist jedes Individuum selbständig.

Für Kollman stehen die Blaualgen am Anfang der Nahrungskette, die meisten Bakterien hingegen an deren Ende. Seit Milliarden von Jahren bewohnen Blaualgen jeden Wassertropfen und jeden Zentimeter fruchtbaren Bodens, stellen aus Mineralien, Gasen, Wasser und Sonnenlicht für Bakterien, Pflanzen und Tiere lebenswichtige Nährstoffe her. Sie produzieren etwa 80 Prozent der Biomasse der Welt.

Vor einigen Jahren stieß Kollman auf ein fast unerschöpfliches Vorkommen an Blaualgen im Klamath-See in Süd-Oregon in der Nähe der stillen Holzhändlerstadt Klamath Falls. Der See ist 130 Quadratmeilen groß und die einzige bekannte zugängliche und nichtverschmutzte Stelle, wo solche Algen im Überfluß gedeihen. Geologen schätzen, daß in den vergangenen 10 000 Jahren der See jedes Jahr 200 Millionen Pfund Algen hervorbrachte. Diese Vermehrungsrate wird für alle Zeiten weiterbestehen, ohne daß die gesunde Ökologie des Sees gestört wird.

Der See liegt inmitten der wunderschönen Cascade Mountains und ist durch seine Lage zu einer «Goldgrube» geworden, einer natürlichen Falle für lebenbildende Nährstoffe. Regen und Schnee fallen auf die 4000 Quadratmeilen reichen Vulkanbodens der Oregon Cascades und waschen Millionen von Tonnen nahrhafter Ackerkrume in den Klamath-See. Alle erforderlichen Mineralien werden von den Gletschern heruntergewaschen und stehen dann den hungrigen Algen zur Verfügung. Mit Hilfe ihres Chlorophyllreichtums und mit der Sonnenkraft wandeln die Algen die Nährstoffe in chelierte organische Moleküle um – in eine Supernahrung, die einem hungernden Planeten helfen könnte.

Zusätzlich zu diesem Nahrungsangebot haben die Algen sich während der vielen Jahrtausende zu tiefen Sedimenten angehäuft, die nun den Boden des Sees bis zu einer Tiefe von zehn Metern bedecken. Wie Kollman sagt, würde allein der oberste Zentimeter dieser Sedimentschicht eine sechzig Jahre dauernde Algenblüte ermöglichen, ohne daß weitere Nährstoffe in den See gelangen müßten. Und das Wasser ist nicht verschmutzt. Da es in diesem Gebiet keine Industrie, keine Stadtabwässer und keine Umweltchemikalien gibt, fließen die Flüsse und Bäche als reine, klare und trinkbare Gewässer in den See.

Im Jahre 1976 züchteten Kollman und ein Assistent als erste Forscher in den Vereinigten Staaten in systematischen Versuchen die Grünalgen *Spirulina* und *Chlorella*, die heute einen großen Markt haben. Aber Kollman war noch nicht zufrieden. Er wollte die Algen nicht in Teichen züchten. Außerdem machten die zellulosehaltigen Zellwände von *Chlorella* eine Assimiliation sehr schwierig. Die Entdeckung der Algen, die wild in einer der größten natürlichen «Nährmittelfallen» der Welt wuchsen, völlig frei von künstlichen Einflüssen, gab ihm die Antwort auf beide Probleme: Die Zellwand von *Aphanizomenon* besteht aus einer Substanz, die fast identisch ist mit dem Glykogen. Sie kann zu 95 Prozent von Menschen aufgenommen werden. Außerdem enthalten die Algen alle für Tiere und Menschen wichtigen Spurenelemente.

Um die Algen weltweit zu vertreiben, mußten die «Früchte» während des Sommers geerntet und dann gefriergetrocknet werden, um die nützlichen Enzyme und wärmeempfindlichen Vitamine zu schützen. Damit wurde der Nährwert der Algen ebenso garantiert wie die ökologische Unversehrtheit des Sees. Das Resultat ist ein hundertprozentiges Nährmittel, das zu 69 Prozent aus Proteinen besteht und alle Spurenelemente in kolloidalem Zustand enthält. Das bedeutet: Sie sind sofort assimilierbar. Nach Kollman enthält diese Nahrung den höchsten Anteil an natürlichen pflanzlichen Proteinen und Chlorophyll und die lebenswichtigen Aminosäuren in fast genau denselben Mengenverhältnissen wie der menschliche Körper.

Unter den Nahrungsmitteln – in Pulver- oder Kapselform – gibt es nichts Ebenbürtiges: Ein Gramm Blaualgen enthält 1400 Mikrogramm (0,00014 Gramm) des Betakarotins. Um eine gleiche Menge Betakarotin aufzunehmen, müßte man 14 Gramm Leber, 70 Gramm Karotten, 14 Eier oder 1 ¼ Liter Milch zu sich nehmen. Außerdem enthalten Blaualgen sehr viele, rasch aufnehmbare Neuropeptide, die das Nervensystem und das Gehirn ernähren.

In dem kalifornischen Ort Fallbrook (zwischen Orange County und San Diego) hat Daryl Kollman eine riesige Doppelpyramide gebaut. Die vier Seiten messen jeweils 30 Meter. 15 Meter der Pyramide sind in den Boden hineingebaut, 15 Meter ragen darüber hinaus. Auf den zehn Stockwerken dieser Pyramide wächst genug Nahrung, um eine ganze Kommune zu ernähren und sogar noch einen Überschuß zu erzielen. Fast alle Pflanzen wachsen in flachen Schalen, werden mit Regenwasser, Gesteinsmehl und Blaualgen gedüngt. Ein Gramm davon enthält bis zu fünf Millionen Kleinstlebewesen.

Die obere Pyramidenhälfte ist mit Plexiglas abgedeckt und läßt die Sonnenstrahlen und die kosmischen Strahlen durch. Die untere Pyramidenhälfte nimmt geomagnetische Energie aus der Erde auf. Irgendwelche anderen geheimnisvollen Energien lassen kein Pilz- oder Hefewachstum aufkommen, trotz der großen Wassermengen, die durch die Anlage ziehen.

Weitere solcher Doppelpyramiden gibt es in Sedona, Santa Fe und Albuquerque. Um die Pyramiden in kälteren Klimazonen zu heizen, hat Kollman eine Maschine im Auge, die ein Freund in New Mexico erfunden hat und in der man Papierabfälle und Holz verbrennt. Zurück bleiben nur Wasserdampf und Kohlendioxid, wobei letzteres den Pflanzen als Extranahrung dient.

Eine zweite solche Pyramide in Fallbrook ist als Restaurant, Warenhaus und Bäckerei geplant. Sie soll auch als Kommunikationszentrum dienen. «Wir müssen Hunderttausende von Leuten dazu bringen, in solchen Gemeinden zu leben», sagt Kollman, «und wir haben für diese Arbeit nur wenig Zeit. Den von Roosevelt geforderten vier Freiheiten des Menschen – Freiheit der Rede und der Religion sowie Freiheit von Not und Furcht – müssen wir eine fünfte hinzufügen: die Forderung nach sauberer Luft, sauberem Wasser, lebensspendender Nahrung sowie das Recht, unseren Kindern eine Welt zu hinterlassen, in der sie leben können.

Diese Erde kann mehr Menschen ernähren, als wir oft denken, und zwar mit Hilfe einer bislang nicht gekannten Methode. Es gibt neun bis fünfzehn Meter dicke Moränenschichten in Nord- und Süd-Dakota. Wir brauchen sie nur zu mahlen und das Produkt nach Iowa, Illinois, Kansas, Nebraska, Colorado, Texas und Wyoming zu bringen, um damit den Böden und den Feldfrüchten neues Leben zu verleihen. Bis wir wieder gesündere Nahrungsmittel anbauen können, verschaffen uns die Algen alles, was uns heute noch für eine dauerhafte Gesundheit fehlt. Die Blaualgen sind ein Geschenk des Himmels. Aber es ist vielleicht das letzte, das wir bekommen, wenn wir nichts draus machen. Wir können über die Zukunft reden und sie uns vorstellen, aber wenn wir sie wirklich wollen, müssen wir handeln.»

## 19 Im Feuer gereinigt

Als Ende Oktober 1987 an den Ufern des Lake Champlain in der Stadt Burlington die internationale Konferenz über «die Auswirkungen der Umweltverschmutzung auf Nadelhölzer im Osten der Vereinigten Staaten und in der Bundesrepublik Deutschland» stattfand, war die allgemeine Meinung im Hinblick auf das Sterben der amerikanischen und deutschen Wälder praktisch die gleiche wie auch schon zehn Jahre zuvor: Die Bäume starben sehr schnell aus Gründen, die genauso komplex wie rätselhaft, aber offensichtlich vom Menschen verschuldet waren. Doch auch natürliche Ursachen spielten eine Rolle.

Der Direktor des Instituts für Bodenwissenschaft an der Sowjetischen Akademie der Wissenschaften, Dr. Viktor Kowda, lenkte die Aufmerksamkeit auf ein vermutlich besonders schwerwiegendes Problem: den zunehmenden Gehalt gesundheitsgefährdender Schwermetalle im Boden, etwa Blei, Quecksilber, Kadmium, Aluminium, Arsen und Selen, die alle in die Nahrungskette geraten. Er befürchtete, daß dieser Prozeß nicht mehr rückgängig zu machen sei.

Aber es lag eine Überraschung in der Luft, eine «frohe Botschaft» aus Indien, überbracht von einem hinduistischen Brahmanen. Ihm zufolge war dieser Prozeß doch umkehrbar, und es konnte etwas getan werden, um die Verschmutzung des Planeten zu bekämpfen, die Atmosphäre zu reinigen, die Wälder gesund zu machen und auf die grünen Äste der Bäume fröhlich zwitschernde Vögel zurückzubringen.

Die Botschaft kam von dem Weisen Parma Sadguru Sri Gajanan Maharaj, der auf unserem Planeten die alten Reinigungsriten der Veden wieder einführen möchte. Er ist ein sogenannter Kalki Avatar oder «aufgestiegener Meister», der eigentlich nicht mehr für ein neues Leben in diese verschmutzte Welt zurückzukehren brauchte, dies aber tat, um eine große Mission zu erfüllen: die Reinigung unseres Planeten.

Sein «Prophet», ein jüngerer Brahmane namens Vasant V. Paranje, war in derselben kleinen Stadt geboren wie sein Meister – Kakrapur in Indien – und hatte sich nach dem Vorbild des Gautama Buddha von all seinen Besitztümern getrennt. Er wollte die alte Weisheit des Agnihotra verbreiten, das in seinen Methoden genauso erstaunlich ist wie die «geistige Wissenschaft» von Rudolf Steiner und in dessen Mittelpunkt ebenfalls der Kuhmist steht – den Indiens «heilige Kühe» ja reichlich liefern.

In diesem Fall wird der getrocknete Dung in eine auf den Kopf gestellte Kupferpyramide gelegt, die etwa so groß ist wie die Bettelschale eines Mönchs und die Form einer Zikkurat (Stufenpyramide) aufweist. Zu dem Dung kommt noch ein Löffel zerlassene Butter aus Büffelmilch (Ghee), eine Handvoll Reis und eine Prise wohlriechenden Sandelholzes. Unter Absingen eines Mantras in Hindi wird diese seltsame Mischung entzündet, bis perlgrauer Rauch von den roten und blauen Flammen emporsteigt und – so glauben jedenfalls die Anhänger – die Atmosphäre reinigt. Dadurch verbessern sich sonderbarerweise Quantität und Qualität von Obst und Gemüse, das in der Umgebung wächst. *Agni* ist das Sanskrit-Wort für «Feuer», und *hotra* heißt soviel wie «Akt der Reinigung».

Die ersten Anhänger dieser exotischen Praxis, die es in den USA gibt, haben in einem Gebäude auf einer Farm in den Außenbezirken von Baltimore zehn Jahre lang ein Agnihotra-Feuer am Leben erhalten. Während der ganzen Zeit haben einzelne Auserwählte abwechselnd, aber ununterbrochen ein Mantra rezitiert, rund um die Uhr, Tag und Nacht, Sommer und Winter. Um unsere Neugier zu befriedigen, fuhren wir nach Baltimore und saßen in der Morgendämmerung eines sonnigen Maitages 1987 im Lotossitz in einem kleinen Gebäude auf einem Hügel jenseits der Ringstraße, etwa 50 Meter entfernt von dem ununterbrochenen Mantra-Gesang.

Wir sollten Zeugen einer privaten Agnihotra-Zeremonie werden. Der «Meister» saß im Yogasitz der auf dem Kopf stehenden Kupferpyramide gegenüber. Neben ihm befanden sich ein Glas, das zur Hälfte mit zerlassener Butter gefüllt war, eine runde Biskuitdose, in der sich der getrocknete Kuhdung befand, und eine große Teedose mit speziellem Basmati-Reis. Mit diesen sonderbaren Zutaten entfachte der Yogi sein Feuer in der Pyramide, indem er den Kuhdung aufbrach, die Butter hineingoß und den Reis darüberschüttete. Als die blauroten Flammen auf dem schillernden Kupfer tanzten und der schwache, graue Rauch zur geschwärzten Decke emporstieg, intonierte er ein Hindi-Mantra, mit dem er hoffte, Nährstoffe und Wohlgerüche in die Atmosphäre zu schikken. Dadurch wollte er die Pflanzen, aber auch die Menschen anregen zu wachsen, zu reifen und glücklicher miteinander zu leben.

Draußen in den Bäumen hatte bereits eine Vogelgruppe ihren fröhlichen Morgengesang angestimmt. Wie unser junger Führer, Noni Ford, erklärte, muß das Feuer exakt bei Sonnenaufgang und Sonnenuntergang angezündet werden, wenn bestimmte Energien von der Erde aufsteigen – mit einem ganz bestimmten Ton, den nur sensible Ohren hören können. Um den genauen Augenblick der Morgen- und Abenddämmerung festzulegen, haben die Anhänger die entsprechenden Daten eines jeden noch so kleinen Ortes in den USA in einem Computer gespeichert und können sie bei Bedarf sofort abrufen.

Später trafen wir im Haus den Besitzer der Farm, John T. Brown, einen jovialen Vierziger, der sich jahrelang mit den Lehren des berühmten indischen Yogi Paramahansa Yogananda befaßt hatte, bevor er zum Agnihotra gekommen war.

Unser Hauptziel war, so sagte Brown, nicht einfach irgendeine formale Organisation zu gründen, sondern ein wahres Zentrum zu schaffen. «Die Leute kommen einfach hierher, lediglich aufgrund von Mundpropaganda. Wir machen keinerlei Werbung und keine Bekehrungsversuche. Vasants Botschaft ist schlicht genug: Sei glücklich! Sei glücklich hier und jetzt. Und praktiziere Agnihotra, um den Planeten zu reinigen.»

Brown lächelte, als wäre er wirklich ein glücklicher Mensch, überzeugt davon, die Lösung für alle Probleme gefunden zu haben. Dann fuhr er fort: «Bis jetzt sind es etwa 600 Familien in ganz

Baltimore, die regelmäßig Kuhmist, Reis und Butter in Kupferpyramiden verbrennen. Um seine Botschaft zu verbreiten, reiste Vasant während der letzten Jahre kreuz und quer durch das Land und auch nach Südamerika, Asien, Europa und Afrika. Agnihotra wird überall angewendet. In einem Ort in den Anden, Cochiguas, im Elqui-Tal von Chile, wurde vor acht Jahren ein Agnihotra-Feuer von einer kleinen, alten Frau unter einem Strohdach neben einer Prä-Inka-Mauer angezündet. Heute nehmen täglich Hunderte von Menschen an der Zeremonie teil, da sie den enormen Erfolg der rundherum ansässigen Farmer sehen, die ihre Feldfrüchte mit Agnihotra-Asche oder Wunderstaub düngen.»

Noni Ford führte uns in den Garten. «Sie sollten unseren Mais und unsere Kartoffeln sehen. Allein die Farbe und der Geschmack sind schon überzeugend. Letztes Jahr hatten wir Himbeeren bis in den Frost hinein. Und trotz Dürre und Kälte hatten wir wunderbare Birnen, Äpfel und Pfirsiche.»

«Riechen Sie doch einmal diese Luft!» sagte Brown. «Letztes Jahr haben wir versucht, Leute von der Regierung hierher zu kriegen, um die Luft zu testen. Aber die sagten nur: ‹Wenn Ihre Luft schlecht ist, werden wir kommen. Aber wenn Sie eine gute Luft haben, was sollten wir dann bei Ihnen?›»

Brown erzählte uns weiter, daß er bis zum letzten Jahr ein Geschäft mit etwa hundert Angestellten hatte, die er mit den Erträgen von seinem drei Morgen großen Land ernähren konnte. Er zeigte auf die Reste eines in der Sonne trocknenden Kuhfladens. «Wir weichen unser Saatgut zwei Stunden lang im Urin der Kühe ein, bedecken es dann mit Kuhdung und legen es zum Trocknen aus. Dann pflanzen wir den Samen in Reihen, bestreuen ihn mit Agnihotra-Asche und singen ein Mantra dazu. Die Asche scheint die Stickstoff- und Kaliummenge im Boden zu stabilisieren. Und ein Chemiker aus Colorado, der für die US-Regierung arbeitet, hat aus wiederholten Bodentests erkannt, daß die Asche die Löslichkeit von Phosphor bedeutend verbessert.»

Brown beschrieb uns die vedische Technik des Vanjya, einer Reinigung der Atmosphäre durch das Feuer. Vanjya ist auf die Rhythmen der Natur, auf Strahlungseinflüsse und auf astronomische Stellungen abgestimmt. «Vanjya schickt Nährstoffe in die Atmosphäre. Der Rauch sammelt die Teilchen einer gefährlichen

Strahlung in der Atmosphäre ein und neutralisiert ihre Auswirkungen auf einem höheren Niveau. Nichts wird dabei zerstört, nur verändert. Es findet ein mächtiger Wechsel im universalen Prana statt, der Lebensenergie, die in uns pulsiert und uns mit dem Kosmos verbindet. Dadurch werden Körper und Geist geheilt. Es führt auch dazu, daß die Wasserressourcen auf dem Planeten die Sonnenstrahlen besser absorbieren. Das Feuer macht aus einem normalen Zustand einen Idealzustand, und die Energien werden auf eine andere Ebene transformiert. Aus der Agnihotra-Kupferpyramide treten Energieströme aus, die von den Mondphasen abhängen und der Stellung der Erde zur Sonne.»

Wir sahen durch die Tür in das kleine, unauffällige Blockhaus, aus dem der ununterbrochene Mantra-Gesang zu hören war, und Brown fuhr mit seinen Erklärungen fort: «Weise sagen, es trete ein sonderbares Phänomen auf, wenn die Pflanzen in einer Agnihotra-Atmosphäre heranwachsen. Die Pflanze entwickelt ein auraähnliches Energiefeld, das während der Zeremonie, die in ihrer Nähe abgehalten wird, weiterbesteht und so der Pflanze ermöglicht, ein Maximum an Wachstum und Ertrag zu erzielen. Wenn Sie diesen Rauch einatmen, geht er sofort ins Blut und damit in die Lungen und hat höchst positive Auswirkungen auf die Blutzirkulation.»

Hauptziel dieser Übung ist laut Brown, das Land zu heilen und zu verbessern, anstatt es zu verschmutzen und mit chemischen Giften und gedankenlosen Anbaumethoden zu zerstören.

«Bei uns gibt es bessere Felderträge ohne jeden Kunstdünger, ohne Pestizide und Herbizide. Indem wir Agnihotra-Asche vor dem Anbau über den Boden streuen, machen wir das Saatgut gegenüber Krankheit und Insekten resistent. In einer verschmutzten Welt verändern sich die Elemente der Erde. Agnihotra ist ein Prozeß, bei dem die molekularen Komponenten neu zusammengesetzt werden. Ohne diesen Prozeß beginnen unbekannte Elemente in eine Intersphäre abzuwandern und dabei eine Kettenreaktion von Katastrophen in Gang zu setzen. Der Boden ist dann vielerorts nicht mehr in der Lage, Pflanzen zu tragen. Bäume sterben aus unbekannten Gründen. Wälder verschwinden – nicht weil sie abgeholzt werden, sondern weil sie durch den geringen Nährstoffgehalt in der Luft und im Boden zu Tode erschrocken sind. Die Wolken in vielen Teilen der Welt enthalten Kohlenwasserstoffe und andere Gifte. Barium und Kadmium werden zu Katalysatoren und beeinflussen die genetische Struktur des Menschen. Durch Lücken in der Atmosphäre dringen Strahlen hindurch. Eine Veränderung in der Kernstruktur der Pflanzen, die durch die Verschmutzung verursacht wird, macht es dem Menschen unmöglich, die zum Überleben nötigen Nährstoffe herauszuziehen, sofern die Pflanzen nicht in einer Agnihotra-Atmosphäre gewachsen sind. Die Pflanzen leiden Hunger, und der Nährwert eßbarer Pflanzen sinkt ebenso wie die Heilwirkung anderer Pflanzen. Die Chlorophyllmengen, die eine Pflanze produzieren kann, sind durch die Verschmutzung in Industriegebieten gefährdet. Eine kranke Erde überträgt Krebs auf Haustiere, vor allem auf Schweine. Über die Schlachttiere gelangen die Gifte auch in den Menschen. Das von den Menschen verzehrte Fleisch bedeutet dann eine Gefahr für ihre Gesundheit. Alle zum Verzehr geeigneten Tiere übertragen Krebs in wachsendem Ausmaß.»

Jetzt gesellte sich Vasant Paranje zu uns, der in Kürze nach Chile und Bolivien reisen wollte, um dort einige Homa-Farmen ins Leben zu rufen. Er erklärte uns, *homa* sei eine Sanskrit-Bezeichnung für die alte Wissenschaft, Pflanzen im Rhythmus der Natur zu ziehen – Sonnenaufgang, Sonnenuntergang, Vollmond, Neumond, Tagundnachtgleiche, Sonnenwende usw., und zwar immer in Begleitung eines Pyramidenfeuers. In Deutschland praktizierten einige tausend Familien Agnihotra, aber die Regierung habe sich gegen eine medizinische Verwendung der Asche ausgesprochen.

Vasant berichtete uns, die Regierung der Sowjetunion übe Druck aus auf Wissenschaftler und Mediziner, endlich eine Lösung des Strahlenproblems zu finden. Aber obwohl mehr und mehr Menschen aus der Gegend um Tschernobyl am ganzen Körper Geschwüre bekommen, würden die Sowjets noch immer nicht den Agnihotra-Staub verwenden, solange seine Wirkung nicht wissenschaftlich bewiesen ist. «Das ist sehr traurig», sagte Vasant. «Er schadet schließlich überhaupt nicht. Es ist ja nichts anderes als Kuhdung, Butter und Reis. Warum gibt man den armen Menschen denn nicht diese Chance?»

Auch für die Zukunft sah Vasant ziemlich schwarz: Die allgemeine Verschmutzung führe zu einer Hybridbildung bei den Insekten, die dann immun würden gegen jegliche Vertilgungsmittel.

Schon bald werde es in Südafrika riesige, menschenfressende Ameisen geben.

Seine Prophezeiungen sind absolut nicht weit hergeholt, wie es scheinen mag. Schließlich hatte er schon mehrere Monate, bevor tote und sterbende Delphine an der Atlantikküste auftauchten und bevor das rätselhafte Robbensterben in der Nordsee begann, vorausgesagt, daß durch die Verschmutzung der Ozeane bald ganze Fischschwärme zugrunde gehen würden.

Vasant erklärte uns weiter, daß nach vedischem Verständnis die Kernstruktur von Pflanzen sich verändert und sie dadurch für den menschlichen Verzehr ungeeignet würden, sobald die Verschmutzung ein gewisses Maß übersteige. Dagegen hilft nur Agnihotra. Und es ist seine Hoffnung, daß sich eines Tages eine Kette von Agnihotra-Zentren über die Vereinigten Staaten und über den ganzen Globus erstrecken wird. Seiner Meinung nach würde dies auch dazu beitragen, das Problem des Ozonlochs zu lösen, das sich über der Antarktis bildet und eine große Gefahr für den Planeten darstellt.

«Wir brauchen in jedem Staat einen Ort, wo wir die Agnihotra-Praktiken demonstrieren können», sagte Vasant. «Saubere Produkte sollen auf einem kleinen Fleckchen Erde wachsen, das mit Hilfe eines einzigen, einfachen Mantras zu einem Ort der Heilung wird. Wenn wir davon hören, daß irgend jemand an Agnihotra interessiert ist, betrachten wir es als unsere Pflicht, dorthin zu fahren – auf unsere eigenen Kosten – und ihm zu zeigen, wie man es macht. Die einzige Investition für den Interessierten besteht aus etwas Kuhmist, etwas Butterschmalz (am besten immer von frischer Butter), etwas Basmati-Reis und einer Kupferpyramide, die kaum zehn Dollar kostet – eine geringe Investition, mit der man den Planeten wieder reinigen und zur gleichen Zeit viele gesunde Feldfrüchte ernten kann. Es ist für uns bedeutend einfacher, mit organisch orientierten Farmern zu arbeiten. Sie sind offener und haben bereits den ersten Schritt getan, ihr Land von der Verschmutzung zu befreien. Den anderen erzählen wir immer, wenn sie den gleichen Ernte-Ertrag erzielen wollten, bräuchten sie kein Geld mehr in Düngemittel, Insekten- und Unkrautvertilgungsmittel zu stecken. Ihr Land und ihr Wasser würden wieder sauber, Geschmack, Konsistenz und Qualität ihrer Produkte hervorragend werden.»

Auf die Frage nach den «gestaltbildenden ätherischen Kräften» im Agnihotra antwortete Vasant ohne Zögern: «Der Klang. Wenn Sie Agnihotra mit einem Oszillographen untersuchen, werden Sie ein ganz bestimmtes Geräusch aus dem Feuer hören. Dieses Geräusch heilt. All die anderen physikalischen Dinge wie Nährstoffe, Vitamine und Mineralien sind nicht so wichtig wie der Klang. Wenn Sie sensibel genug sind, können Sie ihn wahrnehmen. Das Feuer bringt diesen Klang hervor, reagiert aber selbst auch darauf. Wenn Sie in bestimmten Schwingungen vor dem in der Pyramide brennenden Feuer singen, entseht dort eine Resonanz. Die alten Wissenschaften stellten fest, daß diese die Pflanzenzellen stärkt und die Fortpflanzung positiv beeinflußt. Die Resonanz spielt eine große Rolle in der Natur. Wir müssen davon ausgehen, daß es ein heilendes Molekularspektrum jenseits des Infrarotspektrums gibt, ja sogar jenseits des ganzen elektromagnetischen Spektrums.»

Vasant empfahl uns, Agnihotra zu praktizieren, um das Ungeziefer auf unserem Grundstück loszuwerden.

«Überall, wo Sie Ungeziefer sehen, streuen Sie nur etwas Agnihotra-Staub hin», sagte er, «und Sie werden überrascht sein, wie rasch die Tierchen weg sind. Er tötet die Schädlinge nicht, sondern vertreibt sie nur.»

Als wir fortfuhren, sprachen wir noch einmal über alles, was wir gesehen und gehört hatten, und waren überrascht angesichts der vielen Parallelen zwischen der Steinerschen «geistigen Wissenschaft» und den Praktiken der Agnihotra-Anhänger, allen voran der Gebrauch von Kuhmist.

Aus Europa erhielten wir Berichte von einer Wissenschaftlergruppe in Rovinj, Jugoslawien, die mit Agnihotra experimentierte. Ihr Interesse daran war durch die Entdeckung geweckt worden, daß sie, nachdem die erforderlichen Bestandteile in der Kupferpyramide verbrannt worden waren, mit ihren Instrumenten keine Radioaktivität mehr in der unmittelbaren Umgebung messen konnten. Das war äußerst ungewöhnlich nach der Tschernobyl-Katastrophe, durch die große Teile Europas verstrahlt wurden, darunter auch dieser Ort auf der Halbinsel Istrien. Die Jugoslawen hatten außerdem gehört, daß einige Inder, die im Grenzgebiet zur Sowjetunion wohnen, ihre Hütten mit getrocknetem Kuhmist versiegelt und auf diese Weise keine radioaktive Strahlung abbekommen hätten. Aufgrund dieser merkwürdigen Nachrichten neugierig geworden, hatten die Sowjets einen der jugoslawischen Wissenschaftler, Mato Modrić, einen Biologen, in die Sowjetunion eingeladen, um dort die Agnihotra-Methode vorzuführen.

Wir wollten diesen seltsamen Bericht überprüfen und auch den erstaunlichen Parallelen zwischen dem Homa-Anbau und dem Steinerschen biodynamischen Anbau nachgehen. Also reisten wir nach Rovinj an der Adria.

Mato Modrić, Experte für elektromagnetische Felder, Rutengehen und Erdstrahlen, lebt mit seiner Frau Maria in einem Haus, von dem aus er den Hafen des Badeortes überblicken kann. Modrić, der recht gut Englisch spricht, sagte uns, daß er auf das Agnihotra-Phänomen durch sein Interesse an der Pyramidenenergie gestoßen sei bzw. durch die «Formwellen» der sogenannten Radiästhesie. Der auch in Physik bewanderte Modrić war besonders neugierig zu erfahren, welche Rolle das Gefäß aus Kupfer (oder Gold) und vor allem seine spezielle Zikkuratform spielen, die so sehr an die Hornantennen für Hochfrequenzübertragungen erinnert. Er fragte sich, welche hohe Frequenz durch eine solche Antenne verstärkt und ausgestrahlt werden könnte, um die menschliche Aura, ihre Nadis, Chakras oder Kundalinis zu beeinflussen. Man wußte bereits, daß die Asche auf lebende Materie desinfizierend, gerinnungshemmend und gewebezusammenziehend wirkt. Und er sagte, er würde auch Vasant glauben, daß die Asche Ungeziefer und Pilze vertreiben und letztendlich sogar das Problem des Mineralstoffmangels beheben könne. Man müßte eigentlich nur noch herausbekommen, was für Spurenelemente in der Asche sind. Dazu würden Untersuchungen in so unterschiedlichen Ländern angestellt wie Jugoslawien, Deutschland und New Mexico.

Nach Modrićs Meinung haben wir es mit einem ganzen Komplex zu tun, der die gesamte Umwelt beeinflussen kann – ein Mittel gegen alle Gifte, die seit der industriellen Revolution entwickelt worden sind. Der ganze Prozeß habe enorme Auswirkungen auf unsere Existenz.

Er glaube, so fügte er noch hinzu, daß an speziell ausgesuchten Punkten unseres Planeten genau zu Sonnenaufgang und Sonnenuntergang durchgeführte Agnihotra-Zeremonien auf eine Energie einwirken können, die mit der Erde verbunden ist. Ähnliches hatten bereits Steiner und Reich beschrieben. Die Verstärkung dieser Energie würde die ganze Welt heilen, was sich jedoch im Sinne moderner Wissenschaft kaum erklären oder beweisen ließe.

Er erklärte uns, daß seiner Auffassung nach die Agnihotra-Zeremonie energetisch ziemlich komplex sei und mindestens drei energetische Aspekte oder Feldphänomene umfasse. Sie hätten mit dem Feuer und der Asche zu tun, aber auch mit einer unbekannten Strahlung und mit Psi. Seiner Meinung nach wären eine Menge Untersuchungen nötig, um das Ganze aus dem Bereich des rein Spekulativen zu lösen und die biophysikalischen und biochemischen Wechselwirkungen zu erkennen. «Wir glauben, eine elektromagnetische Strahlung während der Zeremonie feststellen zu können», führte er aus. «Aber wir befinden uns damit auf einem Gebiet, das die konventionelle Wissenschaft als irrational betrachtet, nämlich auf dem Gebiet des Informationstransfers durch intermolekulare und interatomare Prozesse, die durch ultraviolette Photonen hervorgerufen werden. Es liegt der Schluß auf der Hand, daß ein bestimmter energetischer Mechanismus aktiviert wird, der eine physikalische Bedeutung bekommt, die wiederum mit einem bis heute noch unbekannten konkreten Informationssystem verbunden ist. Irgendwie hat das mit Resonanz zu tun, wir befinden uns jedoch damit auf einem Gebiet, auf dem wir fast nichts beweisen können. Es wird noch eine Menge Arbeit nötig sein, und wir hängen sehr von der Kooperation vieler Menschen ab.»

Über dem baufälligen Belgrad hängt eine übelriechende, gelbgraue Smogwolke, hervorgerufen durch Abgase der Verbrennung von Braunkohle und anderen «Umweltverschmutzern». Das Land schreit geradezu nach einer Agnihotra-Reinigung, jammerte Modrić.

In Polen, der nächsten Station unserer Agnihotra-Recherchen, war die Lage nicht besser. Wir besuchten dort Lech Stefański, einen Stückeschreiber und TV-Produzenten, Autor eines polnischen Bestsellers mit dem Titel «Von der Magie zur Psychotronik», in seiner kleinen Drei-Zimmer-Wohnung im Zentrum von Warschau.

Auch hier sagte man uns dasselbe wie in Jugoslawien: daß Agnihotra vielleicht das einzige Mittel sei, die Atmosphäre zu reinigen. Sie erzählten, Vasant habe in Polen eine «ganz andere Nation» vor seinem inneren Auge gesehen und dem Land eine bedeutende Zukunft vorausgesagt.

«Sie können sich nicht vorstellen», sagte Lechs Frau Helena, «wie die Agnihotra-Zeremonie sich hier auswirkt. Selbst in einem völlig geschlossenen Raum, in dem kein Fenster offen ist oder die Luft sonstwie zirkulieren könnte, wird die Luft während und nach der Zeremonie rein und klar.»

Offiziell hatte Vasant 1971 das Agnihotra nach Polen gebracht, als er an einem von Lech organisierten Symposion über Psychotronik teilnahm. Aber die Stefańskis kamen mit Agnihotra mehr durch ihre vierundzwanzig Jahre alte Tochter Bogna in Berührung, die es zusammen mit Sanskrit, Hindi und Bengali in Indien gelernt hatte und heute in einem Agnihotra-Zentrum in Shivapur lebt.

Wie uns Bogna sagte, ließe sich kaum abschätzen, wie viele Menschen in Polen diese Zeremonie praktizieren. Es würden aber sicher einige tausend sein, die es jedoch vor allem im engsten Familienkreis tun. Man würde dadurch nicht in Konflikt mit der katholischen Kirche geraten, denn Agnihotra sei keine Religion, und jeder Anhänger irgendeiner Religion könne es ausführen. Häufig wird Agnihotra in der Danziger Gegend an der Ostsee praktiziert, die so verschmutzt und tot ist, daß man kaum mehr in dem Wasser schwimmen kann. Die Asche habe sich auch als heilend erwiesen bei Schnittwunden und Quetschungen. Nimmt man sie als Medizin ein, so befreit sie von Drogenabhängigkeit und anderen Süchten.

Aber für die Stefańskis war genauso wie für Modrić und Vasant klar, daß die Zukunft des Agnihotra vom Ergebnis wissenschaftlicher Forschungen abhängt. Pat Flanagan schlug eine physikalische Erklärung für die reinigende Wirkung des Agnihotra-Rauchs vor und wies auf die kolloidalen Moleküle des Butterschmalzes und des Kuhmists hin, die chelatbildend die Luftverschmutzer anziehen und packen können und auch das Wasser reinigen. Die chelierten Moleküle, fügte er hinzu, lassen sich auf der Erde nieder und machen den Boden alkalisch. Wenn sie auf eine Pflanze treffen, so kleben sie an den Blättern fest und bilden einen Blattdünger. Physikalisch gesehen, könne der Rauch durch das Butterschmalz und den Kuhmist elektrisch geladen sein. Doch als wir nach den metaphysischen Eigenschaften des Agnihotra-Rauchs fragten, zuckte er nur mit den Schultern, obwohl er meinte, daß dieser solche Eigenschaften besitzen müßte. Er versprach, sich weiter mit der Sache zu befassen.

# 20 Einstimmung auf die Natur

Rudolf Steiners Rezept, Mäuse loszuwerden, war genauso exotisch wie die Zeremonie der Agnihotra-Anhänger. Steiner sagte: Wenn die Venus im Zeichen des Skorpions steht, fange man eine ziemlich junge Maus, häute sie und verbrenne die Haut. Es muß eine Feldmaus sein, wenn Ackerland von der Plage befreit werden soll. Der Einfluß des Mondes muß unterstützt werden durch den der Venus, denn laut anthroposophischer Wissenschaft bewahrt das Tierreich den Mondeinfluß, selbst wenn gerade kein Vollmond ist. «Das Tier trägt die Kraft des Vollmondes in sich, bewahrt sie und befreit sich selbst aus den Grenzen der Zeit», sagt Steiner.

Die Asche und die anderen Brennrückstände muß man sorgfältig wiedereinsammeln! «Man nehme diese Mischung und streue sie über die Felder. Danach werden die Mäuse nicht mehr auf die Felder kommen, denn bei dem, was durch das Feuer zerstört ist, mißt sich die entsprechende negative Kraft mit der Fortpflanzungskraft der Feldmaus.»

Um alle möglichen Insekten loszuwerden, empfahl Steiner, das ganze Insekt zu verbrennen, nicht nur die Haut. Dies müsse geschehen, wenn die Sonne im Zeichen des Stiers steht oder in der genau entgegengesetzten Stellung, in der sich Venus befinden muß, wenn die Maushaut verbrannt werden soll. Wie Steiner sagt, ist die Welt der Insekten mit den Kräften verbunden, die auftauchen, wenn die Sonne durch den Wassermann, die Fische, den Widder und die Zwillinge geht und zum Schluß in den Krebs kommt. Im Krebs ist die Kraft schon ziemlich geschwächt, wie auch im Wassermann. Wenn die Sonne durch diese drei Zeichen geht, strahlt sie jene Kräfte aus, die in Beziehung zur Insektenwelt stehen. Die zu diesem Zeitpunkt vorbereitete Insektenasche kann man ebenfalls über die Rübenfelder streuen, und die Insekten werden nach und nach verschwinden, da sie in einer so präparierten Erde nicht leben können.

Lily Kolisko erklärte, daß die Asche von verbrannten Insekten in den Boden ausstrahlt und daß die Insekten nicht in einem Gebiet leben mögen, «wo Gegenkraft zu ihrer eigenen Lebenskraft strömt, also zu ihrer Kraft der Fortpflanzung».

Nach den Forschungen von Howard, Albrecht, Walters und einer ganzen Reihe anderer Landwirtschaftsexperten ist bekannt, daß Insekten nur schwache und sterbende Pflanzen angreifen. Allerdings würde man gern wissen, wie diese Kreaturen erfahren, wo sie wann hinfliegen oder -kriechen müssen, welche Pflanze also krank und welche gesund ist.

Dank der Bemühungen eines Entomologen mit einem besonderen Verständnis für die Geheimnisse von Radioantennen und Infrarotstrahlung ist nun etwas zur Wissenschaft geworden, was bislang nach Geisterbeschwörung aussah.

Ein Leben lang hat sich Philip S. Callahan, Professor für Entomologie an der University of Florida in Gainesville, mit der Lebensweise und den Lebensräumen von Insekten beschäftigt. Er ist auch Chefentomologe der USDA und entdeckte, daß Insekten sehr wohl Ereignisse in ihrer unmittelbaren Umgebung wahrnehmen, da sie auf dem Infrarotband des elektromagnetischen Spektrums so miteinander kommunizieren wie wir per Radar, Mikrowelle oder Radio. Die Insekten verwenden dazu verschiedene Antennen, von denen eine ausgeklügelter ist als die andere. Mit diesen empfindlichen, hochsensiblen Instrumenten und unter Verwendung von infrarotem Licht können sie auf eine ziemliche Entfernung Nahrung oder Partner wahrnehmen. Andersherum können sie durch das gleiche Infrarotlicht in einen unerwarteten Tod gelockt werden.

Die infraroten Strahlen sind die ungewöhnlichsten innerhalb der elektromagnetischen Strahlen. Sie wurden erst 1865 von dem englischen Astronomen Sir William Herschel entdeckt und waren bis vor kurzem überhaupt nicht meßbar, da es keine entsprechenden Instrumente gab. Sie sind ein wenig länger als die längsten für den Menschen sichtbaren Lichtwellen und gehen über siebzehn Oktaven. Das sind sechzehn mehr als beim sichtbaren Licht, das heißt eine *terra* von rund zwei Millionen Frequenzen, zum größten Teil *incognita*.

Herschel entdeckte sie zufällig, als er den quecksilbergefüllten Kolben eines Thermometers gegen ein Farbprisma hielt. Er war erstaunt, daß Rot am heißesten war, obwohl Gelb am hellsten leuchtete. Als er das Thermometer über das sichtbare Rot zu einem unsichtbaren Gebiet dahinter bewegte, wurde sein Erstaunen noch größer. Hier zeigte das Thermometer sogar noch höhere Temperaturen. Und die ausgesandten Strahlen, die Herschel «unsichtbares Licht» nannte, sollten nach mehr als einem Vierteljahrhundert Kontroverse schließlich Infrarotstrahlen genannt werden.

Viele Eigenschaften in diesem Wellenlängenbereich sind noch immer unzugänglich, so daß er X-Band genannt wird. Man weiß aber immerhin, daß dieses alles durchdringende Frequenzband am stärksten mit dem Leben verbunden ist. In seinem Umfeld sprudelt das Leben einem Springbrunnen gleich hervor. Leben braucht kein sichtbares Licht, sondern infrarotes. Dank seiner leben in Höhlen und in Meerestiefen Organismen, die niemals Tageslicht gesehen haben.

In einer merkwürdigen, ja exotischen Umgebung in den Außenbezirken von Wichita trafen wir Phil Callahan. Auf dem regelmäßig unterteilten Prärieland von Kansas sahen wir von der Wohnung aus eine Kopie der großen Pyramide von Gizeh stehen. Daneben tauchten aus einem künstlich angelegten Erdhügel wie die Auswüchse einer Mondlandschaft acht geodätische Kuppeln im Buckminster-Fuller-Design auf.

Diese fremdartige Anlage, inspiriert von dem Psychiater Dr. Hugh D. Riordan, wurde als Zentrum für holistische Medizin und Forschung von Olive W. Garvey gegründet, der Witwe des Öl- und Weizenmillionärs R. H. Garvey. Der Grundriß der Pyramide beträgt 20 mal 20 Meter, die Höhe etwa 12 Meter. Über dem Boden hat sie keine elektrischen Drähte, Rohre oder sonstigen mechanischen Verstärkungen. Sie wird, wie uns gesagt wurde, für die Erforschung von Niederfrequenzen genutzt, zum Beispiel für die Emission magnetischer Impulse durch den Körper.

Da Phil Callahan auch ein Experte für Pyramiden und Obelisken ist, hat er sich in einer angrenzenden geodätischen Kuppel ein Laboratorium eingerichtet, in dem er mit Hilfe eines hochspezialisierten Instruments unter der Bezeichnung *Fourier transform infrared spectrometer* das infrarote Spektrum beobachten kann. Das Instrument wurde in Cambridge als Spähhilfe für Satelliten entwickelt und ist in der Lage, heiße Raketengase oder infrarote Strahlungen aufzuspüren, die von Gebäuden ausgehen.

Callahan benutzt dieses Gerät jedoch für friedlichere Zwecke. Er analysiert die infraroten Wellenlängen, die von den Molekülen verschiedener Substanzen ausgesandt werden. «Nachts ist der Himmel voller elektromagnetischer Strahlung», sagte Callahan. «Und man kann auch viele lebhafte Farben sehen: Rot, Blau, Orange und Grün. Sie werden von Tausenden von Sternen ausgesandt. Infrarote Farben in verschiedenen Wellenlängen und ultraviolette, von den Sternenbildern ausgesandte Farben werden von unserer eigenen Sonne auf die Oberfläche des Mondes und von dort auf die Erde reflektiert. Alle diese Frequenzen aus dem Kosmos – von den Sternen, der Sonne, den Planeten und dem Mond – haben ihren Einfluß auf die irdischen Moleküle, die von den hereinkommenden Frequenzen sowie der Größe und der Form ihrer Empfangsantennen abhängen.»

Durch das Panoramafenster deutete Callahan auf das Grasland und einige blattlose Balsampappeln und murmelte, halb fragend, halb feststellend, vor sich hin: «Ist Ihnen klar, daß es auf so einem Stück Land mehr Insekten geben kann, als Menschen in Nord- und Südamerika zusammengenommen leben? Ein Insekt ist nichts anderes als ein mit Antennen versehener Satellit, ähnlich wie ein Marschflugkörper, der sich durch ein Meer von elektromagnetischen Wellen hindurchwindet. Zu verschiedenen Zeiten in der Nacht werden die gasförmigen Moleküle, aus denen sich unsere vielen atmosphärischen Schichten zusammensetzen, angeregt, mit sehr geringer Intensität in wunderschönen Farben – Rot, Grün, fast Infrarot und Ultraviolett – zu glühen. Wir können diese Farben mit unseren Augen nicht sehen. Die Zapfen in unserer Netzhaut arbeiten zwar sehr gut im hellen Tageslicht, nicht jedoch bei schwachem Lichteinfall. Doch die Insekten sehen bei ultraviolettem Licht sehr gut und können mit Infrarot kommunizieren.»

Wir lernten auch, daß «Nachrichtenaustausch» mit Hilfe infraroter und anderer elektromagnetischer Wellen nicht auf Insekten beschränkt ist. Cleve Backster, dessen Entdeckungen über die Kommunikation zwischen Pflanzen vor Jahren den Anstoß zu unserem Buch *Das geheime Leben der Pflanzen* gaben, zeigt heute, daß auch Bakterien aus dem Mikrokosmos miteinander kommunizieren, und zwar über eine ziemliche Entfernung hinweg. Dr. Fritz Alfred Popp von der Universität in Kaiserslautern hat bewiesen, daß dies selbst individuelle Zellen tun, und zwar durch eine modulierte elektromagnetische Strahlung. Elektronenmikroskopische Untersuchungen zeigen, daß Bakterien ganze Reihen langer, stäbchenförmiger Elemente aufweisen, die an die Fühler von Insekten erinnern. Man weiß, daß Antikörper eindringende Mikroorganismen erkennen und binden können, während Enzyme die Ausgangsstoffe auffinden und diese in biologisch nützliche Produkte umwandeln. Und Julius Rebek jr. von der University of Pittsburgh ist sogar der Meinung, daß auch Moleküle sich erkennen und einander einfangen können. Callahan geht noch einen Schritt weiter und behauptet, daß chemische Elemente elektromagnetische Signale aussenden, um sich zu finden, zu erkennen und sich aneinander zu binden.

Nach Callahans Berechnungen müßten die Wellenlängen für diese submikroskopischen atomaren Strukturen im ultravioletten oder Röntgenbereich zu finden sein. So würde schließlich die eigenartige Bemerkung von Steiner, daß die Elemente Wahrnehmungsmöglichkeiten besitzen – so wie etwa der Stickstoff spürt, wo es Wasser gibt –, verständlich und sinnvoll werden. Bei noch höheren Frequenzen würden schließlich die allerkleinsten Materieteilchen manipuliert. Callahan, der sich als Naturphilosoph im Sinne Goethes betrachtet, meint, ein großer Teil der seltsamen Steinerschen Bemerkungen über «die geistigen Kräfte im Kosmos» ließe sich mit Hilfe seines Instruments wissenschaftlich beweisen.

All diese Dinge interessierten Callahan bereits seit seiner Kindheit, die er im Staate New York in den Wäldern und auf den Feldern am Hudson River im Dorf Menands in der Nähe von Albany verbrachte. Dort streifte er während seiner ganzen freien Zeit durch die Natur oder steckte seine Nase in Bücher über Insekten und Vögel, vor allem Falken.

Daneben hatte er eine andere Leidenschaft, die nur scheinbar nicht mit der Falknerei in Verbindung steht, nämlich die sich damals gerade entwickelnde Radiotechnik. Schlägt man eine Klaviersaite an, so kann dadurch eine Violinsaite auf der anderen Seite des Zimmers in Resonanz vibrieren, wobei beide Saiten in der gleichen Frequenz klingen. Callahan wußte auch, daß sein Kristallempfänger nach diesem Prinzip arbeitete. Das bedeutete, daß eine Sendeantenne in einer entsprechenden Frequenz mit einer Empfängerantenne vibrieren konnte. So entdeckte Callahan die wichtigste Funktion allen Lebens: die Resonanzkommunikation. Folgerichtig kam er zu der nächsten Entdeckung, daß nämlich das gesamte Leben in der dunklen Nacht oder in Höhlen von dieser Welt subtiler Kommunikation bestimmt wird, und dies alles durch die Kraft der «lichtlosen» Erde.

Schon als Junge fragte er sich, ob seine Leidenschaft für die Falken nicht irgendwie auf dem gleichen Phänomen beruhte. War er in irgendeiner Weise auf seine Falken eingestimmt? War es möglich, daß lebendige Wesen – Insekten, Tiere, Menschen – miteinander durch noch unbekannte elektromagnetische Signale, ähnlich den Radiowellen, kommunizieren konnten?

Als Callahan mit zweiundzwanzig Jahren als Soldat in den Zweiten Weltkrieg zog, kam er dank seiner Kenntnisse zu den Funkern, damals eine besondere Auszeichnung. Stationiert war er in der Nähe des winzigen Dorfes Belleek zwischen der britischen Provinz Ulster und dem Freistaat Irland. Dort lag die Magheramena Castle Radio Range.

Die Magheramena Range sandte eine Reihe von hochgeheimen Niederfrequenz-Funkstrahlen aus, die der Feind damals noch nicht kannte. Sie strichen nordwärts über das wilde Moorland Pullan, ostwärts über Lough Erne und über die Donegal Bay bis zum Westatlantik. Mit Hilfe dieser Funkstrahlen konnten sich bei jedem Wetter RAF-Flugboote auf den Weg machen, um mit Unterwasserbomben deutsche U-Boote zu versenken, die das RAF-Küstenkommando ausfindig gemacht hatte. Dann kehrten sie sicher zu ihren Basen zurück. Weit draußen auf See, in fünfhundert Meilen Entfernung oder mehr, konnten die Flugzeuge für die Rückkehr einen Radiokompaß verwenden, der auf ein Signal von Farrancassidy Cross in der Nähe von Belleek eingestellt war. Innerhalb von hundert Meilen Küstenentfernung konnten sie ein Funksignal von der Belleek-Station auffangen und später, näher an der Heimat, das Radio-Z-Signal, das ihnen mitteilte, daß sie sich direkt im Luftraum über der Radiostation befanden.

Als Callahan sah, wie die großen Catalina-Flugboote entlang dem Funkstrahl ihren Weg nach Hause suchten, mußte er daran denken, wie männliche Falter ihren Weg zu einem wartenden Weibchen oder einer kränklichen Pflanze finden. An einem freien Nachmittag bemerkte Callahan am Fuße des Hügels Pullan Brae einen wunderschönen Falter, der sich eigenartig benahm. Mit seinen weißen und dunkelbraunen Flügeln schwebte er über einem Grasfleck, flatterte und tanzte, als wäre er durch einen unsichtbaren Faden mit einem Ballon am Himmel verbunden. Als Callahan sich die Sache näher ansah, entdeckte er, daß sich der Schmetterling zumindest in einem von allen anderen Schmetterlingen, die er bislang beobachtet hatte, unterschied: *Seine Antennen waren extrem kurz.*

Dieser Anomalie wollte Callahan nachgehen und fand in einem alten Buchladen in Londonderry ein Exemplar des Buches *The Butterflies and Moths in the Countryside* von F. Edwards Hulme. In dem Buch stieß er auf eine gute Zeichnung dieses Falters, der dort *ghost swift* («Geistersegler», unser Hopfenwurzelbohrer) hieß. Auch las er darin, daß dieser Falter scheinbar sinnlos über bestimmten Stellen schwebt, wo dunkelfarbene Weibchen der gleichen Art im Gras versteckt ihre Eier legen. Die Larven und späteren Raupen können sich dann von den Wurzeln des Löwenzahns und der Brennessel ernähren.

Aber woher konnte der männliche Schmetterling wissen, daß sich da unten ein Weibchen verbirgt, fragte sich der junge Soldat. Hatte das Weibchen ein ähnliches Signal ausgesandt wie das Z-Signal von Magheramena Castle? Waren die Fühler dieses Schmetterlings wirklich Instrumente, um Signale zu empfangen und zu senden in einem Frequenzband des elektromagnetischen Spektrums, das die Wissenschaft bis dahin noch nicht entdeckt hatte?

Das herauszufinden sollte in den folgenden Jahren seine Aufgabe sein.

Immer zu einem Abenteuer bereit, wanderte Callahan zu Fuß

quer durch China, Thailand und Burma bis nach Indien, bestieg dort einen Schlepper, auf dem er einen höllischen Job als Heizer annahm, und kam durch den Persischen Golf zur Hafenstadt Basra im Irak. Er ahnte nicht, daß er in der Wüste einen wichtigen Schlüssel zu dem Rätsel finden würde, das ihm die Insekten und das Infrarotlicht aufgegeben hatten.

Er wanderte an der Basra Petroleum Company vorbei und stand plötzlich fast bis zu den Knöcheln in verkohlten Insektenkörpern, während er am Rande des Ölfeldes Gasflammen aus Abfackelkaminen schießen sah. Er nahm eine Handvoll der ausgetrockneten Tiere auf und sortierte sie in große und kleine Schmetterlinge, Käfer, Fliegen, Wespen und Bienen. Er bemerkte, daß viele Insekten nicht direkt in die Flammen flogen, sondern am Rande des Lichts in der Nachtluft schwirrten. Wenn das sichtbare Licht wirklich eine Erklärung für solch eine selbstmörderische Verrücktheit sein sollte – wie manche Forscher glaubten –, warum flogen die Insekten dann nicht in die Sonne oder in den Mond? Und warum erinnerte der Tanz des irischen Geisterseglers ihn so sehr an den verrückten Tanz der zum Tode verurteilten Falter auf dem Basra-Ölfeld Nr. 1?

Von den Ostküsten des Mittelmeers nahm Callahan ein Schiff zur süditalienischen Stadt Bari, wanderte von dort aus nordwärts durch Apulien und machte Station in der Nähe des alten Jagdortes Castel del Monte. Hier hatte Kaiser Friedrich II., ein Wissenschaftler von Format, residiert und seine Jagdfalken trainiert. Eines Abends schrieb Callahan beim Licht einer dicken Kerze in seinem Tagebuch, als eine kleine, braune Motte direkt vom Rasen auf ihn zuflog und sich in das flackernde Licht stürzte. Sie versengte sich erst die Flügel und tauchte dann direkt in einer Art Selbstopferung in die Flamme hinein.

Eine weitere Entdeckung über das Verhalten von Tieren und Insekten machte Callahan an Bord des Frachters «Maria C», der von Neapel über Algerien nach Philadelphia fuhr. Dieses Mal arbeitete Callahan lieber an Deck, um etwas von der Seeluft zu haben. Mitten auf dem Mittelmeer tauchte plötzlich von irgendwoher ein fremdartiger Vogel mit wunderschönem, geflecktem Federkleid und einem großen Federschopf auf. Wegen seines nach unten gebogenen Schnabels hielt Callahan ihn für einen Wiedehopf.

Als es dämmerte, wurden die Lichter auf dem Schiff bei den

Schott-Türen angemacht, und Callahan sah zu seinem Erstaunen ganze Insektenschwärme um ein Licht flattern, das von einer ganz bestimmten Schott-Tür, die zur Schiffsküche führte, kam. Alle anderen Lichter ignorierten die Insekten.

Von seinem Platz auf der Rahnock stürzte sich der Wiedehopf in dem Halbdunkel auf eine Motte und fing dann weiter mit großer Behendigkeit Insekten, die sich im Licht bei der Tür aufhielten, so schnell er nur schlucken konnte.

Da Callahan zusammen mit anderen von der Crew diese Tür am Tag zuvor erst gestrichen hatte, bemerkte er als einzigen Unterschied zwischen dieser Wiedehopftür und den übrigen Türen, zu denen die Insekten nicht flogen, die frische Farbe – nichts Besonderes, nur das übliche Dunkelgrau. Käfer und Falter flogen vor der Tür in wechselnden Kreisen, setzten sich schließlich auf das rauhe, angemalte Metall und vibrierten mit ihren Fühlern.

Callahan fragte sich, was die Insekten wohl an dieser Tür so besonders angezogen haben mochte. Er bemerkte, daß die Farbe leicht nach Bananen roch, und erinnerte sich, daß W. J. Holland in seinem *Moth Book* geschrieben hatte, daß Nachtfalter von gärenden Bananen angezogen würden und er selber eine Mischung aus Bier und Bananen eingesetzt habe, um sie zu fangen.

Eigenartigerweise frequentierten die Insekten nicht die ganze Tür gleichmäßig, sondern nur den vom Licht bestrahlten Teil. Würden sie nur vom Licht angezogen werden, warum gingen sie dann nicht auch zu den beleuchteten Partien der anderen Türen? Es mußte die Kombination von Licht und dem bananenähnlichen Geruch der Farbe sein, was sie anzog.

Welche Energie auch immer von dieser Kombination ausgesandt wurde, die Insekten schienen darauf zu reagieren, und zwar nicht mit ihren Augen und auch nicht mit ihrem Geruchssinn, wie die meisten Entomologen behaupteten, sondern mit ihren vibrierenden Antennen. Könnte es sein, daß die Fünfzig-Watt-Birne die Tür erwärmte und dadurch die Geruchsmoleküle der Farbe in Schwingung versetzte, als ob sie kleine Überträger von infraroter Strahlung wären? Es hieß, so würde die Sonne arbeiten: Sie pumpt mit ihrer Infrarotstrahlung alle Gasmoleküle in der Atmosphäre mit Energie voll, und diese geben sie wieder wie winzige Radiostationen ab. War die Glühbirne eine Niederenergie-Sonne und der

Farbduft ein Gas? Wenn ja, warum wurden die Motten dadurch angezogen?

Den Radiowellen am nächsten stehen weiter oben im Spektrum die hochfrequenten Strahlen, die man in der Radarnavigation nutzt und die mit schlüsselförmigen Metallantennen aufgefangen werden können. Höhere Frequenzen als Radarstrahlen weisen die Mikrowellen auf, die für Telefonverbindungen über weite Entfernungen hin genutzt werden. Sie werden von Antennen ausgesandt bzw. eingefangen, deren Form an Trompeten oder andere Blasinstrumente erinnert und die dementsprechend Hornantennen genannt werden.

In einem höheren Frequenzbereich liegen die Strahlen aus sichtbarem Licht. Man kann sie nicht durch Metallvorrichtungen entdecken, sondern die Stäbchen und Zapfen auf der Netzhaut des Auges nehmen sie wahr. Mit deren Hilfe können alle Menschen die Welt um sich herum sehen, solange eine Lichtquelle vorhanden ist. Oberhalb dieser Frequenzen befinden sich die sogenannten ultravioletten Wellen. Sie werden von den Facettenaugen der Insekten – die man sich als verkürzte und abgerundete Antennen vorstellen kann – leicht wahrgenommen. Insekten können also auch nachts sehen, was dem Menschen weitgehend verwehrt ist.

Zwischen dem Frequenzband, das mit Metallantennen eingefangen werden kann, und dem Band, das den Gesichtssinn der Menschen und Insekten anspricht, liegen die bis heute noch nicht voll erforschten Frequenzen des Infrarots. Um das zu verstehen, braucht man Spezialkenntnisse nicht nur über das Aussehen von Antennen, sondern auch über die Optik. Nachdem Callahan das unberechenbare Verhalten der Insekten überall auf der Welt beobachtet hatte, schienen ihm die Fühler der Tiere wie ihre künstlich hergestellten Pendants die Aufgabe zu haben, Signale aufzufangen, die sie zu ihren Wunschobjekten führen: zum Futter, zu Geschlechtspartnern oder tragischerweise auch zum Feuer. Anders als bei den höherfrequenten Wellen sind dazu nichtmetallische, isolierte Antennen nötig, die aus Horn oder Wachs bestehen.

Insektenantennen könnten wirklich Empfänger für infrarote Signale sein, so vermutete Callahan. Mit dem gleichen Prinzip, wenn auch verstärkt durch künstliche Sender, müßte es also dem Menschen möglich sein, das Kommen und Gehen der Tiere zu kontrollieren, vor allem jener, die Kulturpflanzen schädigen. Auf diese Weise könnte der Mensch die Verpestung der Umwelt durch Insektenvertilgungsmittel vermeiden. Kein Entomologe hat sich jemals mit diesem Problem beschäftigt. Dazu wäre eine umfassende Kenntnis des Verhaltens der Insekten nötig, aber auch der Morphologie und der Chemie, das heißt des organischen Aufbaus ihrer Antennen. Außerdem erforderte diese Aufgabe Kenntnisse auf anderen Wissensgebieten, etwa dem der Elektrotechnik; die meisten Wissenschaftler blicken jedoch nur ungern über die Grenzen ihres Spezialgebiets hinaus.

Mit einem alten Mikroskop sah sich Callahan die Atennen von bestimmten Schmetterlingen näher an, die immer wieder über die Felder der Farmer herfielen. Vor allem auch jene Art, die am meisten Schaden beim Mais, bei der Baumwolle, bei den Tomaten und anderen landwirtschaftlichen Erzeugnissen anrichtet: die Maiseule *Chloridea armigera*, die auf der ganzen Welt Kulturpflanzen im Gegenwert von Milliarden von Dollar vernichtet.

Gewissenhaft nahm Callahan die winzigen Stacheln auf den Antennen der Maiseule unter die Lupe. Er brauchte dann ungefähr fünfzehn Jahre, bis er es wagte, eine sorgfältig illustrierte Arbeit herauszugeben, in der er detailliert die Komplexität des mikroskopisch kleinen Kommunikationssystems im Infrarotband beschrieb.

Die meisten Antennen ähneln sehr den Fernsehantennen, haben lange Dornen oder Spitzen für die Langwellen und kurze Dornen an der Spitze für die kürzeren Wellen. Sie sind sogar mathematisch als logarithmenperiodische Antennen organisiert und haben näher zusammenstehende Lamellen, wenn sie kürzer sind – ein Zeichen dafür, daß die Natur nicht nur geometrisch ist, sondern auch mathematisch.

Während die Schrift im Druck war, wurde an der Cambridge University in England ein neues technologisches Wunder entwickelt, das Scanner-Elektronenmikroskop. Sobald ein erstes Exemplar davon in den Vereinigten Staaten war, fuhr Callahan zusammen mit seinen Maiseulen nach Kalifornien. Zu seiner großen Befriedigung konnte er mit Hilfe dieses Geräts feststellen, daß die stark vergrößerten klaren Bilder von den Antennen und den Sensillen mit den Zeichnungen übereinstimmten, die er selbst gemacht hatte. Sogar die Sensillen, winzige Sinnesorgane in der Form von Dornen, Platten, Stäbchen, Zäpfchen oder Haken, die alle aus einer oder nur wenigen Zellen mit einer Nervenverbindung bestehen, konnte er gut erkennen. Wozu er fünfzehn Jahre gebraucht hatte, konnte nun in fünfzehn Tagen erledigt werden.

Callahan wurde an die University of Louisiana nach Baton Rouge berufen. Dort entdeckte er mit Hilfe einer großartigen Laboreinrichtung, daß die weiblichen Falter sich sehr auffällig benehmen, sobald man sie aus ihrer untätigen Tagesruhe aufstöbert. Sie bewegen ihre Antennen vorwärts, spreizen ihre Flügel und lassen sie so schnell vibrieren, daß es schwerfällt zu sehen, ob sie sich wirklich bewegen. Durch dieses Flügelschlagen erhöht sich ihre Körpertemperatur. Zur gleichen Zeit beginnt das Weibchen infolge der Aufwärmung Infrarotstrahlen auszusenden. Mit einem Bolometer (Strahlungsmesser) konnte Callahan diese von der Motte ausgesandten Signale auffangen, als kämen sie von einem Glühwürmchen. Und da die Signale durch das Flügelschlagen des Falters eindeutig eine Codeform erhielten – ähnlich dem Morsecode –, stützte das seine Theorie, die Motte sende eine universelle Botschaft aus. Der Code erinnerte ihn an ein Blinksignal, das einen kontinuierlichen Lichtstrahl in Segmente einteilt, um Botschaften von einer Schiffsbrücke zu senden.

Callahan benutzte einen Oszillographen, um Intensität und Amplituden des Signals festzustellen, und war so in der Lage, die Position des Tiers im Raum zu bestimmen. Er konnte damit beispielsweise genau sagen, ob eine männliche «Detektor»-Eule sich gerade über einer weiblichen «Sender»-Eule befand.

Doch so großartig die modulierten Infrarotsignale als Navigationshilfe waren, so waren sie in Callahans Augen doch nicht gleichbedeutend mit den Signalen zur Anlockung. Ein Mottenmännchen konnte auf dieses Signal hin nur zum Weibchen geleitet werden, wenn es mit Hilfe eines anderen Signals gleichzeitig erfuhr, daß diese Botschaft von einem Weibchen der eigenen Art kam und daß dieses gewillt war, sich mit ihm zu paaren.

Wie ein Detektiv befaßte Callahan sich nunmehr mit der Form der Schmetterlingsfühler. Er verglich die künstlich hergestellten Antennen und die der verschiedenen Insekten miteinander und kam zu der überraschenden Überzeugung, daß jede einzelne Antennenform, die von Elektroingenieuren entworfen worden war, in viel kleinerer Ausführung auch in der Insektenwelt zu finden ist. Die Insekten waren dem Menschen als Designer von Radioantennen zuvorgekommen. Callahans mikroskopische Studien und die entsprechenden Fotos enthüllten eine Welt großartiger Details. Eine winzige grüne Blattlaus hatte kugelartige Sensoren auf ihren Antennen, die von gebogenen Dornen umgeben waren. Die Dornen auf den Antennen eines rotgebänderten Wicklers erschienen wie die Pfosten eines Zaunes. Manche Tiere hatten Rillen auf den Antennen, und Callahan stellte fest, daß diese dazu dienten, die eintreffenden Signale zu verstärken.

Besonders erstaunlich fand es Callahan, daß die von den Elektroingenieuren erfundenen logarithmisch-periodischen Antennen bereits von den Insekten vorweggenommen worden waren. Seine Forscherkollegen erhoben jedoch wie ein Mann weiterhin Kritik an dieser radikalen Auffassung, weil – wie allgemein bekannt – die ausgesandten Wellenlängen kohärent sein müßten, damit sie von den Dornen der Insekten auf dem Infrarotband aufgenommen werden könnten. Bildlich gesprochen müßten sie wie Pferde in einer Kavallerietruppe galoppieren und nicht in alle Richtungen davonstürmen, so wie dies bei Glühbirnen geschieht. Ohne diese Kohärenz könnten sich die Insektenantennen nicht aufs Mitschwingen einstimmen, so wie man einen Kristallempfänger auf eine gewünschte Station einstimmt.

Da seine Kollegen von der University of Louisiana – sowie an fast allen Universitäten der Welt – bei der Meinung blieben, nur Chemikalien könnten gegen eine Insektenplage helfen, gab Callahan seine Professur auf und nahm eine Stelle an bei den US Agricultural Research Services Southern Grain Insect Laboratory in Tifton, Georgia. Der Direktor, Dr. H. C. Cox, und seine neuen Mitarbeiter teilten seine Ansicht, daß Chemikalien nur das ökologische Gleichgewicht zerstören.

Nach vielen Jahren wieder einmal in Irland, machte Callahan eine weitere Entdeckung über Insekten und Infrarotstrahlen, als er auf einer Wanderung eines Nachmittags in einem Pub landete und dort einem Balladensänger zuhörte. Direkt vor dem Sänger, unterhalb einer einsam herabhängenden Glühbirne und direkt über einem Glas mit Guiness, zog ein winziger Falter unermüdlich seine

Kreise. Der Sänger fühlte sich durch den Falter gestört und versuchte, ihn zu schnappen – ohne Erfolg.

Warum, so fragte sich Callahan, flog der Falter nicht weiter hinauf zur Glühbirne oder weiter hinunter zum Bier, als fesselte ihn eine unsichtbare Kraft wie jenen Hopfenwurzelbohrer vor vielen, vielen Jahren?

Doch dann wurde es ihm klar: Die vom Bier ausgesandten Moleküle wurden von der Glühbirne mit Energie aufgeladen, während ihre Amplitude durch die Stimme des Sängers vergrößert wurde. Dabei wurden laserähnliche Bündel von Infrarotstrahlung ausgesandt. Diese fing der Falter mit seinen Antennen auf – schon war er gefangen, «verurteilt», sich in ganz bestimmten Kreisen zu bewegen.

Einen weiteren Schlüssel fand Callahan auf einer Wanderung durch das wilde Dartmoor in der Grafschaft Devon. Er machte eine Mittagspause in der Nähe von Watern Tor, einer Ansammlung eigenartiger, vom Wind bearbeiteter und geformter Steintürme. Da gewahrte Callahan einen Schwarm kleiner Insekten, der über dem spitzen Felsen schwirrte. Für diesen Tanz wußten die Insektenforscher keine Erklärung.

Als guter Bergsteiger erklomm Callahan den Felsen und legte seine Hand auf die sonnenerwärmte Oberfläche des schwarzen Gesteins. Als er wieder hinunterkletterte, bemerkte er einen rätselhaften Nebel, der gut roch und offensichtlich von der Heide, vom Sumpfwollgras, den Moosen und Flechten aus dem Moorland kam.

Auf dem Weg nach Cranmere Pool kam ihm die Erklärung, daß die Moleküle der wohlriechenden Dämpfe in der Nähe des Felsens von den Strahlen des heißen Gesteins gebogen und gedreht wurden, so daß sie in vielen unbekannten Infrarotfrequenzen schwangen. Hätte er «Infrarotaugen», wäre es ihm möglich gewesen, dies «Infrarotfarben» zu benennen. Sie mußten Insekten so vertraut sein wie uns die Farben.

Könnte es sein, daß die Fliegen über dem Felsen von den infraroten «Dunstfarben» der pflanzlichen Geruchsmoleküle angezogen und durch das erhitzte Gestein dazu angeregt wurden, ähnliche Frequenzen wie so viele Satelliten auszusenden? Konnten Insektenantennen auf so feine Frequenzen ausgerichtet werden?

Je mehr er sich damit beschäftigte, desto sicherer war er, daß solche Frequenzen existierten und daß Insekten sich auf sie einstimmen konnten. Aber wie?

Ein Elektroingenieur an der Londoner Imperial University, Dr. E. R. Laithwaite, ein begeisterter Schmetterlingssammler, unterstützte Callahans Meinung, Insektenantennen könnten wie Radioantennen funktionieren. Bei einem Spaziergang auf dem Lande hatte Laithwaite männliche Falter entdeckt, die mit dem Wind zu den Weibchen flogen; es konnte also nicht allein der Geruch sein, der sie anzog, sondern möglicherweise ein elektromagnetisches Signal, das aus verschiedenen Richtungen kam und in keiner Weise vom Wind beeinflußt war.

Diese Hypothese ärgerte den bedeutenden Entomologen H. B. D. Kettlewell, der als erster entdeckt hatte, daß Insektenweibchen ihre männlichen Geschlechtspartner durch Hormonwolken, sogenannte Pheromone, anlocken. Seiner Meinung nach war die angebliche elektromagnetische Kommunikation zwischen Insekten reine Effekthascherei, denn nur die Duftmoleküle sorgten für eine sexuelle Erregung.

Der Physikochemiker Dr. R. H. Wright versuchte die beiden gegensätzlichen Standpunkte unter einen Hut zu bringen. Er sagte, die Insekten könnten Geruchsmoleküle durch sogenannte Geruchsfrequenzen identifizieren, die man vermutlich im Infrarotteil des Spektrums fände. Aber wie sie das machen, blieb weiterhin ein Rätsel.

So gab es nun drei gegensätzliche Meinungen: Der Insektenforscher behauptete, daß die Insektenantennen Geruch wahrnehmen könnten; ein Elektroingenieur sagte, sie könnten Infrarotstrahlung wahrnehmen; und ein Physikochemiker vermutete, sie könnten Infrarotstrahlung von Geruchsstoffen her wahrnehmen.

Für Callahan waren alle drei Ansichten teilweise richtig. Als er wieder in seinem Labor war, beschäftigte er sich weiter mit der einschlägigen wissenschaftlichen Literatur und fand heraus, daß er und Dr. Wright nicht die ersten waren, die glaubten, Insekten könnten Strahlung aus schwingenden Molekülen wahrnehmen. Schon 1892 hatte der Insektenforscher C. V. Riley vermutet, daß Insekten möglicherweise über ihre Antennen mit Hilfe von Telepathie kommunizieren könnten: «Diese Möglichkeit scheint nicht nur vom Geruch oder vom Hören abzuhängen, sondern von den feinen Schwingungen, was für uns so schwierig zu verstehen ist wie die exakte Natur der Elektrizität.»

Zu Rileys Überlegung kam 1936 eine weitere von dem südafrikanischen Journalisten und Schriftsteller Eugene Marias, Autor des Klassikers *The Soul of the White Ant*. Darin hatte er beschrieben, wie sich eine weibliche Termite, nachdem sie einen passenden Platz gefunden hatte, auf ihren Vorderbeinen dort niederließ und Dreiviertel ihres Hinterteils in die Luft streckte. So blieb sie still sitzen, als wäre sie eine Termitenstatue.

«Was tut sie?» fragte sich Marias und gab sich gleich selbst die Antwort: «Sie sendet eine drahtlose SOS-Meldung ins Unendliche.»

Auch Marias glaubte erst, das Signal bestünde aus einem Geruch, meinte dann jedoch: «Wenn wir vom Geruch sprechen, sollten wir auch an die Wellen im Äther denken. Es ist falsch anzunehmen, daß Gerüche nur aus Gasen oder mikroskopischen Substanzen bestehen. Auch der Duft selbst ist nicht zur Gänze eine physikalische Substanz. Man kann einem großen Raum zehn Jahre lang mit einem winzigen Stückchen Moschus den entsprechenden Geruch verleihen, und trotzdem wird dieses Stückchen nicht an Gewicht verlieren.»

Der Elektroingenieur G. R. M. Grant äußerte die gleiche Vermutung. Er veröffentlichte 1949 eine Arbeit in den *Australian Proceedings of the Royal Society of Queensland*, in welcher er die Theorie aufstellte, Sinnesgruben an Insektenantennen stellten möglicherweise Resonanzböden für Infrarotstrahlung dar.

Von Grant angeregt, begann Callahan nach Verhaltensmustern bei Insekten zu suchen, die auf eine Kommunikation auf Geruchs- und Infrarotebene hindeuteten. Seine Studien gaben ihm die Gewißheit, daß dies der Fall sein müßte. Die Insekten nehmen die Gerüche elektronisch wahr, das heißt durch Einstimmung auf ein schmales Infrarotband. In diesem würden geschlechtliche Lockstoffe und Pflanzendüfte Signale aussenden. Er mußte diese Vermutung nur noch beweisen.

Das von jungen Wissenschaftlern so oft als veraltet betrachtete Wissen früherer Zeiten mußte irgendeinen Sinn haben, dachte Callahan. Und so baute er ein Instrument nach, das er «russische

Infrarotmaschine» nannte und das 1924 die russische Forscherin Dr. Glagolewa-Arkadjewa entworfen hatte, um Infrarotfrequenzen zu entdecken.

Nachdem es ihm endlich gelungen war, seine Falter vor dieses Instrument zu bringen, war er vor Aufregung ganz aus dem Häuschen. Die weiblichen Tiere glaubten, daß die von der Maschinen ausgesandten Infrarotstrahlen echt waren, und legten Eier darauf. Die Männchen versuchten, mit der Maschine zu kopulieren. Beide Verhaltensweisen waren ein weiterer Schritt auf dem Weg zu einem wissenschaftlichen Beweis. Als Callahan mit derselben Maschine verschiedene andere Frequenzen aussandte, gelang der Nachweis, daß Pflanzen mit Infrarotsignalen ihren nahen Tod wartenden Insekten melden. Damit wäre auch weitgehend erklärt, warum gesunde Pflanzen von Schädlingen nicht befallen werden.

Schließlich wurde ihm klar, was bei der Paarung der Falter wirklich geschieht: Das Weibchen sendet seine Pheromone aus. Diese werden vom Wind in einer federleichten Wolke weitergetragen und durch die zunehmende Entfernung von seinem Körper immer dünner und kühler. Das Männchen fliegt in diese Duftwolke hinein und benutzt die Sensillen seiner Antenne, um die von den Geruchsmolekülen ausgesandten Infrarotsignale elektronisch aufzunehmen. Bewegt es sich zu weit von der Geruchswolke weg, werden die Signale immer schwächer, da die Hormonkonzentration abnimmt. Es muß deshalb zu der Geruchswolke zurückkehren, fliegt in Zickzacklinien hin und her, ähnlich wie die RAF-Catalinas am Funkleitstrahl entlangflogen.

Als Navigationshilfe hat das Faltermännchen einerseits die Temperatur und andererseits die Dichte der Duftstoffmoleküle. Je weiter es sich vom Weibchen entfernt, desto kühler und zerstreuter sind seine Pheromone; sie geben immer kürzere und schwächere Frequenzen ab, die das Männchen mit den kürzeren Sensillen seiner Antennen aufnimmt. Je näher es jedoch dem Weibchen kommt, desto wärmer und kondensierter sind seine Duftstoffe – desto länger auch die Wellen, die das Männchen mit den längeren Sensillen wahrnimmt.

Das Männchen hat weiterhin die Möglichkeit, den freischwebenden Geruch durch das Schwingen seiner eigenen Antennen in hörbaren Frequenzen zu verstärken. Alle Insekten vibrieren bei der Bewegung, wobei die verschiedenen Arten in verschiedenen Frequenzen schwingen. Bienen haben etwa fünfhundert Schwingungen, Falter sechzig und Ameisen etwa zwanzig pro Sekunde. Der männliche Falter kann also mit seinen eigenen Schwingungen die weiblichen Signale verstärken. Hat er sein Ziel erreicht, sind die Signale auf ihrem Höhepunkt. Die übereinstimmenden Wellenlängen sagen ihm dann, daß er am richtigen Platz ist.

Auf die gleiche Weise schwingen sich Falter in die von bestimmten Pflanzen ausgesandten Wellenlängen ein, wenn die Larven sich von diesen Pflanzen ernähren sollen. Je kränker eine Pflanze ist, desto eindringlicher ist ihr Geruch und desto einfacher ist es für den Falter, sein Ziel zu finden.

Im Kapitel «Eine Blaupause zur Insektenkontrolle» in seinem Buch *Tuning in to Nature* betont Callahan ausdrücklich, daß seine Ergebnisse eine völlig neue Möglichkeit aufzeigen, mit Insekten umzugehen. Wenn sich Insektenforscher, Antenneningenieure, Physikochemiker und Physiker zusammentäten, könnte es möglich sein, «Emissionen mit genügend Energie zu produzieren, um Insekten anzuziehen oder ihr Kommunikationssystem über große Entfernungen hinweg zu blockieren».

So ein System könnte in der Tat segensreich sein für die Farmer. Statt weiter Insektenvertilgungsmittel einzusetzen, könnten sie winzige Sender verwenden, um entweder die Tiere in Fallen zu locken oder die Duftstoff-Frequenzen zu blockieren und die Paarung zu verhindern. Dieselben Gesellschaften, die jetzt Insektizide herstellen, könnten die verschiedenen Chemikalien für die Sender herstellen. Andererseits ist von den Tausenden von Arten nur eine kleine Minderheit in irgendeiner Weise schädlich für den Menschen oder für Pflanzen. Der Rest dient der Lebensgemeinschaft auf unterschiedliche Weise und übernimmt verschiedene Aufgaben. Die Tiere beleben den Boden, sorgen für die Bestäubung und bilden, wie Steiner klarsichtig wußte, eine lebendige Verbindung zu den Wellenlängen der Naturgeister, vor allem der Feuergeister, die er eng mit den Insekten verbunden sah.

Auf jeden Fall muß sich im Hinblick auf die jetzige veraltete und unterschiedslos tödliche Insektenvernichtung etwas ändern. Mit dem neuen System ließen sich nur ausgewählte Arten selektiv anlocken.

In seinem geodätischen Labor in Wichita zeigt uns Callahan mit seinem neuen Infrarot-Spektrometer, wo sich Physik und Metaphysik begegnen. Dabei kommt er auf die Weisheit der Veden zurück: In den Strahl aus infrarotem Licht spielt Callahan den Grundton des hinduistischen Mantras «Aum» ein und wiederholt es mehrere Male.

Ein Blick auf die Computerausdrucke zeigt, wie sich dieses Mantra auf die Kurvenspitzen auswirkt. «Über der Grundlinie», erklärte er, «befindet sich die von den Molekülen aus meiner Stimme ausgesandte Infrarotenergie. Unter der Grundlinie befindet sich die aufgenommene Energie. Werden die Moleküle in meinem Atem, durch was auch immer, mit Energie aufgeladen, geben sie laserähnliche Spitzen von Infrarotstrahlung ab. Und wie Ihr Radio Musik von der entsprechenden Radiostation auffängt, nimmt diese Maschine die Frequenz auf, auf welcher die Moleküle strahlen, und kann deren Signalfrequenzen identifizieren. Wenn Sie die Frequenz eines Atoms oder einer Zusammensetzung kennen, können Sie deren Gegenwart und Größe identifizieren. Hier ist zum Beispiel Kohlenmonoxid. Sie können es deutlich dort am Schreiber erkennen.» Er drehte an einem Knopf.

«Das alles hier», sagte er und überreichte uns den Ausdruck, «beweist die außergewöhnliche Kraft des Mantras. Je öfter Sie es wiederholen, desto mehr reinigt es Ihren Körper vom Kohlenmonoxid. Sehen Sie das hier? Das führt zu einem veränderten Bewußtseinszustand. Wenn das Mantra die Atemmoleküle in Schwingung versetzt, geben diese verstärkt Infrarotstrahlen ab. Diese müssen von unseren Akupunkturpunkten aufgenommen und in den Körper zurückgeführt werden. Dadurch entsteht ein veränderter chemischer Status, der den Atem beeinflußt, und dieser wiederum beeinflußt unser Bewußtsein. Je mehr Sie singen, desto mehr verändert sich Ihr Bewußtseinszustand.»

Er lachte glücklich und forderte uns auf, es einmal selbst zu versuchen. Wir würden bestimmt ähnliche Resultate erzielen.

Auf unsere Frage nach weiteren Einsatzmöglichkeiten des Geräts in der holistischen Medizin überraschte uns Phil mit dem deutlichen Bild eines AIDS-Virus. Er verglich es mit dem Bild einer RAF-Antenne auf dem Flughafen Heathrow. Die Ähnlichkeit war in der Tat verblüffend.

Callahan verriet uns, daß es sein Ziel sei, die genaue Frequenz, die das AIDS-Virus ausstrahlt, zu identifizieren. Dann hoffe er, Mittel und Wege zu finden, die Frequenz nachzuahmen und das Virus zu neutralisieren, indem er seine Signale blockierte. Das gesamte Blut eines Patienten könnte dann durch eine ähnliche Maschine gejagt werden, wie sie für die Nierendialyse benutzt wird, und mit etwas Glück ließe sich die Krankheit neutralisieren.

«Es ist schon sonderbar», sagte Phil, als er uns zu unserem Auto begleitete, «wie viele wichtige Erfindungen gemacht wurden und seit Jahrzehnten, ja sogar Jahrhunderten ignoriert werden. So habe ich kürzlich eine riesengroße Überraschung erlebt, als ich auf das Werk des fast völlig vergessenen irischen Wissenschaftsgenies John Tyndall stieß. Schon im 19. Jahrhundert hat er beschrieben, wie Geruchsmoleküle, etwa von Patschuli, Sandelholz, Nelken, Lavendel, Rosenöl, Zitronen, Thymian, Rosmarin, Nardenöl, Anissamen, Nelken- und Lorbeeröl, Infrarotstrahlen absorbieren. Aus Tyndalls Werk entstand ein ganz neuer Wissenschaftszweig, die Infrarot-Spektrofotometrie. Doch obwohl Tyndall schon achtzig Jahre vor Sir Alexander Fleming die günstigen Eigenschaften des Penicillins entdeckt hatte und kurz vor der Entdeckung des Lasers stand, die dann wirklich erst ein Jahrhundert später gemacht wurde, haben spätere Chemiker und Geruchsphysiologen seine Beiträge völlig ignoriert.»

Ebenso anregend wie das Werk Tyndalls wirkte auf Callahan der große gälische Zeitgenosse Robert Lloyd Praeger, dessen Meisterwerk über die Naturgeschichte und Topographie Irlands *The Way I Went* Callahan «einen Führer zur Seele eines ganzen Landes» nennt. Zumindest führte er Callahan zu seiner nächsten Entdeckung, die fast genauso großartig war wie die der Insektenkommunikation im Infrarotband: daß Strahlen aus dem Weltraum einen günstigen Einfluß auf die Landwirtschaft ausüben.

Die zuletzt genannten Entdeckungen machte Callahan nach seinen Insektenforscherjahren. Er verlieh damit der Vision von den kosmischen Kräften, wie Rudolf Steiner sie beschrieben hatte, wissenschaftlichen Wert.

## 21 Türme der Kraft

Über die fünfundsechzig geheimnisvollen mittelalterlichen Rundtürme, die sich in der üppig grünen Landschaft Irlands erhoben, ist nur wenig bekannt. Man weiß lediglich, daß sie geodätisch und astronomisch plaziert und ausgerichtet waren – vermutlich aus einem bestimmten Grund. Ihre Fenster waren so angelegt, daß ihre Schatten die Sonnenwende und die Tagundnachtgleiche anzeigten. Erst Callahan kam zu dem überraschenden Schluß, daß die Türme möglicherweise Antennen sein könnten, mit denen mittelalterliche irische Mönche kosmische Strahlen einfingen.

Während des Zweiten Weltkrieges, als Callahan in Belleek stationiert war, besuchte er oft einen dieser Rundtürme in der Nähe von Devenish Island, einem wilden, geheimnisumwitterten Ort in der Mitte von Lough Erne. Vermutlich war es einer der am besten erhaltenen von den insgesamt fünfundzwanzig noch existierenden Türmen. Er besteht aus säuberlich zusammengefügten Sandsteinquadern, ist 25 Meter hoch und hat einen Durchmesser von 15,4 Metern. Auch seine auf fünf Stockwerke verteilten Fenster sind in besonderer Weise ausgerichtet.

Eines Tages ließ sich Callahan von einem Fischer zu dem Turm hinüberrudern und fragte ihn, warum die in der Gegend ansässigen Bauern sich die Mühe machten, ihre Kühe immer auf die Insel zu bringen und wieder zurück.

«Hey, Mann», antwortete der Fischer, «da drüben ist das Gras viel saftiger als hier auf dem Festland!»

Von dieser Antwort irritiert, kaufte sich Callahan eine Karte von Irland, auf der alle heute noch bekannten Rundtürme eingetragen waren. Als er die Karte studierte, bemerkte er, daß die Türme offenbar so angeordnet waren, daß ihr Lageplan dem Bild des nördlichen Sternenhimmels zur Zeit der Wintersonnenwende glich. Den Polarstern markierte eindeutig ein besonders großartiger Turm auf dem Grundstück des Klosters von Clonmacnoise in der Nähe des Flusses Shannon auf Irlands zentraler Ebene.

Callahan fragte sich, ob da wohl eine Verbindung bestehen könnte zwischen dem üppig grünen Gras um den Devenish-Turm und seiner Lage unter dem Sternenkosmos. Diente der Rundturm als Antenne für irgendeine kosmische Energie, die von den Sternen ausgestrahlt wird? Daß Dr. Karl G. Jansky von den Bell Laboratories 1932 Radiowellen aus dem Kosmos aufgefangen hatte, besonders aus jenem bestimmten Himmelsbereich im 14,6-Meter-Band, schien kein zufälliges Zusammentreffen zu sein. Da der Devenish-Turm so exakt ausgerichtet und geformt war, konnte sich Callahan gut vorstellen, daß er mit kosmischen Radiowellen ebenso eine Resonanz bildete wie mit irgendeiner Art Magnetfeldenergie. Auch daß der Turm aus paramagnetischem Gestein bestand, deutete in diese Richtung.

Steine, sagt Callahan, haben ein geheimes Leben, das zwei gleichwertige, aber einander entgegengesetzte Kräfte umfaßt – das Plus und Minus der Natur, das Yin und Yang der Chinesen. Diese Kräfte werden heute noch nicht richtig verstanden, obwohl sie von deutschen und englischen Naturphilosophen bereits im 19. Jahrhundert als Paramagnetismus und Diamagnetismus bezeichnet wurden. Ersterer wird von einem magnetischen Feld angezogen, der zweite abgestoßen. Die Wissenschaftler, die den Paramagnetismus entdeckten, beschrieben ihn als eine «schwache, fixierte Empfänglichkeit gegenüber einem Magneten». Mit «fixiert» meinten sie, daß die magnetische Anziehungskraft der Substanz «angeboren» ist und nicht übertragen werden kann, wie dies bei normalem Magnetismus üblich ist, indem man zum Beispiel einen Nagel oder einen Schraubenzieher gegen einen Hufeisen- oder Stabmagneten reibt. Callahans Hypothese war: Die irischen Rundtürme, bestehend aus Kalkstein, Sandstein oder Basalt und deshalb paramagnetisch, konnten als massive elektronische Empfänger kosmischer Mikrowellenenergie gelten, aber auch als gigantische Akkumulatoren von magnetischer Energie.

Um hinter das Geheimnis zu kommen, experimentierte Callahan mit kleinen Modellen, die er erst aus paramagnetischem Sandpapier, später aus Karborund-Schmirgelpapier machte. Er verwendete dabei die Maße, die in dem Buch *The Round Towers of Ireland* von Professor G. L. Barrow angegeben werden. Mit einem Hochfrequenz-Oszillator (Klystron) erzeugte er Radiowellen mit einer Wellenlänge von drei Zentimetern. Callahan stellte sein zehn Zentimeter großes Sandpapiermodell in einen solchen Radiofunkstrahl. Daraufhin ging der Strommesser von 6 auf 9 Dezibel Energie hinauf. Damit stand für Callahan fest, daß die irischen Rundtürme tatsächlich Radiowellen auffangen, ähnlich wie Vergrößerungsgläser, die Licht sammeln und fokussieren.

Diese Annahme löste für Callahan auch das Rätsel der Türen an den irischen Rundtürmen. Sie befinden sich einige Meter oberhalb des Bodens, was angeblich als Schutzmaßnahme gegen die Wikinger gedacht war, jedenfalls nach Meinung traditioneller Archäologen. Ziemlich komisch, sagt Callahan, denn die Wikinger kamen erst nach dem 8. Jahrhundert nach Irland. Außerdem hätten die höher angebrachten Türen sicherlich kein Hindernis dargestellt für gezielte Angriffe. So muß es einen anderen Grund gegeben haben. Und Callahan fand ihn:

Elektroingenieure mögen ihre Antennen mathematisch noch so genau berechnen, sie erreichen nur selten eine wirklich gute Resonanz. Antennen müssen per Versuch und Irrtum gekürzt bzw. verlängert werden, um den eintreffenden Wellenlängen zu entsprechen. Um ihre Steinantennen auf die Nachtstrahlung einzustimmen, brauchten die klösterlichen Türmebauer nur die Innenräume mit Erde aufzufüllen – bis zur Tür oder mehr oder weniger darunter. So erhielten sie die richtige Frequenz.

Um seine Feststellung, daß die irischen Rundtürme wirklich paramagnetische Antennen sind, zu untermauern, wollte Callahan magnetische Feldkraftlinien auf einem seiner Modelle sichtbar machen. Sie würden wohl der bekannten Anordnung von Eisenfeilspänen auf einem Stück Papier ähneln, unter dem sich ein Magnet befindet. Theoretisch müßten diese als Ringe auf verschiedenen Ebenen erscheinen. Um sie sichtbar zu machen, tauchte er ein Karborund-Modell des Turlough Tower aus der Grafschaft Mayo 24 Stunden lang in eine Lösung aus Magnesiumsulfat und hoffte, dieses diamagnetische Salz sei so leicht, daß es von den extrem schwachen Kräften beeinflußt würde. Er war glücklich zu sehen, daß sein Modell von einer Spirale weißer Linien von der Spitze bis zur Basis umkreist wurde. Doch noch erstaunlicher war, daß überall dort ein breites, kräftiges Band des weißen Salzes erschien, wo sich Decken und Fenster in dem Turm befanden.

Doch was war der Zweck dieser Anstrengungen? Millionen von Jahre, sagt Callahan, haben sich der Mensch und alle Pflanzen unter einer niederenergetischen Mikrowellenstrahlung entwickelt, die nicht nur unseren Körper, sondern auch alle Feldfrüchte einhüllt. Die besten Antennen für hohe Frequenzen bestehen nicht aus Metall, sondern aus elektrisch nichtleitenden dielektrischen Materialien wie Plexiglas, Wachs oder Stein. Callahan ist der Meinung, daß unsere Vorfahren, die Kelten, wußten, wie sie sich in der Landwirtschaft «auf die Natur einstimmen sollten». Sie benutzten die Rundtürme als silikonreiche Halbleiter statt der Metall-Leiter und schufen so ein großes Resonanzsystem, um Meterwellenlängen aus dem Kosmos aufzufangen, zu speichern und zu verstärken. Die Türme sind «abgestimmte» magnetische Antennen, massive elektronische Kollektoren kosmischer Mikrowellenenergie und riesige Akkumulatoren magnetischer Energie. Als solche «sorgten sie für die kosmische Energie, mit der die Ingenieur-Mönche ihre Felder schon Jahrhunderte, bevor das Wort ‹Elektrizität› geprägt wurde, düngten».

Callahan ist der Meinung, daß die Mönche die kosmische, paramagnetische Energie auffingen und sie in ihren Rundtürmen auf die Erde fokussierten, auf der ihre Kulturpflanzen wuchsen. Auf diese Weise «dopten» sie die Pflanzen mit Energie. Von den Grundfesten der Türme wurden infrarote paramagnetische Kräfte in Wellen ausgestrahlt. Diese vergrößerten die anziehenden paramagnetischen Eigenschaften des umliegenden Bodens, beeinflußten aber nicht direkt die Pflanzen, die eine diamagnetische, schwache, fixierte Kraft haben, mit der sie ein Magnetfeld abstoßen. Diese Entdeckung machte der englische Wissenschaftler Michael Faraday. Sie wurde von seinem irischen Zeitgenossen John Tyndall bestätigt, der über dreißig verschiedene Baumarten auf diamagnetische Eigenschaften hin untersuchte.

Die Türme sind riesige, wundervoll gestaltete, steinerne Detektoren von Mikrowellenstrahlung aus dem Kosmos. Sie schwingen bei Tag mit der von der Sonne ausgestrahlten magnetischen Energie, und nachts fangen sie die 14,6-Meter-Wellen ein. Diese werden von dem Ausschnitt des Sternenhimmels ausgestrahlt, auf den sie exakt bei der Wintersonnenwende ausgerichtet wurden. Und da die Pflanzen während der Sonnenlichtstunden hochdiamagnetischen Sauerstoff in großer Menge abgeben, sind sie bei Tag diamagnetisch. Doch werden sie – was Faraday und Tyndall noch nicht wußten – nachts paramagnetisch, wenn sie sich darauf konzentrieren, paramagnetisches Kohlendioxid in großer Menge auszuatmen.

Für Callahan schien klar, daß die Form der steinernen paramagnetischen Antennen für eine starke Resonanz genauso entscheidend war wie ihre Länge. So fragte er sich nur, welche Rolle die charakteristische Verjüngung der Rundtürme bei ihren paramagnetischen Eigenschaften spielte. Seinen Modellen nach waren die idealsten Leiter röhrenförmige Strukturen zusammen mit konischen Pyramidenformen. Darum herumwachsende Versuchspflanzen bogen sich alle zur Mitte, ihre Keime sprossen auf der Nordseite schneller und wurden auf der Südseite nur halb so groß.

Der erste ernsthafte, großangelegte Test von Callahans Theorie wurde 1986 in Arkansas auf einem Stück Land nördlich von West Memphis durchgeführt. Es gehört dem Gutsbesitzer Thomas C. Quackenboss. Da die Experimente mit den kleinen Modellen der irischen Rundtürme für Callahans Theorie sprachen, ging man davon aus, daß dies auch mit mittelgroßen Modellen klappen müßte. So stellten Quackenboss und seine Familie drei knapp zwei Meter lange und 30 Zentimeter weite Abflußrohre aus Terrakotta zur Verfügung. Sie füllten sie mit hochgradig paramagnetischem, granuliertem Basalt, um damit ein Gebiet von etwa 200 Morgen zu bestrahlen, und plazierten die Rohre entsprechend Callahans Entdeckung, daß seine kleinen Modelle den größten Teil ihrer Energie kleeblattmusterartig in nördlicher Richtung ausstrahlten. Um die Terrakotta-Türme stärker paramagnetisch zu machen, krönten die Quackenbosses sie mit konischen Basalt-Zement-Pyramiden, Gesamtinvestition: 250 Dollar.

Im frühen Sommer wurden Baumwoll- und Sojabohnenfelder angelegt. Im Herbst überstieg die Ernte alle Erwartungen. Im folgenden Jahr stellten die Quackenbosses 21 «Türme der Kraft» auf, in der Hoffnung, ihr Einkommen zu erhöhen. Intensiv studierte ihr Sohn John, ein begnadeter Rutengänger, Literatur über unterirdisch verlaufende Wasseradern und oberirdisch verlaufende «ley lines» (Kraftlinien, die sich zwischen den sogenannten «Orten der Kraft» auf der Erde erstrecken). Man wollte nämlich die «Türme der Kraft» direkt über den Stellen plazieren, wo die Rute solche Linienüberschneidungen oder -überkreuzungen anzeigte. Die Ergebnisse waren überwältigend, und zwar in ganz unerwarteter Hinsicht. Das Gebiet litt unter einer Trockenheit, und nur die Quackenbosses bekamen, im Gegensatz zu ihren Nachbarn, genügend Regen, um 1,8 Baumwollballen pro Morgen und über 40 Scheffel Sojabohnen ernten zu können. Damit hatten sie die zweitbeste Ernte in ihrer Farmgeschichte, ein unwahrscheinliches Kunststück in einem Jahr der Trockenheit wie 1988. Der Grund mußte, so meint John, in den geheimnisvollen Kräften der Türme liegen, denn sie stellten die einzige Veränderung auf der Farm dar.

Als zwei frühere Klassenkameraden von Johns Erfolgen hörten, brachten sie ihre eigenen Familien dazu, ebenfalls zu experimentieren. So hatten in Zentral-Virginia drei Männer, Jim Wheat, Richard Dix und Ray Thomas, den Mut, 16 Türme auf einem 1000-Morgen-Land im überspülten Mündungsgebiet des Rappahannock aufzustellen.

Sie waren von den ersten Ernte-Erträgen mit Hilfe der Zaubertürme so beeindruckt, daß sie beschlossen, noch einen Schritt weiter zu gehen und die biodynamischen Anbaumethoden auf ihren ganzen 5000 Morgen auszuprobieren und mit Chemikalien als Kunstdünger bzw. Insektenvertilgungsmitteln aufzuhören.

Die Erfindung, mit Hilfe von Türmen, Obelisken oder Pyramiden kosmische Strahlung aufzufangen, wird den Ägyptern zugeschrieben. Den Beweis dafür erbrachte erst kürzlich Gabriel Howearth. Er legte Hunderte von Meilen im weglosen zentralamerikanischen Dschungel zurück, um Maya-Bauern aufzusuchen. Er studierte ihre äußerst verfeinerten Landbaumethoden und sah, daß ihre Felder reiche Frucht trugen und auch Zwischenernten gaben – wie dies schon zu Zeiten von Cortez üblich war. «Sie bauen seit 1600 Jahren permanent an», sagt Howearth. «Ihre jetzt über tausend Jahre alten Obst- und Nußbäume tragen noch immer.»

Die These, daß die Maya mit den Ägyptern in Verbindung standen, war von Auguste Le Plongeon eindrucksvoll belegt und von so bedeutenden Inschriftenforschern wie Professor Barry Fell gestützt worden. Nun entdeckte Gabriel Howearth eine weitere Verbindung zwischen den Maya und den Ägyptern: Die Maya kannten eine Art der Unkraut- und Insektenbekämpfung, die sehr an die moderne Radionik erinnert. Die Maya nutzten nämlich auch die Kräfte des Kosmos, aufgefangen und verstärkt durch winzige Pyramiden, nicht anders als bei den «Türmen der Kraft» von Callahan. (Die Radionik wurde zu Beginn des Jahrhunderts in Amerika von Dr. Albert Abrams und später in England von George und Marjorie De La Warr entwickelt. Man kann mit diesem System Materie beeinflussen, indem man die genaue Resonanzwellenlänge findet und reproduziert.)

«Sie wissen», meint Howearth, «welche Planeten welche Insekten beeinflussen – Venus etwa die Marienkäfer und Mars die Blattläuse –, und haben ihre Spezialisten, die ständig den Planetenlauf aufzeichnen. Ihre zahlreichen und sehr genauen Kalendersteine sind zum Teil mit Hieroglyphen versehen, die sich nicht nur auf die Planeten beziehen, sondern auch auf verschiedene Kräuter und Insekten. Zu den Kalendersteinen gehörten auch einige bewegliche Teile, mit deren Hilfe ihre Hexenmeister *(brujos)* die kosmischen Strahlen orten und manipulieren konnten, um so unerwünschte Unkräuter und Insekten unter Kontrolle zu halten, wie auch Steiner es tat.»

Ihr seit Jahrhunderten in diesen Dingen ausgeprägter Sachverstand ist wirklich erstaunlich. So können sie sogar aus einem Grashüpfer Nutzen ziehen, der – wie sie wissen – einen unkrautvernichtenden Virus in sich trägt.

Auf einem besonders ungewöhnlichen Kalenderstein, erzählte Howearth, sind die Schriftzeichen für die Planeten – wie die für Sonne, Mond und den Asteroidengürtel – so angeordnet, daß sie direkt zur Mitte hinführen. Dadurch können die Astronomen der Maya genau errechnen, wann was in der Landwirtschaft getan werden muß.

Als Howearth nach Jahren ihr Vertrauen gewonnen hatte, verrieten ihm die Maya, was sie über den Einfluß der Planeten wußten, und viele andere gutgehütete Geheimnisse, die sie bislang noch keinem Gringo-Archäologen enthüllt hatten. Sie nahmen ihn mit auf die Felder hinaus und zeigten ihm Dinge, die ihn sehr an die moderne Radionik-Technik erinnerten. Befinden sich die Planeten in der richtigen Stellung, verwenden die Maya kleine Pyramiden und spezielle Schriftzeichen für Unkräuter und Insekten und verstärken damit die Kräfte, die aus dem Kosmos an den Erd-Ley-Lines entlangführen. Auf diese Weise können sie Unkräuter und Insekten unter Kontrolle halten.

Howearth sagt, daß die Maya tief im Dschungel, versteckt vor den Augen der Weißen, eine hochentwickelte Landwirtschaft betreiben, wie er sie sonst noch nirgendwo gesehen habe. «Wie sie mit dem in den Tropen sehr ernsten Unkrautproblem fertig werden, ist schon erstaunlich. Sie machen es allein mit ihren Schriftzeichen und den Pyramiden. Sie erhalten und nähren die Unkräuter, die sie für ihre Landwirtschaft brauchen, haben aber sehr feine Methoden, um die anderen zu entfernen. Wie Steiner empfahl, legen sie die Pflanzenasche in eine Pyramide. Sobald der richtige Planet auf die entsprechende Pflanze einzuwirken beginnt, sendet er Strahlen aus und vernichtet die Unkräuter da, wo sie nicht gebraucht werden. Sie erzählten mir, daß sie früher auch die kleineren Pyramiden in die größeren gestellt hätten. Sie haben außerdem auf dem Kopf stehende Pyramiden aus Ziegelsteinen, die in den Boden hineingebaut werden. In ihnen können sie das Saatgut unendlich lang aufheben.»

Wie Daryl Kollman trachten auch Howearths Maya-Freunde danach, die Landwirtschaft in ihrer Hemisphäre zu erneuern. Howearth hofft, daß einige von ihnen mit ihm nach Norden kommen, um sein noch unverseuchtes Land entsprechend den überlieferten alten Weisheiten zu bearbeiten. Diese Menschen in Nord-, Süd- und Mittelamerika haben wir, die Bewohner der Vereinigten Staaten, in einer Weise versklavt oder getötet, die der eines Cortez in nichts nachstand. Hätte der Erzpriester Diego de Landa nicht die *malezas* ausgerottet und die wertvollen Geheimschriften der Maya vernichtet, hätten wir unseren Böden die Mißhandlung über ein halbes Jahrtausend hinweg ersparen können.

## 22 Kosmokultur

Glücklicherweise ist das alte Erbe der Indianer noch nicht ganz verschwunden. So lebt es zum Beispiel in den Bergwäldern von Georgia weiter, in Sichtweite der Great Smoky Mountains, einem häufig besuchten mystischen Ort der Cherokee. In das tosende Wasser des Tallulah hatte sich einst die Tochter eines Häuptlings von einem hohen Kliff hinuntergestürzt, um mit ihrem weißen Geliebten für immer vereint zu sein. Ein paar Meilen flußaufwärts von diesem Punkt entfernt fängt die Enkelin eines anderen Tallulah Cherokee, Sarah Hieronymus, kosmische Wellen ein. Nicht weit von dem Cherokee-Reservat führt sie in einem Labor an den Ufern des Lakemont die Arbeit ihres verstorbenen Mannes, T. Galen Hieronymus, fort. Sie arbeitet dort zusammen mit der Advanced Sciences Research and Development Corporation, einer gemeinnützigen Organisation, die sich der Verbreitung der Kosmokultur verschrieben hat, dem Channeling («Kanalisieren») kosmischer Energie in den Boden zugunsten der Pflanzen.

Hilfreich dabei sind Galens «kosmische Röhren», 3 Meter lange Plastikröhren, die sich wie ägyptische Djed-Pfeiler etwa 2 1/2 Meter hoch über dem Boden erheben, während etwa 75 Zentimeter tief eingegraben sind. Oben auf jeder Röhre befindet sich eine Kupferelektrode, um die geheimnisvolle Sonnenenergie einzufangen, die Galen als «eloptisch» bezeichnet – sie gehorcht «einigen elektrischen Gesetzen, aber nicht allen, und einigen optischen Gesetzen, aber nicht allen». Er führt die Energie durch einen um einen Quarzkristall gewickelten Draht zu einem unterirdischen Verstärker, so daß sie etwa eine Meile weit in alle Richtungen im Boden ausgestrahlt werden kann.

«Da sich die Kraft oben verstärkt», sagte uns Galen im Sommer 1987, einige Monate vor seinem Tod, «machen wir sie nicht höher. Um uns herum ist ein großes Meer von Energie – kosmische Energie, Sonnenenergie, Mondenergie, Planetenenergie und die Erdenergie selbst. Und im Gegensatz zu den Chemikalien ist diese Energie frei erhältlich, nicht giftig und äußerst wohltuend. Wir brauchen sie nur einzufangen, und genau das tun wir. Als ich sah, wie die Kunstdünger und die vielen dem Vieh verschriebenen Medikamente die Farmer finanziell kaputtmachten, erinnerte ich mich an meine ersten Experimente mit der eloptischen Energie und nutzte sie, um dieses Meer freier Energien einzufangen. So entwickelten wir die kosmischen Röhren.»

Der ehemalige Starkstromingenieur Galen zitierte gern den Astronauten Edgar D. Mitchell, daß es keine unnatürlichen oder übernatürlichen Phänomene gäbe, sondern nur große Lücken in unserem Wissen über die Natur. In den letzten fünfzig Jahren leistete Galen Pionierarbeit in der Erforschung der sogenannten Feinstoff-Energien. Diese Energien befinden sich außerhalb des elektromagnetischen Spektrums und werden von der orthodoxen Wissenschaft ignoriert. Sie werden jedoch in den hinduistischen Veden, in der theosophischen und anthroposophischen Literatur eindrucksvoll beschrieben.

In den dreißiger Jahren bewies Galen, daß Sonnenenergie durch Drähte geführt werden kann, und erhielt ein US-Patent auf ein entsprechendes Instrument. Kurz nach dem Zweiten Weltkrieg entwickelte er radionische Instrumente, basierend auf den Arbeiten von Dr. Albert Abrams, und entdeckte bald seine eloptische Energie. «Wir brauchen ein neues Wörterbuch", sagte er, «um diese Energien zu beschreiben. Sie sind zwar mit dem elektromagnetischen Spektrum verbunden, unterscheiden sich zugleich aber sehr davon. Es ist eine feinstoffliche Energie. Sie wird auch auf Entfernung nicht schwächer. Wir können sie durch Drähte leiten.»

Im Labor seines Stammsitzes in Lakemont, passenderweise Oasis genannt, strich Galen über eine seiner kosmischen Röhren und sprach dabei von der eloptischen Energie, als wäre sie ein guter Geist: «Sie mag keine Windungen, sondern nur gerade Linien. Aber wir können sie mit Windungen manipulieren und sie zum Strahlen bringen. Sie bewegt sich mit Lichtgeschwindigkeit. Wir konnten das beweisen, als sich die Astronauten auf der erdabgewandten Seite des Mondes befanden, damals in den sechziger Jahren. Wir wußten fünfzehn Minuten vor der NASA, daß sie ihre Rückkehrraketen gezündet hatten. Die NASA hatte keinen Funkkontakt mehr mit ihnen, aber wir konnten die Astronauten mit Hilfe unserer eloptischen Energie ausmachen.»

Um den Farmern zu helfen, ihre Böden zu entgiften und ein gesundes Gleichgewicht wiederherzustellen, entwickelte Galen drei weitere Instrumente, die zusammen mit den kosmischen Röhren angewendet werden. Mit Hilfe eines Analysegeräts für eloptische Energie kann der Farmer den Boden radionisch analysieren und herausbekommen, was in ihm gut bzw. schlecht ist und wie das entsprechende Heilmittel auszusehen hat. Das gleiche Instrument kann auch zur Diagnose des Krankheits- oder Gesundheitszustandes der Haustiere verwendet werden. Land und Tiere können dann mit einem weiteren Instrument behandelt werden, mit dem die Vitalität im Boden wiederhergestellt, Ungeziefer beseitigt und Kühe von Krankheiten wie Mastitis oder Leukämie geheilt werden. Das Instrument kann auch dazu benutzt werden, Gifte aus den Futtermitteln herauszuziehen und Algen aus der Viehtränke zu entfernen. Es kann sogar, sagt Sarah, verhindern, daß ein Stall abbrennt, wenn sich in ihm leicht entflammbares feuchtes Heu befindet. Das dritte Instrument, ein Strahlenprojektor, soll bestimmte Energien von einem Ort zum anderen übertragen.

Der gemeinsame Gebrauch aller Instrumente, sagte Galen, führt zu einer Erneuerung, Bereicherung und Revitalisierung des Bodens, zu früherer Fruchtbildung, besseren Erträgen, höherer Qualität, nährstoffreicheren Pflanzen, gesünderen Farmtieren, aber auch zum Abbau von Insektenvertilgungs- und Düngemitteln – und damit logischerweise zu einem höheren Profit. Doch die kosmische Röhre kann nicht nur verstärkte Energie aufnehmen und wieder verteilen, sie hat auch eine Art «Schacht», um den der nach unten verlaufende Draht gewickelt ist und in den man bis zu fünfzig «Reagentien» legen kann. Diese Reagentien verändern die Wellenlängen der eloptischen Trägerenergie, genauso wie eine Trägerwelle durch eine Stimme oder Musik moduliert wird. Mit dem Analysegerät suchen die Hiernoymusse nach einer ihnen zusagenden Energie, übertragen diese dann in ein mit Öl oder Wasser gefülltes Fläschchen und stellen dieses in den Schacht. Danach wird sie auf das Land rund um die kosmische Röhre ausgesendet.

Inzwischen haben die Hieronymusse auch damit begonnen, die Steinerschen Präparate sowie den Faß-Kompost auf diese Weise auszustrahlen. «Da die Wirkung der Präparate», sagten sie, «in den in ihnen enthaltenen Kräften liegt, können diese Kräfte durch unsere Röhre gechannelt und mit eloptischer Energie ausgestrahlt werden wie jede andere Kraft auch.» Es gibt inzwischen vier verschiedene Größen dieser kosmischen Röhren – entsprechend der Bodenfläche, die behandelt werden soll. In den fünfzehn Staaten, in denen diese Röhren bereits aufgestellt sind, ist man sicher, daß sie auch das lokale Wetter beeinflussen. Jedenfalls verzeichnet man dort weniger heftige Stürme, beständigeren, sanften Regen und mildere Temperaturen.

«Die kosmische Energie zeigt sich in früheren Ernten», sagte Galen, «in kräftigeren Stämmen und besserer Qualität. Vor einigen Jahren reinigten wir damit einen Apfelgarten. Das Land war mit Herbiziden, Pestiziden und Kunstdünger so schwer vergiftet, daß die Bäume jahrelang keine Frucht mehr getragen hatten. Die Bäume waren wirklich in einem schlimmen Zustand. Also stellten wir im Januar 1986 die Röhre auf. Im Frühjahr sah man ein einziges Blütenmeer, und als die Blätter herauskamen, waren sie herrlich grün. Die Bäume sind jetzt stark und kräftig und tragen so viele Äpfel wie noch nie.»

«Zu Anfang hatten wir viel Ärger mit der Apfel-Blattlaus», berichtete Sarah, «aber wir konnten sie mit einem Reagens vertreiben. Wir fingen eine Blattlaus und steckten sie in die Teströhre, die wir verschlossen und in den Schacht des Instruments legten, um ihre Energiewellenlänge herauszufinden. Dann suchten wir nach einer Substanz, die die Blattlaus nicht mochte, und senkten ihre Vitalität auf Null. Damit behandelten wir dann alles, wovon die Blattläuse leben, und machten es den Tieren so unmöglich, sich weiter zu erhalten. Wir hatten auch gute Erfolge mit Larven, indem wir Bilder von den Bäumen in den Schacht legten, zusammen mit etwas, das die Tiere nicht mochten.»

Sarah hob ein kleines Fläschchen mit gefärbtem Wasser hoch, mit dessen Hilfe sie den ganzen Prozeß veranschaulichen wollte: «Wir nahmen die Blätter von Geranien und übertrugen ihre Energie in dieses wassergefüllte Fläschchen; dann intensivierten wir sie etwa zehnmal, was dem Verschütteln und Verdünnen in der Homöopathie vergleichbar ist. Ich stellte das Fläschchen mit den abgeschnittenen Geranienblätttern in den Schacht hier und neutralisierte das Wasser auf der Platte, bevor ich die Stromzufuhr um das Zehnfache erhöhte, wodurch die Energie via Platte in das Wasserfläschchen gelangte. Um die Wirkung festzustellen, legte ich einen Wurm in ein Gefäß und behandelte ihn mit dem Geranienwasser. Die arme Kreatur kroch rückwärts wieder raus und starb. So konnten wir die ganze Prozedur gegen Heerwürmer, Spinnerraupen und Schwammspinner anwenden und waren damit sehr erfolgreich.»

Da er seinen Besuchern die Wirkungen dieser Reagentien auf Insekten und Ungeziefer zeigen wollte, befestigte Galen eine Videokamera an seinem Mikroskop und vermittelte so ein lebendiges Bild von dem Vorgang.

«Statt der vielen Insektenvernichtungsmittel», meinte Galen, «können wir ein Reagens in den Schacht einer kosmischen Röhre tun. Es wird genügend Energie ausstrahlen, um die Insekten fernzuhalten. Ich kann Ihnen Kuhställe zeigen, in denen Dutzende von Kühen ganz ruhig und mit hängenden Schwänzen dastehen, weil sie von keiner einzigen Fliege belästigt werden. Außerdem stinkt es in den Ställen nicht mehr. Wenn eine Kuh reines Futter frißt, in dem sich keine Gifte befinden, sind auch ihre Ausscheidungen sauber, und die Fliegen werden kaum davon angezogen.»

«Was die Reagentien angeht», sagte Sarah, «so wenden wir bisweilen die Gesetze der Homöopathie an. Einmal mußten wir gegen fast zwei Meter hohe Disteln vorgehen, durch die die Kühe kaum mehr durchkamen. Wir legten ein Distelblatt in unseren Projektor und strahlten die entsprechende Energie hinaus aufs Feld. Innerhalb eines Jahres waren die Disteln zu normaler Größe geschrumpft.»

Sarah zeigte uns ein Foto von ihren reiche Frucht tragenden Apfelbäumen. «In unserem Obstgarten retteten wir die Obstblüte, obwohl sie von einem Frost im letzten Frühjahr angegriffen war. Wie bewahrten die Bäume vor dem Erfrieren, indem wir sie mit einer Tannen-Fichten-Essenz stärkten, die vor Kälte schützt. Und Mark Moller, ein Farmer im Nordwesten von Arkansas, in Pea Ridge, hoch oben in den Bergen, der Angst hatte, daß ein früher Frost seine ganzen Blaubeeren vernichten würde, flog sofort hierher nach Lakemont, als er von einer drohenden Kaltfront hörte, und wir bereiteten zusammen ein Fläschchen mit den verschiedensten Energien zu.»

Lächelnd erzählte sie weiter: «Sie werden es wohl kaum glauben. Es klingt ja auch ziemlich wild, aber zusammen mit etwas flüssigem Kalzium nutzte er die Energie eines Sonnenbildes, das vom Mond aus gemacht worden war. Dann fügte er noch etwas Agnihotra-Staub dazu und ein Sanskrit-Mantra. Das Mantra überspielte Mark auf eine Kassette und leitete den Ton über einen Draht in den Schacht der Vorrichtung. Zuerst sah alles so aus, als hätte es geklappt. Als der Frost kam, standen die Blaubeeren bereits in Blüte und hatten winzige Blättchen. Alles schien okay. Doch dann wurden die Blätter nicht größer, und Mark machte sich Sorgen. Wir testeten die Blätter in Galens Analyseapparat und fanden heraus, daß der Frost ein zu großer Streß für sie gewesen war. Also füllten wir ein weiteres Fläschchen, diesmal mit Aqualithium, und strahlten seine Energie auf die Pflanzen aus. Diese entspannten sich und bauten den Streß ab. Sie bekamen wunderschöne dunkelgrüne Blätter, und Mark hatte die beste Ernte seit Jahren.»

Wenn die Hieronymusse Fläschchen versenden, dann schicken sie immer gleich zwölf Reagentien mit, eines, um die Bodenproduktivität zu erhöhen, eines, um die Insekten zu vertilgen, eines zur Entgiftung des Bodens usw. Sind die Fläschchen für sehr kalte Gegenden bestimmt, etwa Wyoming, wo die Temperaturen bis vierzig Grad unter Null sinken, so «gibt er die Energien» in Öl statt in Wasser, damit sie nicht gefrieren.

Wir wollten wissen, ob die kosmischen Röhren von Sarah und Galen wirklich auf altem magischem Wissen beruhen oder ob sie nur eine Ausgeburt der Phantasie der beiden waren. So besuchten wir einen Chemieingenieur mit traditioneller akademischer Ausbildung, der dennoch seit Jahren mit den kosmischen Röhren experimentiert.

In einer typischen Ohio-Landschaft, wenige Meilen vom Eriesee entfernt, liegt eine biodynamische Oase mit herrlichen Pflanzen aller Art. Die Maisstengel werden hier 4,50 Meter hoch, und die Apfelbäume tragen schwer an ihrer Last. Hier, wo früher die

Huron-Indianer lebten, hat Harvey Lisle zwei Hieronymus-Röhren direkt über den nach Ost-West bzw. Nord-Süd verlaufenden Ley Lines aufgestellt.

Seit 1970 setzt Harvey, mittlerweile in den Sechzigern, auf Biodynamik. Der ehemalige Chemieingenieur einer Kunstdüngerfirma schwört nun sowohl auf die BD-Präparate wie auf die Steinkreise der Indianer, die er um jeden seiner Obstbäume aufgestellt hat.

Zwischen Körben von Äpfeln und reich gefüllten Regalen mit Marmelade hat Harvey im Keller sein Labor aufgebaut, wo er empfindliche Kristallisationen und Chromatographien herstellt – wie einst Pfeiffer und Kolisko. Damit kann er die Kräfte und Qualitäten der BD-Präparate 500 und 501 überprüfen. Sie werden entweder nach einer homöopathischen Potenzierung direkt in den Boden gegeben oder einfach mit Hilfe des Hieronymus-Instruments in normales Wasser übertragen – mit überraschenden Ergebnissen, vor allem wenn alles noch über eine kosmische Röhre ausgestrahlt wird.

«Es gibt ungefähr 100 Steinkreise auf meinem kleinen Acht-Morgen-Land. Sie sind alle miteinander verbunden, aber auch mit dem indianischen Medizinrad am Kreuzungspunkt und mit den kosmischen Röhren. Das alles zusammen ergibt ein kraftvolles Zentrum. Energien fließen, wo sie nur hinschauen. Deshalb wächst hier alles so üppig, ohne jeden Kunstdünger und auch mit nur wenig BD 500 und 501, die ich lediglich alle paar Jahre verwende. Jetzt sende ich die Präparate durch die Hieronymus-Röhren, und das funktioniert auch. Aber ich habe eine noch ausgefallenere Idee.»

Mit einer V-förmigen Plastikrute wandert Harvey durch seinen Dschungel von Obstbäumen, Gemüse und Blumen, um uns sein Verfahren zu demonstrieren.

Auf der anderen Seite eines kleinen Bächleins, das in Mäandern durch die Anlage fließt, sehen wir eine Reihe von Blaubeeren, an deren Sträuchern kleine Seifenstückchen mit Draht befestigt sind. «Das hält die Hirsche ab», erklärte Harvey. «Sie rühren die Blaubeeren nicht an, wenn die Seife dran ist.»

Harvey macht den Schacht einer seiner kosmischen Röhren auf, und wir entdecken ihren seltsamen Inhalt: zunächst verschiedene

Blätter des Sumachs. Damit versucht Harvey, das zu üppige Wachstum dieser Pflanze – hervorgerufen durch die großartigen BD-Präparate – zu stoppen. Daneben liegen einige gebackene Larven von Pflaumenrüßlern. Diese Tiere bohren sich in das Innere von Pflaumen, schafften es diesmal jedoch dank der kosmischen Röhre nur ein paar Millimeter weit – dann starben sie. «Nächstes Jahr werden wir die Tiere hoffentlich ganz los sein», sagte Harvey.

Und dann war da noch das Gefäß mit dem nach Sand aussehenden Inhalt. «Das sind die Überreste von ungefähr hundert Schnecken», erklärte Harvey grinsend. «Wir haben sie in einem Holzkohlenfeuer verbrannt. Letztes Jahr hatten wir Schnecken zu Zehntausenden. Nach dem Verbrennen waren es dieses Jahr nur noch Hunderte. In ein oder zwei Jahren werden sie auf meiner Farm überhaupt kein Problem mehr sein, während drüben auf der anderen Seite das Land meines Nachbarn nach wie vor von Zehntausenden dieser Schnecken heimgesucht wird. Es ist schon eine seltsame Sache.»

Harvey wandte sich nach Westen, wo mehrere Eichen standen. «Sobald die Sonne untergeht», sagte er und schaute auf den roten Sonnenball, «strahlt die Energie von diesen kosmischen Röhren aus. Bei Sonnenaufgang baut sie sich wieder auf.»

Ein üppig tragender Apfelbaum bewegte sich sanft in der Brise. Harvey kniete vor ihm nieder und legte einen kleinen Plastikfilmbehälter frei, der zur Hälfte mit BD 500 gefüllt war. «Ich vergrub ihn knapp 10 Zentimeter entfernt von den Wurzeln an der Ostseite des Stammes, da die Erdenergie in Ost-West-Richtung verläuft.» Er zeigte auf die Borke in einer Höhe von etwa 30 Zentimetern vom Boden und erklärte: «Hier habe ich diesen winzigen Quarzkristall befestigt, um den kosmischen Fluß einzufangen. Ich werde jetzt beides wegnehmen, und wir werden dann die Rute einsetzen und sehen, ob irgendwelche Energie von dem Baum ausgeht. Dann werde ich beides wieder zurücktun, und Sie können selbst sehen, wovon ich rede. Dann möchte ich gern, daß Sie das gleiche tun. So werden Sie merken, daß es kein Humbug ist.»

Den restlichen Nachmittag verbrachten wir im Obstgarten und experimentierten an einem Apfelbaum mit potenzierten biodynamischen Präparaten und ihren Hieronymus-Nachbildungen in den mit klarem destilliertem Wasser gefüllten Fläschchen. In jedem Fall strahlte der Baum die Kraft in fast gleicher Stärke in den ihn umgebenden Garten aus. Original und Nachbildung schienen praktisch genauso wirksam zu sein. Wie vorausgesagt, bog sich die Rute erst in einer Entfernung von etwa 3 Metern vom Baum nach unten, da sie dort die Energie des Baumes aufnahm. War nahe den Wurzeln das Präparat 500 vergraben, schlug die Rute bereits in einer Entfernung von mehr als 30 Metern kräftig aus. Und als 501 dazugetan wurde, wirkte die Energie noch 2 Meter weiter entfernt. «Es sieht so aus, als würde der Baum wie eine kosmische Röhre funktionieren, indem er die in seiner Nähe befindlichen Kräfte verstärkt, geradeso wie das Röhrchen von Galen Hieronymus. «Die Frage ist nur», meinte Harvey, «ob diese Kräfte wirklich *lebendig* sind – das gilt sowohl für die organische Substanz wie auch für ihre Nachbildung im Wasser. Wir müssen herausfinden, ob die Nachbildung Leben und Kraft besitzt, und das können wir nur, indem wir von beidem eine Kristallisation herstellen.»

Nach 36 Stunden lagen die Ergebnisse vor: In der aus dem potenzierten Wasser mit dem BD 500 hergestellten Kristallisation war nicht nur die Energie klar zu erkennen, sondern auch jene Qualitäten, die Pfeiffer, Kolisko und andere als Attribute des «Lebens» bezeichnet hatten. Eine Chromatographie dieses Wassers zeigt die typischen Umrisse von lebendem, organischem Material.

Aber auch die Kristallisation des mit dem Hieronymus-Gerät energiegeladenen destillierten Wassers zeigte diese Kraft, während eine Kristallisation von ganz normalem, durch nichts beeinflußtem Wasser alle Anzeichen von Vitalität vermissen lassen würde. Es wiese nicht jene klaren, strengen, strahlenförmig vom Zentrum ausgehenden Linien auf, die man in dem organischen Wasser erkennen kann. Statt dessen wären die Umrisse verschwommen und gestaltlos.

Aus alledem kann man schließen, daß die kosmischen Röhren von Hieronymus sehr wohl die Energien aussenden, die in den potenzierten BD-Präparaten enthalten sind. Sie werden mit der Rute oder mit den Instrumenten von Hieronymus registriert. Das Vorhandensein dieser kreativen Energie bezeugen viele zufriedene Farmer, deren Pflanzen allein durch den Einsatz von BD-Präparaten – und zwar entweder als organische Substanz oder als potenzierte Wasserlösung – gesund und üppig wachsen.

Doch machen die Biodynamiker keine große Sache daraus, sondern spielen die Angelegenheit eher herunter, denn sie wissen, daß Gesundheit und Wachstum der Pflanzen nicht nur durch den Energietransfer beeinflußt wird, sondern daß auch die Naturgeister eine wichtige Rolle dabei spielen. Erst wenn diese miteinbezogen werden, so wie Sarah Hieronymus es tut, werden Landwirtschaft und Gartenwirtschaft wirklich sinnvoll und erfolgversprechend sein.

# 23 Perelandra

In den siebziger Jahren entdeckte die Welt die Gemeinschaft von Findhorn mitsamt ihren Naturgeistern, Devas und dem großen Gott Pan, die alle ihre Botschaften über ihr «Medium» Dorothy Maclean den Menschen mitteilten. Diese Naturgeister sind zuständig für Obst, Gemüse und Blumen, die in dieser abgelegenen Wildnis von Schottland nur so blühen und gedeihen.

Machaelle Small Wright, eine fröhliche, gutaussehende Vierzigerin aus den Virginia Blue Ridge Mountains, behauptet nun sogar, daß *jeder* mit den Naturgeistern und dem Gott Pan in Verbindung treten könne. Und wenn wir unseren Planeten wirklich retten wollen, dann sei es höchste Zeit, mit den Kräften der Natur Kontakt aufzunehmen und mit ihnen zusammenzuarbeiten.

Auf einem freien Feld in der Nähe ihrer heimischen Wälder legte sie einen wunderschönen Garten an. Sie nannte ihn «Perelandra» nach dem phantastischen Roman des englischen Schriftstellers Clive Staples Lewis *Perelandra oder Der Sündenfall findet nicht statt* und richtete sich soweit wie möglich nach den Weisungen ihrer wesenlosen Lehrmeister. Neuerdings hält sie sogar regelmäßig Workshops ab, um anderen Gartenfreunden beizubringen, wie man mit den unsichtbaren Freunden redet.

Sie sagt, daß nur durch Zusammenarbeit mit dem Dritten Königreich, dem Reich der Elemente und der Natur, Hoffnung bestehen kann, das den ganzen Planeten einhüllende pestilenzialische Miasma zu beseitigen. Und wenn wir den Planeten heilen, so kann auch das darauf existierende Leben geheilt werden.

Mit Hilfe der Meditation unternahm sie Astralreisen. Dabei

«sah ich keinen leeren Raum, sondern Gestalten, die einer Menschengruppe ähnelten. Sie waren aber so unscharf, daß ich sie kaum ausmachen konnte. Ich hatte das Gefühl, sie wie durch ein Milchglasfenster zu sehen. Plötzlich bemerkte ich, daß ich nach Hause gekommen war – in mein wirkliches Zuhause. Ich wußte nicht, wo ich war, wußte aber, daß es ganz ohne Zweifel meine eigentliche Heimat war und daß ich diese verlassen hatte, um auf die Erde zu kommen.»

Zusammen mit Gleichgesinnten gründete sie die Community for Creative Non-Violence, und sie ist der festen Überzeugung, daß auch die Ökologie eine Form, eine Facette der Gewaltlosigkeit darstellt: «Die Zerstörung der Natur ist die Zerstörung des Menschen selbst. Die Qualität der menschlichen Existenz hängt direkt zusammen mit der Qualität der Beziehung des einzelnen zur Natur.»

Als sie begann, im Wald zu leben, entwickelten sich ihre Fähigkeiten rasch weiter. «Als erstes bemerkte ich, daß der Wald sich nachts veränderte, wenn ich allein im Haus war. Ich konnte dann eine Energie spüren, die sich bis zu einem Punkt intensivierte, den ich als unangenehm empfand, wenn ich etwa vor dem Fenster oder der doppelten Glastür hin und her ging, vor allem in Vollmondnächten. Dieses unangenehme Gefühl war nicht etwa Angst davor, daß mir irgend jemand etwas antun könnte, es war vielmehr die Antwort auf etwas, das mich ganz intensiv umgab. Es war aber nichts Feindliches.»

Im Jahre 1974 stieß Machaelle auf Bücher über Findhorn. «Nun wurde mir plötzlich klar, daß die vagen Energien, die ich in meinem Garten Perelandra gespürt hatte, tatsächlich Namen haben: Devas, Naturgeister. Sie waren also nicht meiner Phantasie entsprungen. Sie existierten wirklich! Was ich da im Wald gefühlt hatte, war eine Lebenskraft, die nun identifiziert war und mit der ich bewußt umgehen konnte.»

In den ersten Tagen des Januar 1977 nahm sie die Verbindung auf: «Ich ging in den Wald und rief mit lauter, klarer Stimme: Ich möchte das in Perelandra tun, was die anderen in Findhorn getan haben. Ich möchte mit Devas arbeiten und mit Naturgeistern... Dann verließ ich den Wald, ging zurück nach Hause, meditierte und wartete.»

Und die Antwort ließ nicht lange auf sich warten. «Wie Dorothy Maclean in Findhorn hörte ich eine Menge Stimmen. Und nur, wenn ich sie bat, nacheinander zu sprechen, erhielt ich zu meinem Erstaunen Antwort. Vom Standpunkt der Meditation betrachtet, ist das Geisterniveau ein Niveau hochschwingender Bewußtheit. Als ob jemand mehrere Stimmgabeln auf einmal anschlagen würde und wir die Schwingungsdifferenz zwischen ihnen eher feststellen könnten als die verschiedenen Töne... Das unterschied sich sehr von allem, was ich bis dahin während der Meditation erfahren hatte.»

Und so begann Machaelles Zusammenarbeit mit verschiedenen Mitgliedern des Naturreichs. «Ich bekam Anweisungen. Mir wurde gesagt, welchen Samen ich kaufen soll. Welchen Dünger ich verwenden soll. Wie weit auseinander ich die Pflanzen setzen soll. Wann ich die Pflanzen auslichten soll und wieviel Platz zwischen ihnen bleiben sollte.»

Jedes Mal, bevor ein Deva in ihr Bewußtsein eindrang, spürte sie eine leichte Schwingung und kurz darauf das Eindringen selbst. «Eines Tages spürte ich eine ganz andere Schwingung, und plötzlich war ich verbunden mit dem alles überstrahlenden Deva des Gartens.»

Machaelle betrachtet die Wirklichkeit um sich herum eher als Energie denn als Gestalt, und so erlebt sie die Naturgeister als schwirrende Kugeln einer Lichtenergie. «Um sich mir zu zeigen, wählten die Naturgeister eine mir angenehme Form – die Energie. Ich weiß, daß sie anderen Menschen als Elfen, Feen, Zwerge und dergleichen erscheinen. Aber ich glaube, sie tun das nur dann, wenn diese Menschen sie so sehen möchten, das heißt, sie nutzen die Gedankenbilder des Betreffenden.»

Machaelle verriet uns auch, wie wir mit ihren unsichtbaren Freunden Kontakt aufnehmen können. «Es ist ganz einfach, eine Art Kinesiologie», erklärte sie uns. «Führen Sie ihren linken kleinen Finger und den linken Daumen zusammen. In diesen Kreis legen Sie Daumen und Zeigefinger der rechten Hand. Dann stellen Sie eine Frage, irgendeine Frage, auf welche die Antwort nur ja oder nein sein kann. Versuchen Sie dann, mit der Zugkraft der rechten Hand den mit der linken Hand geformten Kreis zu öffnen. Wenn der Daumen und der kleine Finger der linken Hand nachgeben, heißt das nein. Bleibt der Kreis fest geschlossen, heißt es ja. Sie werden erstaunt sein, wie schnell Sie das begreifen und wie schnell Sie Kontakt haben zur Welt der Naturgeister, die Sie umgeben.»

Machaelle erklärte uns, daß das nichts mit Mystik oder Magie zu tun habe. Befindet sich etwas «Negatives» im Umfeld eines Menschen – in seinem elektrischen System, im Stromnetz seines Körpers –, so antwortet es sofort durch einen «Kurzschluß». Dadurch wird es den Muskeln fast unmöglich, ihre Spannung aufrechtzuerhalten, wenn Druck auf sie ausgeübt wird. Andererseits ist es den Muskeln möglich standzuhalten, wenn sich etwas «Positives» im Feld, also im elektrischen System, befindet.

«Wenn Sie eine Ja- oder Nein-Frage stellen», fügte sie hinzu und demonstrierte das Ganze mit ihren Fingern, «können die Naturgeister Ihre Frage beantworten, indem sie ein Ja (positiv) oder ein Nein (negativ) in Ihr Energiefeld einbringen.»

Unser größtes Interesse galt jedoch ihrem Garten. Hier hatte sie scheinbar Courtney, Podolinsky, Hieronymus und sogar Lisle übertroffen, denn der Ertrag ihres nur einen Viertelmorgen großen Gartens war wirklich immens. Dabei nutzte sie weder die Erkenntnisse von Carlson noch die von Hamaker, noch verwendete sie die BD-Präparate, weder in der Sprühform noch in Form der kosmischen Röhre. Sie bewässert ihren Garten auch nur, wenn sie neu pflanzt. Danach läßt sie keinen einzigen Tropfen auf ihn fallen, noch nicht einmal im Sommer 1986, als die Bundesregierung Virginia und einige andere Oststaaten wegen der Dürre zum landwirtschaftlichen Katastrophengebiet erklärte, und auch nicht im ähnlich schlechten Sommer 1988. Während die sonst gut gepflegten Gärten um sie herum von der Sonne ausgedörrt wurden, lag Perelandra frisch und strahlend da. Natürlich dachten nun ihre Nachbarn, Machaelle sei eine Hexe.

Der Garten ist kreisförmig angelegt, in konzentrischen Reihen mit üppig wachsendem Gemüse und prächtigen Blumen von höchst erstaunlicher Vielfalt. In der Mitte befindet sich ein Fütterungs- und Badeplatz für Vögel sowie eine Drahtkonstruktion in Form eines «Genesa»-Kristalls, einer aus vier Kupferkreisen bestehenden Antennenanlage. «Sie soll die Lebenskräfte aus allen Formen innerhalb ihrer Reichweite anziehen, diese Energie reinigen und dann wieder in die Umwelt abgeben.» Unter der Vorrichtung liegt ein Edelstein, und alles zusammen steht auf einer Schiefertafel über einer Flanagan-Pyramide. Der ganze kleine Platz ist von einem Steinkreis à la Harvey Lisle umgeben, um eine Kraftzone zu schaffen. Von der Peripherie führen drei spiralig angelegte Wege zur Mitte des Platzes. Den Garten umgibt ein Zaun, um Pferde und Kühe des Nachbarn fernzuhalten, aber nicht die Tiere von Perelandra. Diese bewegen sich völlig frei, wie es ihnen gefällt. Es sind dies unter anderem auch Kaninchen, Maulwürfe, Hirsche und jede Art von Insekten. Dabei werden keinerlei Abschreckungsmittel oder Insektizide verwandt, weder organische noch andere.

«Ich pflege den Garten entsprechend den Prinzipien der Energie», erklärte Machaelle. «Dieses Arbeiten, dieses schöpferische Zusammenspiel zwischen Energie und Gärtner, ist eine Metapher für das Leben. Wenn Sie Ihre Einstellung zum Garten ändern, werden Sie auch Ihre Einstellung zu Ihrem eigenen Leben ändern. Der Perelandra-Garten ist mein Leben, mein Herz, mein Atem. Er ist mein Freund, mein Helfer, mein Ernährer und Lehrer, mein Planet und mein Universum. Er ist mein Schlüssel zum Universum. Er verleiht mir Zugang zur spirituellen Wahrheit und zum universellen Naturgesetz. Diese Wahrheiten und Gesetze stehen mir ständig vor Augen – ich *sehe* sie. Es ist der Beweis dafür, daß die spirituelle Wahrheit und das universale Gesetz alle Wirklichkeit durchströmen.»

Und irgendein Wunder muß tatsächlich in diesem kleinen Garten stattfinden, denn Machaelles Düngemethode ist noch unglaublicher als die von Podolinsky, Carlson, Howearth, Hieronymus oder Lisle. Sie bearbeitet ihren Boden mit einer Mischung aus Knochenmehl, Gesteinsphosphat, Nitro-10, Grünsand, Baumwollsamen, Dolomitkalk, Kelp und einem Beinwellauszug. Die Anweisungen dazu erhielt sie von ihren Geisterfreunden.

«Die Leute machen sich nicht klar, daß eine Pflanze ohne die richtigen Nährstoffe verloren ist. Es müssen wirkliche Nährstoffe sein.»

Diese hält sie – jeweils einzeln und in geringer Menge – in ihrer Hand und fragt, wieviel davon für den Boden nötig ist. Sobald sie eine Antwort bekommen hat, bittet sie den zuständigen Naturgeist, die Energie des Nährstoffs in ihrer Hand zu empfangen, in einen bestimmten Teil des Gartens zu transferieren und dort in der erforderlichen Menge in der genau richtigen Tiefe zu plazieren.

«Man hat sofort ein gewisses Gefühl in der Hand oder spürt eine Veränderung in diesem Nährstoff», sagte Machaelle. «Halten Sie ihn ungefähr 10 Sekunden in Ihrer Hand, dann lassen Sie den Nährstoff einfach auf den Boden fallen. Versuchen Sie nicht, ihn länger zu halten, denn er ist nichts weiter als eine Form ohne Energie und zu nichts nutze. Jetzt wird der Naturgeist die Substanzenergie, die Sie in Ihrer Hand bilden, verändern, entsprechend der benötigten Menge vergrößern und dann in der richtigen Konzentration und in der erforderlichen Tiefe in den Boden bringen. Ist die Energie erst einmal an Ort und Stelle, wird der Naturgeist, mit dem Sie zusammenarbeiten, die Energie in Gestalt umwandeln. Wenn Sie dem Rat der Naturgeister folgen, können Sie 30 Tonnen Grünsand über eine Quadratmeile verteilen, und alles fängt mit einem Teelöffel Grünsand in Ihrer Hand an.»

Machaelle betrachtete lächelnd ihren herrlichen Garten. «Wenn Sie damit fertig sind, versuchen Sie einen Augenblick, sich auf ihr Land einzustellen, Veränderungen festzustellen. Bemerken Sie nichts, so seien Sie nicht enttäuscht. Eine solche Arbeit braucht einige Tage oder Wochen, bis sie spürbar wird. Nach einiger Zeit werden Sie aber einige Veränderungen im Gleichgewicht Ihres Gartens feststellen: Wo die Botschaft der Geister eingedrungen ist, da ist alles viel besser miteinander verwoben. Sie können sehen, wie sich auch der Rhythmus des Gartens verändert. Diese Dinge wird ein Außenstehender kaum feststellen können, doch wenn jemand sehr intensiv mit seinem Land arbeitet, fallen sie ihm sofort auf.»

Machaelle erklärte uns, daß die Geister auch leicht Energie finden und transferieren könnten ohne unsere Mithilfe, falls sie dies wirklich wollten. «Aber das würde dem Sinn des Ganzen widersprechen. Sie brauchen uns genauso, wie wir sie brauchen, um mit-schöpferisch tätig zu sein. Durch diese Verbindung entsteht das Heilungs-Energie-Netz für die Erde. Und die Heilkraft wird von den Gärten ausstrahlen und schließlich durch das Netz miteinander verbundener Gärten für Mensch und Natur erreichbar und nützlich sein, denn sie wurden von Mensch und Natur gemeinsam geschaffen.»

Noch erstaunlicher als ihre Gartendüngemethode ist Machaelles Beschäftigung mit den Insekten. «Wenn ein Mensch sich auf die Kommunikation mit den Insekten einstellt, so muß er sie unbedingt als Botschafter eines Problems betrachten, nicht als das Problem selbst.»

Machaelle ging hinüber zu einem kleineren Kreis – etwa 4 Meter im Durchmesser – wo nur Tomaten wuchsen.

«Ich habe herausgefunden», fuhr sie fort, während sie eine Frucht pflückte und behutsam auf den Boden legte,»daß die Insekten im Garten als schnelle ‹Klatschbasen› fungieren. Wenn ich eine von ihnen fast überwältigte Pflanze oder Pflanzenreihe sehe, öffne ich mich dem entsprechenden Deva und frage ihn, ob die Pflanze vielleicht aus ihrem Gleichgewicht geraten ist. Nehmen wir als Beispiel jenen Rosenbusch, der übersät war von Blattläusen. Als ich das erste Mal fragte, hieß es, ich solle nicht in Panik geraten, sondern wie üblich die monatliche Düngung vornehmen. Dann würde der Busch wieder ins Gleichgewicht kommen. Und so war es. Sobald ich wie geplant gedüngt hatte, verschwanden die Blattläuse von dem Busch innerhalb von 24 Stunden.»

Wir verließen die Tomaten und gingen weiter zu einem Blumenkreis. «Alles kann in einem Garten wunderbar laufen, und trotzdem gibt es plötzlich, man weiß nicht woher, eine ganze Invasion von irgend etwas, das gleich drei Reihen Gemüse auf einmal wegputzt. Ich habe gelernt, daß als Ursache dafür oft eine plötzliche und dramatische Veränderung in den Gedanken, den Absichten oder den Gefühlen des Gärtners, der Familie oder der mit dem Garten irgendwie verbundenen Gemeinde zu sehen ist. Aggressive emotionale Energie wird von der Natur absorbiert und hat Auswirkungen auf die Gestaltwelt, die nicht weniger spürbar sind als Insekten, Regengüsse oder Dürrezeiten.»

Machaelles Umgang mit Weißlingsraupen ist vermutlich klüger und sicherlich auch sanfter, als sie in eine Duftfalle zu locken.

«Als mein Kohl, Brokkoli, Blumenkohl und Rosenkohl, von Weißlingsraupen befallen wurde – was vor Jahren einmal in diesem ganzen Gebiet der Fall war – , nahm ich Verbindung auf zu dem Deva des Weißlings und teilte ihm meinen Plan mit: Ich beabsichtigte, jeweils die letzte Pflanze in jeder meiner vier Kohlreihen den Raupen zur Verfügung zu stellen, und wollte gleichzeitig, daß sie alle anderen Pflanzen nicht anfraßen.»

Machaelle lächelte. «Am nächsten Morgen waren alle Pflanzen in den vier Reihen raupenfrei – bis auf die eine Pflanze jeweils am Ende einer Reihe. Am meisten überraschte mich dabei die Zahl der Weißlinge, die sich an den Endpflanzen gütlich taten. Bei jeder Pflanze waren gerade so viele Raupen, wie sich davon ernähren konnten. Die anderen waren einfach verschwunden! Für Vögel, Wespen und viele andere Tiere war die Weißlingsschwemme ein gefundenes Fressen gewesen. In weniger als sieben Tagen waren die befallenen Pflanzen geheilt – nicht einmal Löcher blieben in den Blättern zurück. Im späten Sommer hatten die befallenen Pflanzen Vier-Pfund-Köpfe entwickelt.»

Nach einer kurzen Pause fuhr sie fort: «Gerade als unser Mais Ähren bekam, wurde er vom Japanischen Käfer befallen. Sie fraßen den Pollen und zerstörten die Narben. Da ich mit den Weißlingen so viel Glück gehabt hatte, beschloß ich, mit dem Deva der Japanischen Käfer zu sprechen. Zu meinem großen Erstaunen spürte ich eine Energie, die ich nur als die eines geschlagenen Kindes beschreiben kann. Es war eine Energie der Niederlage, der Unterwerfung, aber gemischt mit der von Wut und dem magischen Wunsch, um sein Leben zu kämpfen. Der Deva sagte mir, daß diese Energie das Bewußtsein des Japanischen Käfers selbst sei. So bat ich einfach, der Käfer möge Perelandra als ein Heiligtum betrachten, und lud ihn ein, mit uns zusammen zu leben und gesund zu werden. Ich beschloß, die Käfer nicht zu töten oder zu vertreiben. Ich versprach sogar, eine bestimmte Stelle mit hohem Gras nicht zu mähen, wo sich der Käfer am liebsten aufhielt.

Dann widmete ich mich intensiv dem Mais, in der Hoffnung, ihn doch noch retten zu können. Ich beschloß, die Schwingungen der einzelnen Stengel zu erhöhen. Vielleicht würden sich die Ähren ja trotz des Japanischen Käfers füllen. Ich verbrachte drei Tage damit, meine Hände auf jeden Stengel zu legen und ihn zu liebkosen. Nach drei Tagen hatten die Naturgeister von diesem Unsinn genug, und ich wurde angewiesen, den Mais in Ruhe zu lassen. Devas mögen eine solche Affenliebe nicht. Ihre Liebe ist eine Liebe des zielgerichteten Handelns, die sie sich auch von uns wünschen.

Drei Wochen lang blieb ich daraufhin dem Maisfeld fern, bis ich eines Morgens die Aufforderung erhielt hinzugehen. Jede einzelne Maisähre war gefüllt – nicht ganz, aber zur Hälfte. Mir wurde gesagt, dies sei genug, damit die Vögel satt würden. Eine weitere Anpflanzung würde nicht von den Käfern angegriffen werden und wäre für unseren eigenen Bedarf. Einen Monat später war der Mais dort reif und unberührt.»
«Mit den Rosen war es genau dasselbe», fuhr Machaelle fort. «Die Käfer begnügten sich mit ein oder zwei Blüten pro Busch und ließen die anderen zehn in Ruhe. Nachdem ich das einige Jahre verfolgt hatte, betrachtete ich die Käfer mit anderen Augen – nicht mehr nur als Angreifer, Schädlinge oder Zerstörer, sondern auch als das Geschenk, das jedes Insekt für die zahllosen anderen Bewohner des Gartens bedeutet.

Es mag merkwürdig klingen, aber für mich sind die Insekten ein integraler Bestandteil des Gartens. Ich fördere ihre Gesundheit und Lebendigkeit wie bei allem, was sich im Garten befindet. Und ich achte darauf, daß der Garten Heimat ist für eine ausgewogene Population von Insekten.»

Machaelle nahm auch Kontakt auf zum großen Gott Pan. Der Herr der Naturgeister sagte ihr, daß der eigentliche Sinn eines jeden Gartens im Dienen liege. «Vor der Ernte kommt für den Gärtner das Dienen», so lautete seine Botschaft, «da er dem Garten hilft, sein inneres Gleichgewicht zu erhalten. Während dieser Zeit dient der Garten wiederum dem Menschen, indem er eine heilende Umwelt schafft. Aber die wichtigste Leistung des Gartens liegt in der Ernte. Zu diesem Zeitpunkt erlebt der Mensch das volle Dienen auf allen Ebenen. Und die vom ersten Augenblick, da der Mensch seinen Fuß auf diesen Planeten setzte, bestehende Partnerschaft zwischen Mensch und Natur entfaltet sich in vollem Umfang.»

Wie aus einem Munde haben der allesüberstrahlende Deva des Perelandra-Gartens, der Deva des Bodens und Pan zu ihr gesagt, daß der Mensch mit der Natur zusammenarbeiten muß, um physisch, emotional, mental und spirituell in der richtigen Verfassung zu sein, wenn das Wassermann-Zeitalter anbricht. Das heißt, er muß voll auf das ökologische Gleichgewicht hinarbeiten.

Die Sonne war schon untergegangen, als wir endlich ins Haus

gingen. Machaelle sagte zum Schluß, ganz ruhig und selbstverständlich: «Die Naturgeister existieren wirklich. Und sie nehmen viele Gestalten an. Aber eines sind sie nicht: Sie sind *niemals* niedlich. Sie suchen eine schöpferische Partnerschaft mit den Menschen. Weniger würden sie nicht akzeptieren.»

# Epilog

Es wurde schon dunkel in Moskau, als wir an einem der ersten Märztage 1988 in der Nähe des Arbat im Herzen der Stadt aus der U-Bahn stiegen. Drei Häuserblocks weiter waren wir am Ziel unserer Reise: einem vierstöckigen Haus aus dem 19. Jahrhundert. Kein Schild gab einen Hinweis auf das, was sich hinter der massiven, winterlich abgedichteten Holztür abspielte. Aber wir wußten, daß hier der neue sowjetische «Think tank» beheimatet ist. Er gehört zur Sowjetischen Akademie der Wissenschaften und nennt sich harmlos und zurückhaltend «Abteilung für theoretische Probleme».

Unserem Gastgeber Erast Andriankin waren wir bereits angekündigt worden von dem tschechischen Philosophen Zdeněk Rejdák, Präsident der internationalen Vereinigung für Psychotronische Forschung in Prag. (Mit Psychotronik ist die Fähigkeit gemeint, materielle Gegenstände auf physikalisch nichterklärbare Weise zu bewegen, zu verformen oder anderweitig zu beeinflussen.)

Rejdák meinte, daß die moderne wissenschaftliche Überspezialisierung die Erforschung noch nicht erkannter menschlicher Fähigkeiten und ungenutzter geistiger Reserven blockiert. Er vertraute uns an, daß es in Moskau jemanden gäbe, der über eine geheimnisvolle Kraft verfügt, das Wachstum von Pflanzen zu verbessern. «Es ist an der Zeit», sagte er, «sich eingehender mit den Dingen zu beschäftigen, die uns Menschen helfen könnten, mit der Welt um uns herum in Harmonie zu leben, und sich mit den *Lebens*prozessen zu befassen statt mit der *toten* Materie. Besuchen

Sie Andriankin. Ich könnte mir vorstellen, daß in seinem Büro einige Überraschungen auf Sie warten. Ich werde ihm Ihr Kommen ankündigen.»

Im Moskauer Büro hatten sich sechs Mitarbeiter von Andriankin eingefunden, darunter auch ein überaus begabter junger Mathematiker und Physiker, Andreij Bereschin.

Zusammen gingen wir alle in einen hohen, aber kleinen Raum, der in das gespenstisch flackernde Licht von zwei Wachskerzen getaucht war. Der intensive Duft von Weihrauch mischte sich mit den sonoren Tönen eines russisch-orthodoxen Kirchenchores, der aus einem großen, schwarzen Kassettenrecorder erklang.

Am unteren Ende eines Tisches lag eine schwere, schwarz eingebundene russische Ausgabe der Bibel. An allen vier Wänden hingen Ikonen mit Bildern von Christus, der Jungfrau Maria und Heiligen der russisch-orthodoxen Kirche. Im ersten Augenblick kamen wir uns vor wie per Zeitmaschine zurückversetzt ins 19. Jahrhundert. Im Dämmerlicht dieser fremdartigen audiovisuellen «Inszenierung» hätte es uns nicht überrascht, einen ins Gebet versunkenen bärtigen Priester zu sehen.

Doch statt eines Priesters saß eine zierliche, attraktive blonde Frau an einem kleinen Tisch genau gegenüber der Tür.

Bereschin stellte sie uns vor: «Das ist unsere reizende Mitarbeiterin Alla Kudrjaschowa. Sie gehört zu den talentiertesten übersinnlichen Menschen und ist eine begnadete Geistheilerin.»

Rejdák hatte uns bereits von ihr erzählt: Ihr sei es unter strengster offizieller Überwachung gelungen, die Ernte-Erträge bestimmter Feldfrüchte um über 100 Prozent zu steigern, und das allein durch ihre bloße «Präsenz» – zu verstehen nicht nur im vordergründig-materiellen, sondern auch im metaphorischen Sinne.

Als wir nun den Raum durchquerten, entdeckten wir Weizenfruchtstände, die an den Wänden befestigt oder in Gefäßen überall im Raum verteilt waren und in deren trockenen Ähren viele goldene Getreidekörner steckten. Dazwischen sah man immer wieder Fichtenzweige und trockene Überreste von Weidepflanzen.

«Was soll das Getreide hier?» fragten wir.

«Ein paar Beispiele für Allas unglaubliche Kraft, die Samen

vor dem Säen bzw. Pflanzen mit Energie aufzuladen und zu stimulieren», sagte Andreij Bereschin lächelnd. «Dadurch wachsen die Pflanzen viel besser.»

Dann erklärte man uns Allas Fähigkeiten. Obwohl auch sie eine begnadete Therapeutin oder Geistheilerin ist, wurde sie nicht so bekannt wie etwa Djuna Djugataschwili, die angeblich die Lebenskraft der sowjetischen Führer Breschnew und Tschernenko gestärkt und so deren Leben verlängert haben soll. Die Fähigkeiten von Alla werden ähnlich hoch eingeschätzt.

«Wann entdeckten Sie Ihre Heilkräfte?» fragten wir Alla.

«Vor etwa zehn Jahren», antwortete sie. «Natürlich durch Zufall. Mein Vater war sehr krank, vor allem hatte er einen ganz niedrigen Blutdruck und schwere Kreislaufprobleme. Eines Tages stellte er erschrocken fest, daß er nicht mehr laufen konnte. Ich sagte zu ihm: ‹Vater, laß mich deine Beine massieren›, obwohl ich eigentlich gar nicht wußte, wie man das richtig macht. Ich bewegte nur meine Hände über seinen Leib und seine Beine, während er vollständig angezogen auf dem Bett lag.

Schon nach ein paar Sekunden rief er: ‹Alla, ich habe das Gefühl, als ob sich mein Blut beeilt, mit deinen Händen Schritt zu halten.› Zum ersten Mal kam mir da der Gedanke, ich könnte irgendwelche speziellen Fähigkeiten besitzen.»

Eine Woche nach dieser Behandlung war ihr Vater fähig, stundenlange Spaziergänge mit seiner Enkelin zu unternehmen.

«Aber so einfach, wie es sich jetzt anhört, war es nicht», fuhr Alla fort. «Ich bin keine Maschine, die man aus- und anschalten kann – obwohl ich gelernte Mahlmaschinentechnikerin bin», fügte sie lächelnd hinzu. «Ich liebte die Arbeit mit Eisen und Metallen. Ich liebte den Geruch im Maschinenraum und den Lärm von Maschinen, der für andere Leute höllisch klang. In meinen Ohren war er die reinste Musik.» Einen kurzen Moment schien sie ihren Gedanken nachzuhängen, dann nahm sie den Faden wieder auf. «Als ich meinen Vater damals behandelte, sagte er manchmal: ‹Kind, heute arbeiten deine Hände nicht.› Warum? fragte ich mich und mußte dann an meine Mutter denken, die immer gesagt hatte: ‹Wenn du ein Problem hat, such die Lösung dafür nicht bei andern, sondern in dir selbst.› Und noch etwas anderes kam mir in den Sinn, was sie mir gesagt hatte: ‹Sprich niemals mit irgend jemandem und tu nichts, wenn du schlechte Laune hast. Wenn du einen Borschtsch kochst, und du fühlst dich schlecht, wird der Borschtsch für alle, die ihn essen wie Gift sein.›

Ich überlegte also, warum meine Hände den Beinen meines Vaters manchmal nicht helfen konnten. Ich begann damit, in mich selbst hineinzuhorchen, um eine Erklärung dafür zu finden. Schließlich fand ich heraus, daß meine Hände immer dann ihre Kraft verloren, wenn ich mich mit oberflächlichen Dingen abgegeben hatte oder in Wut geraten war. Ich bemerkte, daß die Natur selbst klug genug war, sich dem zu verschließen, was meine Hände in solchen Situationen ausstrahlten.

Ich begann zu verstehen, daß ich nicht nur für jedes von mir gesprochene Wort und für jede Handlung verantwortlich bin, sondern auch für die entsprechenden Folgen, das heißt, für die fehlende oder gar schädlich wirkende Ausstrahlung meiner Hände.»

Als eine wichtige Erklärung für die Entwicklung ihres Talents zitiert Alla gern den sowjetischen Kinderbuchschriftsteller Samuel Marschak: «Alles, was von der menschlichen Hand berührt wird, wird mit Energie aufgeladen, wird erleuchtet durch die lebendige Seele des berührenden Menschen.»

Das brachte Alla dazu, ihre Kräfte auf einfache Substanzen wie Wasser, Öl oder Baumwolle zu übertragen, die leicht in jede gewünschte Form zu bringen sind. So wurde ihre Behandlungsmethode unter der Bezeichnung WMW bekannt. Das sind die ersten Buchstaben der russischen Wörter *Woda*, *Maslo* und *Wata* (Wasser, Milch und Watte).

Hilfesuchende Patienten schickten ihr kleine mit Öl, Wasser oder Creme gefüllte Gefäße und bekamen sie als Heilmittel für ihre verschiedenen Krankheiten zurück. «Können Sie uns erklären», fragte Bereschin, «was in Ihrem Kopf vorgeht, wenn sie diese Proben behandeln?»

Alla schaute erst ihn an, dann uns und wog ihre Worte genau ab: «Auf jeden Fall gehört dazu, sich nicht um Ergebnisse zu kümmern und sich keine Sorgen um die Zukunft zu machen. Ich habe bemerkt, daß wir in der Gegenwart leben müssen. Wie ich lebe, wie ich bin, und zwar in diesem Augenblick, bestimmt das, was später mit mir geschehen wird. Den Menschen wird immer beigebracht, sich darum zu kümmern, was sie werden wollen. So vergessen sie immer, daß sie schon geworden sind, daß sie existieren ... Hier und jetzt! Es ist so unnütz, zu denken: ‹Wenn ich das und das erreicht habe, wird das und das passieren.› Wenn sie immer nur die Zukunft planen, werden sie selten glücklich sein oder ein erfülltes Leben haben. Wenn ich Menschen oder irgendwelche Substanzen behandle, denke ich eigentlich gar nichts. Ich bin nur ich selbst. Hier, in diesem Augenblick. Ich kämpfe auch nicht darum, den rechten Zugang zu dieser oder jener Person zu finden. Ich versuche einfach nur, ruhig zu sein und in Harmonie mit der Welt und ihrer Schönheit. Die meisten von uns haben niemals aufgehört, diese Schönheit zu sehen. Aber wir überdecken sie mit dem Lärm und den Oberflächlichkeiten unseres Lebens. Leben sollte Freude sein. Wenn ich mit Freude erfüllt bin und ihre Stimme in meinem Herzen höre, dann kann ich den Menschen helfen, kann ihnen Kraft geben, die eine lange Zeit anhält. Oder, wie meine Mutter immer sagte: ‹Nur was man aus Liebe und mit reinem Herzen tut, führt zu Gutem und Positivem.›»

In diesem Augenblick wurde Alla ans Telefon gerufen, und Bereschin erklärte uns, daß sie in der Lage sei, per Telefon zu behandeln, egal wie groß die Entfernung zum Ratsuchenden sei.

«Wir fanden in Experimenten heraus, daß die Entfernung überhaupt keine Rolle spielt. Es ist wie beim drahtlosen Telefon. Alla wird zu einem Verbindungsglied, und dabei ist besonders wichtig, daß sie auf ihre Stimmung achtet.»

Alla ist überzeugt, daß eine Person als Sender oder Empfänger durch ihre Stimmung andere Menschen entweder anzieht oder zurückstößt. Die Kunst dabei sei, sich selbst kennenzulernen, zu lernen, «anziehend» zu sein. Ihrer Meinung nach entwickelt sich dieses Verstehen nur durch Handeln oder zumindest die Absicht zu handeln. Wie Alex Podolinsky sagt sie, daß die meisten viel zu viel Zeit mit Kritisieren vergeuden, was nur das Negative zementiert.

Wichtig dagegen ist die Aktion, allerdings nicht im körperlichen, sondern im geistigen Sinne, denn alles Äußere ist nur eine Projektion unseres Bewußtseins. Für Alla liegt deswegen alles Wahre auf dieser Welt in uns selbst beschlossen.

Es wurde allmählich spät. Wir verließen Allas kleinen Zufluchtsort und gingen hinunter in Andriankins Büro.

«Haben Sie irgendwelche handfesten Beweise für ihre außergewöhnliche Begabung?» fragten wir ihn. «Zum Beispiel Auswirkungen in der Landwirtschaft? Oder bei Tieren und Pflanzen? Eidesstattliche Erklärungen von Leuten, auf deren Land sie eingewirkt hat? Oder Dokumente, die von Dritten beglaubigt wurden? Zahlen, die das Ausmaß der Steigerung des Ernte-Ertrags wirklich greifbar machen?»

Andriankin nickte kurz: «Wir werden sehen, was sich tun läßt.» Wir waren noch nicht lange wieder in unserem Zimmer im 23. Stockwerk des gigantischen Kosmos-Hotels, da läutete das Telefon. Bereschin war am Apparat und fragte, ob er herüberkommen könnte, da er uns etwas Interessantes zu zeigen hätte. Bereits eine halbe Stunde später war er da, unter dem Arm einen Packen Papiere, mit denen er Alla Kudrjaschowas außergewöhnliche Fähigkeiten beweisen wollte.

Zuoberst lag ein drei Seiten langes Protokoll vom Dezember 1986 über «die Auswirkungen der WMW-Methode, wie sie von A. A. Kudrjaschowa im Hinblick auf die Entwicklung von Brathühnern angewandt wurde». Sie hatte damals auf der F.-E.-Dscherschinskij-Sowchose gearbeitet, einer großen Hühnerfarm in der Nähe der Stadt Simferopol auf der Krim, als eine Gruppe Hühner von einer Verdauungsstörung befallen wurde, die normalerweise tödlich verläuft. Dank Allas Hilfe überlebten sie alle.

«Es wird oft vergessen», sagte Alla uns am nächsten Tag, «daß die speziell zur Lieferung von Bratfleisch gezüchteten Hühner von eher schwacher Konstitution sind, da ein einziges Merkmal auf Kosten des restlichen Organismus in sie hineingezüchtet wird. Indem sie das von mir behandelte Wasser tranken, wurde ihre Lebenskraft gestärkt und sie konnten die Krankheit überwinden.»

Als man in Moskau von ihren Erfolgen hörte, wurde sie eingeladen, Experimente unter wissenschaftlicher Aufsicht durchzuführen. Sie sagte zu, und die Ergebnisse waren erstaunlich. In den Monaten Januar und Februar 1986 gaben die ein bis sieben Tage alten Brathühner – mehr als 10 000 an der Zahl –, die nur das von Alla behandelte Wasser getrunken hatten, insgesamt 3 1/2 Tonnen Fleisch mehr als eine Vergleichsgruppe, die normales Wasser bekommen hatte. Außerdem hatten die Experimentierhühner etwa 15 Prozent weniger Futter gefressen.

Während ihres Aufenthaltes auf der Krim führte Alla auch Experimente bezüglich der Brutfähigkeit von länger gelagerten Eiern durch. Die über 15 000 Versuchseier wurden in einen Behälter mit einer Lage von Alla behandelter Baumwolle plaziert und mit einer weiteren Lage zugedeckt. Die Brutfähigkeit von 7 Tage gelagerten Eiern stieg um 2 Prozent, bei 14 Tage alten Eiern waren es 5,7 Prozent, und bei 21 Tagen waren es gewaltige 21,9 Prozent. Dieses Experiment bewies ganz eindeutig die Wirksamkeit von Allas Methoden im Hinblick auf die Überlebenschancen von Hühnerembryos.

«Die gleiche Methode wandte ich später an, um die Lagerfähigkeit von frisch gepflückten reifen Tomaten zu verbessern», sagte Alla stolz.

In Moskau lernte Alla auch den Leiter des Serpuchow-Staatsguts in der Nähe von Puschkin im Moskauer Distrikt kennen. W. S. Akalelow war neugierig, was sie wohl bei 100 Morgen Roter Bete erreichen würde. Beten sind Hauptbestandteil des russischen Borschtsch, einer Art Eintopf aus Fleisch, Knochenmark, Kartoffeln, mehrerer Gemüsesorten – vor allem eben Rote Bete.

Während auf Allas Versuchsfeld 432 Zentner geerntet werden konnten, brachten die nichtbehandelten Felder es nur auf 283 Zentner pro Morgen. Für diese Leistung erhielt sie Auszeichnungen von der Serpuchow-Sowchose der Lenin-All-Unions-Akademie für landwirtschafliche Wissenschaften sowie von der Sowjetischen Akademie der Wissenschaften.

Auf unsere Frage, was sie denn nun wirklich *getan* hatte, antwortete Alla: «Ich saß eigentlich nur am Rande des Feldes, in das gesät werden sollte, und hielt meine Hände ganz nah an die Saatsäcke. Dabei brauchte ich meine Hände eigentlich gar nicht richtig. Ich betone das, denn es ist wichtig bei meiner Arbeit, so wenig körperlichen Kontakt wie möglich zu haben. Das wurde mir klar, als mich einmal ein Bauer fragte: ‹Würden Sie Ihre Kraft verlieren, wenn Sie Ihre Hände bei einem Unfall einbüßten?› Einen Moment lang war ich entsetzt, aber dann wußte ich sofort die richtige Antwort: ‹Natürlich nicht›! Also nahm ich meine Hände runter und saß einfach nur da, starrte auf die Säcke mit dem Rote-Bete-Samen und wußte plötzlich, daß dieses ganze Feld dort ein lebendiger, atmender Organismus war. Vor meinem geistigen Auge konnte ich es leiden sehen, mißhandelt von dem vielen Kunstdünger, den großen Traktoren und anderen Landwirtschaftsmaschinen, die die Ackerkrume zusammenpressen, aber auch von der rauhen Sprache der Leute, die während der Arbeit so gemeine Wörter benutzen. Früher einmal hatten die Menschen tiefen Respekt vor der Erde, aber heute ist die Landwirtschaft zur Industrie verkommen, und alles ist anders.

Ich war so aufgeregt, daß ich am ganzen Körper Ausschlag bekam und meine Gliedmaßen anschwollen. Wieder zu Hause, bekam ich nachts hohes Fieber. Ich war achtzehn Tage lang krank. Nur mit einer rigorosen, mich von Grund auf reinigenden Fastenkur konnte ich mich von dieser Krankheit befreien.

Es hat eine ganze Weile gedauert, bis ich verstand, daß ich die Krankheit des Bodens auf mich genommen hatte. Aber wie? Ich hatte Mit-*Leid* gefühlt, während es *Sympathie* hätte sein sollen!»

Die Kunde von Allas Arbeit auf dem Serpuchow-Gut gelangte per Mundpropaganda bis nach Zentralasien. Prompt erhielt sie eine Einladung von einer Experimentierstation in Kirgisien nahe der chinesischen Grenze. Dort waren fünf Schafherden von jeweils etwa hundert Tieren – Mutterschafe, Lämmer und Widder – unerklärlicherweise derart nervös und unruhig geworden, daß sie beängstigend an Gewicht verloren hatten. Nachdem die Tiere nur einige Tage lang das von Alla behandelte Wasser getrunken hatten, wurden sie wieder ruhig und nahmen auch wieder zu.

«Schließlich fand ich heraus», sagte Alla, «warum diese Schafe alle in so schlechter Verfassung waren: Der Aufseher hatte zugegeben, daß er sich nur ungern mit ihnen beschäftigte. Die Tiere hatten seine feindlichen Gefühle ihnen gegenüber gespürt. Es ist wie bei Menschen: Die eigentliche Kommunikation findet meist nicht auf der verbalen, sondern auf der emotionalen Ebene statt.»

Bereschin schaute von Alla zu uns, dann lächelte er sie aufmunternd an: «Erzähl ihnen doch von dem Teich.»

Alla lächelte zurück. «Das war ein schmales Gewässer, nur fünfzig Meter breit, aber etwa einen Kilometer lang. Es war total überwuchert von einem dicken Algenfilm und sich ständig vermehrenden Unkräutern. Ich füllte etwas von dem Wasser in Flaschen, behandelte es und goß es dann zurück in den Teich. Das machte ich im Mai, und bereits im Juni war der ganze Teich sauber und ist es bis heute geblieben.»

Für den Physiker, Mathematiker und Ingenieur Bereschin sind die eindrucksvollsten Taten Allas jedoch nicht solche, die mit Lebewesen zu tun haben, sondern mit elektronischen Geräten.

«Sie ist auch in der Lage», sagte er mit besonderer Betonung, «hartnäckige Fehlfunktionen und Zusammenbrüche von hochkomplizierten Instrumenten mit ihrer WMW-Methode oder allein durch ihren Geist zu reparieren. Und damit stellt sich dann die grundsätzliche Frage nach dem Bewußtsein: Ist es auf Lebendes begrenzt, oder ist es etwas noch Fundamentaleres, vielleicht der wichtigste Teil des Universums seit seiner Erschaffung?»

Alles begann, erzählte Alla, als ihr Freund Wladimir Wassiljewitsch Leschnin, ein Elektronikingenieur, sie aus Kasan anrief, wo er als Leiter des GNIPI-VI-Computer-Centers arbeitete. Ein Gerät, mit dem man Herzfunktionen aufzeichnete, schien irreparabel kaputtgegangen zu sein. Alla sandte Leschnin einige von ihr behandelte Baumwolläppchen und eine Flasche Wasser und bat ihn, auf die wichtigsten Teile des Geräts etwas Wasser zu spritzen. Innerhalb von Augenblicken, sagte uns Leschnin, begann die Maschine wieder perfekt zu funktionieren.

«Aber als mein Freund die gleiche Methode an einer anderen Maschine ausprobierte», sagte Alla, «brach diese völlig zusammen. Er war diesmal in seiner üblichen, mechanistischen, indifferenten und herzlosen Weise an die Arbeit gegangen und hatte seine Seele nicht mit hineingegeben wie beim ersten Mal, als er ganz bei der Sache war. Als ich ihm das sagte, wußte er plötzlich auch, warum die anderen Maschinen so oft nicht funktionierten. Er bemerkte, daß in vielen Fällen schlechtfunktionierende Maschinen plötzlich gut arbeiteten, wenn man sich in liebevoller Weise auf die Arbeit mit ihnen konzentrierte. Er ist ein sehr unvoreingenommener Mensch im Gegensatz zu so vielen Wissenschaftlern, die ich in den Labors traf und die der Meinung sind, daß nur ihr theoretischer Ansatz der richtige sei und nicht meine Art von Praxis. Diese Menschen brauchen manchmal nur in die Nähe eines solchen empfindlichen Geräts zu kommen, und schon kündigt dieses den Dienst auf.»

Als das Kasaner Computer-Center plötzlich ernsthafte Schwierigkeiten mit einigen seiner höchstentwickelten Computer bekam, bat Leschnin Alla erneut um Hilfe. Es handelte sich um zwei ähnliche Computer, die Modelle SM 1403 und SM 1600, die 400 000 Rechenoperationen pro Sekunde durchführen können und in ständigem Einsatz waren. Kein Wunder, daß die Zahl ihrer Fehlfunktionen und Ausfälle stieg.

Auf Allas Empfehlung hin entstaubte man die Geräte mit Tüchern, die mit von ihr behandeltem Wasser angefeuchtet waren, und mit dem gleichen Wasser getränkte Baumwolllläpchen legte man auf die wichtigsten Punkte der Computer. Im offiziellen Report von Leschnin heißt es: «Die Qualität des Magnetbandes und des Diskettenausdrucks hat sich ebenso deutlich verbessert wie die Moral der Leute, die für die Wartung der Maschinen verantwortlich sind.»

Leschnin mutmaßte in seiner Analyse der rätselhaften Vorgänge, daß ein hochkomplexes kybernetisches System offenbar von der Beziehung zwischen Operator und Maschine beeinflußt wird.

Die am ehesten zufriedenstellende Erklärung für dieses Phänomen kam von dem Erfinder, Naturphilosophen und Kosmologen Arthur Middleton Young, der auch Allas Einfluß auf lebendige und unbelebte Objekte über große Entfernungen hinweg erklären konnte. Young gründete lange vor Auftreten der sogenannten New-Age-Bewegung, nämlich 1952, seine Foundation for the Study of Consciousness, um sich näher mit den Geheimnissen der Hellseherei, der Vorhersage und anderen «Seher-Eigenschaften» zu befassen sowie mit der offensichtlichen Möglichkeit des menschlichen Geistes, auch über weite Entfernungen hinweg Materie zu beeinflussen. Young widersprach in diesem Zusammenhang jeglichem Einfluß von «Feldern», um psychotronische Fähigkeiten zu erklären, und bestand auf der Macht des Willens.

Im Garten seines Sommerhauses in Downingtown, Pennsylvania, sagte uns Arthur Young: «Wir können die *Absicht*, die eigentliche Grundlage für Allas Erfolg, nicht mit ‹etwas anderem› erklären. Man kann das jeden Tag erleben. Wenn Sie jemanden sehen, der vor Ihrem Fenster ein Loch buddelt, gehen Sie hinaus und fragen ihn: ‹*Wofür* graben Sie diese Loch? Was ist ihre *Absicht*?› Alles, was wir haben, haben wir unter dem Gesichtspunkt bestimmter *Absichten*. Wir haben Autos und Flugzeuge, weil wir die *Absicht* haben, so schnell wie möglich zu reisen.»

Robert G. Jahn, Professor für Weltraumwissenschaften an der Princeton University, und seine Kollegin Brenda J. Dunne, Leiterin eines Labors zur Erforschung von Anomalien an der gleichen Universität, teilen Youngs Auffassung allerdings nicht. Nach zehn Jahren Forschungsarbeit zur Macht des Geistes über die Materie (dokumentiert in ihrem kürzlich erschienenen Buch *Margins of Reality: The Role of Consciounsness in the Physical World*) hat sie vor allem die Ansicht des englischen Astrophysikers Sir James Jeans beeindruckt: In seinem Buch *Physik und Philosophie* schrieb Jeans, die Relativitätstheorie zeige, daß die elektrischen und magnetischen Kräfte nicht wirklich existierten, sondern nur geistige Konstruktionen seien, die aus unseren fehlgeleiteten Bemühungen resultierten, die Bewegung der Atomteilchen zu verstehen. «Genauso verhält es sich mit der Schwerkraft Newtons», fügte Jeans hinzu, «und mit der Energie, der Kraft und anderen Konzepten, die zum Verständnis der Aktivitäten dieser Welt eingeführt wurden.» Sie alle seien geistige Konstruktionen ohne jede Objektivität.

Nach Meinung von Jahn und Dunne stieß Louis-Victor de Broglie (Nobelpreis 1929 für seine Theorie der Materiewellen) auf die völlig unerwartete Erklärung für die Kraft hinter der scheinbar unerklärlichen Fähigkeit des Bewußtseins, auch über weite Entfernungen hinweg Materie zu beeinflussen: «Wenn wir die enge Verbindung zwischen Gedanken und Tat auf allen Gebieten, vor allem auf dem der Wissenschaft, philosophisch ausdrücken wollten ... könnten wir sie vielleicht Liebe nennen.... Diese Kraft, die alle unsere Handlungen beeinflußt, ist die Quelle aller Freuden und aller Leiden. Die Liebe ist unauflösbar verbunden mit Gedanke und Tat und dadurch deren Haupttriebfeder und Hauptverbindung. Die Ingenieure der Zukunft haben die wichtige Aufgabe, diese Verbindung auszubauen.»

Auf dem Rückflug von Moskau verglichen wir Allas außergewöhnliche mentale Kräfte mit Machaelle Wright Smalls ebenso außergewöhnlicher Kommunikationsfähigkeit mit den Devas und den Naturgeistern und fragten uns, ob es da nicht eine Verbindung geben könnte zu den Hochfrequenzen der Gedankenkommunikation. Wir erinnerten uns an die bescheidene Feststellung der Kudrjaschowa, daß alles, was sie tue, nur auf einem Gefühl von

Reinheit und Liebe basiere – den gleichen Fundamenten wie Steiners geistige Wissenschaft. Sollten diese zutiefst positiven *Absichten* die letzte Erklärung für Allas telekinetische Kräfte sein? Könnte die Projektion dieser Geisteskräfte vielleicht noch mehr bewirken als Überfluß an Weizen und Rüben – könnte sie nicht auch der Welt den Frieden bringen?

# Anhang

# Rezepte und praktische Informationen

## Herstellung eines biodynamischen Komposthaufens

Der Kompost ist das Grundprodukt einer biodynamischen Landwirtschaft. Die folgenden Herstellungsempfehlungen haben wir den Werken veschiedener dynamischer Anwender entnommen.

Man braucht einen gut entwässerten, halb im Schatten liegenden Platz. Man gräbt ungefähr 20 Zentimeter tief und macht eine etwa 1,50 bis 1,80 Meter große Mulde mit loser Erde. Die Länge spielt aber eigentlich keine Rolle. Die langen Seiten sollten in Nord-Süd-Richtung liegen, so daß beide Seiten gleichviel Sonnenlicht erhalten, um die Gärung zu gewährleisten.

Der Haufen sollte ungefähr 1,20 bis 1,50 Meter hoch werden und sich nach oben hin verjüngen. Er wird wie ein Kuchen schichtweise aufgebaut, und jede Lage wird mit Wasser besprüht, dem man eventuell Baldrian beisetzen kann.

Die erste Lage sollte aus Ästen (Durchmesser etwa Ein-Mark-Stück-Größe) bestehen. Dadurch wird die Entwässerung gewährleistet.

Dann kommt eine Schicht aus Heu, Unkräutern und frischen Gartenabfällen (etwa 20 Zentimeter hoch).

Relativ langes oder dickes Material wie Stroh, Heuhalme, lange Unkräuter, Maiskolben oder Maisstengel sollte gehäckselt oder sonstwie zerkleinert werden, falls eine schnelle Kompostierung gewünscht wird.

Danach folgt eine Lage Mist von Kühen, Pferden, Hühnern oder anderen Tieren. Hat man keinen Mist, nimmt man alten Kompost.

Erdschichten sollten nicht dicker als 2 bis 3 Zentimeter sein. Blätter- und Grasschichten sollten höchstens 5 Zentimeter hoch sein. Andernfalls sind sie zu kompakt.

Dann kann eine weitere Schicht aus frischem, grünem Material folgen, etwa gemähtes Gras, Unkräuter und Küchenabfälle wie Teeblätter, Kaffeesatz, Gemüseabfälle, Fleisch- und Fischabfälle, der Inhalt des Staubsaugers, alte Wollsachen und sogar alte Säcke und Kehricht. Man kann aber auch getrocknetes Blut, Huf- oder Hornmehl sowie Erbsen- und Bohnenabfälle dazugeben.

Darauf folgt eine weitere Lage Mist usw.

Wird Kalk hinzugefügt, sollte es Dolomitkalk sein.

Ist der Haufen etwa 1,20 bis 1,50 Meter hoch, schrägt man die Seiten in einem Winkel von 70 Grad ab, bis die Oberfläche etwa 60 Zentimeter breit ist.

*Das Impfen mit BD-Präparaten*
Mit einem Besenstiel macht man je 3 Löcher in die beiden abgeschrägten Seiten des Haufens. Sie sollten etwa 50 Zentimeter tief reichen, sich etwa 15 bis 20 Zentimeter unterhalb der Oberfläche befinden und gleichmäßig voneinander entfernt sein. In 5 dieser Löcher impft man je eine Prise der Präparate 502 bis 506. Jedes Präparat muß in ein eigenes Loch geimpft werden und darf sich nicht mit den anderen mischen. Die 5 Löcher werden verschlossen. (Mit einem fertigen Präparate-Set kann man einen 15-Tonnen-Haufen behandeln.)

Man gibt 20 Tropfen Baldriansaft (507) in etwa 7 Liter lauwarmes Regenwasser oder anderes Wasser guter Qualität. Nach 20 Minuten wird der Inhalt des Eimers aufgeteilt. Die eine Hälfte kommt in das sechste Loch. Die andere Hälfte wird in einem feinen Nebel über den ganzen Haufen gesprüht.

Zum Schutz vor Sonne und Regen bedeckt man zum Schluß den Haufen mit einer 3 bis 5 Zentimeter dicken Strohlage oder mit Torfmull und einem Stück Leinwand.

Der fertige Haufen muß die ganze Zeit feucht gehalten werden, doch darf das Wasser nicht stehen. Für eine gute Kompostierung ist eine Feuchtigkeit von 50 bis 60 Prozent des Gesamtgewichts notwendig. Jedes einzelne Teilchen sollte feucht erscheinen.

Wichtig ist auch, daß in dem Haufen die Luft zirkulieren kann. Eine aerobe Fermentation bedeutet, daß die Luft oder besser der Sauerstoff zu jeder Zeit alle Teile des Komposthaufens erreichen kann. Das von den Kleinstlebewesen geschaffene Kohlendioxid muß seinen Weg hinaus in die Atmosphäre finden. Nur eine aerobe Fermentation hat einen günstigen Einfluß auf die Böden und Pflanzen. Auch werden keine oder nur wenige Fliegen auf dem Haufen ihre Eier ablegen, wenn dieser eine aerobe Gärung durchmacht.

Nun kann man sehen, riechen und fühlen, ob ein Komposthaufen so wird, wie man ihn sich wünscht.

Die Kleinstlebewesen fangen mit ihrer Arbeit an. Dadurch kann sich in den ersten drei Tagen eine Hitze von über 65 Grad Celsius entwickeln.

Komposthaufen mit viel Erde werden selten besonders warm. Enthalten sie jedoch viel Mist, viele junge Pflanzen und Abfälle, so werden sie ziemlich heiß. Eine höhere Feuchtigkeit hält die Temperatur niedrig. Am besten hält man sie bei 50 bis 60 Grad Celsius. Fällt der Haufen in den ersten Tagen in sich zusammen, so ist zu viel Luft hineingeraten und hat innen ein Feuer entzündet.

Um die Hitze zu reduzieren, bohrt man überall in den Haufen mit einem

Stemmeisen Löcher hinein. Dadurch gelangt Luft in ihn, und er trocknet aus. Eine graue Schimmelschicht zeigt zuviel Wärme an. Um den Haufen abzukühlen, spritzt man mit einem Gartenschlauch kurz in die Löcher hinein. Nach einigen Tagen muß man die Löcher wieder verschließen. Regenwürmer sind ein gutes Zeichen. Ein Abfallhaufen muß vor Würmern nur so wimmeln. Sie verschwinden wieder, sobald die Kompostierung abgeschlossen ist, und hinterlassen ihre wertvollen Rückstände.

Vor der Verwandlung in Humus finden drei Stadien statt:

1. Der ursprüngliche Geruch verschwindet, statt dessen riecht der Haufen nach Wald. Dies geschieht schon nach wenigen Tagen.
2. Die Farbe wird gleichmäßig dunkelbraun.
3. Das Aussehen verändert sich, und der Haufen sieht wie gute Erde aus.

In der ersten Phase wird das Rohmaterial von Kleinstlebewesen, Bakterien und Pilzen in seine Originalproteine, Aminosäuren, Proteide, in Zellulose, Stärke, Zucker und Lignin aufgespalten. In der zweiten Phase bauen die Kleinstlebewesen das aufgespaltene Material in ihre eigenen Körper ein. In der dritten Phase sterben sie und produzieren Humus, dauerhaften und vergänglichen. Der dauerhafte bildet die Ackerkrume, der vergängliche verbrennt.

Der fertige Haufen ist nach zwei bis drei Monaten am besten. Danach kann der Humus unendlich lange aufbewahrt werden, wenn er von Sonne und Wind geschützt und genügend feucht gehalten wird.

Wird er vor der dritten Phase verwendet, pflügt man ihn nicht unter, sondern mischt ihn mit der Ackerkrume, so daß weiterhin Luft hineingelangen kann.

Errichtet man auf dem gleichen Platz einen zweiten Haufen, so wird dieser wahrscheinlich besser geraten und mehr Regenwürmer haben, da diese im Boden darunter verbleiben und den nächsten Haufen bevölkern.

*Anwendung des Komposts*

Der Kompost wird im Frühling und im Herbst angewendet, um eine größere Anzahl lebender Organismen in den Boden zu bringen.

Im Garten arbeitet man den Kompost in die oberste Bodenschicht 5 bis 10 Zentimeter tief hinein und gibt ihn in die Säreihen bzw. Pflanzlöcher.

Für eine Reihenbepflanzung auf der Farm wird er in die Ackerkrume eingearbeitet oder auf Gras- und Heuwiesen verteilt. Er sollte nicht tief eingegraben werden, sondern mit der Schaufel oder dem Miststreuer verteilt und dann mit einem Rechen oder einer Egge in den Boden eingearbeitet werden.

Man braucht pro Morgen etwa 5 bis 20 Tonnen und wendet den Kompost alle vier Jahre im Wechsel an. Reifer Kompost für eine grundlegende Bodenverbesserung wird in die obersten 5 bis 10 Zentimeter des Bodens in einer Menge von 15 bis 30 Tonnen pro Morgen eingebracht. Noch nicht fertiger Abfallkompost kann zur Bodengewinnung und zur Erosionsbekämpfung in einer 1 bis 5 Zentimeter dicken Schicht angewendet werden (etwa 40 bis 160 Tonnen pro Morgen).

Pfeiffer bzw. einer von ihm zitierten alten Bauernweisheit zufolge kann man guten Kompost zu jeder Zeit bei jeder Feldfrucht und in jeder Menge anwenden. Aber je besser der Kompost ist, desto weniger davon wird benötigt.

## Herstellung und Anwendung des Faß-Komposts von Maria Thun

Der Faß-Kompost ist ein homöopathischer Zusatz zum regulären biodynamischen organischen Kompost. Mit seiner Hilfe kann man die günstigen Wirkungen der Präparate öfter nutzen, als das bei normaler Düngung und beim Kompostieren im normalen Verlauf eines Fruchtwechsels möglich wäre. Die Herstellung ist nicht schwierig, vorausgesetzt man verfügt über die erforderlichen Grundmaterialien.

Faß-Kompost besteht aus Kuhmist, zermahlenen Eierschalen und Basaltmehl. In diese Mischung werden die Steinerschen Präparate 502 bis 507 eingeimpft. Thunscher Kompost reift ungefähr 12 Wochen lang in einem in der Erde vergrabenen Faß. Das Impfen des Komposts mit den biodynamischen Präparaten trägt zum Kompostierungsprozeß des Mistes bei. Außerdem erhält man eine süßlich riechende Substanz, die die Bodenstruktur verbessert.

Der Faß-Kompost ist sehr nützlich, wenn man vom normalen zum biodynamischen Landanbau übergehen will, da man auf diese Weise die biodynamischen Präparate häufiger anwenden kann.

Eine Einheit (rund 50 Gramm) davon wird in 12 Liter Wasser verwirbelt und über das Land oder den Garten gesprüht. Die Menge reicht für einen Morgen. Die Wirkung ist die gleiche wie beim normalen BD-Kompost, hält aber nicht so lange an. Biodynamische Farmer wenden gern entweder den Kompost oder den Faß-Kompost vor dem Sprühen mit BD 500 und 501 an.

Der Inhalt eines Fasses reicht für etwa 2000 Morgen. Ist er ausgereift, kann er in einem kühlen Keller lange Zeit aufbewahrt werden.

*Potenzieren des Faß-Komposts*
Entsprechend der Empfehlung von Maria Thun gibt man 60 Gramm (etwa eine Handvoll) des fertigen Komposts in 10 Liter Wasser (möglichst Regenwasser) und potenziert ihn, indem man ihn 20 Minuten lang verwirbelt, wie dies auch bei den Präparaten 500 oder 501 geschieht.

Die entstehende potenzierte Flüssigkeit reicht für einen halben Morgen oder einen Viertelhektar. Nach Thun ist die Wirkung am größten, wenn die Flüssigkeit dreimal hintereinander in einwöchigem Abstand angewendet wird. Sie kann in großen Tropfen wie Präparat 500 auf den Boden gesprüht werden. Das geht am einfachsten mit Hilfe eines Eimers und einer Malerbürste. Aber auch ein normales Sprühgerät tut gute Dienste.

Bevor man eine Weide oder Wiese besprüht, kratzt man zur Belüftung die Bodenoberfläche leicht mit einer Egge auf und verteilt darauf eventuell vorhandene Kuhfladen. Man sprüht das erste Mal bei abnehmendem Mond und möglichst an einem Blatt-Tag. Acht oder zehn Tage später versprüht man das Präparat 500. Zwei Wochen später sprüht man bei zunehmendem Mond und gegen Nachmittag Präparat 501. Präparat 500 (hilft den Wurzeln) und Präparat 501 (hilft den Blättern beim Absorbieren des Sonnenlichts) entfalten ihre Wirkung in einem neuen Boden nur dann, wenn er zuvor mit Faß-Kompost besprüht wurde. Dieser zieht die «gestaltenden Kräfte in einer ausgewogenen, harmonischen Weise vom Himmel in die Erde und beschleunigt ihre Wirkung» (Maria Thun).

Großgärtner verwenden das Faß-Präparat, um Land, das nicht den normalen Kompost im Wechsel bekommen hat, dennoch mit Kompost zu versorgen.

Salatbeete sollten beim ersten Hacken besprüht werden.

Im Durchschnitt wurden mit Faß-Kompost um ein Drittel höhere Erträge sowie insgesamt vier Ernten innerhalb einer Vegetationsperiode auf ein und demselben Stück Land erreicht.

Besonders große Erfolge hat man mit einer «Ersten-Hilfe-Behandlung» von Pflanzen, die unter Dürre, Insekten oder aus anderen Gründen leiden.

In Scheunen, Futterställen oder Tiergehegen werden durch das Faß-Kompost-Spray Fliegen und Gerüche reduziert.

Um den Pflanzen «Starthilfe» zu geben, weicht man den Samen in der Faß-Kompost-Lösung ein. Beim Umpflanzen kann man die Wurzeln darin baden.

Um Obstbäume zu verjüngen, ist die Wirkung der Faß-Kompost-Lösung in Verbindung mit Präparat 500 am größten. Sie wird in den Boden unter dem Baum gegeben.

Nach den Worten des Biodynamikers Xavier Florin ist der Faß-Kompost eine gutausgewogene Mischung aus Fermenten, Enzymen und Spurenelementen und «badet in üppig vorhandenen, kosmischen, formenden Kräften». Er entgiftet den Boden von den chemischen Zusätzen innerhalb von zwei Jahren.

Das Präparat trägt dazu bei, die Erde von Verschmutzungen verschiedenster Art zu befreien. Es hat sich auch als brauchbare Waffe gegen Strontium 90 bewährt. Die gemahlenen Eierschalen stärken laut Thun den Kalzium-Prozeß in den Pflanzen und wirken so der Auflösung des Kalziums durch Strontium 90 entgegen. In den fünfziger Jahren führte ein Institut in Freiburg Experimente auf einem stark mit Strontium 90 verseuchten Stück Land durch. Man fand heraus, daß Pflanzen auf den Kalzium-Kompost-Böden weniger Strontium 90 aufnahmen als auf nahe gelegenen silikathaltigen Böden. Laut Thun schützt der Kompost auch vor Radioaktivität aus Atomtests und Nuklearanlagen.

Am besten wendet man den Faß-Kompost an, wenn der Mond durch die Zwillinge zum Skorpion wandert.
Wird er zusammen mit den Präparaten 500 und 501 angewendet, ist kein Nitrat mehr nötig. Auch Böden, die vorher kein Kalzium oder Phosphor enthalten hatten, weisen diese Elemente nach dem Verteilen des Faß-Komposts auf.

*Herstellung des Faß-Komposts nach Maria Thun*
Man nehme ein gebrauchtes Faß aus altem Holz, das seine Spannung verloren hat. Ein Faß, in dem sich Alkohol oder ein anderer Konservierungsstoff befunden hatte, muß erst mit Wasser gefüllt werden und acht Tage stehenbleiben. Dann reinigt man es gründlich mit einer Lauge aus Harz und Asche und spült es zum Schluß mit Brennesselwasser aus. Dazu löst man ein Teil Brennesselkonzentrat in zehn Teilen Wasser auf. Danach leert man das Faß und wartet, bis sich violettfarbene Pilze an den Wänden bilden.

Die Brennesseln sollten an einem schönen Frühlingstag vor der Blüte geerntet und dann getrocknet werden. Eine große Handvoll getrockneter Brennesseln wird eine Woche lang in Regenwasser eingeweicht. Danach fügt man alle zwei Wochen eine kleine Handvoll getrockneter Brennesseln hinzu.

Nun sammelt man 200 Liter frischen Kuhmist. Er muß frisch, das heißt vom selben Tag sein, so daß die Fliegen noch nicht ihre Eier darauf abgelegt haben. Man halte ihn bis zur Verwendung feucht. Der ideale Mist hat eine Konsistenz und sollte nicht zu feucht sein. Einen solchen Mist zu finden, ist vielleicht nicht so einfach, da durch die heutigen Futtermethoden der Mist anders aussieht. Am besten wäre es, wenn er von biodynamisch gehaltenen Kühen käme.

Man passiert den Mist dann noch durch ein Tuch, um alle Fremdkörper oder Stroh zu entfernen.

*Eierschalen:* Man sammelt 200 bis 300 Schalen von rohen Eiern. Die getrockneten Schalen werden am besten in einer Kaffeemühle (elektrisch oder Handbetrieb) gemahlen. Maria Thun empfiehlt sie nicht zu feinem Mehl zu mahlen, sondern eher zu kleinen Flocken. Sie hat auch Enteneier, Schneckenhäuser und viele verschiedene Gesteinsmehle mit hohem Kalziumgehalt ausprobiert, doch ihrer Meinung nach weisen Hühnereierschalen das beste Gleichgewicht zwischen Kieselerde und Kalzium auf. Sie meint, daß die innere Haut der Schalen «junges» Kalzium enthält.

Hühnerfarmen sind auf großen Gewinn aus und haben nur kranke Hühner, deren Eier man nicht nehmen sollte. Besser sind die Eier von organisch oder biodynamisch aufgezogenen Hühnern.

*Basalt:* Thun rät zu einer Teilchengröße von 0,2 bis 0,5 Millimeter. Das entspricht feinem Sand. Wird der Basalt zu fein gemahlen, klebt er während des Mischens wie Zement zusammen. Sie empfiehlt «einen aktiven Kompostierungsprozeß, der nicht stattfindet, sobald der Basalt zu fein gemahlen ist».

Maria Thun entschied sich für Basalt als Zusatz zum Kompost und für Düngehaufen, weil dieses Vulkangestein Elemente enthält, die nach ihrer Auflösung zu Lehm werden.

*Das Mixen der drei Hauptbestandteile: Kuhmist, Eierschalen und Basalt*
Zur Potenzierung muß das Präparat mit einer Schaufel auf einem gefegten Betonboden gemischt werden.
Thun nimmt auf 5 Eimer Kuhmist etwa 100 Gramm getrocknete, gemahlene Eierschalen und etwa 550 Gramm Basaltpulver.
Diese Teile werden eine Stunde lang mit der Schaufel zusammengemischt. Dadurch gelangt in einem gewissen Rhythmus Luft in die Masse, so daß etwa 20 Prozent des Volumens aus Sauerstoff bestehen. Dieser unterstützt die lebendige aerobe Fermentation im Kompost. Weitere 78 Prozent bestehen aus Stickstoff, der als Animator in diesem Prozeß fungiert und von den Bakterien fixiert wird. Diese Fermentation entwickelt ihre volle Wirkung im Boden.

*Wie man das Faß vergräbt*
Am besten eignet sich ein 200-Liter-Faß, das später zur Hälfte oder zu drei Vierteln mit der Kuhmistmischung gefüllt werden kann.
Man schlägt den Boden und den Deckel heraus.
Nun gräbt man an einem geschützten Platz ein Loch, das so tief ist, daß es etwa zwei Drittel des Fasses aufnehmen kann. Bei sehr feuchtem Klima sollte das Faß nicht ganz so tief vergraben werden.
Die Erde am Grund des Loches sollte so fruchtbar wie möglich sein. Bei schlechter Erde sollte man guten Kompost oder fruchtbare Erde hinzufügen.
Die aus dem Loch entfernte Erde wird rund um das Faß aufgeschichtet, damit das Regenwasser die Schräge hinunterfließt und sich nicht im Loch unterhalb des Fasses sammelt. Durch dieses Aufschichten, sagt Maria Thun, können die Kräfte der Erde rund um das Faß auf dessen Inhalt einwirken.
Am besten macht man diese Arbeiten an einem schönen Nachmittag, zur Zeit des abnehmenden Mondes. Auf jeden Fall sollte man schwierige Tage meiden, rät Maria Thun, und meint damit Tage mit Mondknoten, Knoten im Merkur, in der Venus und anderen Planeten.

*Wie man das Faß füllt*
Man füllt das Faß zur Hälfte mit etwa 100 Litern Kuhmist, Eierschalen und der Basaltmischung. Dann macht man fünf 10 Zentimeter tiefe Löcher in die Masse und impft sie jeweils mit etwa 15 Gramm der Präparate 502 bis 506. Daraufhin gibt man die andere Hälfte der Kuhmistmischung in das Faß und wiederholt den Vorgang (5 Löcher / Impfen mit den Präparaten). Zum Schluß besprüht man den Inhalt mit einer Lösung von BD 507 oder einer Baldrianlösung (5 Tropfen auf 1 Liter Wasser), die man vorher 20 Minuten lang verwirbelt hat.
Überschüssige Flüssigkeit kann man auf die das Faß umgebende Erde sprühen.

Dann deckt man das Faß ab, damit der Regen nicht hineinlaufen kann. Geeignet dafür ist eine Schieferplatte, wobei man jedoch für ein paar Zentimeter Zwischenraum sorgen muß, damit Luft zirkulieren kann.

Nach 1 1/2 Monaten mischt man den Inhalt mit einer Schaufel etwa 10 Minuten lang durch, um ihn zu homogenisieren und um unbelüftete Klumpen aufzulösen.

Nach weiteren 2 bis 3 Wochen ist der Faß-Kompost fertig. Faß-Kompost ist schneller reif als normaler Kompost. Er kann zu jeder Zeit angesetzt werden, doch sind Frühling und Herbst vorzuziehen.

*Lagerung*
Der fertige Kompost sollte in einem Faß im Keller oder in einer Höhle aufbewahrt werden. Er hält sich lange. Nach zwei Jahren sieht er wie heller Humus aus und liefert immer noch zufriedenstellende Ergebnisse.

## Die Verwendung der biodynamischen Produkte 500 und 501

BD 500 ist den Winter über in einem Kuhhorn vergrabener Kuhmist, eine krümelige, humusähnliche Substanz.

*Das Verwirbeln von BD 500*
Für einen Morgen Land verwirbelt man 35 Gramm BD 500 mit 16 Litern Wasser in einem Plastikeimer oder einem Tongefäß.

Das Präparat muß mit der Hand oder einem Stock eine volle Stunde lang verwirbelt werden. Man wirbelt 20 Sekunden in einer Richtung, bis sich auf dem Boden des Behälters ein tiefer konischer Wirbel bildet, dann wechselt man die Bewegungsrichtung. Es bildet sich das Chaos, aus dem wiederum ein Wirbel, nun in der entgegengesetzten Richtung, entsteht. Das Wirbeln muß mit liebevoller Absicht geschehen und darf nicht als lästige Pflicht absolviert werden.

Es wurden bereits viele geniale Methoden erfunden, um große Mengen in mehreren Containern zur gleichen Zeit zu verwirbeln. Alle Methoden, die gut funktionieren, sind akzeptabel.

Bei Farmen mit Wirbelmaschinen kann die Menge auch größer sein. Die Flüssigkeitsmenge ist nur begrenzt durch die Zeit, die man braucht, um alles sofort auf dem Land zu verteilen. Das frisch verwirbelte Präparat sollte innerhalb von höchstens 3 Stunden angewendet werden. Den größten Erfolg kann man bei einer Anwendung innerhalb von 1 bis 2 Stunden erwarten.

Das Wasser für BD 500 sollte lauwarm sein. Regenwasser eignet sich am besten dazu. Man kann es in Regenrinnen sammeln und in einem Faß aufheben. Auch klares Flußwasser kann verwendet werden. Aber es enthält manchmal mehr anorganische und organische Substanzen als Regenwasser. Niemals jedoch darf man gechlortes Wasser nehmen.

Es ist ratsam, das Regen- oder Flußwasser in einem offenen Faß 2 oder 3 Tage lang stehenzulassen, damit das Licht einwirken kann. Das gleiche macht man mit Leitungswasser, das jedoch länger stehenbleiben und mehrere Male jeweils 1 oder 2 Minuten lang verwirbelt werden sollte. Es empfiehlt sich, dieses in Holzfässern oder glasierter Tonware aufzubewahren. Eichenfässer sind am besten. Farmen mit mehr Wasserverbrauch können auch große Tanks verwenden, doch müssen diese gut geschliffen und rostfrei sein. Man sollte sie mit äußerster Sorgfalt reinigen. Dazu verwendet man am besten eine Bürste, heißes Wasser und eine zweiprozentige Lauge oder Sodalösung, auf keinen Fall jedoch chemische Reinigungsmittel. Zum Schluß spült man mehrere Male mit heißem und kaltem Wasser nach.

*Sprühausrüstung*

Diese hängt von der Größe der Farm oder des Gartens ab. Man benutze lieber keine Sprayer, in denen sich andere Flüssigkeiten, vor allem giftige, befunden hatten.

Auf kleinen Gartenstücken kann die Flüssigkeit in einem großen Kreis mit der Hand verteilt werden. Dazu nimmt man einen Besen oder eine Malerbürste und fährt mit leichter Bewegung aus dem Handgelenk darüber.

Kleine Handsprüher, die einen feineren Nebel erzeugen, sind in vielen Größen erhältlich.

Die nächste Größe ist ein Rucksacksprüher, der für einen Garten oder einen kleinen Bauernhof völlig ausreicht.

Es gibt auch auch große, von Traktoren gezogene oder daraufmontierte Tanks und Sprayer, die ein großes Gebiet besprühen können. Ihre Düsen liegen ungefähr 60 Zentimeter über der Bodenoberfläche. Bei anderer Anordnung würde der feine Nebel weggeblasen werden.

Benutzt man Drucksprüher, muß die Flüssigkeit besonders sorgfältig filtriert sein, sonst blockiert sie die Düsen.

*Verwendung in Gärten*

BD 500 kann im frühen Frühjahr und dann noch einmal vor dem Säen bzw. Pflanzen angewendet werden. Die Böden in Treibkästen, Mistbeeten und Treibhäusern sollten vor dem Säen bzw. Pflanzen besprüht werden. Nach Möglichkeit sollten auch die Saatreihen und -löcher vor dem Bepflanzen besprüht werden.

Die Menge kann größer sein als für Ackerland: eine Portion auf 2000 bis 4000 Quadratmeter.

Das verwirbelte Präparat 500 wird direkt in den Boden gebracht, normalerweise vor dem Pflanzen. Aber es ist wünschenswert, daß man den Boden vorher etwas bearbeitet, zumindest mit einer Egge oder einem Rechen.

Das Präparat wird am besten in der zweiten Hälfte des Nachmittags versprüht, nachdem es geregnet hat, so daß der Boden leicht feucht ist. Er sollte niemals trocken sein oder gar mit einer Kruste versiegelt. Man sprüht niemals mittags, in der Hitze des Tages. Der Himmel sollte zumindest teilweise bedeckt sein (das Material folgt dann dem natürlichen Tagesrhythmus der Feuchtigkeit in der unteren Atmosphäre). Natürlich sollte man nicht sprühen, wenn es regnet. Auch sollte man die Sache verschieben, wenn bald Regen zu erwarten ist.

Unter sehr trockenen Bedingungen hilft das Sprühen von BD 500 spät am Nachmittag den Pflanzen, den Streß besser zu ertragen. Man kann es auch am frühen Morgen tun, sobald sich Tau gebildet hat.

### Die Verwendung von BD 500 auf Ackerland

Das Sprühen erfolgt vor dem letzten Eggen oder der letzten Bodenbearbeitung, das heißt vor dem Säen des Wintergetreides oder anderer Herbstfeldfrüchte bzw. vor einer dritten Ernte. Auf Weiden und Heuwiesen kann manchmal vor dem ersten Frost gesprüht werden. Doch normalerweise zieht man eine Behandung von Dauergräsern früh im Frühling vor, um das Wachstum zu Beginn der Saison anzuregen. Auf Kulturland sprüht man am besten, nachdem der Boden endgültig aufgetaut ist. Am geeignetsten ist wohl eine Zeit kurz vor dem Pflanzen oder Säen.

Biodynamische Bauern bearbeiten den Boden im Frühjahr in zeitlichen Intervallen, um die Unkräuter unter Kontrolle zu halten. Es empfiehlt sich, dies auch auf Weiden und bei Winterfeldfrüchten zu tun. Dadurch entwickeln sich die Wurzeln besser in Feldern, die durch Frost oder Windabtragung gelitten haben.

### Aufbewahrung des Präparats BD 500

Egal ob man das Präparat nach diesen Anweisungen hergestellt oder es sich von irgendwoher besorgt hat, es muß, nachdem es aus dem Horn entfernt wurde, in einem kühlen, nicht zu trockenen Keller aufbewahrt werden. Man nimmt dazu am besten einen Tonkrug mit einem Deckel aus dem gleichen Material oder deckt ihn mit einer Schiefer- oder Steinplatte ab. Der Krug darf nicht ganz verschlossen sein, damit die Luft noch zirkulieren kann.

Man stellt den Behälter in eine Holzkiste und umgibt ihn mit einer Schicht Torfmoos oder Torfmull. Auch der Deckel der Kiste sollte auf der Innenseite mit Torfmull gefüttert sein.

In trockenen Gebieten oder während einer langen Trockenperiode sollte man das Torfmoos leicht feucht halten, gerade so viel, daß es keine Feuchtigkeit aus dem Präparat zieht.

In feuchtem Klima oder in einem feuchten Raum ist das nicht nötig.

Hat man die schon fertigen Präparate geschickt bekommen, sollte man sie aus dem Lieferbehälter herausnehmen und wie oben beschrieben lagern.

Da die Substanzen leben, werden sie schimmelig, wenn sie zu feucht gehalten werden. Aber sie sollten auch nicht austrocknen. Außerdem muß Luft hineingelangen können, damit die Bakterien sich in den Präparaten halten können.

*Wurzelbad mit BD 500*
Diese suppige Substanz besteht zu gleichen Teilen aus Kuhmist und Lehm. Sie wird mit Ackerschachtelhalmtee (1 Teil getrockneter Ackerschachtelhalm auf 20 Teile Wasser) und verwirbeltem BD 500 potenziert. Wurzeln und Stecklinge, aber auch Gemüse wie Kohl, Tomaten (außer sie werden bereits mit Erde angeliefert) sowie die Wurzeln von Bäumen und Sträuchern lieben es, vor dem Einpflanzen in ein solches Bad getaucht zu werden.

## Verwendung des biodynamischen Präparats 501

Bei BD 501 handelt es sich um einen mehrere Monate in einem Kuhhorn vergrabenen gemahlenen Quarzkristall. Dieses Pulver wird eine Stunde lang im Wasser verwirbelt, genauso wie BD 500.

Die Substanz wird auf die Blätter wachsender Pflanzen gesprüht. Es ist ein Zusatz für Präparat 500 und sorgt dafür, daß die Blätter genügend Sonnenlicht bekommen.

Die zu potenzierende Menge für einen Morgen Land (bzw. 2000 bis 4000 Quadratmeter Garten) beträgt nur 1 bis 1,5 Gramm auf 16 bis 20 Liter Wasser.

Das potenzierte Mittel wird im späten Frühjahr oder frühen Sommer angewendet. Man sprüht in den frühen Morgenstunden, wenn man einen warmen und zumindest teilweise sonnigen Tag erwartet. Die richtige Zeit dafür ist dann gekommen, wenn jene Pflanzenteile mit der Bildung beginnen, die man ernten möchte.

Sprüht man bei zu hohem Sonnenstand, so kann es zu Verbrennungen der Blätter kommen.

BD 501 muß unbedingt in einem feinen Nebel versprüht werden.

Um die besten Ergebnisse zu erzielen, behandelt man vor der Anwendung mit Präparat 501 den Boden mit Präparat 500, dem wiederum ein Sprühvorgang mit dem Faß-Kompost vorangehen sollte. Man hat mehr Erfolg, wenn man alle drei Mittel verwendet, statt nur eines.

BD 501 soll die Frucht- und Samenbildung anregen. Außerdem verbessert es den Geschmack, die Lagerqualitäten und den Nährwert der Feldfrüchte und macht diese widerstandsfähig gegen Krankheiten und Insekten.

Noch niedrige Getreidepflanzen behandelt man nach der Bodenbearbeitung mit BD 501, und zwar sobald die Stengel sichtbar werden.

Weitere Anwendungen sind möglich, wenn Gefahr besteht, daß Getreidehalme knicken.

Mais wird behandelt, sobald seine Stengel zu wachsen beginnen und solange man noch leicht durch die Feldreihen fahren kann.

Luzerne und andere Gräser werden nicht zu spät nach Beginn des Wachstums behandelt.

Ist der Boden genügend feucht und erwartet man keine Trockenzeit, kann eine weitere Anwendung folgen, sobald die erste Mahd vom Feld genommen oder eine Weideperiode beendet ist.

Gartenfrüchte, die noch umgepflanzt werden sollen, besprüht man erst dann, wenn sie an ihrem endgültigen Standort wachsen.

Salat und Spinat sollten nur eine Anwendung morgens bekommen. Doch damit sie nicht zu sehr ins Kraut schießen, kann am Nachmittag noch einmal gesprüht werden, damit die Kräfte zu den Wurzeln zurückkehren, was normalerweise zu dieser Tageszeit geschieht.

Blumen, Tomaten, Erdbeeren und Obst muß man behandeln, wenn die Blütenknospen sichtbar werden und kurz vor dem Öffnen stehen.

Kartoffeln mögen das Präparat 501, wenn sie mit der Blüte beginnen.

Jede Art Kohl, auch Blumenkohl, Brokkoli und andere Blattgemüse, die ein großes Volumen haben, bekommen nach wiederholten Anwendungen ein feineres Gewebe, einen besseren Geschmack und günstigere Lagereigenschaften.

Der Geschmack von Küchenkräutern, Beerenobst, Tomaten, Melonen usw. verbessert sich nach wiederholten Anwendungen.

Apfelbäume werden im letzten Blühstadium besprüht und dann noch einmal, sobald sich die Früchte zu entwickeln beginnen. Das für die Apfelbäume angewandte Mittel 501 kann man mit einem Brennesselspray kombinieren.

Für Treibhäuser mit großen Mengen an Gurken, Tomaten und Salaten werden ebenfalls wiederholte Anwendungen von BD 501 empfohlen. Karotten sollten an einem Wurzel-Tag besprüht werden, Spinat an einem Blatt-Tag usw.

Steiner empfahl die Verwendung der biodynamischen Präparate als homöopathische Medizin für die lebendige Erde, um den Boden zu regenerieren. Die Biodynamiker betonen, daß in der behandelten Erde bemerkenswerte Veränderungen vor sich gehen. Sie wird krümeliger und bröckelig und hält die Feuchtigkeit leichter. Das Aussehen der Früchte wird verbessert, außerdem sind sie widerstandsfähiger gegen Trockenheit und Infektionskrankheiten. Der Boden und die Feldfrüchte zeigen schon nach kurzer Zeit positive Veränderungen. Ein voller Erfolg zeichnet sich im Laufe von drei bis vier Jahren ab. Er besteht in einer ständigen Steigerung der Bodenfruchtbarkeit, in höherer Qualität und besserem Geschmack der Produkte. Die Pflanzen wie der Boden, dessen Lebenskräfte angeregt werden, versorgen sich nach Meinung biodynamischer Bauern selbst mit den benötigten Stoffen. Sie entnehmen sie dem sie umgebenden Kräftekreislauf, so wie auch ein gesundes Organ sich selbst mit all dem versorgt, was es dem Blutkreislauf und den anderen Körpersäften entnehmen kann.

# Herstellung der biodynamischen Präparate 500 und 501

Kuhhörner kann man in jedem Schlachthaus bekommen. Sie müssen nicht unbedingt von biodynamisch gefüttertem Vieh stammen, aber unbedingt von Kühen, nicht von Ochsen oder Stieren. Kuhhörner sind im allgemeinen dicker und schwerer.

Zur Reinigung gibt man die Hörner in ein 220-Liter-Faß mit Wasser, das man wegen der Geruchsbelästigung mit Plastik abdeckt. Nach einigen Wochen ist die dünne Fleischschicht um das Hornmark verrottet, die Knochen können dann entfernt werden. Eine weniger «anrüchige» Methode ist es, die Hörner austrocknen zu lassen. Nach einem gewissen Feuchtigkeitsverlust zwischen Knochen und Horn wird der Knochen aus dem Horn herausfallen. Danach können die Hörner unendlich lange aufgehoben werden.

*Kuhmist*

In den gemäßigten Zonen der nördlichen Hemisphäre wird der Kuhmist zwischen der Tag- und Nachtgleiche im Herbst und der Wintersonnenwende gesammelt. Es wäre zu wünschen, daß die Tiere noch auf der Weide stehen, zumindest zeitweise, oder gutes Heu plus Grünfutter bekommen.

Im Westen stopft man dann die Hörner mit dem Kuhdung, den man vorher durchpassiert hat, um Äste und Fremdkörper zu entfernen.

Im Herbst, das heißt vor der Wintersonnenwende (Dezember auf der nördlichen Halbkugel, Juni auf der südlichen), werden dann die gestopften Hörner ungefähr 30 Zentimeter tief in gute Erde hineingelegt und bleiben dort bis gegen Ende des Winters.

Der biodynamische Farmer Hugh Lovell aus Blainsville, Georgia, empfiehlt, die Hörner so zu plazieren, daß die Spitze nach unten zeigt – zum Zentrum der Erde hin. Seiner Meinung nach fungiert das Kuhhorn dann als Antenne und sammelt die irdischen Kräfte des Winters. Hugh Courtney legt sie in einem Kreis aus, mit der Spitze nach unten. In Australien wiederum werden sie flach in Reihen ausgelegt und mit einer dünnen Erdschicht voneinander getrennt. Alle Methoden scheinen gleich wirkungsvoll zu sein.

# Biodynamische Präparate 502–508

Mit diesen Präparaten impft man einen gewöhnlichen Komposthaufen oder den Faß-Kompost nach Maria Thun.

Die Herstellungsanweisungen beruhen auf den entsprechenden Vorträgen Rudolf Steiners, die in dem Buch *Geisteswissenschaftliche Grundlagen zum Gedeihen der Landwirtschaft* erschienen sind, sowie auf zusätzlichen Hinweisen verschiedener Farmer.

*502. Schafgarbenblüten, ein Jahr lang in einer Edelwildblase vergraben*
Man sammelt die Blütchen der weißen Gemeinen Schafgarbe (*Achillea millefolium*) im Frühling oder Frühsommer, und zwar den oberen, schirmförmigen Blütenteil, der auch zu Heilzwecken verwendet wird. Danach läßt man die Blüten trocknen.

Die getrockneten Blüten werden mit Tee aus der gleichen Pflanze angefeuchtet und dann in die Blase eines männlichen Edelwildes (Hirsch oder Elch) gestopft.

Mit einer Fahrradpumpe pumpt man die Blase auf. Die fertige und getrocknete Blase wird mit lauwarmem Regenwasser befeuchtet. Die angefeuchteten Schafgarbenblüten werden eng zusammengepreßt und in die Blase gefüllt. Das Stopfloch wird mit einem Faden zugenäht. Danach hängt man die Blase in einer Höhe von knapp 2 Metern an einem sonnenbeschienen Platz auf, wo sie den ganzen Sommer über hängen bleibt. Im Herbst wird die Blase nicht allzutief – 25 bis 30 Zentimeter – in guter Erde vergraben, wo sie den Winter über bleibt.

Nachdem die Schafgarbenblüten ein volles Jahr in der Blase gelagert haben, werden sie nach dem Ausgraben in einem kühlen Keller in Tontöpfen aufbewahrt. Diese werden mit Torfmull umgeben und zusammen mit den anderen Präparaten in eine Holzkiste gestellt.

*503. Kamille, in Kuhdärmen vergraben*
Man sammelt die Wildblumen, sobald sie früh im Jahr blühen. Da die Blüten sehr klein sind, empfiehlt Hugh Lovell die Benutzung eines Blaubeerenkammes, damit man gleich mehrere auf einmal abpflücken kann. Danach werden sie im Schatten getrocknet. Je länger die Blüten zum Trocknen brauchen, desto schlechter ist ihre Qualität.

Ein alter Glaube besagt, daß die für Heilzwecke bestimmten Kamillenblüten am besten vor Johanni gepflückt werden sollten.

Im Herbst befeuchtet man die getrocknete Kamille mit Kamillentee und stopft sie dann wie Brät in den Darm einer gerade getöteten Kuh. Dieser Darm wird im Boden vergraben, wo er den Winter über bleibt. Im Frühjahr gräbt man ihn wieder aus.

Biodynamische Farmer haben eine rätselhafte Anziehungskraft zwischen der Kamille und dem Kalzium der Natur entdeckt. Sobald das fertige Kamillenpräparat in den Kompost geimpft wird, führt es angeblich die Kalziumkräfte beim Abbau des organischen Materials.

*Kamillentee:* «Tee» heißt hier ein Teelöffel Kamille auf eine Tasse Wasser. Der Tee wirkt sich als Bad günstig auf das Saatgut aus, vor allem bei Saatgut, das anfällig ist für fäulnistragende Pilz- und Bakterienkrankheiten.

Die Samen werden etwa 10 Minuten in Tee eingeweicht und dann entweder direkt gesät oder wieder getrocknet und für eine spätere Verwendung aufgehoben. Der gleiche Tee kann in verdünnter Form für das Bewässern von Setzlingen im Treibhaus verwendet werden. Er zeigt die gleichen guten Auswirkungen.

Plinius schlug Kamillenumschläge oder -bäder zur Behandlung von Kopfschmerzen oder Leber-, Nieren- und Blasenkrankheiten vor. Noch heute hilft die Kamille bei Blähungen, Bauchschmerzen und Darminfektionen.

*504. Brennesseln, ein Jahr und länger vergraben*
Zur Herstellung dieses Präparats nimmt man Stengel und Blätter der reifen Pflanze (*Urtica dioica*), bevor sie zu blühen beginnt. Sie wird dann ein ganzes Jahr lang in gutem Humus vergraben.

Die Große Brennessel ist eine mehrjährige Pflanze, die bis 1,80 Meter groß werden kann. Sie hat einen kantigen Stengel, und auf den Blättern befinden sich Brennhaare. Die kleinen Blüten bilden eine achselständige, hängende Blütenrispe und werden vom Wind bestäubt. Die winzigen Samen – 1000 wiegen nur 0,15 Gramm – werden im August reif und können im gleichen Herbst zur Neupflanzung verwendet werden.

Steiner empfiehlt, soviel wie möglich von der Großen Brennessel zu sammeln, bevor sie im Juni oder Juli blüht und bevor die Stengel zu holzig werden. Man nimmt, bis auf die Wurzeln, die ganze Pflanze. Vor dem Eingraben läßt man sie etwas anwelken. Man vergräbt sie ohne weitere Abdeckung, nur mit wenig Torfmull, um sie vor direktem Kontakt mit dem Boden zu schützen. Hugh Courtney bedeckt die Nesseln mit einem Maschendraht und hält so die Regenwürmer von ihnen fern. Außerdem findet er die Stelle dann besser wieder, wenn er die Brennesseln im nächsten Jahr ausgraben will.

Die Nesseln müssen einen ganzen Winter und während des folgenden Sommers vergraben bleiben. Dann erst sind sie reif für den Komposthaufen. Dort besteht laut Steiner eine ihrer Hauptaufgaben darin, den Stickstoffgehalt des Haufens vor Verdunstung zu bewahren.

Im Boden unterliegen die Nesseln der Fermentation und bilden einen dunklen Humus, der für einen gesunden Boden sorgt, welcher die Pflanzen mit individuellen Nährstoffen wie Schwefel, Kalium, Kalzium und Eisen versorgt. Brennesseln sind in der Lage, Eisen aus dem Boden aufzunehmen und in ihr eigenes Gewebe einzubauen. Pfeiffer zufolge enthält der Brennessel-Humus ungefähr hundertmal soviel Molybdän und Vanadium wie normal. Diese Spurenelemente sind für die stickstoffbindenden Bakterien lebensnotwendig.

Die Form des Nesselblattes erinnert an ein Herz und weist dadurch, zusammen mit den gezähnten Rändern, den Biodynamiker auf eine Beziehung zu den rhythmischen Kräften des Universums hin. So wie sich das im Herzen zentrierte rhythmische System des Menschen ständig gegen degenerative Kräfte wehrt und für die Stärkung der Gesundheit sorgt, strahlt die Nessel Heilkräfte in ihre Umgebung ab und bietet sich selbst als Heilmittel gegen viele Krankheiten, auch Pflanzenkrankheiten, an. In alten Kräuterbüchern wird die

Nessel als Heilmittel bei Nieren- und Blasenkrankheiten empfohlen, aber auch bei Hautkrankheiten und Blutungen aller Art. Alle als Bluttonikum angepriesenen Kräutermischungen enthalten große Mengen von Nesseln. Steiner nannte die Brennessel «Hansdampf in allen Gassen».

Eine weitere biodynamische Verwendungsmöglichkeit ist die Herstellung einer Flüssigkeit, mit der das vegetative Wachstum der Pflanzen, vor allem während Trockenzeiten, angeregt wird.

Auch eine Paste zum Schutz von Baum- und Strauchrinden kann aus Brennesseln hergestellt werden. Dazu mischt man sie zu gleichen Teilen mit feinem Ton und frischem Kuhmist. Bevor die Mischung auf die Rinde geschmiert wird, muß diese gebürstet und abgeschabt werden, um abgestorbene lose Teilchen zu entfernen. Die so behandelten Stämme und Äste werden schon nach wenigen Tagen glatt und sauber, und der Baum gedeiht gut.

*505. Eichenrinde, im Schädel eines Haustiers vergraben*
Für dieses Steinersche Rezept braucht man ein Stück nicht zu alter Eichenrinde, die man in sehr kleine Teile zerbricht.

Dann nimmt man den Schädel eines Haustiers – Lily Kolisko empfiehlt den eines Schafes und lehnt den von Pferden und Hunden ab –, füllt ihn mit der Eichenrinde und verschließt ihn mit einem Knochen desselben Tiers, etwa dem Kieferknochen.

Nun vergräbt man das Ganze im Winter nicht zu tief im Boden und deckt es mit Torfmull ab. Dafür sucht man einen Platz aus, an dem Wasser steht. Sollte dies nicht möglich sein, muß der Schädel in ein Faß gelegt werden, in dem sich bereits Regenwasser mit verrottender Pflanzensubstanz befindet. Das Ziel ist die Herstellung einer schleimigen, sich zersetzenden Mulche.

Im Frühjahr wird der Schädel ausgegraben. Dann ist die Eichenrinde zu einer krümeligen, schwarzen Substanz geworden, die wie frische, gute Erde riecht, voller Leben ist, von Mikroorganismen nur so wimmelt und einen hohen Kalziumgehalt aufweist.

Das fertige Produkt wird wie die anderen Präparate gelagert.

*506. Löwenzahnköpfchen, im Gekröse einer Kuh vergraben*
Steiner empfiehlt, die Blüten des Gemeinen Löwenzahns (*Taraxacum officinale*) zu pflücken, bevor sie Samen ansetzen. Man läßt sie leicht anwelken oder trocknen, gibt sie dann bis Anfang Oktober an einen kühlen Platz und deckt sie mit Torfmull ab.

Traditionsgemäß pflückt man die Löwenzahnblüten am frühen Morgen, wenn sie sich gerade geöffnet haben und von Bienen besucht werden.

Im Herbst müssen die Blüten fest zusammengepreßt werden, damit man das Gekröse einer Kuh oder eines Ochsen damit füllen kann.

Das Gekröse (Mesenterium) ist jenes große Hautstück, welches die Gedärme eines Tieres miteinander verbindet. Gekröse ist in jedem Schlachthaus zu erhalten, doch sollte man darauf achten, daß es in gutem Zustand ist, das heißt ohne Löcher oder beschädigte Teile. Überschüssiges Fett kann abgeschnitten werden, wobei man jedoch vorsichtig vorgehen sollte, um die zarte Haut nicht zu verletzen. Man wickelt die Blüten darin ein und näht das Gekröse vorsichtig zusammen oder umwickelt es mit Fäden. Wenn es fertig ist, kann man die Blüten durch die Haut hindurchscheinen sehen.

Das Ganze wird etwa 30 Zentimeter tief im Boden vergraben, so daß es den Winter über den starken Erdkräften ausgesetzt ist, die laut Steiner den Boden in dieser Jahreszeit durchströmen.

Im Frühling kann das weiche, krümelige Material zum Impfen des Komposthaufens verwendet werden. Wieder ist nur eine winzige Menge nötig – etwa ein Teelöffel auf 10 Tonnen Kompost. Es sind die Kräfte und nicht die Substanzen, welche hier die Arbeit leisten. Das Präparat 506 stellt angeblich eine gute Beziehung zwischen Kalium und Kieselerde her. Dadurch sind die Feldfrüchte in der Lage, Substanzen und Kräfte aus der weiteren Umgebung zu nutzen.

Das Präparat 506 steht zu Jupiter in einer besonderen Beziehung und regt die Funktionen der Leber sowie der regulierenden Drüsen und Organe in den Tieren an. Diese Funktionen wiederum stehen in Zusammenhang mit Magnetismus, Fülle, Stärke, Ausgeglichenheit und Anziehung.

### 507. Baldriansaft

Dieses Präparat wird aus den frischen Blütchen der Baldrianpflanze (*Valeriana officinalis*) hergestellt. Die jungen Blüten werden an einem Frühlingstag abgeschnitten und dann mit einer Schere von ihren Stengelchen befreit.

Lily Kolisko gibt die Anweisung, die Blüten in lauwarmes Wasser zu legen und sie dann zu einem Konzentrat auszudrücken, das lange Zeit haltbar ist. Manche benutzen auch eine hydraulische Presse zur Saftherstellung. Dieser Saft wird dann in einer siebten oder achten homöopathischen Potenz verdünnt, das heißt, man gibt 20 bis 25 Tropfen in 8 bis 12 Liter Wasser und verwirbelt alles 20 Minuten lang. Danach sprüht man den Saft über den Komposthaufen. Laut Steiner kann der darin enthaltene Phosphor sofort von der Erde genutzt werden. Dieses Präparat steht in Beziehung zum Planeten Saturn und beeinflußt das Blühen. Lovell sagt, daß durch das Verbrennen des Phosphors Wärme entsteht. So wird das Mittel manchmal auch als Schutz gegen Spätfröste versprüht.

### 508. Ackerschachtelhalm

Den Gemeinen Ackerschachtelhalm (*Equisetum arvense*) findet man an öden Stellen, aber auch an kultivierten Plätzen. Er zieht trockene Orte den feuchten vor. Die Pflanze hat hellbraune oder rötliche fruchtbare Sprosse und dicke, grüne, kantige, unfruchtbare Sprosse.

Man sammelt die unfruchtbaren Sprosse und trocknet sie so schnell wie möglich, indem man sie in einer dünnen Schicht so lange an einem schattigen Platz auslegt, bis das Kraut zu zerkrümeln beginnt.

*Verwendung:* Für den Tee läßt man in einem geschlossenen Gefäß langsam Regenwasser und etwa 30 Gramm der getrockneten Kräuter pro Liter kochen. Man kann auch weniger Wasser nehmen und den Tee später verdünnen, doch dann sollte man die Lösung etwa 10 Minuten lang verwirbeln.

Der Tee wird prophylaktisch als sanftes Pilzbekämpfungsmittel verwendet. Man kann kaum zu viel davon nehmen. Er ist gut gegen Mehltau, Rost, Brand, Fruchtfäule und Pilze aller Art. Er wirkt sehr mild. Man sprüht den Tee regelmäßig, vor allem auf Gartenfrüchte. Treibkästen, Mistbeete und Treibhäuser werden damit behandelt, bevor sie mit Erde gefüllt werden, aber auch noch danach.

Den Tee kann man auch dem Wasser in der Gießkanne hinzufügen. Außerdem kann man daraus Wurzelbäder und Baumsprays herstellen. Wenn während der Saison grüne Pflanzen zu bekommen sind, kann man auch eine Jauche herstellen, indem man frisch gepflückte Pflanzen mit Wasser bedeckt und sie etwa zehn Tage lang gären läßt. Die Flüssigkeit wird dann aufgelöst und wie Tee verwendet.

## Brennessel-Jauche

Diese von Pfeiffer entwickelte Flüssigkeit wird für verbessertes vegetatives Wachstum von Pflanzen, vor allem während Trockenperioden, eingesetzt. Pfeiffer empfahl sie vor allem für den Privatgärtner, aber auch für den Obstbauern und den Großgärtner.

*Verwendung:* Man schneidet die Brennessel (*Urtica dioica*) in jedem Wachstumsstadium, außer zur Reifezeit der Samen. Man bedeckt 2 bis 3 Pfund davon mit Wasser und stellt das Gefäß in den Garten, und zwar dort, wo einen die Geruchsbelästigung am wenigsten stört.

Die verdünnte oder unverdünnte Flüssigkeit wird als Blattspray benutzt. Man verwendet sie eine Woche nach dem Beginn der Fermentation. Die starke Flüssigkeit kann dem BD-501-Spray hinzugefügt, aber auch mit Ackerschachtelhalm und einer kleinen Menge flüssigen Seetangs vermischt werden.

Man verwende die Flüssigkeit sparsam, da der hohe Stickstoffgehalt Pilzerkrankungen hervorrufen kann.

## Paste für die Baumrinde

Man mischt zu gleichen Teilen feinen Ton (Lehm) und frischen Kuhmist. Diese Mischung löst man in einprozentigem Ackerschachtelhalmtee und einer Portion von verwirbeltem BD 500 auf, bis eine streichbare Paste entsteht, die man mit einer Bürste auf die Rinde schmiert.

Vor der Anwendung sollte man die Rinde abschaben und bürsten, um auf diese Weise abgestorbene, lose Teile zu entfernen. Die so behandelten Baumrinden und Äste werden nach wenigen Jahren glatt und sauber. Die Bäume gedeihen gut.

*Ein weiteres Rezept:* 1 Teil getrocknetes Blut, 2 Teile Kieselgur, 3 Teile Ton, 4 Teile Kuhmist. Das alles wird mit Ackerschachtelhalm und verwirbeltem BD 500 gemischt. Diese Sprays werden seit sechzig Jahren erfolgreich angewendet.

## Einsatzmöglichkeiten der «Klangtherapie»

Diese Spray- und Klangkombination erfand Dan Carlson, der auch den Vertrieb dafür hat: (Adresse: Dan Carlson Scientific Enterprises, 708-119th Lane, N.E. Blaine, Minnesota, 55434, USA).

*Verwendung in Hinterhofgärten*
Man nimmt für ein 4-Liter-Gefäß einen Eßlöffel Klangblüten-Konzentrat. Dann gibt man in einem kräftigen Strahl Leitungswasser hinzu (kein destilliertes Wasser verwenden). Nun senkt man das Röhrchen eines Feinsprühgeräts hinein und stellt auf «fein» ein.

Die Musikkassette läßt man so laut wie möglich spielen, ohne die Nachbarn zu stören. Man läßt die Musik erst mal 10 Minuten spielen, bevor man zusätzlich mit dem Besprühen der Pflanzen beginnt. Während Sie selbst klassische Musik hören, «hören» die Pflanzen ein Geräusch, das sie veranlaßt, mehr Luft, Wasser und Nährstoffe aufzunehmen.

Carlsons einzigartige organische Blattnahrung besteht aus Gibberellinsäure (ein Pflanzenwachstumshormon), einem Seetangextrakt und etwa 55 Spurenmineralien und Aminosäuren. Mit Hilfe des Tons nehmen die Blätter 700 Prozent mehr Nährstoffe auf.

Während die Musik spielt, besprüht man die Pflanzen gründlich, so daß beide Blattseiten so gut befeuchtet sind, daß die Flüssigkeit herabtropft.

Die Musik sollte auch 20 Minuten nach Beendigung des Sprühens noch spielen, um beste Resultate zu gewährleisten. Zimmerpflanzen werden einmal pro Woche so behandelt, blühende und fruchttragende Pflanzen zweimal.

Die Pflanzen nehmen das Spray am besten am frühen Morgen auf (zwischen 5 Uhr 30 und 9 Uhr 30).

Die Pflanzen sollten nicht besprüht werden, wenn die Temperatur unter 0 Grad Celsius sinkt. Wenn es frühmorgens kalt ist, sprüht man nach 16 Uhr 30.

Tau, Morgendunst und starker Nebel sind ideale Voraussetzungen für die Anwendung der Klangtherapie.

Alle jungen Gemüse- und Blumensetzlinge sollten während der ersten drei Wochen jeweils einmal pro Woche behandelt werden, danach zweimal die Woche bis zur Ernte.

Bei Kopfsalat wartet man mit dem Sprühen, bis die Köpfe sich zu entwikkeln beginnen.

*Verwendung bei Obst- und Nußbäumen*
Für eine optimale Obsternte besprüht man die Obstbäume wie folgt:
einmal vor der Knospenbildung
einmal kurz danach, solange die Knospen noch nicht geöffnet sind
einmal bei voller Blüte
einmal, wenn etwa ein Drittel aller Blüten abgefallen ist
einmal nach der Fruchtbildung (etwa 15 Tage nach dem Abfallen der Blüten)

*Kommerzielle Verwendung*
Man nimmt 600 Gramm der Klangblüte auf 160 Liter Wasser und sprüht mindestens 5mal in der Pflanzsaison oder etwa alle 3 Wochen.

*Verwendung für Farmer bzw. Bauern*
Behandlung von Mais, Sojabohnen und Luzerne: Zur Behandlung von einem Morgen Land mischt man 30 Gramm Klangblüte mit 8 Litern Wasser, das man in einem starken Strahl zugibt. Den Kassettenrecorder befestigt man am höchsten Punkt auf der Rückseite des Sprühgeräts. Dadurch helfen die Klangwellen den besprühten Pflanzen, die größtmögliche Menge an Nährstoffen aufzunehmen. Die Musik muß während des Sprühens in voller Lautstärke zu hören sein.

Man sprüht so früh am Morgen wie möglich. Jede Klangeinheit hat einen Fotozellenaktivator, so daß die Arbeit bei hellem Tageslicht erfolgen muß. Will man schon vor der Morgendämmerung anfangen, muß man das Musikgerät extra darauf einstellen. Man sprüht nicht, wenn die Temperatur unter 0 Grad Celsius fällt.

Klangtherapie-Lautsprecher können in verschiedenen Größen von Dan Carlson Scientific Enterprises gemietet werden.

# Gärtnern in Zusammenarbeit mit Naturgeistern

Wie kommt man mit den Garten-Devas und den Naturgeistern in Kontakt, die aus dem Garten das machen, was er eigentlich ist?

Hierzu lese man vor allem das Perelandra-Garten-Arbeitsbuch: *The Perelandra Garden Work Book. A Complete Guide to Gardening with Nature Intelligences* von Machaelle Small Wright, Box 136, Jeffersonton, Virginia, 22724, USA.

Während Sie auf das bestellte Buch warten, können Sie aber bereits Ihre Fähigkeiten testen.

Sagen Sie laut: «Ich möchte mit den Naturgeistern in Verbindung treten.» Wie Machaelle Small Wright meint, müssen Sie dann einige Sekunden warten: «Sie werden spüren, wie Sie von Gefühlen wie von einer Energiewelle sanft überspült werden. Vielleicht spüren Sie aber auch absolut nichts. Das will jedoch wenig heißen, denn Sie gehen nun daran, Ihre neue Verbindung durch Kinesiologie zu testen.»

Wenn Sie Rechtshänder sind, drehen Sie Ihre linke Hand so, daß die Handfläche nach oben schaut. Bringen Sie die Spitze Ihres linken Daumens mit der Spitze Ihres kleinen Fingers zusammen (nicht mit dem des Zeigefingers). Durch die Verbindung zwischen Daumen und kleinem Finger haben Sie einen elektrischen Stromkreis in Ihrer Hand geschlossen, den Sie für den Test brauchen.

Wenn Sie Linkshänder sind, drehen Sie Ihre rechte Hand so, daß die Handfläche nach oben zeigt. Bringen Sie die Spitze Ihres rechten Daumens mit der Spitze Ihres rechten kleinen Fingers zusammen.

Um den Kreis zu testen, müssen Sie nun ein wenig Druck auf sich selbst ausüben. Stecken Sie Daumen und Zeigefinger der jeweils anderen Hand in den Kreis, den Sie aus Daumen und kleinem Finger gebildet haben. Der Daumen-Zeigefinger-Kreis sollte direkt unter dem Daumen-kleiner-Finger-Kreis sein und ihn berühren, als ob der eine Kreis auf dem anderen ruht. Das ist die Ausgangsstellung.

Stellen Sie nun eine Ja-Nein-Frage, bei der Sie bereits die Antwort wissen, nämlich «Ja». (Zum Beispiel: «Ist mein Name...?») Sobald Sie die Frage gestellt haben, pressen Sie Daumen und kleinen Finger gegeneinander, behalten aber die Stellung bei.

Unter gleichem Druckaufwand versuchen Sie nun, mit dem Daumen und dem Zeigefinger den Daumen und den kleinen Finger auseinanderzuziehen. Drücken Sie den unteren Daumen gegen den oberen, den Zeigefinger gegen den kleinen Finger.

Lautet die Antwort «Ja», so werden Sie die oberen Finger nicht auseinanderkriegen. Der elektrische Kreis steht, Ihre Muskeln behalten ihre Kraft, und Ihre Finger trennen sich nicht. Sie werden die Kraft in diesem Kreis spüren.

Wichtig ist dabei, daß der Druck zwischen Daumen und kleinem Finger genauso groß ist wie der zwischen Daumen und Zeigefinger. Auch sollten Sie nicht gewaltsam versuchen, mit Daumen und Zeigefinger Daumen und kleinen Finger auseinanderzuziehen. Üben Sie einen gleichmäßigen und beständigen Druck aus, aber führen Sie keine pumpenden Bewegungen durch.

Nun probieren Sie es noch mit einigen weiteren Ja-Nein-Fragen, bei denen Sie die positive Antwort im voraus wissen. Haben Sie Schwierigkeiten, die Kraft im Kreis zu spüren, üben Sie ein bißchen mehr Druck aus. Sollten Sie dagegen das Gefühl haben, zu stark zu drücken, so nehmen Sie etwas Druck zurück. Sie sollten Ihre Finger bei diesem Spiel nicht überanstrengen.

Haben Sie nun ein klares Gespür für die positive Reaktion des Kreises, stellen Sie eine Frage, bei der Sie eine negative Antwort erwarten. Pressen Sie wieder Ihre Finger zusammen, und setzen Sie dabei den gleichen Druck ein wie vorher.

Dieses Mal wird der elektrische Kreis unterbrochen, Daumen und kleiner Finger werden geschwächt und trennen sich.

Da der elektrische Kreis unterbrochen ist, haben die Muskeln im Daumen und im kleinen Finger nicht die Kraft, die Finger zusammenzuhalten, während im Fall einer positiven Antwort der elektrische Kreis aufrechterhalten bleibt.

Probieren Sie einige weitere negative Fragen aus, und kehren Sie dann zu positiven Fragen zurück. Allmählich werden Sie ein Gefühl bekommen für die Kraft, die sich zwischen Ihren Fingern befindet, wenn die Elektrizität positiv ist, und für die Schwäche, wenn die Elektrizität negativ ist. Vergessen Sie niemals dieses Grundkonzept der Kinesiologie, sagt Machaelle. Was Ihren Körper, Ihren Geist und Ihre Seele stärkt, macht Sie selbst stark. Zusammen bilden Ihr Körper, Ihr Geist und Ihre Seele eine Ganzheit, die stark und fest ist, solange sie ausgeglichen ist. Stört jemand oder etwas dieses Gleichgewicht, so wird das ganze Umfeld geschwächt. Der Zustand dieser Kraft bzw. Schwäche ist in dem elektrischen System gespeichert und kann im Muskeltest bewiesen werden.

Machaelle behauptet, daß die Geister, sobald sie mit ihnen in Kontakt getreten ist, ihr genau sagen, wie und wo sie einen Garten anlegen soll, was sie pflanzen und wie sie mit den Insekten umgehen soll.

Dann widmet sie ihre Aufmerksamkeit den Naturgeistern, um Einsicht und Hilfe von ihnen zu erhalten. Sie erfährt von ihnen, wie sie dem Garten eine ideale Form, das heißt, wie sie dem Geist, der Vorstellung, eine Gestalt geben kann.

Obwohl Machaelle weiß, daß diese Geister verschiedene Gestalten annehmen und dann für die Menschen sichtbar sein können, sind sie für sie keine kleinen Elfen oder Gnome, sondern individualisierte Energieformen ohne besondere festgelegte Gestalt.

Durch diese Mitschöpfung eines Gartens in Zusammenarbeit mit den Devas und Naturgeistern ist es ihr möglich, ihren Garten mit nur einer Handvoll nötiger Elemente zu düngen. Diese Energie wird von den Naturgeistern vergrößert und vertieft. Auch kann sie dadurch ohne Pestizide mit den Insekten umgehen, indem sie einen kleinen Teil ihrer Produkte für sie reserviert.

Wer mehr über all diese Dinge erfahren möchte, kann ein Seminar bei Machaelle Small Wright im Perelandra-Garten absolvieren. Die Kurse finden jeden Sommer statt.

# Dank

Die Autoren möchten all jenen danken, die zur Entstehung und zum Erfolg dieses Buches beigetragen haben, allen voran Hugh Courtney, Rod Shouldice und Bob Steffen von der Biodynamic Association, die das Manuskript lasen und wertvolle Verbesserungsvorschläge machten.

Eddi Albert für die stete Ermunterung, wenn es mal nicht so lief;

Dr. Bargyla Rateaver, weil sie uns ihr enzyklopädisches Wissen über den Boden und dessen organische Behandlung zur Verfügung stellte;

Christian und Joanna Campe für die jahrelange, unschätzbare Hilfe, vor allem im Hinblick auf die Remineralisierung der europäischen Böden;

Sora SoRelle für ihre liebenswürdige und unermüdliche Unterstützung beim Zusammenstellen des Materials für dieses Buch;

Jerree Tompkins für seine Arbeit am Computer;

der Belegschaft der US-Library of Congress für ihre stete Hilfsbereitschaft.

Für die Gastfreundschaft und/oder logistische Hilfe danken wir:

Dr. Alexander P. Dubrow, Biowissenschaftler und Autor, und Dr. Pavel Pozner, Historiker, beide Moskau, UdSSR;

Wladimierz Szwarc, Ingenieur und Rutengänger, Lech Stefański, Autor, und seiner Frau Helena, alle Warschau, Polen:

Dr. Zdeněk Rejdák, Präsident der Internationalen Gesellschaft für Psychotronische Forschungen, und seiner hervorragenden Übersetzerin Eva Roubalova, beide Prag, CSSR;

Ljerka Radović, führende Übersetzerin zeitgenössischer amerikanischer und britischer Literatur, Belgrad, und Herrn und Frau Mato Modrić, Rovinj, Jugoslawien;

Dr. Maria Felsenreich, Verfechterin der Ökolandwirtschaft, Gänserndorf, Österreich;
Lile und Hans Schulyok, Luzern, und Pierre Lehmann, Nuklearphysiker und Umweltschützer, Vevey, Schweiz;
Detlev Moos, Verleger, Gräfelfing bei München;
Jerome Dumoulin, Seniorherausgeber von *L'Express*, und Dr. P. B. Laffout, Seniormitglied der *École Française D'Extrême Orient*, beide Paris, Frankreich;
John W. Mattingly und seiner Frau Frieda, Loveland, Colorado;
Hannah Campbell und David Bird, Bison Associates, Cambridge, Massachusetts;
Rita A. McBrayer, Astrologin und «Öko-Kämpferin», Molokai, Hawaii.

Unser Dank gilt auch Mark Medish von der Harvard University und seinem Vater, Vadim Medish, Professor für russische Sprache und Literatur an der American University in Washington, D. C., für seine Hilfe beim Entschlüsseln hochtechnischer Unterlagen und bei der Übersetzung von Tonbändern aus der Sowjetunion.

# Literaturverzeichnis

## 1 Das Füllhorn

Koepf, Herbert H., *Was ist biologisch-dynamischer Landbau?*, Dornach ³1981.
–, *Landbau, natur- und menschengemäß. Methoden und Praxis der biologisch-dynamischen Landwirtschaft*, Stuttgart ²1984.
– /Pettersson, B. D./Schaumann, Wolfgang, *Biologisch-dynamische Landwirtschaft. Eine Einführung*, 3. überarb. Aufl. Stuttgart 1980.
Steiner, Rudolf, *Geisteswissenschaftliche Grundlagen zum Gedeihen der Landwirtschaft. Landwirtschaftlicher Kursus*, Dornach ⁷1984.
–, *Ausgewählte Werke*, hrsg. v. Kurt E. Becker und Hans P. Schreiner, 10 Bde., Frankfurt a. M. 1985 ff.
Storl, Wolf D., *Der Garten als Mikrokosmos. Biologische Naturgeheimnisse als Weg zur besseren Ernte*, Freiburg i. Br. 1982.

## 2 Am Puls des Lebens

Blaser, Peter/Pfeiffer, Ehrenfried, *Bio-Dynamic Composting on the Farm – How Much Compost Should We Use?*, Wyoming, RI, 1954.
Koepf, Herbert H., *Bio-Dynamic Sprays*, Wyoming, RI, 1971.
–, *Compost – What It Is, How It Is Made, What It Does*, Wyoming, RI, 1980.
Pfeiffer, Ehrenfried, *Kristalle*, Stuttgart/Den Haag/London 1930.
–, *Empfindliche Kristallisationsvorgänge als Nachweis von formungsgebenden Kräften im Blut*, Dresden 1935.
–, *Die Fruchtbarkeit der Erde. Ihre Erhaltung und Erneuerung. Das biologisch-dynamische Prinzip in der Natur*, Dornach ⁶ 1977.
–, *The Compost Manufacturer's Manual*, Philadelphia 1956.

## 3 Der Einfluß des Mondes

Bockemühl, Jochen, *Vom Leben des Komposthaufens*, Dornach ²1981.
Fyfe, Agnes, *Die Signatur des Mondes im Pflanzenreich*, Stuttgart 1967.
Klocek, Dennis, *The Bio-Dynamic Book of Moons*, Wyoming, RI, 1983.
Kolisko, Lily, *Agriculture of Tomorrow*, Bournemouth, England, 1978.
Kranich, Ernst M., *Die Formensprache der Pflanze. Grundlinien einer kosmologischen Botanik*, Frankfurt a. M. ²1986.
Lachowskij, Georges, *L'origine de la vie*, Paris 1925.
–, *La terre et nous*, Paris 1933.

## 4 Abfall, der Gold wert ist

Pfeiffer, Ehrenfried/Riese, Erika, *Der erfreuliche Pflanzgarten. Anleitung zur Gartenpflege nach der biologisch-dynamischen Wirtschaftsweise*, Neuaufl. Dornach 1989.
Philbrick, Helen, *Companion Plants and How to Use Them*, New York 1966.
Philbrick, John H., *Gardening for Health and Nutrition*, Blauvelt, NY, 1971.
Tompkins, Peter/Bird, Christopher, *Das geheime Leben der Pflanzen. Pflanzen als Lebewesen mit Charakter und Seele und ihre Reaktionen in den physischen und emotionalen Beziehungen zum Menschen*, Bern/München 1974.

## 5 Mikrokosmos

Block, Bartley, *Man, Microbes, and Matter*, New York 1975.
Darwin, Charles, *Die Bildung der Ackererde durch die Tätigkeit der Würmer mit Beobachtungen über deren Lebensweise*, Stuttgart 1882, Neuausgabe Berlin 1983.
Ford, Brian J., *Microbe Power: Tomorrow's Revolution*, New York 1978.
Gest, Howard, *The World of Microbes*, Garden City, NY, 1965.
Gross, Cynthia, *The New Bacteriology*, Minneapolis, MN, 1988.
Lee, Kenneth E., *Earthworms*, Orlando, FL, 1985.
Margulis, Lynn, *Microcosmos*, New York 1986.
Minnich, Jerry, *The Earthworm Book*, Emmaus, PA, 1977.
Selsam, Millicent E., *Microbes at Work*, New York 1953.
Voisin, André, *Boden und Pflanze. Schicksal für Mensch und Tier*, München/Wien 1959.
Webb, William L., *Brief Biography and Popular Account of the Unparalleled Discoveries of T.J.J. See*, Lynn, MA, 1913.

# 6 Das Wunder auf der anderen Seite der Erde

Podolinsky, Alex, *Bio-Dynamic Agriculture Introductory Lectures*, Sydney 1985.

# 7 Es ist möglich!

Berry, Wendell, *The Unsettling of America*, San Francisco, CA, 1977.
Jackson, Wes (Hrsg.), *Meeting the Expectations of the Land*, San Francisco, CA, 1984.

# 8 Himmel auf Erden

Bircher, Ralph, *Hunsa. Das Volk, das keine Krankheit kannte*, Bad Homburg/Zürich 1980.
Howard, Albert, *The Soil and Health*, New York 1972.
McCarrison, Howard, *Nutrition and National Health*, London 1944.
Steffen, Robert, *Introduction to Organic Farming Methods and Organic Markets*, Emmaus, PA, 1971
Taylor, Renee, *Come Along to Hunza*, Minneapolis, MN, 1974.
Tobe, John T., *Guideposts to Health and Vigorous Long Life*, St. Catherine, Ontario, 1965.
–, *How to Be Healthy and to Live Longer*, Don Mills, Ontario, 1973.
–, *I Found Shangri-La*, St. Catherines, Ontario, 1970.

# 9 Lebendiger Wirbel/Wirbel des Lebens

Alexandersson, Olof, *Living Water*, Wellingborough, Northamptonshire, 1982.
Flanagan, C. Patrick, *Pyramid Power*, Glendale, CA, 1973.
–, *Beyond Pyramid Power*, Santa Monica, CA, 1975.
–/Crystal, Gail, *Elixir of the Ages: You Are What You Drink*, Flagstaff, AZ, 1986.
Ott, John, *Work as You Like It*, New York 1979.
Prigogine, Ilya/Stengers, Isabelle, *Dialog mit der Natur. Neue Wege naturwissenschaftlichen Denkens*, München 1981.
Riddick, Thomas M., *Control of Colloid Stability Through Zeta Potential*, Wynnewood, PA, 1968.

Schwenk, Theodor, *Das sensible Chaos. Strömendes Formenschaffen in Wasser und Luft*, Stuttgart ⁴1976.
Sutphen, Richard, *Dick Sutphen Presents Sedona*, Malibu, CA, 1986.
Watson, Lyall, *Geheimes Wissen. Das Natürliche des Übernatürlichen*, Frankfurt a. M. 1976.
– , *Die Grenzbereiche des Lebens*, Frankfurt a. M. 1978.

## 10 In den Klauen von Chelatbildnern

Bingham, Hiram, *Machu Picchu, a Citadel of the Incas*, New York 1979.
– , *Lost City of the Incas*, Westport, CT, 1981.
«Chelation as a Biological Weathering Factor in Pedogenesis», in: *Proceedings of the Pennsylvania Academy of Sciences*, 1954.
Fawcett, Percy H., *Exploration Fawcett*, London 1969.
Glinka, Konstantin D., *Treatise on Soil Science*, Washington, D. C., 1963.
*International Symposium «Humus et Planta»*, Prag 1962.
Joffe, Jacob S., *The ABC of Soils*, New Brunswick, NJ, 1949.
Schatz, Albert, *The Story of Microbes*, New York 1952.
– , *Teaching Science with Soil*, Emmaus, PA, 1972.

## 11 Klangtherapie

Catchpole, Clive, *Vocal Communication in Birds*, Baltimore, MD, 1979.
Jellis, Rosemary, *Bird Sounds and Their Meaning*, London 1977.
Retallack, Dorothy L., *The Sound of Music and Plants*, Santa Monica, CA, 1973.
Saunders, Aretas A., *A Guide to Bird Songs*, Garden City, NY, 1951.
– , *An Introduction to Bird Life for Bird Watchers*, New York 1964.

## 12 Saatgut zum Überleben

Doyle, Jack, *Altered Harvest*, New York 1985.
Kapuler, Alan/Brentnar, Olaf, *Catalog and Research Journal*, Corvallis, OR, 1987.
Mooney, Patrick R., *Seeds for the Earth*, Ottawa 1979.
Nabhan, Gary P., *The Desert Smells Like Rain*, San Francisco, CA, 1982.
– , *Gathering the Desert*, Tucson, AZ, 1985.
Tracy, W. W., *American Varieties of Vegetables*, Washington, D. C., 1903.
Whealy, Kent, *Winter Year Book*, Decorah, IA, 1986.
– , *The Garden Seed Inventory*, Decorah, IA, 1985.

## 13 Unkraut – Wächter des Bodens

Cocannouer, Joseph A., *Farming with Nature*, Norman, OK, 1954.
– , *Organic Vegetable Gardening, the Better Way*, New York 1977.
– , *Weeds, Guardians of the Soil*, New York 1950.
Jackson, Wes, *Man and the Environment*, Dubuque, IA, 1978.
– , *Meeting the Expectations of the Land*, San Francisco, CA, 1977.
– , *New Roots for Agriculture*, San Francisco, CA, 1980.
Kummer, Anna P., *The Role of Weeds in Maintaining the Plains Grasslands*, Chicago, IL, 1951.
Pfeiffer, Ehrenfried, *Weeds and What They Tell Us*, Wyoming, RI, 1981.

## 14 Eiszapfen im Treibhaus

Bryson, R. S., *Environmental Conservation Education*, Danville, IL, 1975.
Croll, James, *Climate and Time in Their Geological Relations*, London 1875.
Ephron, Larry, *The End*, Berkeley, CA, 1988.
Emiliani, Cesare, *The Scientific Companion*, New York 1988.
Fodor, R. V., *Frozen Earth*, Hillside, NJ, 1981.
Gates, William L., *Climatic Change*, Santa Monica, CA, 1975.
Hamaker, John D./Weaver, Donald A., *The Survival of Civilization*, Burlingame, CA, 1982.
Imbrie, John, *Ice Ages*, Hillside, NJ, 1979.
Kowda, Viktor A., *Microelements in the Soils of the USSR*, Springfield, VA, 1966.
Kukla, George J., *Variations of Arctic Cloud Cover During Summer*, Teil I, New York 1984.
– /Choudhury, B., «Impact of $CO_2$ on Cooling and Water Surfaces», in: *Nature*, 280, 1979.
Libby, Willard F., *Solar System Physics and Chemistry; and Papers for the Public*, Santa Monica, CA, 1981.
Milanković, *Canon of Insolation and the Ice Age Problem*, Springfield, VA, 1969.
*Potential Implications of Trends in World Population, Food Production and Climate*, Washington, D. C.: Office of Research and Development, Central Intelligence Agency, 1979.
«The Present Interglacial ...: When Will It End?» Konferenz an der Brown University, Providence, RI, 1972. Report in: *Science*, 78, 1972.
*A Study of Climatological Research as It Pertains to Intelligence*, Washington, D. C.: Office of Research and Development, Central Intelligence Agency, 1974.

## 15 Lebensstaub

Bretscher, Mark S., «How Animal Cells Move», in: *Scientific American*, Dezember 1987.
Epstein, Emanuel, *Mineral Nutrition of Plants: Principles and Perspectives*, New York 1971.
Rateaver, Bargyla, *The Organic Method Primer*, San Diego, CA ²1973.

## 16 Leben und Sterben in den Wäldern

Tansley, David V., *Dimensions of Radionics*, Holsworthy 1977.
Westlake, Aubrey T., *Life Threatened: Menace and Way Out*, London 1967.

## 17 Duftende, wohlschmeckende Erde

Abderhalden, Rudolf, *Medizinische Terminologie*, Basel 1948.
Dikkers, Melchior T., *The Story of Trace Minerals*, Privatdruck.
–, *Unintentional Suicide. It's Time to Stop Killing Ourselves*, Phoenix 1971.

## 18 Mit Biomasse könnt's gehen

Baker, Richard St. Barbe, *Men of the Trees*, New York 1931.
–, *I Planted Trees*, London 1944.
–, *My Life – My Trees*, London 1970.
Duke, James A., *CRC Handbook of Agricultural Energy Potential of Developing Countries*, Boca Raton, FL, 1987.
–, *CRC Handbook of Medicinal Herbs*, Boca Raton, FL, 1985.
–, *Culinary Herbs*, New York 1985.
–, *Medicinal Plants of the Bible*, New York 1983.

## 20 Einstimmung auf die Natur

Callahan, Philip S., *The Evolution of Insects*, New York 1972.
–, *Insects and How They Function*, New York 1971.
–, *Insect Molecular Bio-Electronics*, College Park, MD, 1967.
–, *A Rucksack Naturalist in Ireland*, Greenwich, CT, 1988.
–, *The Soul of the Ghost Moth*, Old Greenwich, CT, 1981.
–, *Tuning in to Nature*, Old Greenwich, CT, 1975.
Laithwaite, Eric R., *Force*, New York 1986.

## 21 Türme der Kraft

Barrow, Lennox, *The Round Towers of Ireland*, Dublin 1979.
Callahan, Philip S., *Ancient Mysteries, Modern Visions*, Kansas City, MO, 1984.
Praeger, Robert L., *The Way That I Went*, Dublin 1980.

## 23 Perelandra

Jahn, Robert G., *Physics of Electric Propulsion*, New York 1968.
Small, Machaelle Wright, *Behaving as if the God in All Life Mattered*, Jeffersonton, VA, 1983.
– , *The Perelandra Garden Work Book*, Jeffersonton, VA, 1983.

## Epilog

Broglie, Louis de, *Physik und Metaphysik*, Hamburg/Baden-Baden 1950.
Eddington, Sir Arthur, *Die Naturwissenschaft und die Welt des Unsichtbaren*, Berlin 1930.
Jahn, Robert G./Dunne, Brenda J., *Margins of Reality*, San Diego 1987.
Jeans, Sir James, *Der Weltenraum und seine Rätsel*, Stuttgart/Berlin 1931.
Young, Arthur M., *The Geometry of Meaning*, New York 1976.
– , *The Reflexive Universe*, New York 1976.
– , *The Role of Consciousness in Physical World*, Boulder, CO, 1981.

# Personen- und Sachregister

Abderhalden, Rudolf 221
Abermann, Georg 207 ff.
Abkühlungstheorie (Kältetheorie) 176, 178 ff., 183 f., 191 f.
Abrams, Albert 279, 282
Adams, John 163
Agnihotra 242–251, 253
-Asche/-Staub 244 ff., 248, 286
-Atmosphäre 245 f.
-Feuer 242, 244
-Rauch 251 f.
-Zeremonie 243, 249 ff.
Ahearn, Barry 80–83
Ahearn, Kevin 82 f.
AIDS-Virus 271 f.
Akalelow, W. S. 307
Albrecht, William A. 16, 254
Alexander der Große 104
Algen (Blau-, Grünalgen) 236–240
Alkohol (Bio-, Industriealkohol) 228 ff., 232
Anderson, Else 218
Anderson, Rollin 213–216, 218 f., 221–224
Andriankin, Erast 301 f., 305 f.

Antennen →
  Insektenantennen/
  Steinantennen
Aristoteles 59
Audio-Energie →
  Klangblüte
Aungst, Harold 138 ff., 142, 228
Azomit 213, 215–219, 221–224

Bach, Johann Sebastian 143, 145
Backster, Cleve 257
Baker, Richard Saint Barbe 235
Bakterien 8, 15, 21 f., 44, 48 ff., 54 ff., 59, 67–70, 108, 127 f., 133, 151 f., 173, 195, 197 f., 217, 236 f., 257
Balfour, Lady Eve 15, 20
Barrow, G. L. 275
Benard, John 85
Bereschin, Andrej 302–306, 308 f.
Berzelius, Jöns Jacob 214
Bingham, Hiram 130 f.
Bioalkohol → Alkohol
Biomasse 226, 228, 236 f.
Biotechnologie 158
Black, Chris 76
Blaualgen → Algen

Bliss, Fred 159
Blutvergiftung 104
Bodenbelüftung 15
-fruchtbarkeit/-produktivität 7, 14, 129 f., 133, 286
-mineralisierung 188
-vergiftung 10, 90
Bosch, Karl 13
Brannan, Charles F. 230
Brentmar, Olafur 162
Breschnew, Leonid Iljitsch 303
Bretscher, Mark S. 197
Broeker, Wallace S. 180
Broglie, Louis-Victor de 311
Bromfield, Louis 16
Brown, John T. 243 ff.
Brožek, Josef 202
Brynner, Yul 112
Buddha 242
Burbank, Luther 149

Callahan, Philip S. 254–277, 279
Carlson, Dan 142 ff., 146–152, 154, 233, 294 f.
Carlson, Justine 149
Carrel, Alexis 7 f., 21
Carson, Rachel 17
Chandler, Max 69

347

Chaos 26, 72, 78 ff., 110, 114, 122, 124 f.
Chapin, Will 22
Chelation/Chelatbildung (-bildner) 129 ff., 133 ff., 196
Chemiedünger → Düngemittel/Dünger/Düngung, chemische(r)
Chemie-Zeitalter 11
Chemikalien 9-14, 17, 45, 47, 66, 75 f., 82, 86–91, 102, 136, 164, 169, 171, 189, 195 f., 224, 226, 265, 270, 278, 282
Chlorophyll 23, 31, 134 f., 151, 220, 238 f., 246
Choudhury, B. 183
Christensen, Leo M. 230
Coanda-Effekt 111
Coanda, Henry 111 f., 130
Cocannouer, Joseph 168 f., 171
Cortez, Hernando 278, 280
Courtney, Hugh J. 19–24, 28, 32, 53, 71, 99, 294
Courtney, Liz 22
Cousteau, Jacques 185, 187
Cox, H. C. 265
Croll, James 179

Dahlgren, Rolf 162
Dalcino, Tony 49
Darwin, Charles 57 f.
DDT 13, 220, 224
De La Warr, George 279
De La Warr, Marjorie 279
Despain, Donald 229
Deumling, Dieter 203 ff.
Dewey, Thomas E. 16
Diabetes 10
Dieseltreibstoff → Treibstoffe
Dikkers, Melchior 8, 219 ff.
Dittmar, J. J. 198
Dix, Richard 278

Djugataschwili, Djuna 303
Dokutschajew, Wassilij Wassiljewitsch 127
Doyle, Jack 158
Drogenabhängigkeit 251
Düngemittel/Dünger/Düngung
–, chemische(r) [Chemiedünger] /
–, künstliche(r) [Kunstdünger] /
–, synthetische(r) 7 f., 13 ff., 20, 28, 45, 47, 51, 63, 77, 142, 164, 182, 189 f., 220, 236, 245, 278, 282, 284, 287, 307 f.
–, mineralische(r) 208
–, organische(r) 28, 50, 59 f., 208, 237
Duke, James A. 227–234
Dunne, Brenda J. 311

Edelwasser 123
Eisenhower, Dwight D. 230
Eiszeit 175, 178 ff., 182 ff., 188, 191, 200
Elastizität, genetische 150
Emiliani, Cesare 178 ff.
Energie 21, 25, 27, 114, 118 f., 122 ff., 145, 169, 213, 223, 227, 229–234, 239, 243, 245, 249 f., 261, 266, 270 f., 274–277, 281, 283–289, 292–296, 298, 304, 311
–, eloptische 282 ff.
Energie(impulse), kosmische → Kräfte, kosmische
Enzyme 8, 21, 49, 62, 197, 220 f., 228, 238
Epstein, Emanual 199
Erdbeben 183, 191
Erkrankungen, degenerative 9 f.

Erosion 36, 47, 55, 157, 190, 194, 231
Erwärmungstheorie (Wärmetheorie) 176, 192 f.
Evolutionsprozeß 147

Faraday, Michael 276 f.
Faruk I. 71
Faß-Kompost 26, 28 f., 32 f., 36, 99, 284
Fawcett, P. M. 131 f.
Fell, Barry 279
Felsenreich, Maria 206
Fettsucht 9
Fibonacci-Reihe 117
Flanagan, Edward 96
Flanagan, Gael 113
Flanagan, Patrick 110, 112–122, 124, 196, 222, 251
Flechten 128 f., 132 f., 135, 175
Flechten-Fels-Gemeinschaft 133
Fleming, Sir Alexander 272
Ford, Noni 243 f.
Francis, Charles A. 168
Freud, Sigmund 117
Friedrich II. 260
Fruchtwechsel 23, 89, 91, 97, 173, 184
Fry, E. J. 128
Fungizide 9, 17, 77, 157

Gage, Stephen 99
Garvey, Olive W. 255
Garvey, R. H. 255
Georg V. 102
Gesteinsmehl/-staub 54, 106, 175, 185, 188 f., 196, 198 ff., 205–211, 213, 226, 237, 239
Gesundheit 7, 9, 14, 21, 33, 36, 102, 106, 108–111, 139, 206, 210, 240, 246, 290
Gezeitenkräfte 31

Giftgase 13
-müll 9
-sprays/Sprays, giftige 14ff., 48
-stoffe/Umweltgifte 9 f.
Glagolewa-Arkadjewa, russ. Forscherin 269
Gleichgewicht 8, 21, 119, 142, 172, 236
Gletschermilch → Hunza-Wasser
Goethe, Johann Wolfgang von 257
Gräfe, Gernot 211
Graham, Thomas 222
Grant, G. R. M. 268
Greenwood, Farry 74
Greenwood, Lynton 74 f.
Grünalgen → Algen
Grundwasserverunreinigung 17

Haber, Fritz 13
Häm 134
Hale, William S. 229
Hamaker, Anita 194, 234
Hamaker, John 188-196, 198 ff., 205, 208, 236, 294
Hansen, C. S. 223 f.
Harwood, Richard 167
Hatch, Trevor 72 ff.
Hatzfeldt-Wildenburg, Hermann Graf von 201 ff.
Head, Charles 214 ff.
Heilkräuter (Kräuter) 21, 29 f., 32, 163
Hensel, Julius 189, 196, 205
Herbizide (Unkrautvertilgungsmittel) 14, 77, 84, 88, 92, 182, 220, 245, 247, 284
Herschel, Sir William 254 f.
Herzerkrankungen 9
–, koronare 10

-attacken 110
-infarkt 9
Hieronymus, Sarah 281, 283-286, 290
Hieronymus, T. Galen 281-286, 289, 294 f.
Holland, W. J. 261
Holtz, Michael 143 ff., 154
Homa-Anbau 249
Homöopathie 25, 46, 222, 285
Hopi-Landwirtschaft 156
Hopp, Henry 60 ff.
Howard, Sir Albert 14 ff., 20. 108 f., 254
Howearth, Gabriel 140, 142, 278 ff., 295
Hulme, F. Edwards 259
Humus 7, 11, 14 ff., 20-23, 27, 29, 33, 47, 49, 52, 55, 57, 60 f., 67 ff., 130, 133 ff., 152, 173, 175, 190, 193 ff., 197 ff., 211, 217
Hunza-Wasser (Gletschermilch) 108-116, 120, 222

Imbrie, John 179
Implosion 123
Industriealkohol → Alkohol
Industriegesellschaft 9, 55
Infrarotstrahlung/-licht → Strahlen/Signale/Wellen, infrarote
Insektenantennen (Antennen) 254, 256, 259, 261-269
Insektizide/Insektenvertilgungsmittel 9, 13 f., 45, 77, 151, 224, 247, 263, 270, 278, 283, 285, 295

Jackson, Diana 165
Jackson, Patricia 196

Jackson, Wes 165 ff., 169, 171
Jacobi, Ernst 70 f.
Jahn, Robert G. 311
Jansky, Karl G. 274
Jeans, Sir James 311
Jenny, Hans 196
Joffe, Jacob Samuel 127
Johnston, Ron 150 ff.

Kältetheorie → Abkühlungstheorie
Kapillar-Dynamolyse 40
Kapuler, Alan 162
Kékulé, Friedrich von 12
Kervran, Louis 60
Kettlewell, H. B. D. 267
Kimmey, John 154 ff., 158
Kirschenmann, Fred 84-95, 97-101, 164
Kirschenmann, Janet 85-88, 95, 100 f.
Kirschenmann, Theodore 86, 98
Klangblüte/-methode/ -sprays/-therapie (Audio-Energie) 137-143, 146 f., 150, 152, 154, 228
Kleopatra 58
Klimawechsel/-veränderung 180, 182, 184, 188
Kohlendioxid/$CO_2$ 176 ff., 183-187, 190-193, 200, 202, 220, 226 f., 231-237, 239, 277
Kolisko, Eugen 40, 227, 287
Kolisko, Lily 40, 45, 118, 254, 289
Kollman, Daryl J. 236-239, 280
Kolloidchemie 119
Kolloide 109, 113 f., 119 ff., 134, 221-224
Kolumbus, Christoph 163
Kompost 20 f., 23, 26, 28 f., 31 ff., 36 f., 47-50,

349

59, 65, 96f., 106f., 134, 170, 173, 184
Kosmokultur 281
Kosmos 25, 27, 31, 37, 118, 155, 245, 256, 274, 276f., 280
Kowda, Viktor 183f., 241
Kräfte, kosmische (Energie [impulse], kosmische) 22f., 29f., 34, 37, 63, 72, 114, 117f., 146, 170, 272, 281f., 284
Kräuter → Heilkräuter
Krantz, William 141
Krebs 9f., 18, 46, 104, 110, 246
Kreislauferkrankungen 9
Kristallisation, empfindliche 45f.
Kudrjaschowa, Alla 302–312
Kuhhörner 19, 21 ff., 31, 52, 66, 69 ff., 74, 96, 124
Kuhmist/-dung 19, 21f., 24, 28f., 32, 52, 66, 70, 208, 242ff., 246ff., 251f.
Kukla, George J. 180, 183
Kummer, Anna P. 170
Kunstdünger → Düngemittel/Dünger/Düngung, künstliche(r)

Laithwaite, E. R. 267
Landa, Diego de 280
Landwirtschaft/Anbau 10f., 17, 20, 25, 45, 47, 65, 90, 99, 100f., 128, 142, 166, 172, 181, 184, 189, 193, 208, 210, 215, 229f., 235, 272, 276, 279f., 290, 306, 308
–, biodynamische(r)/–, nicht synthetische(r) 19f., 26, 35, 51f., 64ff., 76, 82, 94, 97f., 249, 278
–, chemische(r)/–,
künstliche(r) 10, 127, 189
–, gesunde(r) 20, 168
–, organische(r) 15f., 18, 20, 87f., 94f., 101, 197
–, sterbende(r) 16
–, traditionell arbeitende(r)/–, konventionelle(r) 21, 86
Lebon, Gustave 109
Le Plongeon, Auguste 279
Leschnin, Wladimir Wassiljewitsch 309f.
Leukämie 10, 283
Lewis, Clive Staples 291
Libby, Willard F. 180f.
Liebig, Justus von 10ff., 127, 189
Linné, Carl von 127
Lipman, Jacob 126
Lira, Jorge 132f.
Lisle, Harvey 287ff., 294f.
Lovejoy, Thomas 157
Luftverschmutzung 190, 220
Lyell, Sir Charles 127

McCarrison, Robert 102
McClurg, Roy 137f., 142f.
McDougal, Thory 75f.
Maclean, Dorothy 291, 293
McWhorter, Lee 21, 25–33
McWhorter, Maureen 26, 30
Mantra 242ff., 247, 271, 286
Marbut, Curtis F. 127
Marcolla, Michael 94f., 97f., 100
Margulis, Lynn 54, 56
Marias, Eugene 268
Marschak, Samuel 304
Masern 105
Massenbaumsterben → Waldsterben/-katastrophe
Mastitis 283
Meditation 291, 293
Merker, C. 62
Mikroorganismen 14, 22, 27, 29, 34, 55, 57, 63, 108, 122, 128f., 194ff., 198, 257
Mikrowellen(strahlung) 223ff., 276f.
Milanković, Milutin 179
Milstein, George 142f.
Mineralien/Mineralstoffe 7f., 21, 50f., 59, 61, 68, 104, 106f., 115f., 128ff., 133, 152, 189f., 193, 195, 199, 214ff., 237f., 248
Minnich, Jerry 58f., 62f.
Mischwälder 89
Mitchell, Edgar D. 282
Modrić, Maria 249
Modrić, Mato 249, 251
Moller, Mark 285f.
Mond 27, 30f., 37–42, 66, 253, 256, 279, 283, 286
Monokultur 47, 81f., 88, 164, 234
Monongye, David 154
Montgomery, Dennis 97
Morales, Betty Lee 110
Mosca, Amerigo 17
Müller, Paul 13
Mumps 105
Myrin, Alarik 35f.

Nabhan, Gary 159f.
Nährstoffe 8, 23, 27, 50, 56, 60f., 73, 108, 140f., 149, 152, 169, 171, 182, 189, 193, 196f., 221, 237f., 243f., 246, 248, 295f.
Nahrungsmittel 8ff., 15, 17f., 68f., 90, 95, 103, 107, 120, 142, 166, 172, 194, 214f., 220, 224, 229, 233, 240
–, gesunde 199

–, organisch gewachsene 102
–, verfälschte 8
–, vollwertige 7
Napoleon III. 12
Naturgeister 291–296, 298 ff., 311
Neurose 105, 109 f.
Newton, Sir Isaac 311

Ochslies, Wolf 202
Öl (Palmöl) 176, 193, 228 f., 231–234
Ott, John 120
Overcamp, Thomas E. 180
Ozonloch 247

Palmöl → Öl
Paracelsus 40 f.
Paramahansa Yogananda 243
Paranje, Vasant V. 242 ff., 246–249, 251
Parma Sadguru Sri Gajanan Maharaj 241 f.
Pauli, Wolfgang 223
Peaty, Charles 235 f.
Pendel 211
Percy, Charles 110
Perkin, William Henry 12
Pestizide (Schädlingsvertilgungsmittel) 9, 63, 75, 77, 84, 91, 110, 182, 198, 220, 245, 284
Pfeiffer, Ehrenfried 20, 33, 35 f., 40, 44–52, 78, 96, 172 ff., 228 f., 287, 289
Pfeifferscher Starter 44, 48 f., 96
Philbrick, Helen 51 f.
Phosphor 11, 54, 60
Photosynthese 23, 31, 56, 146, 169, 195, 199, 228, 233, 237
Piccardi, Giorgio 124
Plato 179
Plinius der Ältere 37

Podolinsky, Alex 64–71, 73–81, 83, 89, 93, 96, 116, 121, 126, 195, 294 f., 305
Polo, Marco 103
Popp, Fritz Alfred 257
Porter, Josephine 52 f., 97
Potenzen/Dosen, homöopathische 28, 146, 287
Praeger, Robert Lloyd 272
Prigogine, Ilya 124
Proteine 8, 46, 50, 56, 95, 140, 227 f., 234, 237 ff.
Protoplasma 194 ff., 199, 224

Quackenboss, John 278
Quackenboss, Thomas C. 277 f.
Quetschungen 251

Radioaktivität (Strahlen/Signale/Wellen, radioaktive) 17, 28 f., 211, 248 f.
Radionik 279 f.
Rateaver, Bargyla 197 f.
Rebek, Julius jr. 257
Regen, saurer 189 f., 202
Regenwälder 65, 175, 186 f., 191, 200, 235
Regenwürmer (Würmer) 22, 32, 57–63, 73, 89, 108, 127, 141, 196, 198 f., 215, 217, 235, 285
Reich, Wilhelm 117 f., 122, 250
Rejdák, Zdeněk 301 f.
Relativitätstheorie 311
Resonanzkommunikation 258
Retallack, Dorothy 145 f.
Revolution, industrielle 9, 249
Riddick, Thomas 119
Riley, C. V. 267 f.

Riordan, Hugh D. 255
Ripley, Robert 213
Robbins, John 234
Rodale, J. J. 15, 20, 110
Rodriguez, Ray 157
Röhren, kosmische 281–289, 294
Roosevelt, Franklin D. 239

Saatgut/Samen 20, 37, 39 f., 46, 107, 124, 150, 156–163, 170, 217, 224, 244 f., 280
Sagan, Dorion 54, 56
Sauerstoff 21, 56, 62, 69, 113, 134, 277
Saunders, Aretas 143
Schädlingsvertilgungsmittel → Pestizide
Schatz, Albert 126–135, 196
Schauberger, Viktor 122 ff.
Schindele, Rudolf 205 ff., 209 f., 213
Schnittwunden 251
Schütt, Peter 201
Schwenk, Theodor 78, 116 ff.
Selke, Margrit 44, 48, 51
Shackleton, Nicholas 191
Shankar, Ravi 145
Shouldice, Roderick 34 ff., 39 f.
Simpson, Sir George 177
Skaggs, Bob 157
Sonne 27, 37 f., 40, 124, 169, 179, 213, 245, 253 f., 256, 279
Spurenelemente 7, 134, 172, 210, 213–225, 238, 249
Stefański, Bogna 251
Stefański, Helena 251
Stefański, Lech 250
Steffen, Bob 96 f.
Stein(antennen) 273 ff.
Steinbeck, John 47

351

Steiner, Rudolf 19–23, 27 ff., 31, 33, 35 f., 38–42, 44 ff., 48, 52, 63 ff., 70, 74, 83, 86, 95, 110, 117, 122 ff., 135 f., 190, 212, 227, 233, 242, 248 ff., 253, 257, 270, 272, 280, 312
Steinersche Präparate, biodynamische (BD) 22, 25, 28, 30, 33, 36, 45, 48, 52 f., 63, 82, 94, 96 f., 99, 110, 118, 284, 287 ff., 294
 *BD 500* 22, 25 f., 28 f., 31, 33, 36 f., 45, 66, 68, 70 f., 73 ff., 79 ff., 83, 97 ff., 113 f., 118, 122, 124, 287 ff.
 *BD 501* 23, 25, 31, 36 f., 45, 74, 83, 97 ff., 287, 289
 *BD 502* 23, 28, 33, 36, 45, 97
 *BD 503* 23, 28, 33, 36, 45, 97
 *BD 504* 23 f., 28, 33, 36, 45, 97
 *BD 505* 23 f., 28, 33, 36, 45, 97
 *BD 506* 23, 28, 33, 36, 45, 97
 *BD 507* 24, 28, 33, 36, 45, 97
 *BD 508* 24
Stephens-Brüder 78 ff.
Sterne 27, 37 f., 40, 42, 256
Stickstoff 11 ff., 15, 21, 54 ff., 60, 63, 87, 164 f., 197, 228, 244, 257
Stovroff, Richard 49
Strahlen/Signale/Wellen
–, elektromagnetische 254, 256 ff., 267
–, infrarote (Infrarotstrahlung/-licht) 254–257, 260 ff., 264–269, 271 f.
–, radioaktive → Radioaktivität
–, ultraviolette 224
Struktur, dissipative 124

Thomas, Ray 278
Thompson, Max 79
Thun, Maria 28, 36, 38 f., 41 f.
Tierkreis(zeichen) 38, 41 f.
Titus, Hopi-Indianer 155 f.
Tobe, John A. 109
Tonsinger 124
Treibhauseffekt 175 f., 178, 180, 227, 233
Treibstoffe (Dieseltreibstoff) 227–232
Trombley, Adam 184, 186 f.
Truman, Harry S. 16, 230
Tschernenko, Konstantin 303
Tuberkulose 128
Twigg, Kevin 77 f.
Tyndall, John 175, 178, 272, 276 f.

Underwood, Richard 186
Universum 27, 54, 113, 117 f., 154, 295, 309
Unkraut 32, 82, 87 ff., 99, 164–168, 170–174, 308
Unkrautvertilgungsmittel → Herbizide
Urpi, Clement 232
Urpi, Mona 232

Vanjya 244
Vergil 37
Vergletscherung 175, 181
Vetter, David 86 f., 95
Victoria, Königin 12
Vivaldi, Antonio 143
Voisin, André 63
Vulkanausbrüche 183, 191

Wärmetheorie →

Erwärmungstheorie
Waldsterben/-katastrophe (Massenbaumsterben) 190, 201–204, 206 f., 209, 211
Walters, Charles jr. 17, 146, 226, 230, 254
Watt, Kenneth E. F. 190
Weaver, Don 188 f., 191
Weinberger, Pearl 145
Weinzierl, Hubert 201
Weissman, Joseph D. 9 f.
Weller, Gunther E. 180
Weltklima 178
Westlake, Aubrey 211
Whealy, Kent 158–162
Wheat, Jim 278
White, Gilbert 58
Wiederaufforstung 191, 234 f.
Wildfeuer, Sherry 30, 38
Windpocken 105
Wirbel(methode) 26 f., 72, 78 f., 97, 110, 114, 116–119, 122 ff., 222
Wirbelstürme 175, 187, 191
Wirbeltangentialverstärker 119
Wood, Fred B. jr. 178
Wright, Machaelle Small 291–300, 311
Wright, R. H. 267
Würmer → Regenwürmer

Young, Arthur Middleton 310 f.
Youngberg, Garth 167

*Zeta*-Potential 119, 121
Zivilisation 8, 58, 63, 236
Zivilisationskrankheiten 9
Zwischeneiszeit 180, 190 f.